Dieter Flohr (Hrsg.)
Im Dienst der Volksmarine

Dieter Flohr (Hrsg.)

Im Dienst der Volksmarine

Zeitzeugen berichten

steffen verlag

Die Deutsche Nationalbibliothek verzeichnet diese Publikation
in der Deutschen Nationalbibliografie;
detaillierte bibliografische Daten sind im Internet über
http://dnb.d-nb.de abrufbar.

1. Auflage 2010

Steffen GmbH, Mühlenstraße 72, 17098 Friedland, Tel.: (039601) 274-0
www.steffen-verlag.de; info@steffen-verlag.de
Umschlagfoto: Dieter Flohr
Gesamtherstellung: Steffen GmbH, Friedland, www.steffendruck.com

ISBN 978-3-940101-88-4

Inhalt

Vorbemerkungen

Die Volksmarine, kleinste Teilstreitkraft der Nationalen Volksarmee, ist Geschichte. Vergessen ist sie so wenig wie die Männer und Frauen, die in den 1950er Jahren begannen, die Seestreitkraft der DDR aufzubauen und in den Folgejahren zu entwickeln. Das oft aufopferungsvolle Wirken der Gestalter der Volksmarine wird in den Fokus dieser bebilderten Publikation gerückt. Es kommen Zeitzeugen zu Wort, die nicht selten die gesamte Entwicklung der Volksmarine durchlebt und mitgestaltet haben. Sie alle berichten detailreich über das Werden und Vergehen ihrer Marine. Mit Offenheit, Stolz, aber auch Kritik werden Vorgänge, Verhältnisse und Zusammenhänge erläutert. Und das durchaus nicht nur bierernst, sondern zumeist mit dem für Seeleute deftigen Humor. Neben Zeitzeugenberichten enthält diese Anthologie Reportagen und Porträts, die zur Gesamtaussage des Werkes beitragen.

Leider können einige der Autoren die Veröffentlichung des Buches nicht mehr erleben. Ihnen sind diese Erinnerungen gewidmet.
Dank gilt ferner der Kameradschaft KSS e.V. Rostock- Warnemünde, die Erlebnisberichte zur Verfügung stellte, und der Kameradschaft Tastfunker mit Oberleutnant a. D. H.-J. Bickel. Der Herausgeber dankt Fregattenkapitän a. D. Karl-Heinz Kremkau für sein stetes Treiben und das Mutmachen sowie Stabsobermeister a. D. Rolf Ulrich für seine Unterstützung in der Marinekameradschaft Usedom/Wolgast.

Der Herausgeber — Rostock im Juli 2010

Korvettenkapitän a. D. Professor Dr. sc.oec. Alfred Leonhardt

Meine sonderbare Marinelaufbahn

Den Start meiner Marinelaufbahn hatte ich mir eigentlich anders vorgestellt. Es war am 2. Mai 1952, einem Freitag. Nach einer nicht enden wollenden Bahnfahrt stand ich schließlich mit meinem Köfferchen gemeinsam mit etwa zehn weiteren Ankömmlingen meiner Altersgruppe todmüde vor dem Bahnhof Kühlungsborn-West und hatte nur den einen Wunsch: ein Bett. Zwei Seepolizisten begrüßten uns mit kargen Worten und hakten unsere Namen auf einer Liste ab. Ein schon recht klappriger Lkw transportierte uns zur Dienststelle, einst Artillerieschule der deutschen Wehrmacht. Dort erwartete mich das erhoffte Bett in Gestalt eines sparsam gestopften Strohsackes auf einer roh zusammengenagelten Pritsche in einem von etwa zehn 20-Mann Zelten. Die Zelte standen in unmittelbarer Strandnähe, sodass das Rauschen der Ostseewellen zumindest einen Hauch der ersehnten Seemannsromantik vermittelte. Von den erwarteten Schiffen war weit und breit nichts zu sehen. Kein Hafen, nicht einmal ein Anlegesteg war vorhanden. Immerhin konnten wir später in feste Unterkünfte umziehen, nachdem unsere Vorgänger ihre Grundausbildung beendet hatten.

Statt einer schmucken Matrosenuniform erhielten wir zunächst nur einen khakifarbenen Anzug mit der Bezeichnung „Bordpäckchen". Als Kopfbedeckung diente eine Baskenmütze mit gesticktem „Seepolizei" auf einem seitlich aufgenähten Dreieck. Offenbar ähnelten wir äußerlich und aus der Ferne den Soldaten der US-Armee. Die Besatzungen der ersten Küstenschutzboote der Seepolizei sollen nach Berichten Beteiligter tatsächlich für solche gehalten worden sein. Jedenfalls riefen patriotisch gesinnte „Junge Pioniere" eines an der Peene gelegenen Ferienlagers bei ihrem Anblick „Ami Go Home".

Erst als nach einigen Tagen die Einkleidung in das traditionelle Blau erfolgte, fühlten wir uns als echte Seepolizei-Anwärter, wie der erste Matrosendienstgrad damals hieß. Die Kieler Bluse mit Ex-Kragen wurde statt des hässlichen Koppels, das erst im Jahr 1956 eingeführt wurde, noch – wie bereits in der Kriegsmarine üblich – fünf Zentimeter über dem Bund der Klapphose umgeschlagen. Während der Ausbildung an Land und an Bord ersetzten später blaue und weiße Leinwandanzüge das Khaki. Bis Juli 1952 galt als Anrede „Kamerad" und Dienstgrad, dann wurde der Kamerad durch „Genosse" ersetzt und es wurden im Zuge der Umbenennung in Volkspolizei-See auch militärische Dienstgrade eingeführt. Statt Anwärter hießen wir dann schlicht Matrose.

Für die Dienstuniform der Seepolizei stand das U-Bootfahrer-Päckchen Pate, das sich noch im Besitz des Seepolizei-Inspekteurs Friedrich Elchlepp befand.

Die nun folgende reine Infanterieausbildung war hart – aber gerecht. Schließlich hatte ich mich ja freiwillig dazu verpflichtet. Fühlte ich mich im zivilen Leben zuweilen recht stark und, vor allem in der Clique, auch „schlagkräftig", so wurden mir beim Kleiderschwimmen oder auf der Sturmbahn nicht selten die Grenzen meiner physischen Fitness vor Augen geführt. Und das lag nicht nur am Rauchen. Weicheier waren wir jedenfalls schon deshalb nicht, weil unser Ausbilder, ein Kamerad Hauptwachtmeister, nicht müde wurde zu versichern, dass er uns „die Eier bis aufs Gelbe schleifen" werde. Es hieß, dass er in der Kriegsmarine Kampfschwimmer gewesen sei und während der Gefangenschaft Einzelkämpfer der Sowjetarmee ausgebildet hatte. Beliebt war er jedenfalls nicht. Einer aus meinem Zug hatte die Idee, ihm einen Denkzettel zu verpassen. Als er uns am Strand wieder einmal in Richtung Ostsee robben ließ „überhörten" wir sein Stoppkommando. Wir robbten eben weiter bis das im Mai noch arg kalte Wasser über unseren erhitzten Körpern zusammenschlug. Es gab einige Erkältungen und der Vorfall wurde ausgewertet. In der anschließenden Befragung blieben wir geschlossen bei unserer Aussage, dass offenbar sein Kommando durch das Meeresrauschen übertönt worden war. Natürlich hatte der Kamerad Hauptwachtmeister den Braten gerochen und rächte sich wegen des erhaltenen Verweises an den „Verschwörern" durch allerlei Tricks. Künftig stand er eben mit dem Rücken zur Ostsee an der Wasserkante und ließ uns auf sich zu robben. An Stelle des Kommandos „Stopp"

Alfred Leonhardt als Matrose der Seepolizei

hieß es fortan „Kehrt", sodass wir die gesamte Strandbreite statt ein- nunmehr zweimal überwinden mussten. Lehre Nummer eins: Der Untergebene zieht immer den Kürzeren.

Kommandeur der Dienststelle war Seepolizei-Kommandeur (Oberst) Gerber. Ich sehe noch heute sein hämisches Grinsen, als er während eines Nachtmarsches plötzlich auftauchte und nach dem Kommando „Tiefflieger von rechts" Knallkörper in Richtung unserer in Deckung gegangenen Einheit warf. Dies ist an sich im militärischen Alltag nichts Besonderes, aber die verwendeten Knallkörper gehörten zur Kategorie Kanonenschläge und entsprachen, von der geringeren Splitterwirkung abgesehen, nahezu der Sprengkraft kleiner Handgranaten. Gerber desertierte übrigens am Abend des 17. Juni 1953 nach Westberlin. Er soll der CIA nahe gestanden haben und wollte sich möglicherweise den nach dem misslungenen Aufstand einsetzenden Ermittlungen durch Flucht entziehen.

Acht Wochen nach der Einberufung wurde ich ohne erkennbare Begründung mit etwa vierzig weiteren Matrosen unserer Einheit von Kühlungsborn nach Parow bei Stralsund in Marsch gesetzt. Die jetzige Marinetechnikschule war seit Juli 1950 eine Seepolizei-Schule (SPS), an der außer Matrosen und Maaten auch Kommandanten und Wachoffiziere sowie Ingenieuroffiziere für die im Aufbau befindlichen Flottillen ausgebildet wurden.

Nach der im Dezember 1951 erfolgten Gründung der Seepolizei-Offiziersschule Stralsund (offizielle Bezeichnung: „G 4", umgangssprachlich: „Schwedenschanze") wurde Parow zur reinen Unterführer- und Mannschaftsschule und 1956 zur Flottenschule. Die Bedingungen in dem von uns bezogenen Gebäude waren im Verhältnis zu Kühlungsborn recht nobel. Nachdem innerhalb einer Woche auch aus anderen Dienststellen weitere Matrosen zugeführt worden waren, bildeten wir schließlich eine Einheit in Kompaniestärke und erfuhren erst jetzt den Sinn der Maßnahme. Wir waren „Offiziersanwärter" geworden und befanden uns in Vorbereitung auf einen Sonderlehrgang an der Schwedenschanze.

Ostern 1953 in der Kaserne Schwedenschanze

Nunmehr wurden mir auch die Andeutungen während des Aufnahmegesprächs im Vorjahr bei der Hauptverwaltung Seepolizei (HVS) klar. Es wurde also ernst gemacht mit der als möglich in Aussicht gestellten Offizierslaufbahn.

Der Vorbereitungslehrgang lag in etwa auf dem Niveau der damaligen Mittelschule. Besonders in Mathematik und Deutsch hatte ich eine Aufstockung bitter nötig, und ich büffelte was das Zeug hielt. Den wohl entscheidenden Motivationsschub für meine gesamte Marinelaufbahn bewirkte jedoch der erstmalige Anblick von (Schul)-Kampfschiffen der VP-See im Hafen. Das in Kühlungsborn allgegenwärtige Infanterie-Empfinden wich nun endlich der Gewissheit, tatsächlich bei der Marine gelandet zu sein. Eine Exkursion zur 1. Flottille in Peenemünde und die Besichtigung „echter“, d. h. im Minenräumdienst und der Bewachung der Seegrenze befindlicher Kampfschiffe überwand schließlich die letzten Zweifel. Mein Entschluss stand fest: Ich wollte Kommandant eines solchen oder ähnlichen Schiffes werden. Voller Ungeduld fieberte ich dem Beginn der Offiziersausbildung entgegen.

Am 4. August des Jahres 1952 war es soweit. Ich gehörte der 2. Gruppe des 3. Zuges der 4. Kompanie eines zweijährigen Seeoffizierslehrganges (3. SOL) an der Schwedenschanze an. Den Colani zierten nun mit goldener Litze umrandete Schulterstücke und der linke Ärmel der Kieler Bluse trug einen goldenen fünfzackigen Stern mit einfachem Kreis für den Dienstgrad „Offiziersschüler 1. Lehrjahr". Hatte ich bislang die Grundausbildung als den Gipfel ertragener Härte empfunden, so musste ich schnell erfahren, dass ein Gipfelsturm neben der physischen auch noch weitere Komponenten abverlangt. Vom morgendlichen Weckruf um 6 Uhr bis zur Nachtruhe um 22 Uhr wurde fast pausenlos gepaukt. Täglich acht Stunden.

Wenn im Objekt ein Zug besonders zackig marschierte und weithin vernehmlich „Spaniens Himmel ..." sang, dann gehörte er zweifelsfrei zur 4. Kompanie. Ein ausgesprochener Hit war das exklusiv für die Seepolizei geschaffene Marschlied „Sonnenuntergang" mit dem Refrain:

„Sonnenuntergang, an der schönen, blauen Ostsee. Nur ein Sternlein lacht, Seepolizei, die hält Wacht." Allerdings kam es auch vor, dass die ganze Kompanie mit einem damals erst verpönten und später völlig verbotenen „Schwarzbraun ist die Haselnuss" oder „In einem Polenstädtchen ..." auf den Lippen durch Stralsunds Straßen marschierte, beispielsweise um kurzfristig einen Bananendampfer im Hafen zu entladen oder um den Bauern bei der Kartoffelernte zu helfen. Und wenn die Standortstreife eine Matrosenkeilerei im Ratsweinkeller oder im „Trocadero" nicht in den Griff bekam, wurden schon mal Paschillers schnelle Truppen alarmiert.

Wir hatten den Eindruck, dass unser Leutnant bei Anfragen des Stabschefs zu „freiwilligen" Sondereinsätzen den Finger besonders hoch hob. Aber irgendwie mochten wir ihn und nicht wenige waren gewiss wie ich später bestürzt, als man erfuhr, dass er bei einem Motorradunfall auf dem Rügendamm ums Leben kam.

Wenn im Politunterricht Marx, Engels oder Lenin erwähnt wurden, dann in der Regel im Kontext zu J. W. Stalin. Und das war nicht nur in der Armee so. Stalins wohl bekanntestes Werk „Fragen des Leninismus" kannte und besaß ich noch aus dem FDJ-Studienjahr. Es war relativ leicht verständlich geschrieben und für die damaligen Anforderungen des gesellschaftswissenschaftlichen Unterrichts auch völlig ausreichend. Wozu Marx, Engels oder Lenin im Original lesen, wenn sich deren Erkenntnisse über die gesetzmäßigen Vorgänge der menschlichen Gesellschaft gewissermaßen im Wissen, Denken und Handeln Stalins komprimieren? Ergänzt durch Mao's „Über den Widerspruch" erschien auch mir der dialektische und historische Materialismus als ein in sich logisches Weltbild, das es in der Realität nur noch zu vollenden galt. Auf einen Nenner gebracht war auch ich überzeugt: Der objektiv gesetzmäßige Prozess der weltweiten Ablösung des Kapitalismus durch den Sozialismus/Kommunismus war unwiderruflich im Gange. Der historisch überlebte Kapitalismus wehrt sich dagegen mit allen ihm verbliebenen Kräften, einschließlich militärischen. Die Verteidigung des Sozialismus ist somit eine naturhistorische Notwendigkeit und unverzichtbares Wehrmotiv der sozialistischen Armeen. Basta!

Heute glaube ich zu wissen, dass die Menschheit irgendwann einen solchen oder ähnlichen Weg zwar gehen wird. Aber so gradlinig wie er in Stalins Schablone skizziert und in meinen Vorstellungen reflektiert war, verläuft er mit Sicherheit eben nicht. Damals war für mich Stalins Weisheit schon deshalb unanfechtbar, weil sein Sieg über den deutschen Faschismus, der Inkarnation der Aggressivität des Kapitalismus, geradezu wie eine Bestätigung der Theorie erschien. Stalin war für mich Staatsmann, Kriegsherr und Wissenschaftler wie aus einem Guss.

Und plötzlich war dieser Mensch seit dem 5. März 1953 nicht mehr. Sein Tod wurde uns in einer Politinformation verkündet und mir entfuhr laut die ehrliche, wenngleich aus heutiger Sicht etwas einfältige Frage: „Wer sagt uns nun, wie es weitergeht?" Meine Reaktion gefiel dem Politstellvertreter der Kompanie dermaßen gut, dass er sie im täglichen Info-Bericht an den Stab erwähnte. Und prompt wurde ich als Sprecher aller Kursanten in der offiziellen Trauerfeier der Offiziersschule benannt. Gewiss eine große Ehre, doch zunächst ein riesiger Trubel. Ich war beileibe nicht auf den Mund gefallen und hatte auch schon vor einigen Dutzend Leuten gesprochen. Aber hier ging es um ganz andere Dimensionen. Ablehnen kam nicht in Frage, also entwarf ich ein Manuskript, das nach mehreren Änderungen schließlich bestätigt wurde.

Als am Tag der Trauerfeier mit den goldbetressten Ehrengästen auch noch Admiral Waldemar Verner persönlich im Präsidium des riesigen Speise- und Kultursaals Platz genommen hatte, wähnte ich mich vor Aufregung dem Tod fast näher als es Stalin bereits war. Nachdem man mich aufgerufen hatte, ging ich die vielleicht 30 Meter von meinem Platz bis zum Präsidium wie auf Pudding. Am Pult war nach dem ersten Satz zunächst die Stimme weg, bis mich einer der Prominenten mit einem freundlichen Kopfnicken zum Weiterreden ermunterte. Erstaunlicherweise wurde mir mein von akuter Atemnot diktiertes Stammeln während eines anschließenden Umtrunks für die Ehrengäste als aufrichtige Ergriffenheit und Anteilnahme zugestanden. Ich widersprach natürlich nicht, aber es waren die wohl schlimmsten fünf Minuten meines Lebens gewesen, und ich schwor mir, nie wieder vor einem großen Publikum zu sprechen. Ich konnte nicht ahnen, dass mir zwanzig Jahre später als Professor die fast täglichen Vorlesungen vor über 300 Studenten oder Beiträge auf wissenschaftlichen und propagandistischen Konferenzen geradezu Spaß machen würden. Man sollte eben doch niemals nie sagen.

Mein Auftritt auf der Trauerfeier hatte noch ein Nachspiel. Der Politstellvertreter der Kompanie nutzte die Gunst der Stunde, mich zum Eintritt in die SED zu bewegen. Mir war dies zu jenem Zeitpunkt noch eine Nummer zu groß, und ich lehnte mit der Begründung ab, dass ich mich zu diesem Schritt noch nicht reif genug fühlte. Das war aus heutiger Sicht reiner Blödsinn. Für die Führung eines U-Bootes fühlte ich mich ja auch reif genug. Eleganter wäre es gewesen, dieses Thema mit dem Hinweis offen zu lassen, dass ich darüber nachdenken würde. Heute glaube ich zu wissen, dass sich diese Absage mit Sicherheit negativ auf meine weitere Marinekarriere auswirkte.

Ende Mai 1953 begann die sogenannte „Kommissionierung". Es war eine erste Aussprache über die spätere Verwendung der Kursanten unseres Lehrganges als frisch gebackene Seeoffiziere. Die Gespräche dienten neben der langfristigen Personalplanung wohl auch der Stimulierung unserer Leistungsbereitschaft. Der Kommission lagen jedenfalls die bisherigen Noten und Beurteilungen jedes Kursanten vor. Kritisch wurde es für mich, als ich nach eventuellen Einsatzwünschen gefragt wurde. Immerhin durfte ich ja von der Möglichkeit einer U-Boot-Waffe in der Volkspolizei-See offiziell gar nichts wissen. Mir blieb also nur die Umschreibung mit dem Konjunktiv: „Auf alle Fälle möchte ich in den Flottendienst mit Schwerpunkt Schiffsführung und Navigation. Aber wenn die VP-See eines Tages auch mit der Torpedowaffe bestückte Schiffe erhalten sollte, dann dort. Am liebsten wäre mir ja der Einsatz auf einem U-Boot, aber dieser Typ ist ja wohl nicht vorgesehen …"

Völlig perplex war ich, als der Sprecher der Kommission, ein Fregattenkapitän, ohne Umschweife sagte: „In Ordnung. Wenn Sie Ihren jetzigen Durchschnitt von 4,5 (nach sowjetischer Notenskala; entspricht der deutschen 1,5) halten, gesund bleiben und auch sonst keinen Mist bauen, bereiten Sie sich ab Oktober nächsten Jahres auf der 1. ULA Sassnitz Dwasieden (1. Unterseeboot-Lehranstalt) auf den Einsatz als 1. Offizier/Torpedooffizier auf einem U-Boot vor. Der Nächste bitte!"

Ich war der Größte! Von diesem Moment an legte ich in meinem ohnehin nicht geringen Ehrgeiz noch einen Zahn zu. Neben dem Dienstsport trainierte ich in der kargen Freizeit meinen Körper in einer Judogruppe und versuchte mich mit allerdings mäßigem Erfolg im Boxring. Natürlich bedankte ich mich bei meinem Torpedolehrer für seinen U-Boot-Tipp. Auch er war erstaunt, dass in der Kommission so offen über dieses vermeintliche Staatsgeheimnis gesprochen worden war. Wie ich erst viel später verbindlich erfuhr, wurden bereits im November/Dezember 1952 die ersten Offiziere, Unteroffiziere und Mannschaften an die am 15. Januar 1953 offiziell eröffnete 1. ULA versetzt. Im

Februar 1953 wurde ein vor Warnemünde gesunkenes U-Boot Typ VII C der Kriegsmarine gehoben und zur Volkswerft Stralsund geschleppt. Wegen der starken Beschädigungen wurde jedoch die Instandsetzung abgebrochen und das Boot verschrottet. Im Sommer 1953 sollten fünf U-Boote eben diese Typs VII C aus der Kriegsbeute der UdSSR sowie zwei sowjetische Küsten-U-Boote nach Sassnitz verlegt werden. Den Lehrgangsteilnehmern der ULA wurde mitgeteilt, dass sämtliche Boote bereits aus Kronstadt ausgelaufen seien und sich auf dem Marsch Richtung Sassnitz befinden würden. Zur gleichen Zeit wurde begonnen, den Südteil des Hafens Sassnitz als U-Boot-Stützpunkt auszubauen. Für den Zeitraum 1954-1957 war geplant, in Eigenentwicklung 14 U-Boote mit einer Verdrängung von je 750 Tonnen auf den Werften der DDR zu bauen und in Dienst zu stellen. Für die Realisierung meiner persönlichen Perspektivplanung als U-Boot-Kommandant wären also ausreichend Schiffe verfügbar und entsprechender Bedarf an Personal vorhanden gewesen.

Alles schien demzufolge ideal zu verlaufen. Es hing scheinbar nur noch von meiner weiteren stabilen Gesundheit und einem erfolgreichen Examen als Seeoffizier ab. Obwohl bis zu dem anschließenden Lehrgang an der U-Boot-Lehranstalt noch mehr als ein Jahr ins Land ging, versuchte ich in den Kabinetten so viel wie möglich Informationen über die U-Boot-Waffe aufzutreiben und zu verarbeiten. Doch bald musste ich am eigenen Leib erfahren, wie schnell bestimmte Ereignisse in das Schicksal eines Menschen eingreifen und alle seine Wünsche und Träume zerstören können.

Fregattenkapitän a. D. Harald Richter

In der Personalabteilung der Hauptverwaltung Seepolizei (HV S) 1950/51

Als 1949 die ersten Volkspolizei-Bereitschaften geschaffen wurden, meldete ich mich mit zahlreichen anderen FDJ-Mitgliedern freiwillig und trat im September 1949 in der 1. Bereitschaft Sachsen in Leipzig meinen Dienst als VP-Anwärter an. Zu Stalins Geburtstag am 1. Dezember 1949 wurde ich zum VP-Wachtmeister ernannt und im Januar 1950 zur Leitstelle der Hauptverwaltung Ausbildung HVA in Mecklenburg, nach Primawald bei Güstrow versetzt

Im Mai 1950 wurde ich als Hauptwachtmeister von der Leitstelle Mecklenburg zur HVZ (Hauptverwaltung zur besonderen Verfügung) nach Berlin-Adlershof, Rudower-Chaussee, dem Sitz der HVA versetzt. Hier bildete sich

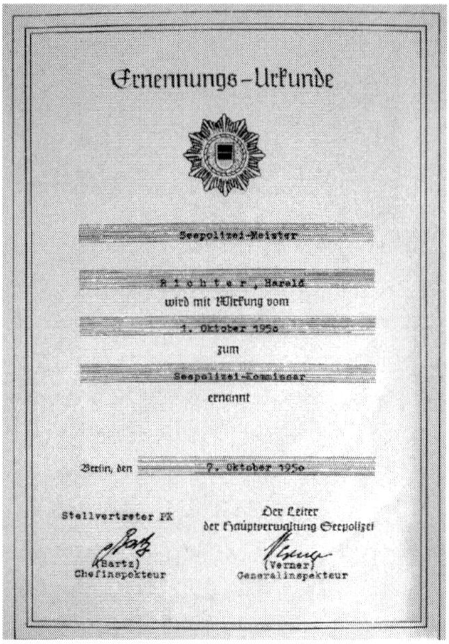

Ernennungs-Urkunde

Seepolizei-Meister

Richter, Harald

wird mit Wirkung vom

1. Oktober 1950

zum

Seepolizei-Kommissar

ernannt

Berlin, den 7. Oktober 1950

Stellvertreter PK

(Bartz)
Chefinspekteur

Der Leiter
der Hauptverwaltung Seepolizei

(Verner)
Generalinspekteur

Ernennungsurkunde des Seepolizei-Anwärters Harald Richter

der Aufbaustab der zu schaffenden Seepolizei. In allen Presseorganen der DDR wurde nun für interessierte und geeignete männliche und weibliche Personen für den Aufbau der Seepolizei geworben. Wir freuten uns über jede eingehende Bewerbung. Bald bekamen wir eine eigene Dienststelle und verlegten mit dem noch kleinen Personalbestand des Aufbaustabes einschließlich unserer Schreibtechnik in einem Bus nach Berlin-Wilhelmsruh, Kurze Straße 1, in das ehemalige Verwaltungsgebäude von VEB Bergmann Borsig. Die Hauptabteilung P (Personal), zu der ich gehörte, wurde von Chefinspekteur Fischer geleitet. Sie bezog Zimmer im unteren Stockwerk rechts. Ich bin deshalb überrascht und froh, dass ich in dem von Steffen-Verlag editierten interessanten Buch „Die Volksmarine" von Dieter Flohr und Peter Seemann auf Seite 13 meinen alten Dienstsitz im Foto sehen konnte. Mit VP-Rat Pankow bearbeitete ich das Hausreferat innerhalb der Personalabteilung und hatte dabei mit den Genossen Dagobert Teuber (VP-Rat) und Hans-Joachim Hörnicke (VP-Oberkommissar) engen Kontakt. Bald füllten sich die Schränke mit Personalakten die ich zu verwalten hatte von Neueinstellungen aus dem „Zivilen Sektor" bzw. Zuversetzungen von der Volkspolizei. Ich kann mich noch gut daran erinnern, als Wilhelm Ehm als VP-Oberkommissar eingestellt wurde und auch VP-Hauptwachtmeister Heinz Augustin, der spätere Chef Nachrichten der Marine, mit großem Marschgepäck von der VP-Schule Pirna zu uns versetzt wurde. Auch daran, dass Johannes Wesolek (später Schriftsteller) mit seinem roten Privatauto, einen offenen Ford-Eifel, auf unseren Parkplatz rollte und dann als VP-Inspekteur und erster Chef Nachrichtenwesen eingestellt wurde, kann ich mich noch gut entsinnen. Wir waren stolz, dass zahlreiche Frauen und Männer unserem Aufruf folgten und durch diese Zuversetzungen bzw. Neueinstellungen die ersten Dienststellen geschaffen und mit Personal besetzt werden konnten.

Der Sitz des Aufbaustabes der Seepolizei im Verwaltungsgebäude von Bergmann-Borsig in Berlin-Wilhelmsruh

Eine leicht unangenehme Sache ist mir jedoch auch nicht entfallen. Als Waldemar Verner (bis dahin 1. Kreissekretär der SED in Stralsund) die Führung der Hauptverwaltung Seepolizei als Generalinspekteur übernahm, war es unter anderem meine Aufgabe, wie bei jeder anderen Einstellung oder Zuversetzung, die entsprechende Weisung an die Finanzabteilung zur Auszahlung der Bezüge zu geben. Bei höheren Dienstgraden waren die Besoldungsgruppen gestaffelt, bei VP-Kommandeuren nach VI und VII und eben bei Generalinspekteuren nach I und II. In der Regel wurde, wenn nicht anders festgelegt, nach einer gewissen „Probezeit" erst nach der höheren Besoldungsgruppe gezahlt. Da ich keine besondere Weisung erhielt, nahm ich an, dass diese Variante auch bei Waldemar Verner zuträfe. Beim ersten Gehaltstag wurde ich schon eines Besseren belehrt. Verner suchte nun den Verantwortlichen, der ihn so kurz gehalten hatte und wurde bei mir fündig. Bei dem darauf folgenden Rapport, bei dem ich ihn „treu" meine Unschuld nachwies, da ich keine andere Weisung erhalten hatte, schmunzelte er und verlangte eine sofortige Beendigung „seiner Probezeit".

Eine Episode mit einem unrühmlichen Hintergrund, die auch in diese Zeit fiel, betraf den VP-Rat Kasprik. Der mit dem Ehrenzeichen der Volkspolizei Ausgezeichnete wurde in der Hauptverwaltung Seepolizei (HVS) als

Delegation der Seepolizei zum III. Parteitag der SED 1950. Da die Industrie noch keine Kieler Blusen geliefert hatte, musste der Colani (Winterjoppe) zur weißen Tellermütze getragen werden. Harald Richter ganz rechts im Bild

Hauskommandant eingestellt. Nach kurzer Zeit setzte er sich jedoch nach Westberlin ab und nahm u.a. das Nachweisbuch über die Ausgabe der Hausausweise mit den persönlichen Angaben aller Angehörigen der HVS mit. Nachdem er durch die westlichen Geheimdienste „abgeschöpft" worden war, sprach er über den Sender RIAS und plauderte über alle Einzelheiten der HVS. Besonderen Wert legte er dabei darauf, das Dienstzimmer Verners als „Luxuszimmer" darzustellen, um den Unterschied zur gebotenen Bescheidenheit herauszuarbeiten.

Es gab jedoch auch humorvolle Situationen. So beschaffte der für die Ausstattung der Dienstzimmer mit Büromaterialien und anderen Geräten eingesetzte VP-Rat Soberski einen Container voll Radiergummi sowie Briefbeschwerer in Form einer Kogge, deren Segel mit dem Bild der Mutter Gottes Maria versehen war. Er hätte dies sehr preisgünstig erwerben können, versuchte er sich aus der Schlinge zu ziehen.

Ein VP-Meister Drebing holte sich wiederum beim Chef für Versorgung, Inspekteur Blechschmidt, die Genehmigung, einige angeblich beim Transport schwer beschädigte Nähmaschinen aussondern zu dürfen. In Wirklichkeit war der Schaden jedoch nicht so gravierend, sodass er auch anderen Offizieren solche Maschinen zukommen ließ, die diese wiederum ihren Frauen zu Weihnachten schenkten. Als der Vorgang auffiel, mussten die „Weihnachtsgeschenke" wieder eingezogen werden und Drebing zum Rapport bei Verner erscheinen. Dort hagelte es natürlich mächtig, aber Drebing kniete vor Verner nieder und schwor beim Barte von Walter Ulbricht, dass er das dafür eingenommene Geld vollzählig bei der Kasse abgerechnet habe. Der „Vorzimmerlöwe" von Verner, VP-Rat Viereck, bestätigte später lachend diesen Vorgang

Anlässlich des III. Parteitages der SED traten wir als Seepolizei erstmalig in Uniform als Begrüßungseinheit vor der Werner-Seelenbinder-Halle auf. VP-Inspekteur Walter Steffens führte unseren Marschblock an. Während die Offiziersdienstgrade bereits mit kompletten Uniformen ausgestattet werden konnten, wurden für die Matrosendienstgrade die weißen Kielerhemden nicht

Dieses Foto vom Nationalkongress in Ostberlin erschien 1950 in einer Westberliner Zeitung. Rechts Harald Richter, dahinter Heinz Irmscher

rechtzeitig bereitgestellt. Wir mussten deshalb entgegen der Vorschrift mit Überzieher (der Colani wurde im Winterhalbjahr getragen, der Hrsg.) und weißer Tellermütze antreten.

Bei einem späteren Auftreten als Begrüßungseinheit zum „Ersten Nationalkongress" wurden wir u.a. von Westberliner Reportern fotografiert. In einer Westberliner Illustrierten erschien dann ein Foto mit folgendem Untertitel: „Auf dem Ersten Nationalkongress der Sowjetzone: Deutsche Ostmarine von morgen. Mit ihren blauen Uniformen und weißen Mützen gewannen bei der Massendemonstration im Berliner Lustgarten von allen Teilnehmern die Angehörigen der „Seepolizei" besonderen Beifall."

Bei Zuversetzung von Personen aus den Reihen der VP war die Eingruppierung zu den Besoldungsgruppen kein Problem, da sie größtenteils mit ihren ehemaligen Dienstgraden so übernommen und eingestuft wurden. Komplizierter war es schon, wenn Personen aus dem sogenannten zivilen Sektor zu uns kamen. Hier wurde in erster Linie der letzte Verdienst zu Rate gezogen und mit den Besoldungsgruppen in Übereinstimmung gebracht. Dies führte dann manches Mal zu recht „komischen" Erscheinungen, wenn z.B. schon etwas ältere und beleibte Personen, die erstmalig Uniform trugen, plötzlich als höhere Dienstgrade erschienen. Da für diese Personen die Uniformen in Maßanfertigung hergestellt werden mussten, konnte es auch vorkommen, dass man sich nach eingehender Überprüfung der Kaderunterlagen wieder von einigen verabschieden musste, bevor alle Uniformstücke fertig gestellt waren.

Hauptverwaltung für Ausbildung
– Hauptabteilung P –
Ref. für pers. Angel. der HVA

Berlin, den 20. Juni 1950
Rö.

B e f e h l Nr. 152 /50

für den Bereich der Hauptverwaltung für Ausbildung.

Lfd. Nr.	Name und Vorname	Dienstgrad	Bes. Gr.	Abteilung	Bemerkungen
Abversetzungen:					
1.	Bartz, Erwin	VP.-Insp.	V	z.b.V.	Mit Wirkung vom 1.7.1950 sind die unter lfd.Nr. 1 – 67 genannten VP.-Angehörigen zur Hauptverwaltung für Seepolizei versetzt.
2.	Bau, Walter	VP.-Rat	IX	z.b.V.	
3.	Berger, Helmuth	VP.-Obwm.	XIV	z.b.V.	
4.	Beuser, Heinz	VP.-Wm.	XV	z.b.V.	
5.	Blunk, Wolfgang	VP.-Wm.	XV	z.b.V.	
6.	Bork, Franz	VP.-Anw.	XVI	z.b.V.	
7.	Brandt, Heinz	VP.-Wm.	XV	z.b.V.	
8.	Dachner, Heinrich	VP.-Obwm.	XIV	z.b.V.	
9.	Dobbertin, Günter	VP.-Obwm.	XIV	z.b.V	
10.	Elchlepp, Friedrich	VP.-Kdr.		z.b.V.	
11.	Friedrich, Walter	VP.-Kdr.	VII	z.b.V.	
12.	Fredrich, Erwin	VP.-Wm.	XV	z.b.V.	
13.	Ganzert, Emil	VP.-Oberrat	VIII	z.b.V.	
14.	Gerisch, Kurt	VP.-Komm.	XI	z.b.V.	
15.	Hörting, Käthe	VP.-Mstr.	XII	z.b.V.	
16.	Hoddow, Gotthard	VP.-Komm.	XI	z.b.V.	
17.	Hörnicke, Hans-Joachim	VP.-Oberkomm.	X	z.b.V.	
18.	Holz, Arno	VP.-Mstr.	XII	z.b.V.	
19.	Irmscher, Heinz	VP.-Oberrat	VIII	z.b.V.	
20.	Jacob, Heinz	VP.-Obwm.	XIV	z.b.V.	
21.	Jordan, Ludwig	VP.-Obwm.	XIV	z.b.V.	
22.	Kahl, Karl	VP.-Wm.	XV	z.b.V.	
23.	Kant, Eugen	VP.-Wm.	XV	z.b.V.	
24.	Kaufeld, Franz	VP.-Mstr.	XII	z.b.V.	
25.	Köhler, Manfred	VP.-Komm.	XI	z.b.V.	
26.	Kluth, Günther	VP.-Wm.	XV	z.b.V.	
27.	Kohn, Günter	VP.-Komm.	XI	z.b.V.	
28.	Langkabel, Heinz	VP.-Obwm.	XIV	z.b.V.	
29.	Lemke, Gerhard	VP.-Oberkomm.	X	z.b.V.	
30.	Link, Rudolf	VP.-Anw.	XVI	z.b.V.	

– 2 –

Befehl über die Versetzung von Angehörigen der VP-Bereitschaften zur Seepolizei

05

31.	Pommitz, Horst	VP.-Wm.	XV	z.b.V.
32.	Raddatz, Heinz	VP.-Anw.	XVI	z.b.V.
33.	Radlow, Manfred	VP.-Wm.	XV	z.b.V.
34.	Reibe, Gerhard	VP.-Wm.	Xv	z.b.V.
35.	Ressel, Siegfried	VP.-Wm.	XV	z.b.V.
36.	Ritter, Paul	VP.-Wm.	XV	z.b.V.
37.	Ruß, Bruno	VP.-Hptwm.	XIII	z.b.V.
38.	Sodeike, Wolfgang	VP.-Wm.	XV	z.b.V.
39.	Scheffler, Felix	VP.-Insp.		z.b.V.
4o.	Schröder, Fredi	VP.-Anw.	XVI	z.b.V.
41.	Schuldt, Hans	VP.-Mstr.	XII	z.b.V.
42.	Schwarz, Heinz-Gerh.	VP.-Wm.	XV	z.b.V.
43.	Schneider, Alfred	VP.-Rat	IX	z.b.V.
44.	Steffens, Walter	VP.-Insp.		z.b.V.
45.	Strauss, Irmgard	VP.-Obwm.	XIV	z.b.V.
46.	Teuber, Dagobert	VP.-Rat	IX	z.b.V.
47.	Thomas, Gerhard	VP.-Komm.	XI	z.b.V.
48.	Ulke, Reinhold	VP.-Hptwm.	XIII	z.b.V.
49.	Walle, Erwin	VP.-Wm.	XV	z.b.V.
5o.	Weber, Heinz	VP.-Komm.	XI	z.b.V.
51.	Weigt, Burghard	VP.-Komm.	XI	z.b.V.
52.	Wild, Hans	VP.-Komm.	XI	z.b.V.
53.	Wille, Horst	VP.-Wm.	XV	z.b.V.
54.	Wirth, Egon	VP.-Anw.	XVI	z.b.V.
55.	Zastrow, Heinz	VP.-Wm.	XV	z.b.V.
56.	Zaumseil, Hermann	VP.-Oberrat	VIII	z.b.V.
57.	Schulze, Ernst	VP.-Mstr.	XII	z.b.V.
1 58.	Schöppe, Hermann	VP.-Oberkomm.	X	z.b.V.
59.	Sölter, Hermann	VP.-Hptwm.	XIII	z.b.V.
6o.	Weber, Fritz	VP.-Komm.	XI	z.b.V.
61.	Stellmacher, Horst	VP.-Mstr.	XII	z.b.V.
62.	Lierke, Hans	VP.-Hptwm.	XIII	z.b.V.
63.	Kühne, Heinz	VP.-Komm.	XI	z.b.V.
64.	Kropp, Paul	VP.-Komm.	XI	z.b.V.
65.	Rungenhagen, Walter	VP.-Kdr.	VII	z.b.V.
66.	Fischer, Richard	VP.-Insp.	IV	z.b.V.
67.	Rödl, Johannes	VP.-Oberrat	VIII	z.b.V.

Stellvertreter - PK -

(Dölling)
Chefinspekteur der
Volkspolizei

Der Leiter
der Hauptverwaltung für Ausbildung

(Hoffmann)
Generalinspekteur der
Volkspolizei

Aufgrund eines Befehls wurden 1951 Angehörige der VP entlassen, die sich in westlicher Kriegsgefangenschaft befanden hatten. Da ich persönlich noch als 16-Jähriger 1945 zur Wehrmacht eingezogen wurde und bis 1947 in Italien in englischer Kriegsgefangenschaft war, wurde aufgrund meines Alters dieser Befehl für mich „abgeschwächt". Man entschied sich, mich auf einem anderen Posten mit weniger „Struktur- und Personaleinblick" einzusetzen. Die Rückwärtigen Dienste waren deshalb mein neues Aufgabengebiet bis zu meinem Dienstausscheiden 1988 mit 60 Jahren.

Obermeister a. D. Günter Gilardoni

Der Aufbau des Signalwesens

Im April 1942 machte ich meine Gesellenprüfung und meldete mich sofort als Freiwilliger zur Kriegsmarine. Am 1. Oktober 1942 wurde ich nach Danzig/Langfuhr eingezogen. Nach der Einkleidung in Gotenhafen ging es weiter nach Leba bei Lauenburg in Pommern. Nach dortiger Grundausbildung kam ich zur Marinenachrichtenschule in Waren/Müritz zum Signallehrgang. Vorkenntnisse waren ja durch die Marine HJ vorhanden. Danach kam die Kommandierung zur Küstenschutzflottille Pommernküste nach Swinemünde, wo ich Dienst auf verschiedenen umgebauten ehemaligen Fischereifahrzeugen machte. Törnweise versah ich Dienst auf den Feuerschiffen Minser Sand vor Kolberg und dem Feuerschiff „Bremen II" vor Arkona. Nach einer Umprofilierung der Flottille zur II. Sicherungsflottille wurde ein Teil unserer Boote nach Rügenwaldermünde verlegt, von wo aus der Zwangsweg bis nach Großendorf (Beginn der Halbinsel Hela) ständig von Minen zu räumen war. Obwohl ich ja nur Signäler war, erlernte ich sehr schnell den Umgang und das Arbeiten mit verschiedenen Minensuchgeräten. Bis zum Kriegsende blieb ich bei der Flottille und machte den Rückzug sowie zahlreiche Flüchtlingstransporte aus der Danziger Bucht unmittelbar mit. Den Abschluss bildete der Ausbau Swinemündes zur Festung. Kurz vor dem Einmarsch der Russen verließen wir Swinemünde in Richtung Westen (Stubbekjöbing). Dort erhielten wir die Nachricht von der Beendigung des Krieges. Mit Zwischenaufenthalten in der Eckernförder Bucht, in der Geltinger Bucht und in Schilksee/Strande kam ich ins Lager in Heide, wo dann meine Entlassung aus der Kriegsmarine erfolgte.

Am 11. Februar 1945 traf ich schon in Magdeburg ein. Hier nahm ich eine

Arbeit in einem Baugeschäft auf und schulte um zum Zimmermann. 1948 wurde ich arbeitslos und begann als Streifenpolizist in Magdeburg. 1949 wurde ich nach Berlin versetzt.

Am 16. Juni 1950 war die Seepolizei gegründet worden. Ich befand mich zu dieser Zeit als VP-Hauptwachtmeister in Berlin. Sofort beantragte ich meine Versetzung zur Seepolizei, die dann auch wenig später erfolgte. Als ehemaliger Marineangehöriger der Signallaufbahn wurde ich als Maat eingesetzt und nach Stralsund/Parow in Marsch gesetzt. Gleichzeitig hatte ich einen Transport mit Ausrüstungen für die zu errichtende Seepolizeischule in Parow zu begleiten. Beim Eintreffen in Parow am späten Abend lag bereits ein Fernschreiben von der Hauptverwaltung Seepolizei (HVS) vor, dass ich am folgenden Morgen auf dem Räumboot R 3 – einem von der Baltischen Flotte zurückgegebenen deutschen R-Boot 218 – als Signalmaat einsteigen sollte. Nach kurzem Einrichten und Beschnuppern der neuen Kameraden machten wir uns mit dem Boot vertraut und liefen auch zu kurzen Fahrten in See aus. Da die Boote nicht mehr im allerbesten Zustand waren, erfolgte erst einmal ein Werftbesuch. Die Überfahrt nach Wismar verlief ohne Zwischenfälle. In Wismar wurde sich die Zeit mit dem altbekannten und von uns allen so geliebten Infanterie-Dienst vertrieben. Wir waren an Land auf einem Sportplatz untergebracht, sodass zum „Laufenlernen" genügend Platz vorhanden war. Nach dem Ende der Werftzeit (Hansa-Werft) kamen wir nach Wolgast, wo dann die ersten Waffen (2 cm Flak 38) eingebaut werden sollten. Ich wurde dann aber mit anderen Kameraden nach Kühlungsborn verlegt, um dort als Ausbilder für die ersten Signalgasten der Seepolizei zu fungieren. Da nichts als Lehrmaterial vorhanden war, musste von uns als Erstes aus der Erinnerung schriftlich festgehalten werden, was wir in der KM gelernt hatten. So wurden die ersten Lehrmaterialien fertig gestellt. Ich selbst machte mich an die Fächer Wetterdienst, Flugzeugerkennungsdienst, Schiffserkennungsdienst usw., zeichnete Schattenrisse für den Unterricht. Winken und Morsen sowie der Umgang mit den Signalflaggen und dem Internationalen Signalbuch wurden fleißig geübt. Daneben war auch der Wachdienst im Objekt Kühlungsborn gefragt. Da auch noch keine Handfeuerwaffen vorhanden waren und das Objekt keinerlei Umzäunung besaß, zogen wir zu Zweit mit je einem handfesten Knüppel sowie einer dreifarbigen Taschenlampe auf Wache. Hinzu kam, dass wir uns mit den Vorarbeiten der zu errichtenden Signalstellen an der DDR-Küste zu befassen hatten. Die Tage waren also voll ausgefüllt.

Ab 1951 erfolgte dann der Aufbau der Signalstellen an der Küste. Es waren die Objekte Ahlbeck, Greifswalder Oie, Sassnitz, Dornbusch, Barhöft, Wustrow, Warnemünde, Kühlungsborn, Poel, Boltenhagen und Barendorf.

Am Ort meiner zukünftigen Signalstelle bezog ich ein Privatquartier. Für einen Monat mit Lebensmittelmarken (Reisemarken) und Verpflegungsgeld versehen, wurde jeden Tag am Aufbau der Unterkunft und des Signalturmes gearbeitet. Als Hilfe standen mir ein Maurer und zwei Zimmerleute zur Verfügung, die dort ansässig waren bzw. in der Nähe wohnten. Da ich selbst gelernter Tischler war und 1946/47 zum Zimmermann umgeschult hatte, ging es gut voran. Die Unterkunft bestand aus einem kleinen Standard-Holzhaus, wie sie 1946/47 als Reparationen für die UdSSR gebaut wurden. Für mich waren diese Häuser nicht neu, da ich in Magdeburg bei meiner Umschulung damit zu tun hatte. Die Einstellung der Fertigung dieser Häuser führte damals dazu, dass alle ledigen Leute von der Firma entlassen wurden. Deshalb kam ich nach langem Hin und Her zur Volkspolizei in den Streifendienst.

Nach Fertigstellung der Signalstelle trafen dann die Signalstellen-Besatzungen vom Zentralen Lager Wolgast ein. Sie brachten gleichzeitig die notwendigen Einrichtungsgegenstände mit, darunter Kücheneinrichtung, Betten, Schränke, Signalmaterial usw. Ein 15 KVA Notstromaggregat und Kraftstoff gehörten ebenfalls dazu. Telefonisch waren wir mit Wismar und Berlin verbunden. Kaum war der Betrieb aufgenommen und einigermaßen in Gang gekommen, wurde ich erneut versetzt und zwar nach Barendorf. Dort war noch viel zu tun. Beispielsweise mussten mehrere Kilometer Freileitung für das Telefon gelegt werden, d. h. die hölzernen Masten waren aufzurichten bis nach Harkensee, wo der weitere Anschluss an das Netz erfolgen sollte. Alles geschah natürlich unter Aufsicht eines Angehörigen der Deutschen Post bzw. von RFT. Sie verlegten aber auch die Leitungen, leider so schlecht, dass bei starkem Wind die lose gespannten Drähte durcheinander kamen und sich verschlangen. Wir mussten mit langen Stangen den ganzen Weg ablaufen und gegen die Drähte schlagen, um das Chaos und die Störungen zu beseitigen. Der Dienst aber wurde ohne Beanstandungen durchgeführt. Für die Signalstellenbesatzungen waren es allerdings enorme Belastungen – bis alles in geordnete Bahnen kam.

Jede Besatzung bestand aus einem Signalstellenleiter und seinem Stellvertreter. Hinzu kamen vier Signalgasten. Die Wache auf dem Turm wurde zweistündlich gegangen. Der Schiffsverkehr wurde vom Insichtkommen bis Außersichtkommen eines jeden Schiffes mitgekoppelt und telefonisch an den Stab Nachrichten in der Dienststelle Schwedenschanze Stralsund gemeldet, wo die Ziele in eine Lagekarte (Seekarte) eingetragen wurden. So hatte man einen genauen Überblick über den gesamten Schiffsverkehr vor der DDR-Küste. Die wachfreien Leute wurden weiter unterrichtet und fachlich geschult, soweit Schulungsmaterial vorhanden war. Der Signalstellenleiter, falls es sich um einen ehemaligen Mariner der KM handelte, musste sein ganzes Fachwissen zu Papier bringen, was dann zum Teil sogar an höherer Stelle ausgewertet wurde. So waren die freien Stunden auf den Signalstellen voll ausgefüllt mit Themen des Nachrichtendienstes. Eine von mir angefertigte Tabelle für den Schiffserkennungsdienst wurde dann als Dienstanweisung Nr. 19 in den Unterricht eingeführt, dann aber vom Inspekteur des Nachrichtenwesens Johannes Wesolek unterzeichnet.

Signalgast der Seepolizei

In meiner Signalstellenzeit hatte ich noch eine Sonderaufgabe zu erfüllen. KS-1, also das erste Küstenschutzboot, noch ohne Funkausrüstung, sollte Meilenfahrt in der Tromper Wiek machen und lag deshalb in Sassnitz. Um die Sicherheit des Bootes zu gewährleisten, wurde mir ein PKW Horch mit Fahrer zur Verfügung gestellt. Außerdem gefütterte Wachmäntel, Signalpistole, Fernglas und Winkflaggen. Eine Woche lang standen wir – oft in bitterer Kälte – zwischen den Meilenbaken zwischen Lohme und Glowe nördlich Nardewitz bei Uferkaten/Rugeshus und harrten der Dinge, die da kommen sollten. Abends fuhren wir dann nach Sassnitz zurück.

Kapitän zur See a. D. Peter Barth

So wurde ich ein „Mariner“

Vor 50 Jahren begann meine „maritime Entwicklung“. Zwar wohnte ich am Elbestrom, war aber eine typische Landratte und besaß eher Ambitionen für Segelflug bzw. Segelflugmodellbau. In der zweiten Hälfte des Monats November 1951 warb man mich von meinem Arbeitsplatz weg zur Seepolizei, ein völlig ungewohnter Neuanfang, der fast vier Jahrzehnte meines Lebens und das Leben meiner Familie entscheidend prägen sollte.

Es war ein trüber Novembertag, also so ein Tag, an dem man das Gefühl hat, dass es nie richtig hell wird. Ich saß in meinem wie immer überheiztem „Heim“, einer im Zweiten Weltkrieg für damalige Zwangsarbeiter hastig errichteten Holzbaracke. Das war das Domizil der FDJ-Betriebsgruppe der VEB Zellstoffwerke Pirna/Heidenau/Peschelmühle im Pirnaer Betriebsteil. Hierher war ich: „als einer der besten Org.-Instrukteure der FDJ-Kreisleitung Pirna“ (so stand es in meiner Beurteilung) als hauptamtlicher Sekretär der Zentralen FDJ- Betriebsgruppenleitung mit der Aufgabe delegiert worden, den weiteren Aufbau und die Entwicklung der FDJ-Grundorganisationen der Werke voranzutreiben.

Seit August 1948 besaß ich den Gesellenbrief eines Elektroinstallateurs und -mechanikers. Daran anschließend arbeitete ich bis 1950 als Autoelektriker bei der Firma Auto-Licht-Gasch (später volkseigen: IKA-Autoelektrik) in Pirna.

Wenn auch die Weiterbildungsmöglichkeiten im Handwerk damals nicht gerade optimal waren, so hielt ich mich schon deshalb für geeignet, weil ich seit 1948 im Besitz des Führerscheines war. Den erwarb ich in der Fahrschule Krause auf einem PKW „Opel-P4“, der auf dem Dach zwei Treibgasflaschen hatte, was den „Gewichtschwerpunkt“ bei diesem Typ noch weiter nach oben wandern ließ! Vor den Volkswahlen 1950 chauffierte ich mit einem gleichen PKW der SED-Kreisleitung nach Feierabend und an den Wochenenden so manchen Wahlredner und Funktionär in die entferntesten Winkel des Kreises Pirna und geriet so noch mehr in die Aufmerksamkeit der FDJ-Obrigkeit.

In der FDJ-Kreisleitung als Org.-Instrukteur eingestellt, bestand meine Haupttätigkeit darin, FDJ-Betriebsgruppen in damals noch vorwiegend privaten kleinen und mittleren Betrieben zwischen Lohmen und Neustadt/Sachsen zu schaffen.

Heute meine ich, dass trotz mancher Erfolge meiner Instrukteursarbeit mir damals noch besonders der „Makel“ anhing, ein ehemaliger Oberschüler mit Kriegsabitur gewesen zu sein und aus einem Volksschullehrer-Elternhaus zu stammen. Ich kam trotz meines Handwerksberufes eben nicht aus der Arbeiterklasse. Also: ab in die Produktion!

In der Zellstoffproduktion, einer harten, nicht ungefährlichen und geräuschvollen Arbeit, waren aber 1950 neben wenigen „Stammarbeitern“ (meist schon Ältere) auch zahlreiche „abgewickelte“ Nazibeamte, Lehrer, Angestellte sowie ehemalige Wehrmachtsangehörige tätig. In diesen Produktionsbereichen fand ich für eine neue demokratische Jugendarbeit weder offene Türen noch Entgegenkommen. Statt Hilfe und Unterstützung waren oft versteckte und offene „Drohungen“ zu hören. Jedoch mit Rückhalt und Aktivität des SED-Betriebsgruppensekretärs Eichhorn, eines klugen und weitsichtig denkenden alten Kommunisten, gelang es mir nach einigen Fehlschlägen und mancher

Niederlage auch Positives und Beständiges unter dieser Art von Arbeiterklasse zu erreichen.

Während ich also in unserer Jugendheimbaracke, die zwischen riesigen Braunkohlehaufen und hochgestapelten Rundholz fast versteckt war, über künftigen Vorhaben brütete, wurde ich telefonisch ins Parteibüro – einen kleinen, inmitten lärmenden Produktionsablaufs gelegenen Raum – gerufen. Der Personenkreis, den ich um den Parteisekretär versammelt vorfand, waren mir gut bekannte Mitstreiter verschiedener Altersgruppen. Diese Runde wurde durch zwei Fremde in blauen Uniformmänteln ergänzt, die mit einem PKW „F9" gekommen waren. Sie wurden mir als Offiziere der Seepolizei vorgestellt, wovon ich bis dato noch kaum etwas gehört hatte. Der Größere war Oberkommissar Holzmann und der zweite Kommissar Herklotz. Später erfuhr ich, dass Seepolizei-Oberkommissar Holzmann der Verantwortliche für die FDJ in der jungen Seepolizei war und die damals sehr seltene, wohl internationale Auszeichnung „Partisan des Friedens" trug. Mit Karl Herklotz stand ich während meiner späteren Dienstzeit bis zu meiner Abversetzung aus meiner Volksmarine in dienstlicher Verbindung.

Offensichtlich war das Anliegen der beiden Seepolizeioffiziere hier im Parteibüro eines Industriebetriebes im tiefen Binnenland – wohl, weil die Sachsen als „seefahrendes Völkchen" verschrien sind – bereits beraten und diskutiert worden, denn ich wurde nach kurzer Begrüßung direkt gefragt, ob ich bereit sei, die Reihen der Seepolizei der DDR zu verstärken!

Für mich war das eine Überraschung im doppelten Sinn. Etwa vier Wochen vor dieser Aussprache war mir am gleichen Ort vorgeschlagen worden, ein Studium aufzunehmen, um nach dessen erfolgreichem Abschluss die Position eines Kulturdirektors im Werk zu besetzen. Außerdem lag – wie bereits eingangs erwähnt – meine Sympathie mehr bei der „Luft", wenn man von gelegentlichen Paddeltouren auf der Elbe absah. (Erst viel später sollte ich jenen Spruch kennen lernen: „Luft und See grüßen den Rest der Armee.")

Ein „Bedenkzeit erbittendes Abwägen" als Antwort war wohl in der damals in unserer jungen Republik vorherrschenden Aufbruchsstimmung weder von den Seepolizeioffizieren noch der versammelten Runde erwartet worden. Ich bejahte also die Eingangsfrage. Dazu bewegten mich Interesse am Neuen, persönliche Neugier sowie das Eintreten für den Schutz der Seegrenze der DDR eingedenk meines Bekenntnisses als FDJler am 7. Oktober 1949 – jederzeit den jungen Staat zu schützen – als wir am Präsidenten Wilhelm Pieck vorbei marschierten. Nach Aufnahme bzw. Mitnahme meiner persönlichen Daten wurde ein Termin Anfang Dezember 1951 zwecks Vorstellung in der Hauptverwaltung Seepolizei, Berlin-Oberschöneweide, Schnellerstraße benannt.

Der genaue Tag, an dem ich zum ersten Mal in meinem Leben als 22jähriger vorbei an einem Wachtposten das Tor der HVS passierte, ist mir entfallen. Im Gedächtnis geblieben aber ist der Empfang durch einen schneidigen Seepolizeikommissar mit toll gekniffter Mütze, mit großer Pistole bewaffnet sowie mit roter „OvD"-Armbinde versehen. Er wies mir und anderen jungen Ankömmlingen freundlich, aber bestimmt den Weg zur gegenüberliegenden Sporthalle. Es war Harald Richter, den ich später als aktiven Mitkämpfer und sachkundigen verantwortlichen Offizier im Rückwärtigen Dienst auf dem Sektor Bekleidung und Ausrüstung kennen und schätzen lernte.

In der Sporthalle wurden wir „Anwärter" an verschiedenen Stationen geprüft. Dazu gehörten Lebenslauf, Fragebogen, Lösung von Aufgaben der vier Grundrechnungsarten sowie ein kleines Diktat. Auch mit Beweisen meines sportlichen Vermögens – Klimmziehen und Sprung übers lange Pferd – war die Zeit ausgefüllt. Unter den zahlreichen Uniformierten verschiedener Dienstgrade – für mich damals noch nicht richtig deutbar – fragte ich einen dann einfach nach Seepolizeioberkommissar Horst Holzmann. Auch erzählte ich kurz meine bisherige Geschichte seit jener Begegnung mit ihm in den Pirnaer Zellstoffwerken. Mit meiner Frage traf ich wohl den Richtigen. Er telefonierte und brachte mich danach über Treppen und Flure zum von mir Gesuchten. Der bemühte nun ebenfalls das Telefon und nach geraumer Wartezeit geleitete mich Horst Holzmann in ein Vorzimmer. Dort wurde ich der Seepolizeikommissarin Blutscheweit vorgestellt. Nach deren Erläuterung begriff ich, dass ich mich im Vorzimmer des Stellvertreters des Leiters der Seepolizei für Polit-Kultur, also des Seepolizeichefinspekteurs Erwin Bartz befand. Mir war trotz aller jugendlichen Unbekümmertheit doch etwas beklommen, ja unheimlich zumute. Dennoch war ich neugierig, als ich gedämpftes Stimmengewirr vernahm. Etwas unsicher fragte ich mich, was mich wohl nun erwarten würde.

Als ich dann in das Arbeitszimmer gerufen wurde, sah ich Erwin Bartz am Schreibtisch sitzen. Weitere Seepolizeioffiziere waren am Konferenztisch versammelt. Nach Vorstellung und Begrüßung wies man mir den Platz am Ende des Konferenztisches, also vis-a-vis vom Stellvertreter PK, zu. Wieder ging es im Gespräch um Lebenslauf und bisherige Aktivitäten. Doch wurde mir hier erstmalig offeriert, dass ich künftig als Seepolizeioffizier und als „Gehilfe für Jugendfragen" tätig sein sollte.

Erstaunen ließ mich die Tatsache, dass alle Gespräche ins Russische übersetzt wurden und die beiden Offiziere in Seepolizeiuniform mit geflochtenen Schulterstücken über den anwesenden Dolmetscher mich dann besonders über meine Kenntnisse zur Geschichte der KPdSU sowie zu Stalins Biographie in die Mangel nahmen. Nach anfänglich totaler Überraschung konnte

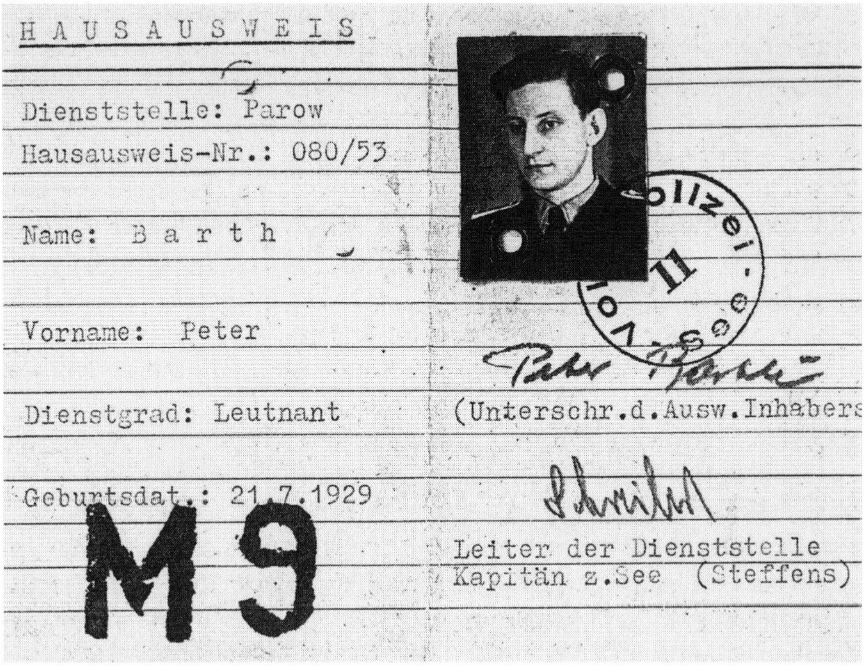

H A U S A U S W E I S

Dienststelle: Parow

Hausausweis-Nr.: 080/53

Name: B a r t h

Vorname: Peter

Dienstgrad: Leutnant

(Unterschr.d.Ausw.Inhabers

Geburtsdat.: 21.7.1929

M 9

Leiter der Dienststelle
Kapitän z.See (Steffens)

Hausausweis der Dienststelle Parow für Peter Barth

ich wohl zufriedenstellend Beispiele meines diesbezüglichen Wissens präsentieren – besonders zu Fragen der Auseinandersetzung Lenin – Martow auf dem 2. SDAPR-Parteitag. Mir fiel ein Stein vom Herzen, weil das Gespräch mit Schulterklopfen endete und mit der amtlichen Feststellung durch den Chef, man nehme mich als Gehilfe für Jugendfragen in die Reihen der Seepolizei auf.

Wieder sollte ich meine Anschrift und weitere Angaben im Vorzimmer hinterlassen. Die Seepolizei würde sich brieflich zwecks Einstellung Anfang Januar 1952 melden. Meine noch dringend vorgebrachten persönlichen Bedenken, dass ich weder das zukünftige maritime Milieu kenne noch Kenntnisse über die Seefahrt hätte, wurden mit der ermutigenden Formel, ich sei ja noch jung und man könne alles lernen, weggefegt, ohne weiter auf meine Bedenken einzugehen. Im Anschluss erfuhr ich von Horst Holzmann, dass ich von den anwesenden sowjetischen Beratern, den Genossen Sembritzki und Abramow „examiniert“ worden sei.

Natürlich war dieser Auftakt bei der Seepolizei im Dezember 1951 aufregend und spannend. Neugierig war ich, wie es nun wohl weitergehen würde mit dem vor einem Monat begonnenen Abenteuer, das nun wohl in seine vorgezeichneten Bahnen gekommen war. Neben einer Fülle neuer ungewohnter

Eindrücke hatte mich als FDJler ein kleines Randerlebnis schockiert. Im doch etwas längeren Gespräch am Tisch des antifaschistischen Kämpfers und nunmehrigen Seepolizeichefinspekteurs Erwin Bartz wurde mir, der ich damals noch rauchte – vor allem Eigenbautabak sowie die „gute“ Turf – die auf dem Schreibtisch liegende Zigarettenschachtel der Marke „Lucky Strike“ gereicht! Das war mir unbegreiflich, dass mir in diesem Kreis ausgerechnet „Amistäbchen“ angeboten wurden. Das widersprach ganz meiner bzw. unserer eingedenk des Koreakrieges bestehenden Aversion gegen alles Amerikanische. Dennoch fuhr ich voller Erwartung zurück und wartete auf das angekündigte Schreiben, das mein ganzes weiteres Leben bestimmen sollte.

Endlich, mit Datum vom 9. Januar 1952 wurde ich mit dem zukünftigen Dienstgrad Seepolizeiunterkommissar zum 15. Januar 1952 zur Hauptverwaltung Seepolizei nach Berlin gerufen. Nachdem ich dieses Schreiben an der Wache der HVS vorgelegt hatte, wurde ich ins Vorzimmer des Kaderchefs Polit-Kultur, Seepolizeioberrat Tonski, geleitet, wo ich mich diszipliniert militärisch zum Dienstantritt meldete. Das wurde von einer kräftigen, hinter der Schreibmaschine sitzenden jungen Frau, Seepolizeiwachtmeister Margit Kootz, zur Kenntnis genommen. (So begegnete ich das erste Mal der später souveränen „Alleinherrscherin“, dem zukünftigen „Vorzimmerkommandanten“ des Chefs der 4. Flottille, Stabsoberfähnrich Margit Niemann.)

Der hinzukommende Kaderchef nahm mir nach kurzer Begrüßung das mir in seinem Auftrag übersandte Schreiben ab und gab es mit der Bemerkung: „Es ist soweit alles klar, nur eine kleine Änderung“ zur Schreibmaschine. Die Sekretärin spannte es ein und der dort festgeschriebene Dienstgrad wurde ohne ein Wort der Erklärung auf Seepolizeimeister verändert. Man übergab mir den „Laufzettel“ und erst auf einer der nächsten Stationen, in der Kleiderkammer, erläuterte man auf meine Frage diese „kleine Veränderung“ anhand der Kopfbedeckungen bzw. der Schautafeln mit den Uniformen der Seepolizei. Wer fragte aber damals schon in unserem jugendlichen Enthusiasmus, noch dazu als Lediger, nach Geld und Gehaltsstufen; dennoch blieb die offene Frage: Warum? So wurde ich als Seepolizeimeister eingekleidet.

Diese Einkleidung war damals überwältigend: Schuhe, Socken, Unterwäsche bis zu diversen Uniformen, zwei Trainingsanzüge (hell/dunkelblau = Dienst, weiß/hellblau = Freizeitsport), khakifarbenes Bordzeug, schwarzes Barett bis zum berüchtigten schweren „Überseekoffer“, der mit Mühe alles fasste – das war jetzt „alles meins“. Eingewiesen ins Ledigenwohnheim in der Fennstraße, durfte ich kurze Zeit mit dem fast zur gleichen Zeit eingestellten Seepolizeioberrat Kurt Kmetsch das Zimmer teilen. Das war ein außergewöhnlicher Glücksfall für mich, da er meinen maritimen Lerneifer schon früh beim

Aufstehen mit seinem seemännischen Vokabular und seinen Erfahrungen bereitwillig – manchmal ob ich wollte oder nicht – auch handgreiflich unterstützte! (Wer mochte sich schon gern als dünner junger Mann morgens noch schlaftrunken eine Pütz kaltes Wasser über den Kopf stülpen lassen!) Kmetsch, der später in der Flottenbasis Ost in Peenemünde mein Flottillenchef war und oft liebevoll „Kuddel" genannt wurde, verdanke ich sehr viel bei meinen anfangs oft schwierigen maritimen Gehversuchen.

In den Diensträumen der Polit-Kultur-Abteilung wurde ein einfacher Tisch samt Stuhl ins Dienstzimmer von Seepolizeioberrat Heinrich Ißleib und eines weiteren, meist abwesenden Offiziers gestellt. Ich erhielt als erste Aufgabe, eine Lektion bzw. einen Vortrag zur „Novemberrevolution 1918 in Deutschland" zu erarbeiten. Mein „Erstlingswerk" über die deutsche Geschichte wurde dann unter Leitung von Heinrich Ißleib im Kollektiv beraten, teilweise völlig verrissen und natürlich wesentlich ergänzt. Dennoch blieb es erhalten und wurde im Unterricht genutzt.

Überhaupt wurde ich in den vier Wochen in der PK-Abteilung der HVS verschiedenartig „getestet". Von der Organisation mehrerer thematischer Versammlungen über Rezitationen aus Majakowskis „Oktoberpoem" anlässlich einer Feierstunde im Kinosaal, dem Einüben von Jugendliedern mit Offizieren und Mannschaften bis zu Wandzeitungsgestaltung und Bühnendekoration gemeinsam mit Seepolizeikommissar Balbrink, wurde alles von mir gefordert.

Die Zeit verging schnell. Ich wurde Mitglied in der Sportvereinigung „Sturmvogel" und durfte mir das runde gestickte Symbol auf meinen Freizeitsportanzug nähen. Organisatorisch wurde ich in die Sektion Fechten – geleitet von Seepolizeirat Ernst Belger – eingegliedert. Seepolizeiwachtmeister Margit Kootz übte übrigens dort auch mit.

Nach eingehender Beratung und auch Belehrung wurde ich in die Deutsch-Sowjetische Freundschaft (DSF) aufgenommen. Diese Massenorganisation stand damals in der HVS unter der Leitung von Seepolizeikommissarin Franke. Mit ihr sollte ich bald noch ein Problem bekommen. Bei meinen häufigen Besuchen in der Bibliothek, vor allem im Interesse des Erwerbs maritimer Grundkenntnisse, lernte ich Seepolizeioberwachtmeisterin Jentsch kennen. Diese freundliche, hilfsbereite und uns auch manchmal bei der morgens und abends notwendigen Selbstverpflegung „bemutternde" Kameradin unterstützte meine damaligen Studiumsversuche mit der ohnehin nicht immer reichhaltigen Marineliteratur. Schließlich wollte ich im neuen Lebensabschnitt einfach von Anfang an mitreden können und mich als PK-Offizier bzw. -meister nicht selbst isolieren, wie es heute manchmal von Autoren den damaligen PK- und späteren Politoffizieren unterstellt wird. Auch für die Wochenenden sowie die dienstfreie Zeit gab es Beschäftigung. Seit Jahresbeginn gab es das Nationale Aufbauwerk im kriegszerstörten Berlin und mein Ehrgeiz, Halbschichten zu drei Stunden zu absolvieren, um mir die Teilnahme an der Aufbaulotterie zu sichern, war ausgebildet. Mit Enthusiasmus enttrümmerten wir, bekleidet mit dem khakifarbenen Bordzeug und unserem schwarzen Barett mit dem Dreieck „Seepolizei", an der Seite vieler Berliner die Schuttberge im Stadtbezirk Berlin-Mitte. Selbst auf dem Gelände der HVS unmittelbar unterhalb der Stubenrauchbrücke, die über die Spree führt, gingen wir nach dem Dienst mit Spitzhacke, Schaufel und Spaten den Resten eines für „Tausend Jahre" gebauten Bunkers zu Leibe. In unserem wirklich praktischen Bordzeug mit der Bundjacke wurde wir bei unserer freiwilligen Aufbauarbeit schon mal von Passanten, FDJlern und Jungen Pionieren verkannt und mit dem damals durchaus eindeutigen und populären Ruf: „Ami go home!" bedacht.

In diesen ersten vier Wochen meiner Seepolizeizeit – daraus sollten dann fast vier Jahrzehnte aktiven Dienstes in der VP-See, den Seestreitkräften und der Volksmarine werden – hatte ich auch mein erstes Zusammentreffen mit einer Parteikontrollkommission, d. h. ich wurde vorgeladen und das kam so: Es gehörte gerade zum guten Ton in der damaligen PK-Abteilung der HVS und sicher auch anderswo, dass man – so wurde es zumindest damals unterschwellig kolportiert – Kenntnisse über das Buch „999 – Erlebt und aufgeschrieben" von Erwin Bartz besitzen müsse. Da ich in der dortigen Bibliothek schon zu den besten Kunden zählte, konnte ich die etwa fingerdicke Broschüre bald ergattern und vertiefte mich darin. Es war eine interessante Lektüre. Beschrieben wurde der Weg von Erwin Bartz durch die Hölle des Strafbataillons 999 zu den Partisanen in Jugoslawien, seine Teilnahme an der Befreiung bzw. Wiederinbesitznahme von Dörfern und Städten an der Adriaküste nach der Vertreibung bzw. Zerschlagung der Wehrmachtstruppen. Einige Darlegungen des Autors erschienen mir jedoch sehr subjektiv und auch nicht ganz real, wie die Einnahme einer Stadt allein durch den Autor. Das sagte ich auch auf Fragen der Genossinnen Blutscheweit und Franke, wie mir denn das Buch des Chefs gefallen hätte.

Einige Tage später erhielt ich die Aufforderung, bei der Partei-Kontroll-Kommission (PKK) zu erscheinen. Ernste Mienen der Seepolizeioffiziere Kühn, Ißleib und Tonski sowie der etwas freundlichere Blick von Rudolf empfingen mich. Die aufgestaute Spannung wurde dann durch Walter Kühn gesprengt, der mich direkt fragte: „Nun, was hat denn der Seepolizeimeister Barth in letzter Zeit so für Bücher gelesen?" Aha, daher wehte der Wind! Nach meinen sehr zahlreichen Gängen zur Bibliothek konnte ich mit ausreichendem Repertoire an Lesestoff aufwarten. Also begann ich aufzuzählen: Von

Ashajews „Fern von Moskau“, Hermlins „Wir sind die erste Reihe“, Babajews „Der Ritter vom goldenen Stern“ über seemännische Fachliteratur bis zu Erwin Bartz's Buch. Sofort kam die Frage, wie mir dessen Werk gefallen hätte. Unbekümmert und mir keiner Schuld bewusst, wiederholte ich meine schon früher geäußerten Auffassungen. Nun wurde mir, angefangen bei der „Rolle der Bedeutung“ des antifaschistischen Kampfes bis zur Stellung und Autorität des höchsten PK -Offiziers in der Seepolizei, meines Vorgesetzten, von fast allen Teilnehmern an dieser Aussprache recht deutlich dargelegt, wie klein dagegen doch meine Position sei. Resultat: Wenn man anderer Meinung sei als der Autor eines Buches, so sollte man es dem Schriftsteller möglichst selbst sagen, meinte Walter Kühn abschließend. Meine darauf vorsichtig geäußerte Bemerkung, dass ich im Fall einer Kritik am Buch „Fern von Moskau“ wohl in die UdSSR reisen müsste, empfand das Gremium, außer Rudolf, geradezu als Provokation, beließ es aber bei belehrenden Worten an meine Adresse. Genosse Rudolf aus der Schiffbauabteilung war schon ein freimütig und sachlich beratender Gesprächsteilnehmer, mit dem mich ob meines Hangs zu den technischen Disziplinen der Marine später über lange Jahre, trotz getrennter Dienststellen, eine dauerhafte Freundschaft verband.

Zwei Tage darauf, am 13. Februar 1952, wurde mir das Papier über meine nunmehrige Beförderung zum Seepolizeiunterkommissar überreicht. Ich wurde in die Dienststellung: Gehilfe für Jugendfragen mit Gehaltsstufe per 15. Februar 1952 eingesetzt. Also wieder zur Kleiderkammer, die Schirmmütze getauscht, neue Schulterstücke empfangen und die ersten schmalen, aber goldenen Ärmelstreifen mit Hilfe von Seepolizeioberwachtmeisterin Jentsch an den Jacken befestigt. Nun war ich ein Offizier der Seepolizei unserer Republik. Nunmehr hatte sich durch meinen Schritt in die Polizeikräfte für mich auch als FDJler etwas realisiert, wozu der Zentralrat der Freien Deutschen Jugend am 1. März 1950 aufgerufen hatte: „Bereit zu sein zur Arbeit und zur Verteidigung des Friedens“. An der Seite von Horst Holzmann schleppte ich dann den vollen „Überseekoffer“ zur Reichsbahn. In der Nacht in Stralsund angekommen, übernachteten wir im HO-Hotel am Bahnhof. Das war das erste Mal in meinem Leben, dass ich in einem Hotelbett schlief. Am nächsten Tag stellte mich dann Horst Holzmann in der Seepolizeidienststelle „G 4“, der Seepolizeioffiziersschule, dem Leiter, Seepolizeikommandeur Wilhelm Nordin, und seinem Stellvertreter PK, Seepolizeioberrat Quiel, als neuen Gehilfen für Jugendarbeit vor. Ich fand meinen Arbeitsplatz im Zimmer von Seepolizeioberkommissar W. Najmann. Nun war ich zwar noch immer nicht direkt an der Ostsee, doch wenigstens am Strelasund mit Blick auf Deutschlands größter Insel, Rügen.

Fregattenkapitän a. D. Harald Richter

Uniformen und mehr

Nachdem ich 1951 vom Dienst in der Personalabteilung zu den Rückwärtigen Diensten versetzt wurde, konnte ich die „Vielseitigkeit" dieses Dienstes in verschiedenen Funktionen kennen lernen, bis ich ab 1954 bis zu meinem Dienstausscheiden 1988 im Bekleidungs- und Ausrüstungsdienst vor „Anker ging". Nach dem Umzug der Hauptverwaltung Seepolizei (HVS) von Berlin-Wilhelmsruh in unser neues Stabsquartier in der Schnellerstraße von Berlin-Niederschöneweide wurde ich Leiter der Wirtschaftsabteilung und verantwortlich für den Verpflegungs- und Bekleidungsdienst. Es war alles noch im Aufbau begriffen, aber im fleißigen „Alle-Manns-Manöver" schafften wir auch diese Hürden. In der Führungsspitze der HVS hatte sich ein Wechsel vollzogen. Der Stellvertreter Polit/Kultur, Chefinspekteur Bartz, wurde durch Inspekteur Heinrich Ißleib abgelöst, da Bartz sich auf einer Hasenjagd unweidmännisch selbst in den Achtersteven geschossen hatte und nach monatelangem Ausfall im Ministerium eine andere Funktion übernahm. Mein Chef, Chefinspekteur Blechschmidt, wurde dann nach einiger Zeit als Chef der Kadettenanstalt nach Naumburg versetzt. Sein Abgang und sein frühes Ableben wurden von uns allen sehr bedauert. Kaum hatten wir uns richtig im neuen Stabsquartier eingelebt, erfolgte 1953 die Verlegung der HVS nach Parow bei Stralsund. Es war gerade die Zeit der Ereignisse um den 17. Juni, wo ich mit noch vier anderen Offizieren als Nachhut im sonst verlassenen Stabsquartier die „Stellung hielt". Es war schon ein komisches Gefühl, als vor unserer Dienststelle Tausende mit Transparenten versehene Demonstranten laut brüllten: „Wir brauchen keine Volksarmee – wir brauchen Butter!"

Nachdem ich den Umzug der Druckerei des Seehydrographischen Dienstes (SHD), die sich noch in unserem Stabsquartier Berlin befand, nach Rostock organisiert und geleitet hatte, wurde ich nach Wolgast in unser Zentrales Versorgungs- und Ausrüstungslager als Stellvertreter des Kommandeurs (Hauptmann Methfessel) versetzt. Nach einem Jahr (1954) hieß es jedoch bereits wieder die Segel zu streichen und ich wurde als Leiter der Unterabteilung Bekleidung/Ausrüstung in der HVS eingesetzt, da der vorherige Leiter (Herbert Obenaus) abgelöst und versetzt wurde.

Ich war nun der dritte Mann, der seit Bestehen der Seepolizei für die Geschicke der Versorgung der Marinesoldaten mit Uniformen zuständig war. Der Erste, Oberkommissar Barkuski, hatte die nicht leichte Aufgabe übernommen, mit einigen alten Marineleuten und anhand von alten Vorschriften, die erste

Uniformordnung zu erstellen und danach in der Produktion die ersten Uniformstücke in Auftrag zu geben. Es war damals bestimmt nicht einfach, den Schnitt der Uniformen zu entwickeln, da man sich an alte seemännische Traditionen halten, jedoch nichts von der Kriegsmarine übernehmen wollte. Der zweite Punkt war die Berücksichtigung der eingeschränkten wirtschaftlichen Möglichkeiten in der Republik. Bis zur Überbrückung wurden anfangs noch die blauen Uniformen der Volkspolizei getragen, an denen einfach die Knöpfe gegen Ankerknöpfe ausgetauscht wurden. Da die Uniformen der Marine sich jedoch fast in allen europäischen Ländern ähneln und wir auch auf die Uniformen der „roten Matrosen von Kiel“ als Muster zurückgreifen konnten, ohne „anzustoßen“, konnte man einen guten Kompromiss in der Uniformgestaltung eingehen. Die Uniformen der Matrosen, Meisterdienstgrade und der Offiziere wurden daher bereits 1950 in ähnlicher Form mit einigen Abweichungen „geboren“, wie sie bis zum Schluss getragen wurden.

Seepolizei im Stechschritt, Stiefel, halber Schlag in den Hosen

Der Bordanzug, anfangs in brauner Stoffqualität, wurde später auf Blau umgestellt. Die dazu getragene Baskenmütze mit dem gestickten „Seepolizei-Abzeichen“ wurde durch ein Bordkäppi ersetzt. Im Winterhalbjahr gab es damals für das Bordpersonal Wollpudel sowie Pelzmützen aus Kaninchenfell, ähnlich dem Schnitt bei der zivilen Flotte. Einige Anfangsschwierigkeiten bereitete die Herstellung der weißen Kieler Hemden, sodass beim ersten Auftreten der Begrüßungseinheit der HVS zum III. Parteitag der SED 1950 anstelle dieser schmucken Blusen mit dem Ex-Kragen nur der Überzieher, der lediglich für das Winterhalbjahr vorgesehen war, getragen werden musste. Damals wurde anstelle des späteren blauweiß gestreiften Matrosenhemdes ein weißes kurzärmliges Unterhemd mit blauen Streifen am Halsausschnitt und an den Ärmeln ausgegeben. Für den Stabsdienst wurde eine khakifarbene Jacke mit aufgesetzten Taschen und offenem Kragen eingeführt, um die blauen Uniformen zu schonen. Die Ausstattungsnorm insgesamt war anfangs verhältnismäßig umfangreich, wurde jedoch nach Auswirkung der Maßnahmen vor und nach dem 17. Juni 1953 reduziert. So entfiel kurzerhand die vorgesehene Ausstattung mit weißen- und Khakijacken; Koffern für Offiziere und weibliches Personal aus Kunststoff und aus Leder für Chefinspekteure; die Ausstattung mit Trainingsanzügen; Ledermänteln für Chefinspekteure; Kommandantenjacken aus Leder sowie mit Schlafanzügen, Taschentüchern, Hosenträgern, Ärmel- und Sockenhaltern.

Abweichend vom „normalen“ Uniformschnitt wurde in Anlehnung an die Uniformen der Sowjetflotte später die hochgeschlossene Dienstjacke (Litewka) eingeführt. Sie wurde zwar bei Angehörigen der Stäbe nur ungern getragen, vom Bordpersonal jedoch zum Teil als praktisch anerkannt, da man „alles Mögliche“ darunter tragen konnte.

Anfangs sollten die Dienstgradärmelstreifen an den Uniformjacken der Offiziere ringsum genäht werden, um die Jacken nicht mit Schulterstücken versehen zu müssen – sozusagen als doppelte Kennzeichnung. Doch das stieß auf heftigen Widerstand, da die Sowjetflotte dies genau so praktizierte.

Interessant ist, dass damals die Kennzeichnung der einzelnen Laufbahnen an der Farbe der Schulterstücke zu erkennen war. Seemännisches Personal trug dunkelblaue, Verwaltungspersonal hellgraue und der Küstendienst rote Umrandungen. Auch die Bezeichnung der Dienstgrade bei Offizieren unterschied sich nach „Seemann und Landverwendung“, nachdem im Herbst 1952 die militärischen Dienstgrade eingeführt wurden.

Den größten „Einfluss mit Auswirkungen“ bei der weiteren Entwicklung im Uniformgeschehen gab es 1956 mit Schaffung der NVA-Seestreitkräfte. Wir erhielten die Aufgabe, alle bisherigen Uniformstücke einer gewissenhaften Überprüfung zu unterziehen, um sie auf den neuesten Stand zu bringen. Die Uniformen sollten attraktiver, moderner und ansprechender wirken. Uns waren im Ideenreichtum keine Grenzen gesetzt, es standen nur der Termin und die strikte Geheimhaltung im Vordergrund. Ehemalige Marineangehörige und die Einflussnahme von Vorgesetzten spornten uns bei dieser Arbeit an, und so machten wir Vorschläge. Maßgeblich beteiligt waren unter anderem mein damaliger Vorgesetzter, Major Walter Planz, ein ehemaliger Verwaltungsoffizier der Kriegsmarine und Erich Stöhr, ebenfalls ein alter „Seemann“. Wir sammelten Muster von ehemaligen Bekleidungsstücken und entwarfen neue Varianten dazu. Nachdem wir alles im „Rohbau“ fertig hatten, stellten wir unsere Entwürfe erstmalig der Leitung der VP-See zur Begutachtung vor.

Es handelte sich dabei um die folgende Bekleidung bei Matrosen und Maaten: Kurze Paradejacke mit Ankerknöpfen (vormals als Affenjäckchen bezeichnet); Kieler Kragen mit schwarzem Halstuch und weißem Schleifenband sowie Laufbahnabzeichen aus Metall für Maate und Obermaate sowie goldfarbige Kragenlitze für den Überzieher; kurzer Überzieher, dafür Wegfall des langen joppenartigen Überziehers mit den Schrägtaschen. Die Bekleidung bei Offizieren war folgendermaßen angedacht: Umhang (Spanier) aus Stoff mit goldfarbiger Agraffe als Halsverschluss; Schärpe, silberfarbig mit Marinedolch; Kragenecken auf der Ausgangsjacke; Wegfall der hochgeschlossenen Uniformjacke, Litewka. Die Bekleidung für Admirale sollte umfassen: Uniformmantel mit kornblumenblauem Kragenaufschlag; Kragenecken auf den Uniformjacken; Ärmelabzeichen mit DDR-Emblem; großes Mützenemblem; Biesen in kornblumenblau an den Uniformhosen, ähnlich den Uniformhosen der Generale; Schärpe, goldfarbig mit Marinedolch. Bei Dienstgrad- und Laufbahnabzeichen sollten eingeführt werden: Einheitliche Paspelierung der Schulterstücke- und Klappen in der Farbe Dunkelblau; Laufbahnabzeichen für Maate, Obermaate und Meister aus Metall. Bei Offiziersschülern sollte die Einkleidung ab dem dritten Lehrjahr mit Uniformjacken und Hosen sowie Schirmmütze erfolgen – anstelle der Matrosenuniform.

Diese Vorschläge wurden dem Ministerium zur Entscheidung vorgestellt und bis auf einige (Matrosen Paradejacke; Offiziere Kragenecken und Umhang; Admirale Mantel und Hose mit kornblumenblauen Besatz) befürwortet. Nun durften wir auch erstmalig erfahren, dass wir als Marine nicht nur mit diesen verbesserten Uniformstücken ausgestattet, sondern auch den Namen „Seestreitkräfte" erhalten würden. Dafür aber musste auf Befehl Vizeadmiral Verners Befehl Abschied von der Trageweise der engen Blusen genommen werden, die bislang von den stolzen Matrosen und Maaten stets körpereng abgenäht und über den Hosenbund geschlagen wurden. Verner verlangte nun, um das soldatische Erscheinungsbild in Uniform zu heben, das Tragen des Koppels auch zur Klapphose. Das bedeutete, dass an zigtausenden Hosen nun Schlaufen anzunähen waren und die Mitarbeiter der Werkstätten und Kleiderkammern lange Wochen damit zu tun hatten.

Obwohl dies alles noch streng geheim gehalten werden musste, sollten wir alle Voraussetzungen schaffen, damit die Ausstattung bzw. Umrüstung termingerecht vorgenommen werden konnte. So rollte die Produktion der erforderlichen Stoff- und Metalleffekten in unseren altbewährten Betrieben im Erzgebirge zügig an, die der Halstücher im Vogtland und der Uniformen in Halle. Dort hatten sich z. B. sogar die Stickmaschine und das Schreibprogramm für Mützenbänder erhalten, die bereits die goldenen Schriftzüge für Reichs- und Kriegsmarine, aber auch für Seepolizei und Volkspolizei-See hergestellt hatte.

Am 18. Januar 1956 war es soweit, dass die Uniformen der drei Waffengattungen der Volkskammer der DDR zur Bestätigung vorgestellt werden konnten. Im Morgengrauen fuhren wir von Strausberg aus mit der „Muster-Schau" zur

Die neue Uniform der NVA-Seestreitkräfte griff die deutschen Marinetraditionen wieder auf. Neu war lediglich ein Koppel über der Klapphose.

Präsentation der neuen NVA-Uniformen am 18. Januar 1956 in der Volkskammer

Volkskammer und konnten bereits in den Morgennachrichten hören, dass die Werktätigen in den Betrieben zum Schutz unserer Errungenschaften verlangten, eine schlagkräftige Volksarmee zu schaffen. Sorgfältig ließen wir in einem gesonderten Raum der Volkskammer die uniformierten Schaufensterpuppen „antreten". Major Walter Planz und ich konnten auf dem Rang als stille Zuhörer der Volkskammersitzung beiwohnen, bei der im letzten Tagesordnungspunkt das „Gesetz über die Schaffung der NVA und des Ministeriums für Nationale Verteidigung" beschlossen wurde. Danach wurden die Uniformen den Abgeordneten und der versammelten Presse gezeigt. Es war für uns ein bleibendes Erlebnis und wir waren stolz, dass wir durch unseren Einsatz auch einen kleinen Beitrag dazu geleistet hatten.

Die Ausstattung mit den neuen Bekleidungsstücken wurde termingerecht nach einem bestätigten Plan durchgeführt. Um die anfängliche Schwierigkeit beim Binden des neuen Halstuches und der weißen Schleife am Kieler Kragen für Matrosen und Maate zu vereinfachen, wurde ein Merkblatt herausgegeben. Bald wurden in Verbindung mit Zeitungspapier und leichtem Anfeuchten die schmucksten Knoten „geklopft". Sie standen hoch im Kurs und wurden anfangs zum Ausgang entweder ausgeliehen oder sogar abgekauft. Die ersten Halstücher bestanden aus reiner Seide, wurden jedoch später aufgrund von Materialeinsparungen durch Kunstseide und mit vorgefertigtem Knoten produziert, genannt „Schummelfliege". Bald mussten aufgrund von Materialengpässen und wegen des Wegfalls einzelner Produktionsstätten die zunächst gestickten Mützenembleme auf Metallembleme umgestellt werden. Auch die handgestickten Embleme für Admirale mussten zum Teil metallenen weichen. Die Laufbahnabzeichen für Maate und Obermaate aus Metall erfreuten sich jedoch großer Beliebtheit und fanden bald als Souvenirs auf Geldbörsen u. a. ihren Platz. Die später erfolgte Ausstattung der Offiziersschüler ab 3. Lehrjahr mit Uniformen der Offiziere wurde von diesem Personenkreis sehr begrüßt, führte dann aber bei der Gestellung von Marschblöcken für die Paraden in Berlin zu zusätzlichen Umkleidungen auf Matrosenuniformen, um die festgelegte Anzahl an „Paradesoldaten" einzuhalten. Der faszinierende Eindruck, den unsere Jungs in Blau mit ihren schmucken weißen Kieler Hemden und ihrem exakten Auftreten bei den Paraden in der Bevölkerung hinterließen, war nachhaltig und entschuldigte alle Mehrarbeit und Kosten.

Zum Abschluss dieser Etappe konnten wir sagen, dass es uns gelungen war, eine Uniform zu entwickeln und einzuführen, die den deutschen Marinetraditionen entsprach.

Kapitän zur See a. D. Ulrich Korn

Es begann in Kühlungsborn

Als im Radio die Beschlüsse des IV. Parlaments der FDJ (Pfingsten 1952 in Leipzig) veröffentlicht wurden – die Jugend der DDR schützt ihr Vaterland mit der Waffe in der Hand (u. a.) – da packten Ebi, mein Schul- und Lehrlingsfreund, und ich schon unsere Sachen. Wir waren der Zeit eben etwas voraus. Am Dienstag nach Pfingsten, am 3. Juni 1952, fuhren wir mit der Bahn und unseren sieben Sachen von Eberswalde über Stralsund und Rostock nach Bad Doberan. Am späten Abend brachte uns die Schmalspurbahn „Molli" nach Kühlungsborn. Zu Fuß marschierten wir eine Betonstraße in Richtung Westen.

„J. w. d." (janz weit draußen) lag dann in Richtung Strand eine Dienststelle.

Wir wurden empfangen, in einen Schlafraum eingewiesen, konnten noch etwas essen und gingen dann bald in die „Koje". Wir waren nicht die einzigen Ankömmlinge, es müssen mehr als einhundert Mann gewesen sein.

Am nächsten Morgen erfolgte die Aufteilung. Ebi und ich blieben zwar in einer Kompanie, aber in verschiedenen Zügen. Dann marschierten wir das erste Mal durch das Objekt. Hinter einigen wenigen Steinbauten ging eine Bauplattenstraße durch die Dünen, an der in Richtung Strand große Zelte standen. Dazwischen kleinere Zelte, im Freien stehende Waschanlagen, zwei riesige Speisezelte und auf der gegenüberliegenden Seite mehrere „Donnerbalken". In einigen Holzkiosken gab es HO- bzw. Konsumverkaufsstände. In jeweils drei großen Zelten war je eine Kompanie untergebracht (immer ein Zug in einem Zelt).

Unser Kompaniechef war Oberkommissar Köhler, mein Zugführer Oberwachtmeister Klaus Kühn, Gruppenführer Günter (Hein) Poller. Köhler war dann Anfang der 1960er Jahre Stellvertreter für allgemeine Angelegenheiten in der Offiziersschule Schwedenschanze, Klaus Kühn war 1962 mein Politstellvertreter auf KSS „Friedrich Engels", Hein Poller kam von der 6. Flottille Bug/Dranske zum GST Zentralvorstand in Neuenhagen und war verantwortlich für den Seesport.

Der erste Tag war mit dem Empfang der Uniformen und dem Zelteinrichten ausgefüllt. Was haben wir damals alles für Zeug bekommen. Der Seesack war proppenvoll. Wir bekamen beinahe nicht alles in den Spind. Und der wurde unter Anleitung des Gruppenführers schön „auf Kante" eingerichtet. Am Abend in der Freizeit erfolgte dann die Verschönerung des Zeltvorplatzes mit Feuersteinen, Muscheln und Seesand aus denen kunstvoll Embleme, Anker und andere Symbole gestaltet wurden, dazu ein Mast mit einer Leine zum Setzen der Flagge.

Nach einer etwas unruhigen Nacht – das Meer rauschte in unmittelbarer Nähe und alle Geräusche der Nacht waren gut zu hören, dazu piekte der reichlich vorhandene Strandsand – wurden wir um 6 Uhr morgens nach einem „Locken" mit der Bootsmannspfeife und „reise, reise ..." sowie „zünftigen" Seemannsversen geweckt. „Raustreten zum Frühsport!"

Damit begann mein erster „Diensttag" bei der Marine, die damals nur noch nicht so hieß. Um 8 Uhr war dann Kompanieappell mit Flaggenparade und danach begann unsere Ausbildung. In zwei Monaten lernten wir das Soldaten-ABC. „Grundausbildung" hieß es damals wie auch heute. Das erste Mal hielten wir nun ein Gewehr in der Hand, standen richtig Wache (allerdings ohne einen Schuss Munition). Am Abend konnte man Baden gehen – wenn auch 1952 eine Qualleninvasion das Baden an der Ostseeküste etwas erschwerte. Sonnabend oder Sonntag gab es Ausgang, „Landgang" hieß es bei uns Seemännern.

Die schmucken Matrosen waren bei den Urlaubermädchen recht gefragt. Ich blieb aber doch ziemlich solide. Briefe an Freunde aus jener Zeit übertreiben wohl ein wenig.

Es waren zwei schöne Sommermonate – trotz anstrengender Ausbildung. Wenn nur nicht der Sand gewesen wäre! Es knirschte zwischen den Zähnen, es knirschte zwischen den Teilen der Waffe. Bei den Zähnen hat ja keiner kontrolliert, aber beim K 98 (Karabiner 98 aus dem Zweiten Weltkrieg)!

Natürlich ging nichts ohne Kultur. Bald etablierte sich ein Dienststellenchor. Ebi und ich waren selbstverständlich dabei. Es gab auch ein kleines Orchester – meist Akkordeons, ein Schlagzeug und einige Gitarren – sowie eine Tanzgruppe, nur aus Männern bestehend.

Bald traf eine Kommission in der Dienststelle ein, die „kommissionierte" uns. Jeder konnte seine Einsatzwünsche darlegen und wurde dann nach den Vorstellungen der Kommission an irgendeine der wenigen Dienststellen der Seepolizei versetzt. Für „gehobene" Laufbahnen, Ebi und ich wollten ja zur Offiziersschule (weil unser Freund Uli Mädel schon dort war), wurde eine kleine „Intelligenzprüfung" veranstaltet. Wer z. B. wie ich auf die Frage wie viel 1/2 mal 1/2 sei, nicht mit „ist 1" antwortete, war sicher geeignet, einmal Offizier zu werden. Der Leiter der Kommission war übrigens Oberkommissar Hans Frohberg – Jahre später sollte er mein Vorgesetzter sein.

Insgesamt trafen etwa 500 bis 600 junge Seepolizisten am 1. August 1952 in der Dienststelle Parow bei Stralsund ein. Wir wurden zunächst auf dem Sportplatz „abgestellt". 360 davon wurden Offiziersschüler und etwa 200 davon zwei Jahre später Offizier. Die meisten davon dienten viele Jahre in der Seepolizei, der Volkspolizei-See und später in der Volksmarine, einige bis zur Berentung.

Zunächst wurden wir in Parow aber nochmals „kommissioniert". Von meinem Freund Ebi wurde ich nun getrennt, aber wir hatten uns fest vorgenommen, trotz unserer technischen Vorbildung – nicht wie Uli Mädel – Ingenieur-Offizier zu werden. Davon hatte uns „Kognak-Kurt" – Kurt Schröder, Tanzlehrer in Eberswalde und Mitglied der Bühnenspielgemeinschaft abgeraten. Kurt war bis zum Beginn des Zweiten Weltkriegs als Ausbilder auf einem Segelschulschiff der Kriegsmarine gefahren und später auf „Dickschiffen" des gleichen Vereins. Wir wollten also Seeoffiziere werden. Als erster von uns beiden kam Ebi zu seiner Kommission. Die Genossen hörten sich seine Vorstellungen an und wollten ihn überzeugen, doch Ing.-Offizier zu werden. Er lehnte ab, erhielt aber keine Zusage als Seeoffiziersschüler. So dachten wir, dass es wohl nicht klappen würde. Damit wir zusammen bleiben könnten, sollte ich mich nun als Ing.-Offiziersschüler bewerben. Das tat ich dann auch und keiner der Kommissionsmitglieder versuchte, mir das auszureden. Am Abend wurde dann eingeteilt: Ebi wurde in die technische Laufbahn gesteckt, d. h. er besuchte fünf Monate einen Matrosenlehrgang für Maschinenpersonal und ging dann zur Ing.-Offiziersschule ins Ständehaus nach Rostock; ich wurde Seeoffiziersschüler (im Nachhinein war das wohl doch das Beste für mich) und absolvierte das erste Semester in Parow. Parow war eigentlich die „Flottenschule". Die „Seeoffizierslehranstalt" in der Stralsunder „Schwedenschanze" war zum Zeitpunkt unseres Studienbeginns für eine solch große Anzahl von Offiziersschülern von der Kapazität her noch nicht ausreichend. So absolvierten wir fast das gesamte erste Semester in Parow.

Wir wurden in drei Kompanien mit je vier Zügen à 30 Mann aufgeteilt. Aufgrund meiner Länge kam ich in den 1. Zug. Unsere Kompanie kam mit einer zweiten in den Block 2 gleich hinter dem Stabsgebäude.

Im Wesentlichen war das erste Semester eine Art Vorbereitungslehrgang. Wir wurden in Grundlagenfächern wie Mathematik, Russisch, Seemannschaft, Signaldienst und Gesellschaftswissenschaften unterrichtet und auf ein einigermaßen einheitliches Niveau gebracht.

Auch Parow war auf eine solch große Anzahl von „Kursanten", wie das damals hieß, eigentlich noch nicht vorbereitet. Neben uns Offiziersschülern liefen ja gleichzeitig noch Mannschafts-, Maaten- und Obermeisterlehrgänge. In der Dienststelle gab es nämlich in einigen Unterkunftsblöcken noch kein fließendes Wasser. Das etwa zwei Kilometer entfernte Wasserwerk hatte noch keinen Stromanschluss. Mit Hilfe eines Notstromaggregates wurden die Kombüse und ein Standrohr am Sportplatz mit Wasser versorgt. An diesem Standrohr konnten sich natürlich morgens keine 500 Mann (oder mehr?) waschen. So ging die Masse der Kursanten bis etwa Oktober an den Strelasund zur „Körperpflege". Später hatten wir in der Freizeit, d. h. nach dem Unterricht und nach der Selbststudienzeit, einen Graben bis zum Wasserwerk geschippt und darin ein armdickes Kabel verlegt. Man stelle sich vielleicht 400 Mann vor, die im Abstand von etwa einem Meter dieses Kabel „durch die Botanik" zerren. Danach war dann aber endlich die Wasser- und Wärmeversorgung gesichert.

Neben dem Lernen gab es auch andere unvergessliche Stunden. So trat die sowjetische Turnolympiamannschaft von 1952 mit den vielfachen Medaillengewinnern wie Tschukarin und Asarjan in unserer Turnhalle auf. So etwas hatten wir noch nicht gesehen. Einige unserer Genossen hatten das Glück, die Mannschaft bei den Auftritten im Küstengebiet zu begleiten und zu unterstützen. Ich war leider nicht dabei.

Am 7. Oktober 1952 fuhren wir nach Berlin zur Parade. Im Objekt der damaligen Hauptverwaltung Seepolizei in der Schnellerstraße (später war dort die Druckerei des Ministeriums für Nationale Verteidigung der DDR) saßen wir bis spät in die Nacht hinein und nähten uns neue Dienstlaufbahnabzeichen an die Ärmel und zogen neue Mützenbänder ein (Volkspolizei-See). Die Offiziere erhielten nun militärische Dienstgrade und entsprechende Schulterstücke.

Als wir am Feiertag mit Sonderzügen der S-Bahn zu unseren Stellplätzen fuhren, sahen wir, dass die Kasernierte Volkspolizei und die Kameraden des Aeroclubs neue Uniformen (in Khaki) erhalten hatten. Auch für sie wurden militärische Dienstgrade eingeführt. Es war ein wunderschöner, sonniger Herbsttag. Wir demonstrierten von Unter den Linden über den Marx-Engels-Platz, dann durch die Stalinallee bis zum Güterbahnhof Lichterfelde Ost. Die Bevölkerung grüßte uns meist freundlich, ein Teil verhielt sich aber auch reserviert. Passte diese neue Khakiuniform (ähnlich der Uniform der Sowjetarmee) in die deutsche Landschaft? Bei der Marineuniform gab es wohl weniger Vorbehalte.

Nun ging es richtig los mit der nautischen Ausbildung. Terrestrische Navigation bei Leutnant Kleinschmidt (Leutnant „Zackig“), Gesetzeskunde bei Oberleutnant Vollrath, Wetterkunde bei Oberleutnant Vorsprach, Seemannschaft bei Oberleutnant Döppleb usw.

Leutnant Kleinschmidt war ein junger Offizier, dessen Art uns sehr gefiel. Seine Kenntnisse hatte er bei der Kriegsmarine erworben. Er war für uns ein Fachmann und guter Kamerad. Bei einer der Aktionen, bei denen die neuen bewaffneten Organe „gesäubert“ wurden, ging er ins zivile Leben zurück. Oberleutnant Vollrath, damals bestimmt schon über 60 Jahre alt, hatte schon unter dem Kaiser gedient, war Handelsschiffskapitän, diente in der Kriegsmarine und war nun „Volkspolizist“. Er hatte bei der Vermittlung von Kenntnissen ein etwas eigenartiges Bewertungssystem. Nach einer, unserer Meinung nach, recht gut beantworteten Frage ging das etwa so: „Also Genosse Offiziersschüler, das war schon ganz gut. Nun Genossen, was geben wir ihm für eine Note?“ Nach einigen zugerufenen Fünf oder Sechs (wir hatten das russische Bewertungssystem mit der Eins als schlechteste und der Sechs als beste Note) o. ä. sagte Vollrath dann etwa: „Nein, nein, das wäre für den Anfang zu viel. Sagen wir, wir geben ihm eine gute Zwei+!“

Er hatte sich inzwischen auch an die übliche Anrede „Genosse“ gewöhnt. Am Tage ihrer Einführung soll er empört zum Schulleiter, Fregattenkapitän Wilhelm Nordin, gegangen sein und gesagt haben „ALSO MIR IST SCHON VIEL PASSIERT IM LEBEN – erst sagte man zu mir ‚Herr Kapitän‘, später ‚Kamerad‘ aber nun will man zu mir sogar ‚Genosse‘ sagen. Das ist zu viel!“ Lange ist er dann auch nicht mehr geblieben. Er ist gen Westen verschwunden, ob noch im aktiven Dienst oder schon als Zivilist, das ist mir nicht bekannt.

Oberleutnant Vorsprach kam auch über die Kriegsmarine zur VP-See. Er unterrichtete in allen nautischen Fächern. Als junger Offizier begegnete ich ihm in Sassnitz wieder. Er war dort der Stabschef unserer Flottille. Rudi Vorsprach war ein ganz anderer Typ als etwa Vollrath. Ruhig und sachlich – sprach kaum über seine Erlebnisse im Krieg. Sportler war er durch und durch. Er organisierte die erste Volleyballmannschaft der Seeoffizierslehranstalt und später trainierte er die Handballer, die damals im Bezirk Rostock durchaus „Spitze" waren. Viele seiner damaligen Schützlinge hielten bis zu seinem Tod Kontakt zu ihm.

Den „neuen" Lehrer, der nicht von früheren Kenntnissen zehrte, gab es nur in der politischen Ausbildung. Wenn mir heute keiner von ihnen irgendwie in Erinnerung geblieben ist, beweist das nur, wie „blass" sie damals gewesen sein müssen.

Bis zum Oktober des Jahres 1954 erlernten wir das ABC eines Seeoffiziers. Wir, das waren meist junge Arbeiter mit Grund- und Berufsschulkenntnissen. Es gab nur einige wenige Abiturienten; sie waren an einer Hand zu zählen. Den meisten von uns fiel es nicht immer leicht, den Stoff zu begreifen.

Dann kam im Juni eine Zäsur. Unsere Kompanie hatte gerade Urlaub und der 17. Juni war unser Rückkehrtag. In Eberswalde, meiner Heimatstadt, herrschte Ruhe und so fuhr ich wie geplant in Richtung Stralsund. Die meisten unserer Berliner waren bereits im Zug. Sie berichteten von den Ereignissen in Berlin. Erst in Stralsund aber erfuhren wir das ganze Ausmaß des Geschehens. Besonders unsere Urlauber, die über Halle oder Magdeburg gefahren waren, hatten Schlimmes mitgemacht. Einige trugen keine vollständigen Uniformen mehr, da sie ihnen ausgezogen worden waren. Kein Wunder, dass es sofort in allen Lehrgängen Zweifler gab. So wurde an uns die Frage gestellt, wer nun weitermachen wolle und wer nicht mehr. Wer erklärte, nicht mehr Seeoffizier werden zu wollen, wurde sofort isoliert von den anderen und bald entlassen. Einige gute Kameraden gingen damals zurück ins zivile Leben. Wir anderen wurden einige Tage zum Streifendienst in Stralsund eingesetzt. Es gab aber – soweit ich weiß – keine nennenswerten Vorkommnisse. Dann gingen wir wieder zum normalen Lehrbetrieb über.

Im Sommer 1953 ging es zur ersten „Bordpraxis" nach Sassnitz. Viel wurde schon über die alte „Ernst Thälmann" geschrieben. Ich habe sie noch erlebt. Es muss kurz nach ihrer Wiederindienststellung gewesen sein. Die „Ernst Thälmann" lag im östlichen, der Schlepper „Wismar" im westlichen alten Fährbecken. Die Fährverbindung nach Schweden war ja noch nicht wieder aufgenommen worden. Für uns etwa 100 Offiziersschüler war „Thälmann" schon ein großartiger Anblick, das alte „Dickschiff". Zumindest war der Dienst für uns darauf organisiert. Meist lagen wir zunächst im Hafen und übten „Rollenschwof", Artillerieexerzieren, Reinschiff und andere seemännische Grundtugenden. Eines Tages wurde dann „seeklar" gemacht und es ging hinaus. Weit war es nicht, wir liefen den Zwangsweg vor Sassnitz bis zu Tonne 5 immer auf und ab. Dabei wechselte alle halbe Stunde der Rudergänger. So stand ich das erste Mal in meinem Leben hinter dem großen Steuerruder und leistete meine halbe Stunde ab. Ich gab mir große Mühe meinen „Namen nicht ins Kielwasser zu schreiben". Es muss einigermaßen gegangen sein.

Diese drei Wochen bestätigten mir die Richtigkeit meiner Berufswahl. Seitdem war mir der Geruch nach Dieselöl, Seeluft, Sidol und Heizöl immer wie der Geruch nach „zu Hause". Nur die Hängemattenschlaferei behagte mir nicht so; aber später hatte ich ja immer eine feste Koje an Bord.

Diese Zeit war jedoch noch lange nicht gekommen. Zunächst hatten wir ein weiteres Studienjahr vor uns. Zwischen dem Studium lagen Ernteeinsätze auf Rügen oder auf dem Festland in der Nähe von Stralsund, die Delegierung zum großen Fest anlässlich des 140. Jahrestages der Völkerschlacht bei Leipzig, Urlaube, noch ein weiteres Bordpraktikum, diesmal auf einer Räumpinasse, die Teilnahme an der II. FDJ-Delegiertenkonferenz der KVP in Leipzig und noch viele andere „Ablenkungen".

Endlich war es geschafft. Am 1. Oktober 1954 wurden wir zum Unterleutnant zur See ernannt Von etwa 160 Offiziersschülern konnte ich als 16. der Rangliste das Studium abschließen. Das war schon etwas. Stolz fuhr ich das erste Mal in der neuen Uniform nach Hause in den Urlaub.

Stabsobermeister a. D. Rolf Ulrich

Als Fahrmaat auf Küstenschutz-Booten

Nachdem wir den Grundlehrgang für Seemannschaft und Maschine vom 5. August 1950 – 1. Dezember 1951 mit Erfolg absolviert hatten, wurden wir den verschiedenen Objekten der Seepolizei zugeteilt. Zwei fast vollständige Besatzungen der Küstenschutz-Boote (KS-Boote) der neuen Generation wurden zur Baubelehrung nach Berlin-Köpenick in die Engelbrechtwerft Berlin, später VEB-Yachtwerft Berlin, abkommandiert. Ab ging es, eingepackt zwischen unseren Seesäcken, Taschen und Decken auf den Ladeflächen der Lkw nach Berlin-Köpenick, Wendenschloss. Untergebracht waren wir in einer Villa in der Buchhorsterstraße. Da ich als Fahrmaat des KS-Bootes 122 (KS 8) vorgesehen war, hatte ich mich besonders auf alle technischen Details des gesamten Bootes zu konzentrieren. Jedes Ventil, jede Rohrleitung wurde akribisch aufgezeichnet. So krochen wir vom GA-V (Gefechtsabschnitt Maschine) fast täglich im Bauch des Bootes herum und legten auch beim Bau mit Hand an. Besonders interessierten uns die drei Hauptmaschinen vom Typ JUMO 205 D und die beiden Jockel (Hilfsmaschinen) vom Typ 2 HK 65. Die gesamte Antriebsleistung lag bei 1800 PS. Alle Maschinen wurden mit Fliehkraftanlassern gestartet. Im Gegensatz zur „Schwarzen KS", die ihren Namen zu Recht trug, weil die Abgasrohre der Hauptmaschinen seitlich angebracht waren und sie sich damit gegenseitig „vollrußten", wenn sie ihre Maschinen im Päckchen liegend warm fuhren, waren bei unserem Typ die Abgasrohre der drei Hauptmaschinen achteraus angebracht. Außerdem waren unsere Boote zwei Meter länger (also 28 Meter) und sahen schnittiger aus. Wir waren stolz auf unsere Boote. In unserer Freizeit waren wir oft Gäste im Tanzlokal „Alt Bayern", haben aber auch den Müggelturm, Museen und andere Sehenswürdigkeiten in Berlin besucht.

Es war so Ende November oder Anfang Dezember, da hieß es „Seesack packen!" und ab zur weiteren Baubelehrung nach Wolgast. Der „Buschfunk" hatte durchblicken lassen, dass in Wolgast nichts los sei. Nur Gammel! Bange machen gilt nicht! Rauf auf die Lastkraftwagen – wie gehabt. Und ab ging die Post Richtung Wolgast.

Die Ankunft war unspektakulär. Der Rest der Besatzungen wartete schon auf uns. Am anderen Tag wurden alle neuen Erkenntnisse, auch die „amourösen" gründlich ausgewertet. Besonders begehrt waren die technischen Aufzeichnungen bei den restlichen GA-V-Leuten. Dann kam die erste böse Überraschung. Die Essbestecke der beiden KS-Boote 7 und 8 fehlten. Das hieß im Klartext, alle die in Berlin zur Baubelehrung waren, hatten 35 Mark Regress zu zahlen – und das noch vor Weihnachten. Auf meine Frage, ob wir die KS-Boote auch bezahlen müssen, weil sie auch nicht da sind, bekam ich einen Rüffel wegen unangebrachter dämlicher Bemerkungen. Ein paar Tage später fanden wir einen verschlossenen Seesack. Wir öffneten ihn und fanden die Bestecks. Es wurde Stillschweigen vereinbart. Am nächsten Morgen stellte ich die Frage, wenn die Bestecks wieder auftauchen, bekommen wir dann unser Geld wieder? Die Antwort lautete: Nein, denn erstens: Regress ist Regress und zweitens tauchen die Bestecks sowieso nicht wieder auf. Sie tauchten auch nicht wieder auf, da wir sie unter den „Berlinfahrern" aufgeteilt hatten. Übrigens habe ich heute noch einen Teil des Bestecks mit dem eingestanzten „Klaren Anker".

Die zweite böse Überraschung folgte auf dem Fuß. Beim Morgenappell wurde uns der Fahrmaat des Bootes 122 vorgestellt. Er hieß Hannes Wolf. Wir

Der Maschinenfahrstand des KS-Bootes. Von hier aus wurden die drei Junkers-Flugzeug-Motoren (Jumo 205 D) ferngesteuert – ein Novum im damaligen Kriegsschiffbau.

waren alle geplättet. Nach dem Appell kam er zu mir und fragte mich, ob ich enttäuscht bin? Nein – nur fürchterlich in Brass! Dann ließ ich ihn stehen. Wir vom GA-V zogen uns ohne Leitenden Ingenieur und neuen Fahrmaat zur Krisensitzung zurück. Einhellige Meinung – der kriegt bei uns keinen Fuß an Deck! Am anderen Tag neue Strategie, denn mit der gestrigen würden wir uns nur selbst schaden. Die neue Strategie: überfreundlich reagieren. Dabei Fachfragen über den JUMO 205 D stellen, sich nach Ventilen und deren Bedeutung erkundigen usw. Diese Masche zogen wir durch! Jawohl Herr Fahrmaat, aber gern Herr Fahrmaat usw. Dabei kam uns eine Unsitte zu Hilfe. Mitte der 1952er Jahre redeten wir uns in der dritten Person an und immer folgten darauf dieselben blöden Antworten. Ein Beispiel: „Hat er schon Reinschiff gemacht?", „Ach, yes, er hat wohl schon zweimal Reinschiff gemacht oder dreimal, yes!" So wurde in allen Lebenslagen geblödelt und dazu kam oft auf eine Frage die Antwort: „Heute ist kein Kino, kein Kino heute." Wie diese Blödelei zustande kam, kann ich nicht mehr sagen. Fakt war, unser Fahrmaat war ein sehr höflicher Mensch und hielt sich ein ganzes Jahr, dann übernahm ich doch die Stelle als Obermaat.

Die dritte böse Überraschung erfuhren wir im Februar 1952, als wir aus dem Urlaub zurückkamen. Gegen Abend erreichten wir mit dem Zug Wolgast und unsere Boote waren nicht im Objekt. Hin zum O. v. D., zackige Meldung und Anfrage, wo unsere Boote seien? Darauf ein kurzes Telefonat und die Antwort, die Boote liegen in Sassnitz. Wie nach Sassnitz kommen? Der U. v. D. mischte sich ein: „In 30 Minuten fährt ein Zug nach Stralsund." Ja, wie denn? Ohne gültige Fahrkarte und Urlaubsschein? Der O. v. D. wusste Rat. Hinter Wolgast schrieb er Sassnitz. Stempel, Dienstgrad und Unterschrift und die Sache war geritzt. Im Schweinsgalopp zum Bahnhof, rein in den Zug und los ging's. Der Schaffner stutzte und fragte, was los sei. Trotz aller „Geheimhaltungsklauseln" erzählten wir kurz von unserem Missgeschick. Er schaute in seinen Fahrplan und sagte uns, dass wir den Bummelzug nach Sassnitz noch gut erwischen. In Stralsund angekommen, zeigte er uns den Zug nach Sassnitz und wünschte eine gute Fahrt. Der Zug ruckelte, zuckelte und hielt an jeder Milchkanne. Die letzte Station, an die ich mich erinnern konnte, war Sagard. Dann hörte ich eine Stimme: „Jungs hier möt jie utstiegen, Endstation, Sassnitz!" „Un wie komm wei nahn Habn?" „Jimmer grade ut bet ant Jeländer un denn geiht dat steil runner."

„Völen Dank."

Und dann kamen wir tatsächlich zu unseren Booten.

Am anderen Morgen – Seeklarmachen. Alle Handgriffe saßen. Seeventile auf, beide Jockel anlassen, Generator einregeln, Hauptmaschinen durchtörnen, Öldruck vorpumpen, Filterbrandhahn öffnen, Anlasser 20 Sekunden ziehen, dann einrasten lassen und mit lauten Grollen meldeten sich unsere drei Jumos und wurden mit 500 U/min. 20 Minuten warmgefahren. Dann hatte ich Freiwache und ging an Oberdeck. Wir fuhren gerade um den Molenkopf, die See hob unser Boot kräftig an. Ich freute mich. Was'n tollen Seegang. Da wurde ich unsanft aus meinen Träumen gerissen. „Gehen sie sofort unter Deck! An Oberdeck ist es zu gefährlich!" Es war die laute Stimme vom Inspekteur der Seepolizei, Fritz Elchlepp. Seitdem hieß er bei uns „Milchreisbubi".

Am 17. Juni 1953 wurde unser Boot voll gebunkert: Treibstoff, Wasser, Lebensmittel und scharfe Munition. Warum wussten wir nicht, aber irgendetwas musste passiert sein. Wir legten in Peenemünde ab, Kurs Westen. Dann liefen wir in Wismar ein und übernahmen noch einmal Diesel. Da wir nicht an Land durften, versorgte uns die Tochter vom Tankwart mit Zigaretten und sonstigem Kleinkram. Dann ging es Richtung Wohlenberger Wiek nach Tarnewitz. Die Wassertiefe war bedenklich gering. Das Echolot pendelte immer so zwischen 1,65 und 1,75 Meter, aber es ging alles glatt. Zwei Boote fuhren Sicherung, zwei Boote hatten Bereitschaft und zwei Boote hatten frei.

Ein paar Tage später machte mir mein Steuerbordjockel einige Schwierigkeiten. Er sprang wie immer an, aber bei Belastung blubberte er immer ab. Was

Kollektiver Landgang der KS-Boots-Besatzung in Warnemünde

tun? Ich wechselte die Einspritzdüse, kontrollierte die Spritzufuhr – nichts, ich musste den Gefechtsabschnitt unklar melden. Am Tag darauf erschienen Kapitänleutnant (Ing.) Georg Rieschke, Leutnant Manfred Wiesigstrauch und der Divisions-Ingenieur. Alle rätselten herum. Es muss noch gesagt werden, dass der Steuerbordjockel deshalb so wichtig war, weil die kombinierte Feuerlösch- und Lenzpumpe daran hing und ohne eine intakte Lenzpumpe ist so ein Boot seeunklar. Unser Divisions-Ingenieur wollte mir Sabotage vorwerfen, weil er an der Düse zwei gegenüberliegende, etwa 0,1 mm starke Kerben gefunden habe. Sein Urteil, da haben Sie mit einem Hammer drauf geschlagen. Ich war baff! Daraufhin erklärte ich ihm, dass der 2-HK 65 ein Gegenläufer ist und beim Durchtörnen der Maschine habe ich den Schlag bemerkt und festgestellt, dass ich einen Abstandsring vergessen hatte. Rieschke nahm den Divisions-Ingenieur beiseite und sprach mit ihm. Dann kam er auf mich zu und sagte: „Wir fahren jetzt zum Mittagessen. Wenn wir zurückkommen, wird entschieden, aber vielleicht finden sie den Fehler." Unser Leitender Ingenieur Albert Winter, genannt „Pythagoras", stand da wie ein begossener Pudel. Dann fuhren die „Experten" davon. Was sollte ich jetzt machen. Von meinem LI war kaum Hilfe zu erwarten. Nun gab es eine Anordnung, doch keinen Befehl, dass von 12 bis 14 Uhr nicht „gejockelt“ werden sollte, zwecks heiliger Ruhe. Ich wusste, wenn ich meine Idee durchsetze, ziehe ich mir den Zorn der ganzen Truppe auf den Hals, aber das war mir egal. Schließlich ging es um meine „Ehre als Fahrmaat“. Ich schraubte den Auspuffkrümmer ab und startete den Motor. Ein ohrenbetäubender Lärm; ich schaltete den Generator zu – der Jockel lief weiter. Jetzt wusste ich, woran es lag. Plötzlich stand „Pythagoras“ neben mir und brüllte mir was ins Ohr. Nachdem der Jockel stand, kamen die Schimpfkanonaden. Hatte ich immerhin die heilige Mittagsruhe gestört. Doch ich rief den neugierig lauschenden „Massen“ laut zu: „Mein Jockel läuft wieder!“

Dann sprang ich ins Wasser, schwamm zum Unterwasserauspuff und sah die Bescherung. Der Auspuff war so gut wie dicht. Den Finger bekam ich noch hinein, aber dann war Schluss. Ölkohle! Also ließ ich mich in einem Bootsmannstuhl an der Bordwand hinunter. Mit Hammer und Meißel ging es jetzt der Ölkohle an den Kragen. Zum Glück waren es nur ca. 10 bis 15 cm, die ich herausklopfen musste. Eine mühselige Arbeit. Jetzt machten sich unsere sogenannten „Flurbegehungen“ in Peenemünde bezahlt. Immer wenn es sich einrichten ließ, gingen wir mit Hammer, Kombi- und Rohrzange, einem konischen Vierkant, Meißel und einem Beutel ausgestattet im Umfeld von Peenemünde auf Erkundungstour – also „Flurbegehung“. Einmal fanden wir eine ca. drei Meter lange Spirale. Wir nahmen sie mit. Heute kam ihr großer Auftritt. Wir schoben die Spirale mehrmals durch den gesamten Auspuff und hatten die Gewissheit, dass dieser wieder einigermaßen sauber und somit funktionstüchtig war. Dann schraubte ich den Auspuffkrümmer wieder an, streichelte meinen Jockel und verließ den Maschinenraum. Meinem LI meldete ich stolz: „Steuerbordjockel ist einsatzklar!“

Da kamen auch schon die Herren Experten zurück. Unser LI meldete den G-A-V wieder einsatzklar. Auf die Frage, woran es denn gelegen hätte, wollte unser LI gerade antworten, da fiel ich ihm ins Wort und sagte mit einem leichten Grinsen: „Der Auspuff war verstopft!“

Peinliches Schweigen, dann kam Kapitän-Leutnant Rieschke auf mich zu und sagte nur: „Gut gemacht Ulrich!“ Ich musste den Jockel vorführen. Er wurde mit der Feuerlöschpumpe und dem Generator stark belastet und er hielt durch. Übrigens waren die Familien Rieschke und Ulrich später sehr befreundet.

Kapitän zur See a. D. Dr. Fritz Minow

Die KS-Boote waren Schulen der Seemannschaft

Meine erste Bekanntschaft mit dem Küstenschutzboot (KS-Boot) machte ich während meiner Ausbildung zum Bootsbauer auf der Yachtwerft Berlin. In der Meisterbude sah ich zufällig die Bauzeichnungen eines „Seekutters" und darauf eingezeichnet ein Geschützpivot, was 1949 auf einer Werft, die vorwiegend Fischkutter für Reparationen an die Sowjetunion baute, doch sehr ungewöhnlich war. Man sagte damals, der „Seekutter" wäre ein Exportauftrag für Polen. Ich erlebte die Kiellegung und den Bau der ersten „Seekutter", die ein Jahr später von der Seepolizei der DDR übernommen und in die Peene-Werft nach Wolgast zur Fertigstellung überführt wurden.

Wenige Monate später trug ich selbst die Uniform der Seepolizei und übernahm nach meiner Ausbildung zum Unteroffizier den seemännischen- und Navigationsabschnitt des Anfang 1952 auf der Peene-Werft in Dienst gestellten KS-Bootes KS-11, das zur zweiten Bauserie gehörte, später die Bordnummer 125 erhielt und für sechs Monate mein Heim wurde. Von Januar 1953 bis November 1955 fuhr ich dann als Wachoffizier und Kommandant auf KS-Booten zur See und lernte diesen Bootstyp unter allen Einsatzbedingungen kennen. Das KS-Boot mit einer Wasserverdrängung von 18 t war 28,8 m lang, 4,8 m breit und hatte einen Tiefgang von 1,5 m. Die Besatzung von 20 Mann, davon vier Offiziere (Kommandant, Wachoffizier, Leitender Ingenieur, Politstellvertreter), war ständig an Bord und sehr beengt untergebracht. Der kleinste Raum war die Kombüse, in der mit Braunkohlebriketts gekocht und die Warmwasserheizung der Wohnräume betrieben wurde. Einen Kühlschrank gab es nicht und die Verpflegung musste zum Teil in der Achterlast zusammen mit seemännischer Ausrüstung verstaut werden. Da auch der Trinkwasservorrat gering war, betrug die Dauer des Seeaufenthaltes ohne Versorgung auf See fünf Tage. Für die Körperpflege und zum Waschen der Wäsche wurde Seewasser benutzt. Der größte Raum des Bootes war der Maschinenraum mit drei Hauptmaschinen und zwei Hilfsmaschinen sowie einem für die damalige Zeit modernen Fahrstand. Die Schiffbauer hatten das Wunder vollbracht, drei Flugzeugdieselmotore vom Typ Jumo 205 D (Junkers) für den Antrieb des Bootes zu installieren, die dem KS-Boot eine Höchstgeschwindigkeit von 21 sm/h verliehen. Wegen der hohen Störanfälligkeit der Jumos musste bereits 1953 der Fahrbetrieb mit zwei Hauptmaschinen befohlen werden.

Der Einsatz auf den KS-Booten, den ersten Produkten des militärischen Schiffbaus der DDR, war für die erste Generation junger Offiziere, Unteroffiziere

Ein KS-Boot der Seepolizei vor Sassnitz

und Matrosen der DDR-Marine eine gute Schule ihrer seemännischen- und militärmaritimen Ausbildung. Gleichzeitig dürfte der Einsatz der KS-Boote auch auf die Probleme hingewiesen haben, die bei nachfolgenden Kriegschiffsneubauten der DDR-Werften Berücksichtigung fanden. Zu meiner Zeit hatten die KS-Boote noch einen geringen Grad der Mechanisierung, gute seemännische Handarbeit war gefragt. Es gab keine Funkmess- und Fahrtmessanlage, gesteuert wurde mit einem Handruder nach den Angaben eines Magnetkompasses. Der auf einigen Booten vorhandene Funkpeiler konnte nicht genutzt werden, da Spezialkarten fehlten, das Echolot war störanfällig. Dementsprechend erfolgte die Standortbestimmung auf See nach den Methoden der terrestrischen und astronomischen Navigation; Handlot und Log waren häufig genutzte Instrumente zur Bestimmung der Wassertiefe und Geschwindigkeit. Das Boot hatte keine Kommandoanlage, zum Maschinenraum und Kartenraum führte ein Sprachrohr und an Oberdeck gab der Kommandant seine Befehle mit der „Flüstertüte", dem Megaphon. Da es keine stufenlose Steuerung des Schiffsantriebes gab, mussten An- und Ablegemanöver mit der Fahrtstufe „Kleine Fahrt", d.h. mit sechs Knoten gefahren werden, was gute Kenntnisse der Schiffsführung erforderte.

Ungeachtet der heute archaisch anmutenden Bordbedingungen waren wir stolz auf unsere KS-Boote und taten alles, um sie einsatzbereit zu halten. Große Aufmerksamkeit wurde auf die Seeausbildung sowie die damit verbundenen Manöver und das Training der Schiffsrollen gelegt. Höhepunkte waren die Schießausbildung mit der 2 cm Bordflak und später das Werfen von Wasserbomben sowie die Ausbildung im Geleit- und Vorpostendienst.

Fritz Minow als Leutnant zur See und Kommandant eines KS-Bootes

Berühmt-berüchtigt wurden die KS-Boote bei einer Flottenübung der Volkspolizei- See im Herbst 1955, die als „Schlacht in der Prorer Wiek“ in die Geschichte einging. Bei dieser Übung hatten KS-Boots-Besatzungen im Überschwang der Begeisterung ihre „gegnerischen“ Boote in gewagten Manövern mit dem Wasserstrahl ihrer Feuerlöschschläuche, durch das Werfen von Braunkohlebriketts sowie durch Beschießen mit Leuchtkugeln angegriffen, was anschließend strenge Disziplinarstrafen zur Folge hatte.

Anfang 1954 übernahm ich mit KS 126 ein Boot der dritten Bauausführung. Dieses Boot war bereits mit einer hydroakustischen Anlage Tamir-10 zur Ortung von U-Booten und mit zwei Wasserbomben-Ablaufgerüsten zur U-Boot-Bekämpfung ausgerüstet und sollte Aufgaben als kleiner U-Jäger erfüllen. Da die Grundkonstruktion des KS-Bootes nicht verändert worden war, gab es bei der Zuladung der 12 Wasserbomben sowie durch den Einbau der hydroakustischen Anlage Stabilitätsprobleme. Der Hüllkörper für die Membrane der im Vorschiff installierten Ortungsanlage vergrößerte den Tiefgang des Bootes um einen Meter. Weil damit die Gefahr einer Grundberührung bei den damals noch geringen Wassertiefen der Ansteuerung zu den DDR-Häfen bestand, gab es besondere Festlegungen. So musste der Hüllkörper vor jedem Einlaufen in aufwendiger Arbeit an Oberdeck gehievt und dort in einer speziellen Halterung gelagert werden. Gleichzeitig war zur Abdeckung der in einem Schacht ins Schiffsinnere eingefahrenen Ortungsmembrane eine Metallplatte mit zwei Drahtstandern am Schiffsboden zu befestigen. Diese Installation war nicht wasserdicht und führte häufig zu Beschädigungen an den in der Bilge befindlichen Bediengeräten der hydroakustischen Anlage. Die zusätzlich im

Kartenraum installierten Geräte, wie der Lautsprecher und der Echorecorder, behinderten die Arbeit des Steuermanns und waren meistens nicht betriebsbereit. Da auch der Ausbildungsstand der Hydroakustiker im Allgemeinen unbefriedigend war, konnten die KS-Boote die angedachte Aufgabe als kleine U-Jäger bis zur Beendigung meiner Bordfahrzeit nicht voll erfüllen.

Ungeachtet der vielen Probleme und Unannehmlichkeiten war der Dienst auf den KS-Booten eine gute Schule seemännischer Arbeit und Tradition für mich und ist unvergesslich.

Fregattenkapitän a. D. Fiete Labjon

Mein erstes Bordkommando

Am 1. September 1952 traf ich, nach Absolvierung eines Maatenlehrganges und eines Seeoffizierssonderlehrganges, in Peenemünde ein und wurde der Besatzung des Küstenschutzbootes 135 als I. Wachoffizier zugeteilt. Schon während der Bordpraxis an den Schulen waren wir mit einem ehemaligen Fischkutter und dem Schul-Logger im Peenemünde gewesen, hatten aber den Ort nicht kennen gelernt. Das Boot, das mein künftiger Arbeitsplatz sein sollte, lag nicht im Hafen. Es befand sich zu einer Reparatur der Antriebsanlage in der Peene-Werft Wolgast. Mir blieb also nichts weiter übrig, als sofort wieder kehrt zu machen. Nach längerem Suchen in dem damals unübersichtlichen und verbauten Werftgelände fand ich schließlich das Boot.

Mein Kommandant war der Volkspolizei-Kommissar Otto Münds, sein Stellvertreter war der Volkspolizei-Meister Horst Scholz und der Leitende Ingenieur war der Volkspolizei-Meister Werner Tanz. Mit dem Letzteren bewohnte ich eine kleine Kammer. Zur Besatzung gehörten neben den vier Offizieren noch sieben Unteroffiziere und neun Matrosen. Die Räumlichkeiten auf diesem Bootstyp waren mehr als nur begrenzt. Der Kommandant war vor dem Zweiten Weltkrieg bei der Rostocker Reederei Ahrends als Zimmermann gefahren und verfügte über umfangreiche seemännische Kenntnisse und Erfahrungen. Ich konnte auf diesem Gebiet von ihm viel lernen. Als „Militär" war er jedoch nicht gerade als Vorbild anzusehen, dafür traten aber umso deutlicher seine positiven menschlichen Eigenschaften hervor. Bei der Besatzung war er sehr beliebt, er hatte zu allen Besatzungsangehörigen ein korrektes kameradschaftliches Verhältnis. Seine Entscheidungen und Befehle setzte er immer kompromisslos durch. Ich fügte mich in dieses Kollektiv ein und erwartete auch keine Sonderrechte. Mit Otto Münds hatte ich schon nach kurzer Zeit engen Kontakt und ein Verhältnis, das durch gegenseitige Achtung und Vertrauen gekennzeichnet war.

Der Kommandant war lange Zeit ohne Wachoffizier gefahren und musste daher seinen Urlaub mehrmals wegen des praktischen Einsatzes in See verschieben. Mit meinem Eintreffen sah er eine günstige Gelegenheit, einen lang ersehnten Besuch bei seiner Familie zu verwirklichen. Die 3. KS-Abteilung (Küstenschutz-Abteilung), zu der dieses Boot gehörte, war zu dieser Zeit beim Freiräumen eines Flottenzwangsweges östlich von Rügen durch das noch minengefährdete Gebiet zum Adler-Grund mit den erforderlichen Sicherungsaufgaben betraut. Je zwei Boote mussten dabei als Bojenboote fungieren, das heißt, dass der äußerste Rand des vom Räumgerät erfassten Streifens von einem Boot mit Fahrwasserbojen markiert wurde. An diesem Bojenstrich entlang wurde der nächste Fahrwasserstreifen geräumt und vom zweiten Boot der nächste Bojenstrich gelegt. Beim Legen dieses zweiten Bojenstriches wurden die Bojen des ersten Bootes wieder aufgenommen. Den Besatzungen bescherte dieser Einsatz eine schwere körperliche Arbeit.

Nach dem Verlassen der Werft lag das Boot kurze Zeit im Peenemünder Hafen und der Kommandant bekam seinen Urlaub, den er in Greiz verbrachte. Als I. Wachoffizier und Stellvertreter des Kommandanten war ich nun für das Boot mit seiner Besatzung verantwortlich. Bei den beschriebenen Räumarbeiten in See fiel aus irgendwelchen Gründen ein Boot aus, so dass ein anderes eingesetzt werden musste. Der Operative Diensthabende wollte helfen. Er blickte aus dem Fenster und sah dort das Boot 135 liegen. Sofort befahl er per Läufer den Kommandanten dieses Bootes zu sich. Da dieser nicht anwesend war, erschien ich als sein Stellvertreter dort. Ich wurde in die Aufgabe eingewiesen und erhielt den Befehl, zu einer bestimmten Uhrzeit auszulaufen. Ich kam zurück an Bord und befahl das sofortige See- und Gefechtsklarmachen des Bootes. Zum befohlenen Zeitpunkt meldete ich mich telefonisch beim Diensthabenden ab und lief mit dem Boot durch das damals noch recht komplizierte Peenefahrwasser Kurs freie See. Nach meinem Eintreffen im Einsatzgebiet meldete ich mich per Winkspruch beim Kommandeur der Räumeinheit und übernahm die Aufgaben eines Bojenbootes. Etwa drei oder vier Tage lang verlief alles reibungslos. Das Theater begann aber nach dem Einlaufen, das ebenfalls ohne Besonderheiten verlief. Nun sahen aber der Abteilungs- und auch der Flottillenchef den Kommandanten von 135 mit seinem Koffer auf dem Pier stehen, der darauf wartete, wieder auf sein Boot zu kommen. Bei den Vorgesetzten tauchte sofort die Frage auf, wer eigentlich das Boot während des Einsatzes in See geführt hätte. Nach Rückmeldung vom Einsatz beim Abteilungschef, brach das Unwetter über mir zusammen. Man warf mir Dummheit, Leichtsinn und Verantwortungslosigkeit und was weiß ich noch alles vor. An mir blieb kein guter Faden. Bis zu diesem Zeitpunkt hatte mir aber tatsächlich noch niemand gesagt, dass ich das Boot erst selbstständig führen durfte, nachdem ich eine entsprechende Kommandantenprüfung bestanden hätte und ein darüber befindliches Prüfungsprotokoll in meiner Kaderakte abgelegt worden sei. Bei den Arbeiten im Seegebiet war niemandem eine Unregelmäßigkeit aufgefallen, die An-, Ablege- sowie Bojenmanöver unterschieden sich nicht von denen der anderen Boote, so dass man von einer disziplinären Ahndung großzügigerweise absah oder sie einfach vergaß. Der einzige, der mich in meinem Kummer tröstete, war Otto Münds. Er meinte, lass die Chefs nur zetern, deine Sache hast du doch augenscheinlich recht gut gemacht und das ist schließlich das Wichtigste. Kurze Zeit nach diesem Vorfall musste ich mich der theoretischen und praktischen Kommandantenprüfung unterziehen, was nun aber mehr oder weniger nur noch Formsache war.

Fregattenkapitän a. D. Fiete Labjon

KS-Boote aus Berlin

Ende November 1952 musste ich das Boot 135 verlassen und mich im Baubelehrungskommando in Wolgast auf die Übernahme eines noch im Bau befindlichen Bootes vorzubereiten. Bei meinem Eintreffen gehörten neben mir und dem Leitenden Ingenieur, Unterleutnant-Ing. Erich Arnold, noch weitere sieben Maate und Matrosen zur Besatzung, mehr waren noch nicht da. Mit diesem Kommando bereitete ich mich nun auf die Übernahme eines Bootes in der Jachtwerft Berlin-Köpenick vor. Ich war der einzige, der ein KS-Boot schon einigermaßen kannte und gefahren hatte, alle anderen waren Neulinge auf diesem Gebiet. Um den 15. Dezember 1952 herum fuhren mein künftiger Abteilungschef, Oberleutnant zur See Erich Weigel, Unterleutnant zur See Werner Kotte, Unterleutnant zur See Heinz Klingner und ich mit dem Überführungskommando per Bus nach Berlin. Hier übernahm jeder Offizier von der Werft ein Boot in einem Zustand, der eine lange Überführung auf Binnenwasserstraßen noch gestattete. Der obere Teil der Kommandobrücke mit dem kompletten Mast lag auf dem Achterdeck. Die Ausrüstung der Boote war ebenfalls noch nicht vollständig. Sie reichte gerade so aus, dass wir unsere Verpflegung zubereiten und unsere Unterbringung sicherstellen konnten.

Eines der neuen KS-Boote wird abgeslippt

Niemand von uns hatte auch nur die geringste Ahnung davon, wie man bei der Binnenschifffahrt zu navigieren hatte. Die nautische Ausrüstung wie Reißzeug, Kursdreieck, Seekarte, Seehandbuch oder Leuchtfeuerverzeichnis fehlte vollständig. Niemand von uns hatte bisher eine Schleuse von innen gesehen, geschweige denn befahren. Erich Weigel und ich waren noch gut dran, wir hatten zumindest einige Erfahrungen beim Manövrieren von KS-Booten, die mit drei Junkers-Flugzeug-Motoren ausgestattet waren. Werner Kotte hatte seine seemännischen Erfahrungen in der R-Abteilung gesammelt, die mit Räumbooten der Deutschen Kriegsmarine ausgerüstet war, Heinz Klingner auf einem Hafen- und Reedeschutzboot.

Die Überführung von Berlin nach Wolgast über die Spree, den Oder-Spree-Kanal, die Oder, das Oderhaff und das Peenefahrwasser sollte der Werftkapitän, Hein Korup, leiten. Es wurde uns gesagt, dieser Mann verfügt über genügend Erfahrung und seemännische Fertigkeiten, die gestellte Aufgabe erfolgreich zu bewältigen, unsere Aufgabe bestehe darin, seinem Boot streng in Kiellinie zu folgen.

Na, gut! Gleich beim Einlaufen in die erste Schleuse wurde das Boot des Werftkapitäns beschädigt. Bei der Rückwärtsfahrt kam er mit dem Heck an die Kanalböschung, die gepflastert war. Dabei lädierte er zwei der drei Schrauben des Bootes. Das Boot konnte zwar weiterlaufen, brachte aber weder die Fahrtgeschwindigkeit der anderen noch ließ es sich wie diese manövrieren, so dass es meist von Weigel geschleppt werden musste. Das Schleppen erfolgte

KS-Boot auf dem Oder-Havel-Kanal

aus Sicherheitsgründen längsseits. Welche Schwierigkeiten das bereitete, kann sich selbst ein Laie vorstellen, wenn er an das beengte Fahrwasser und den oft starken Eisgang auf den Flüssen denkt.

Unsere Stationen der Überfahrt nach Wolgast waren Fürstenwalde, Fürstenberg a. d. O., Frankfurt a. d. O., Widuchowa (Greifenhagen), Szczecin (Stettin), Trzebież (Ziegenort) und Ueckermünde. Das Weihnachtsfest verlebten wir in Hohensaaten. Nach den Feiertagen ging es in Richtung Norden weiter. Nachdem wir die Kontrollen an den polnischen Grenzstationen hinter uns hatten, ging es bei diesigem Wetter und leichtem Schneefall ins Oderhaff, um recht bald in Wolgast einlaufen zu können. Das Haff trug eine leichte Eisdecke und der Schneefall in Verbindung mit aufkommendem Nebel machten unsere Hoffnungen schnell zunichte. Hein Korup hatte die Orientierung völlig verloren und lief dazu noch mit seinem Boot aufgrund, sodass wir es wieder freischleppen mussten. Das Fehlen der nautischen Ausrüstung gestattete es uns nicht, den Kurs mit zu koppeln, sodass wir völlig „im Dunklen" saßen. Durch die Zeitverzögerung bedingt, entschloss sich Korup, den Hafen Ueckermünde anzulaufen und dort zu übernachten. Der Hafen befindet sich eine längere Strecke landeinwärts des Flusses Uecker. Nach dem Einlaufen wurden wir erst einmal mit Verpflegung vom Stützpunkt Wolgast ausgerüstet. Die nächste Nacht mit erheblichen Minustemperaturen und mäßigen Winden aus nördlicher Richtung offenbarte, dass an eine Weiterfahrt nach Wolgast nicht zu denken war. Der Wind hatte nämlich die Ueckermündung durch hohe Eisbarrieren unpassierbar gemacht. Wir wussten nun, dass wir auch die Silvesterfeier nicht mit unseren Familien genießen würden. Werner Kotte hatte unmittelbar nach unserem Anlegen am Ueckermünder „Bollwerk“ mit seiner Frau Verbindung aufgenommen und diese mit Tochter zu sich beordert. Frau Kotte hatte sich daraufhin mit meiner Frau verständigt und beide Seemannsfrauen beschlossen, mitsamt den Kindern bei uns das Jahresende zu verbringen. Die Boote waren ja für zwanzig Mann Besatzung eingerichtet, wovon sich nur zehn an Bord aufhielten. Somit waren ausreichend Kojen für unsere Familien vorhanden. Meine Kommandantenkammer war nun nicht mit zwei, sondern mit vier „Mann“ belegt. Gemeinsam wurde dann Silvester gefeiert.

Gleich nach Neujahr änderte sich die Windrichtung und mit Hilfe eines Eisbrechers konnten wir endlich die Fahrt nach Wolgast fortsetzen, die ohne Besonderheiten verlief.

Fregattenkapitän a. D. Dieter Flohr

„Ernst Thälmann“ dampft auf

Der 15. Juli 1959 ging als ein denkwürdiges Datum in die deutsche Marinegeschichte ein.

An diesem Tage machte zum ersten Male nach dem Zweiten Weltkrieg wieder ein deutsches Kampfschiff am Ufer der Newa in Leningrad fest – das damalige Flaggschiff der DDR-Seestreitkräfte, das Dampfschiff „Ernst Thälmann“, ex „Hvidbjörnen“.

Das sorgte in jener Zeit für nicht geringes Aufsehen unter der Leningrader Bevölkerung, denn gerade in dieser Stadt besaß damals der Name Ernst Thälmann einen guten Klang, nicht zuletzt deshalb, weil Thälmann mehrmals in dieser Stadt geweilt hatte, Ehrenmatrose der Roten Flotte gewesen und für sein Eintreten für die Verteidigung Sowjetrusslands in den 1920er Jahren von der „Leningradskaja Prawda“ mit dem Namen „Roter Frontkämpfer“ bedacht worden war. Das Schiff, das seinen Namen trug, war ein Symbol des neuen, des friedliebenden Deutschlands.

Die Teilnehmer dieser Navigationsbelehrungsfahrt unter dem legendären Kommandanten, Kapitänleutnant Fritz Dorn, waren Offiziersschüler der Seeoffiziersschule Stralsund, die Stammbesatzung sowie eine Delegationsleitung unter Kapitän zur See Fritz Elchlepp. Sie wurden von den Angehörigen der Marinebasis und der Bevölkerung Leningrads herzlich empfangen. „Für uns alle war diese Reise einfach unvergesslich", sagte Fritz Dorn gegenüber dem Autor viele Jahre danach.

Das Schulschiff „Ernst Thälmann" der Seeoffiziers-Lehranstalt, dessen Kommandant Fritz Dorn sechs Jahre lang war, ist ohne Zweifel ein Stück Geschichte der DDR Marine –Flaggschiff der Volkspolizei-See, dann der Seestreitkräfte, Ausbildungsort einer neuen Offiziersgeneration.

„Die „Ernst Thälmann" war ein eigenwilliges Schiff, das eine besondere Geschichte hatte", erzählte Fritz Dorn. „Auf der Suche nach einem geeigneten Ausbildungsfahrzeug für den seemännischen Offiziersnachwuchs war die Wahl auf das während der Kriegswirren gesunkene und später aber gehobene ehemalige dänische Fischereischutzschiff „Hvidbjörnen" gefallen.

Mit Fleiß, Erfindungsreichtum gingen Anfang der 1950er Jahre Arbeiter und Ingenieure der Peene-Werft Wolgast daran, aus dem Wrack ein hochseegehendes Schulschiff zu bauen. Es erhielt eine neue Brücke, einen neuen Schornstein, längere achtere Aufbauten, eine Admiralskajüte und eine veränderte Bewaffnung. Der Umbau lohnte sich, da der Schiffskörper noch gut erhalten war. Doch als Einschraubenschiff mit einem Tiefgang von 4,70 m (achtern sogar 5,40 m) war das Schiff sehr schwerfällig. Im Doppelboden mussten ständig einige Tonnen Schwerspat als Ballast mitgeführt werden. Um einwandfreie An- und Ablegemanöver ohne Schlepperhilfe fahren zu können, bedurfte es schon einiger Erfahrungen, und so waren wir sehr stolz, dass die „Thälmann" 1959 beim Festmachen in Leningrad vor der Leutnant-Schmidt-Brücke auf die Dienste eines Marineschleppers verzichten konnte."

„Einmal gelang es unserer Besatzung sogar, eine Wette zu gewinnen", erzählte Dorn. „Es ging darum, dass die „Thälmann" in See an einem Reedeschutzboot vom Typ „Tümmler" längsseits gehen sollte, nachdem es diesem kleinen Fahrzeug trotz dreimaligen vergeblichen Versuchs nicht gelungen war, an unserem „Dickschiff" festzumachen. Wir schafften es hingegen auf Anhieb, an dem kleinen Kahn längsseits zu gehen, obwohl die „Thälmann" immerhin ein Deplacement von 1050 ts, eine Länge von 65,63 m und eine Breite von 9,82 m besaß. Sie war mit einer Kolbendampfmaschine von 1200 PS ausgerüstet. Zwei Flammrohrkessel mit Ölfeuerung erzeugten den erforderlichen Dampf, und mit maximal 105 Wellenumdrehungen, die übrigens sorgsam gezählt wurden, lief das Schiff damals 9 kn.

Das Seeklarmachen war jedoch ein Problem und dauerte vier bis fünf Stunden. Erst nachdem 1957/58 zwei neue Wasserrohrkessel vom VEB Dampferzeugerbau Hohenturm mit 18 kg/cm^2 Betriebsdruck eingebaut worden waren,

Das im Werfthafen Warnemünde gehobene Wrack des ehemaligen dänischen Fischereischutzschiffes „Hvidbjörnen" wurde zum Schul- und Flaggschiff „Ernst Thälmann" umgebaut.

konnten wir in einer Stunde seeklar sein und bei Marschfahrt 12 sm/h halten, ja sogar eine Höchstfahrt von 13,2 sm/h dampfen.

Das Schiff war bewaffnet mit einem 85-mm-Universalgeschütz auf der Back, zwei 37-mm-Geschützen in Einzellafetten auf dem Bootsdeck backbord und steuerbord, einem 25-mm-Geschütz in Doppellafette achtern und zwei überschweren 12,7-mm-MG (Typ DSchK) in den Brückennocks. Ganz am Anfang war sogar an Back- und Steuerbord je ein Vierling installiert gewesen. Die Besatzung bestand aus sieben Offizieren, 20 Unteroffizieren und 29 Matrosen. In zwei Decks konnten Offiziersschüler zu je 28 Mann untergebracht werden."

Allen Kursanten, die seinerzeit auf der „Ernst Thälmann" fuhren, wird sicher zweierlei in Erinnerung geblieben sein, das „Gebetbuch" und das ewige Messingputzen. Da das Schiff ein Holzdeck hatte, sorgte der Bootsmann stets dafür, dass es mittels Ziegel- oder Sandsteinen und viel Seewasser immer wieder einmal abgezogen wurde. Das machten für gewöhnlich die Kursanten. Doch die findigen Schüler hatten bald herausgefunden, dass das Deck mit Ätznatron auch ohne das „Gebetbuch" blütenweiß wurde.

Die Namenslettern am Bug des Schiffes waren aus Messing. Sie galten als besonderes Heiligtum. Um sie blank zu halten, flossen Ströme von Schweiß und vom Putzmittel Sidol. Als der I. Wachoffizier, Oberleutnant Fröhlich, dann einmal auf die Idee kam, die Buchstaben weiß zu pönen, hätte es beinahe eine mittlere Katastrophe gegeben. Der „Anschlag" konnte durch den Kommandanten im letzten Moment verhindert werden.

„In erster Linie kamen die jungen Offiziersschüler jedoch an Bord, um möglichst viel für ihren Offiziersberuf zu lernen", erklärte mir Fritz Dorn. „Die Ausbilder und ich als Kommandant legten sehr viel Wert auf Seemannschaft. Wir lehrten Knoten, Spleißen, Ruder gehen und Koppeln, trainierten Bootsmanöver mit Hilfe der zwei Kutter K-10. Zur Ausrüstung gehörten auch zwei Motorpinassen. Mehr als einmal galt es für die Schüler, die Manntaue empor zu entern, sich in der terrestrischen und astronomischen Navigation zu üben und alle möglichen Arten des Ankerns mit Bug- oder Heckanker, das Festmachen über die Spring und vieles mehr zu trainieren.

Im Übrigen besaß die ‚Thälmann' noch keine Radaranlage, und ich erinnere mich, dass wir uns bei einer Reise nach Riga im Jahre 1958, während der tagelang dichter Nebel herrschte, auf ganz konventionelle Weise, also mit Nebelposten und Nebelsignalen, ohne Küstensicht, nur durch Koppelarbeit, gepaart mit Erfahrung, in Schleichfahrt vorwärts bewegten – und kamen doch mit nur fünf Minuten Verspätung genau vor der Hafeneinfahrt Riga an.

Viele Schüler lernten auf dem Schulschiff zum ersten Mal auch die Seekrankheit kennen, doch auch damit wurden sie im Verlaufe mehrwöchiger

„Ernst Thälmann“ dampft auf

Seetörns fertig. Großer Wert wurde an Bord auf seemännische Gepflogenheiten gelegt. Auf der ‚Thälmann‘ konnte man beispielsweise noch lernen, wie auf der Bootsmannsmaatenpfeife gepfiffen und wie nach altem Brauch mit der Schiffsglocke geglast wird.“

Als die „Ernst Thälmann“ 1956 Flaggschiff der Seestreitkräfte wurde, brachte das nicht nur viele Ehrungen mit sich, sondern auch zahlreiche Verpflichtungen. Natürlich sahen die Besatzungen der anderen Schiffe und Boote besonders kritisch darauf, ob die von der „Thälmann“ auch ihre Gefechtsausbildung ordentlich durchführten. Aber bei allen Übungen, ob beim Seezielschießen oder bei der Bekämpfung von Luftzielen, beim Rollentraining, bei der Erfüllung der Aufgaben B-1 und B-2, wie es damals hieß, konnte die Schiffsleitung mit den erreichten Resultaten zufrieden sein, und im Wettbewerb um vorbildliche Ordnung und Sauberkeit erhielt das Schiff sogar einmal ein „Philipp-Müller-Ehrenbanner“.

„Wir leisteten freiwillig Arbeitsstunden im Nationalen Aufbauwerk und beteiligten uns an den häufigen Solidaritätsspenden. Nicht immer ging alles glatt. Einmal, es war beim Einlaufen in den Hafen Sassnitz, gab ich an die Maschine ‚Ganz langsam voraus‘, dann ‚Stopp‘ und schnell ‚Achtung! Zurück!‘, ‚Kleine zurück!‘, ‚Voll zurück!!‘ – Nichts, das Schiff trieb unaufhaltsam auf den Anleger zu. Holz barst und splitterte. Dann lagen wir fest. Ursache: Der Kolben der

Fritz Dorn war viele Jahre Kommandant der „Ernst Thälmann“.

Dampfmaschine stand haargenau im oberen Totpunkt. Nichts drehte sich mehr.

Die ‚Thälmann‘ bekam einen neuen Anleger, der Kommandant Ärger, aber auch Feuerholz für ein ganzes Jahr. Mitunter liefen wir bei flachem Wasser wegen des großen Tiefgangs unseres Schiffes im Hafen aufgrund. Aber die starke Außenhaut und der robuste Kiel hielten schon einen gehörigen Stoß aus. Und mittlerweile hatten wir eine gewisse Routine, jeweils wieder freizukommen. Glücklicherweise ereigneten sich solche kleinen Pannen nicht, wenn namhafte Ehrengäste an Bord der Gefechtsausbildung und größeren Übungen beiwohnten. An der Ehrenparade der Seestreitkräfte in Warnemünde anlässlich des 1. Mai 1958 nahm die „ Thälmann“ als Flaggschiff teil. Es war schon ein erhebender Anblick, als die Räumboote, Küstenschutz-Boote, Minenleg- und Räumschiffe (MLR-Schiffe), Torpedoschnellboote (TS-Boote) und ein Küstenschutz-Schiff die im damaligen Neuen Strom liegende „Thälmann“ mit den vielen Honoratioren an Bord passierten.

Als den DDR-Seestreitkräften von der UdSSR die ersten Torpedoschnellboote und Küstenschutzschiffe übergeben worden waren, folgten bald weitere Einheiten, sodass sich die junge Flotte zu einer modernen und schlagkräftigen Küstenverteidigungsmarine mausern konnte. Die vier Küstenschutzschiffe erhielten am 16. Januar 1961 die Namen „Karl Marx“, „Friedrich Engels“, „Ernst Thälmann“ und „Karl Liebknecht“. Die alte gute „Thälmann“ hatte also ihren Ehrennamen an ein kampfstärkeres modernes Schiff weitergeben müssen und wurde nun auf „Albin Köbis“ umgetauft. Unter diesem Namen fand es bis zu seiner Außerdienststeilung noch weiterhin Verwendung als Schulschiff der Volksmarine. „Ich selbst erhielt das Kommando über die neue „Karl Liebknecht“, sagte Fritz Dorn. „Die sechs Jahre mit der ‚Thälmann‘ behalte ich dennoch in guter Erinnerung. Sicher geht es auch vielen anderen Kameraden so, die auf diesem Schiff gedient haben. Hin und wieder besucht mich einer der

Besatzungsangehörigen in Sagard. Manchmal flattern Briefe ins Haus, so von Horst Henkel, einst Politstellvertreter an Bord, dann Kaderleiter bei der Deutschen Post in Löbau, von Stabsmatrose Kölz aus Delitzsch oder vom Heizer Jugelt, der als Lok-Führer die Strecke Dresden-Stralsund befuhr."

Oberleutnant zur See a. D. Gerhard Chatron

Bordkommando KS-Boot

Ich schildere diese Erlebnisse, die ich als I. Wachoffizier (WO) und Kommandant in der 3. Küstenschutz- Abteilung in Peenemünde erlebt habe. Es war die Zeit des Anfangs beim Aufbau der Flottenbasis in Peenemünde, eigentlich die Anfangszeit der späteren 1. Flottille.

Am 11. November 1950 hatte ich die Matrosenuniform erhalten und war in Parow der 3. Kompanie zugeteilt worden. Ich wurde als Steuermanns- und Signalgast in einem Unteroffiziers-Lehrgang ausgebildet. Den Lehrgang hatten wir alle erfolgreich abgeschlossen und wollten ja nun zur See fahren. Befördert wurden wir zum Volkspolizei-Oberwachtmeister (See), was später dem Dienstgrad Maat entsprach. Aber was gab es 1951 schon an fahrenden Einheiten bei der Seepolizei? Also wurden wir von der Kaderabteilung bearbeitet, doch die Offiziers-Schule zu besuchen. Das wollte verständlicherweise keiner von uns. Wir wollten an Bord. Nachdem wir mehrfach zur Kaderaussprache bestellt waren, erhielt ich letztlich den Befehl: „Setzen sie ihre Mütze auf! Stillgestanden! Empfangen sie ihren Urlaubsschein und die Reisemarken. Sie haben 13 Tage Urlaub und melden sich danach auf der Offiziersschule Stralsund-Schwedenschanze!"

Die Offiziers-Schule, besser gesagt den I. WO-Lehrgang vom 1. Januar bis 31. August 1953, haben wir alle erfolgreich absolviert und wurden zum VP-Meister (See) befördert. Das war damals der höchste Unteroffiziers-Dienstgrad. Wegen meiner guten Kenntnisse und auch praktischen Leistungen im Signalwesen wurde ich von der Kommission, die über unseren weiteren Einsatz entschied, befragt, was ich denn nun werden wolle. Meine Antwort kam klar und ohne zögern: „I. WO auf einem KS-Boot." Man hielt mir vor, es sei aber auch denkbar, dass ich als Signalstellenleiter, z. B. auf Barhöft, eingesetzt werden könne. Ich aber wollte das nicht und habe das auch deutlich gemacht.

Schließlich wurde ich nach Peenemünde abkommandiert und dort als I. Wachoffizier auf dem KS- Boot 125 unter Kommandant Peter Feige eingesetzt.

Dort wurde ich nach meiner erlangten Ausbildung gefragt, und der Kommandant war hocherfreut, dass ich im Signaldienst so gute Fähigkeiten mitbrachte. Die Seeausbildung erstreckte sich damals vorwiegend auf das Verbandsfahren und wie jeder weiß, kommt es dabei für den Kommandanten besonders darauf an, die Flaggensignale sowie alle Wink- und Morsesprüche des Abteilungschefs schnell und genau mitgeteilt zu bekommen. Ich war da jedenfalls in meinem Element. Aber mit den seemännischen Aufgaben eines I. Wachoffiziers auf dem KS-Boot hatte ich anfangs ja doch so meine Schwierigkeiten, was auch auf einige an sich selbstverständliche seemännische Traditionen zutraf. Aber wenn es einem keiner beibringt? Vielleicht war auf der Schwedenschanze für so etwas offensichtlich keine Zeit.

Auf den KS- Booten waren die Toiletten alles andere als luxuriös. Äußerst eng, da die Toilette gleichzeitig auch noch der Waschraum war. Das Waschbecken maß wohl kaum 50 cm in der Breite und die Hälfte davon in der Tiefe. Sein „Geschäft" musste man mittels Pumpe außenbords befördern, was oftmals an Deck zu beobachten war, natürlich mit entsprechenden Kommentaren. Wir aber waren ja auf See, also konnte ich mein kleines Geschäft ja auch achteraus erledigen. Wie es denn auch geschah und ausgerechnet neben dem Flaggstock. Die Staatsflagge wurde auf den Booten der VP-See damals noch achtern an einem Flaggstock gefahren. Diese Sache bekam der damalige Abteilungschef, Volkspolizeirat Helmut Tamm, mit und es brach ein fürchterliches Donnerwetter los. Ich wurde sofort „verknackt", die Lektion „Grußerweisung an Bord und in den Booten" auszuarbeiten und dieselbe vor den Besatzungen aller Boote nacheinander im Unterricht zu halten. Das geschah dann nach dem Einlaufen jeweils an Hafentagen.

Es war üblich, dass der jeweilige I. WO des Wachbootes auch den Wachoffizier (WO) zu stellen hatte. Zu seinen Pflichten gehörte unter anderem die ordnungsgemäße Durchführung der morgendlichen Flaggenparade in der Abteilung. Als WO ließ ich also die Flaggenparade durchführen, obwohl unsere Besatzung mit dem morgendlichen Kartoffelschälen auf dem Achterdeck noch nicht fertig war. Für den pünktlichen und ordnungsgemäßen Dienstablauf verantwortlich, war ich aber auch noch Wachoffizier und der ACH bekam die ganze Geschichte wieder einmal mit, da er sich gerade, wie immer, mit dem Schlauchboot von der anderen Hafenseite, auf der sich die Stabsgebäude usw. befanden, herüberrudern ließ. Nach dem erneuten Donnerwetter war ich, wie man so sagt, ganz klein mit Hut. Trotz dieser unseemännischen Geschehnisse habe ich aber nicht die Achtung meiner Besatzung und der der anderen Boote verloren. Im Gegenteil, jedes Mal, wenn ich WO „ging", wahrschauten mich alle an Deck befindlichen Matrosen, eben auch die der anderen Boote, wenn sich der ACH der Abteilung näherte. Irgendwie hatten die alle Mitleid mit mir. Ja, so muss eben eine Landratte noch lange kein rechter Seemann sein, bloß weil er die Marineuniform trägt und eine Offiziers-Schule, wenn auch erfolgreich, absolviert hat. Dass sich das später, zu Zeiten der Volksmarine geändert hat, will sagen, dass man in der Ausbildung auch Wert auf seemännische Traditionen usw. gelegt hat, ist wohl selbstverständlich. Aber damals brauchte man unbedingt und schnell Nachwuchs, weil man die Ausbilder, die noch in der Kriegsmarine gedient hatten, allmählich auswechseln wollte. Ich hatte jedenfalls die Nase voll von den dauernden „Anschissen", auch wenn ich diese selbst provoziert hatte und diese durchaus berechtigt waren.

Als genannter ACH mir wieder einmal Vorhaltungen machte, weil ich bei einem Manöver als verantwortlicher Offiziers-Diensttuender auf der Back selbst eine Leine anfasste und er mich zurechtwies, ich sei vor allem dazu da, die Arbeit der Matrosen zu beaufsichtigen und diese anzuleiten, war es mir denn doch zu viel. Ich entgegnete: „Wenn ich die Matrosen anleiten soll, dann muss ich diese Arbeit erst einmal selbst beherrschen. Auf der Offiziers-Schule hat man uns das nicht beigebracht. Aber eines habe ich dort gelernt und danach werde ich handeln, nämlich von meinen Untergebenen nicht mehr zu verlangen, als ich selbst zu leisten im Stande bin." Das muss Tamm wohl doch beeindruckt haben, denn ich erinnere mich nicht, dass es darauf noch seinerseits eine Erwiderung gab.

Ich kann mich auch an einen Winter auf KS-Booten im Hafen von Peenemünde erinnern, als wir mit drei Booten im Eis festsaßen. Der Hafen war völlig zugefroren. Es wurde Seenotalarm ausgelöst und wir als Außenboot im Päckchen sollten auslaufen. Da wir aber nicht voll gebunkert waren, haben wir von den anderen Booten Diesel mit Eimern und per Hand „aufgetankt". ACH Helmut Tamm hatte dies so befohlen. Unser Boot wurde auserwählt, da die anderen wegen des Eises aus dem Päckchen heraus keinesfalls ablegen konnten. Andere Boote lagen zu dieser Zeit aber auch nicht im Hafen. Offensichtlich hatten OP-Dienst und ACH die einzige einsatzfähige Abteilung taktisch falsch am Pier platziert. Zum Einsatz kamen wir aber nicht. Es stellte sich nämlich heraus, dass der optisch ausgemachte Havarist lediglich ein Betonschiffskörper war, den die „Freunde", so nannten wir damals die Angehörigen der sowjetischen Marine, als Zielschiff nutzten.

Die 3. KS-Abteilung unter Führung ihres ACH, Kapitänleutnant Helmut Tamm, war zum Schießen auf Seeziele in den Adlergrund ausgelaufen. Der Einsatzbefehl enthielt die Aufgabe, dass das letzte Boot, welches auf die Scheibe geschossen hatte, diese in den Stützpunkt Peenemünde zu schleppen habe.

Der ACH war bei uns aufgestiegen und wir waren so Führerboot der Abteilung. Alle Boote hatten längst ihre Schießübung absolviert und führten die Gefechtsausbildung nach Plan durch. Da kam über Funk der Befehl, dass sich der ACH sofort im Stab in Peenemünde zu melden habe. Also Kurs: Einlaufen Peenemünde. Für die Besatzung insofern eine freudige Abwechslung, weil wir nun mit unseren drei Maschinen „Große Fahrt" laufen konnten. Während der Ausbildung in See durfte sonst nur mit einer Maschine gefahren werden. Der ACH nahm mich mit in den Stab und ich kleiner Unterleutnant saß bescheiden auf meinem Stuhl, gleich neben der Tür im Lagezimmer. Kapitän zur See Elchlepp, Chef der Flottenbasis Peenemünde, beriet mit unserem ACH an der Lagekarte. Aus den Gesprächen konnte ich entnehmen, dass es um unsere Schießscheibe ging, die abgetrieben war. Höflich, aber militärisch, meldete ich mich: „Genosse Kapitän, gestatten Sie, dass ich zur Sache eine Meldung mache?" Dem wurde stattgegeben und ich erklärte, die abgetriebene Schießscheibe gesichtet zu haben. Ich wurde an die Lagekarte befohlen, um den etwaigen Standort der gesichteten Schießscheibe zu markieren, was ich ja dann auch tat. Tatsächlich hatte ich die abtreibende Schießscheibe aber gar nicht gesehen. Ich witterte nur eine Abwechslung im eintönigen Dienstablauf des ewigen Rollenschwofs in See. Und ich sollte mich nicht getäuscht haben. Ich erhielt den Befehl, die Schießscheibe zu bergen.

Wieder liefen wir mit allen drei Maschinen Höchstfahrt in den Adlergrund zu unserer Einheit, um Tamm auf ein anderes Boot überzusetzen. Den erhaltenen Befehl durfte ich danach als allein fahrendes Boot ausführen. Nach kurzer Überlegung blieb nur ein Weg, alle im Adlergrund operierenden Einheiten anzulaufen und die Kommandanten zu fragen, ob sie eine treibende Schießscheibe gesichtet hätten. Nach mehreren vergeblichen Versuchen erhielt ich von dem damals als erstes in Dienst gestellten MLR- Schiff Typ „Habicht" folgenden Antwortspruch. „Signalgast an Kommandant: Schießscheibe auf Greifswalder Oie gestrandet!" Ich nahm also Bergekurs auf.

Nachdem wir die Scheibe auf den Klippen der Insel gesichtet hatten, näherten wir uns mit der nötigen seemännischen Vorsicht der Insel. Am Bug unseres Bootes wurde ständig die Wassertiefe gelotet und Brücke gemeldet. Zuletzt lag ein Matrose bäuchlings am Bug, um uns so dicht wie möglich an die Insel heranzuführen. Schließlich fiel der Anker und die Expedition wurde für den Besuch der Insel ausgerüstet. I. WO, Signalgast, Bootsmann gehörten neben weiteren Matrosen zur Besatzung des Schlauchbootes. Zur Ausrüstung gehörten eine Schleppleine, Wurfleine, Schäkel und weiteres notwendiges Werkzeug, um die Schleppleine mit unserem Boot verbinden zu können. Nach einigen Mühen kam die Schleppverbindung zu Stande. Sosehr wir uns aber auch mühten, die Scheibe bekamen wir nicht frei. Unsere Maschinen waren einfach zu schwach. Schließlich waren unsere Schiffsschrauben ja auf möglichst große Geschwindigkeit eingestellt und nicht etwa auf schleppen. Also Funkspruch: „Schießscheibe kann mit Bordmitteln nicht geborgen werden. Erwarte Anweisung!“ Die lautete dann: „Laufen sie Stützpunkt an!“, was dann auch geschah. In Peenemünde hatte ich mich dann beim OP-Dienst zu melden. Dort wurde mir befohlen, dass ich mit der mir zugeteilten Hafen-Barkasse alles zu unternehmen hätte, um die Schießscheibe zu bergen. Vom Dienst in der Abteilung wurden wir befreit. Dass dies der Besatzung natürlich gefiel, braucht nicht extra erwähnt zu werden. Zum weiteren Verlauf dieser „Expedition“, so nannten wir diese Aufgabe unter uns an Bord, sei nur noch gesagt: Nach mehreren Versuchen mit der Barkasse auszulaufen, mussten wir wiederholt umkehren. Der herrschende Seegang, der einem KS-Boot nun wirklich keine Probleme bereitete, machte aber das Verlassen des Peenestromes für die Barkasse unmöglich. Nach meiner Erinnerung haben wir wohl gut eine Woche damit zugebracht, bis wir endlich die Schießscheibe im Stützpunkt festmachen konnten. Wenn auch die Barkasse begreiflicherweise Schwierigkeiten mit dem Seegang hatte, beim Herunterziehen des Strandgutes von den Klippen war sie unserem KS-Boot eben doch überlegen.

So hatten wir eine kurze Zeit mal keinen langweiligen Dienst. Ich sage „wir“, weil die gesamte Besatzung über diese Abwechslung keineswegs traurig war.

Hier noch eine Geschichte zum Alarmstart der 3. KS-Abteilung. Alle sechs Boote der Abteilung lagen in einem Päckchen an der Pier in Peenemünde. Der Bug zeigte jeweils in Richtung Hafenausfahrt. Alle Kommandanten der Boote 131 bis 136 hatten seeklar gemeldet und der ACH, Oberstleutnant zur See Conny Reckstatt war bereits auf dem ausgewählten Führerboot aufgestiegen. Alle Boote hatten jeweils auslaufend mit der Backbord- Seite festgemacht und wer den Hafen in Peenemünde kennt, der weiß auch, in welcher Position die KS-Abteilung damals fest war. Der ACH war auf das Steuerbord-Außenboot aufgestiegen und gab seine Befehle, nachdem auf dem Führerboot das Ablegemanöver angepfiffen und die Flagge „Anton“ an der Rahe wehte: „Pierboot alle Leinen los und ein! Backbord-Maschine kleine Fahrt voraus!“ Das gesamte Päckchen drehte nun leicht nach Steuerbord ab und so kamen alle Boote in eine Position, in der ihr Bug auf die Hafenausfahrt gerichtet war.

Dann der nächste Befehl: „Alle Boote nacheinander selbständig ablegen und in Kiellinie folgen!“ Das Manöver klappte ausgezeichnet, obwohl ich mich nicht erinnern kann, dass der ACH die Kommandanten zuvor eingewiesen hätte. Das war eben Reckstatts Art. Bis zu diesem Zeitpunkt hatte wohl noch nie eine KS-Abteilung so schnell den Hafen verlassen. Während meiner gesamten Fahrenszeit, auch später auf MLR, habe ich einen solchen Alarmstart selbst nicht wieder erlebt. Später, z. Zt. der Volksmarine kann ich mir aber gut vorstellen, dass diese Art, den Hafen zu verlassen, zumindest für die S-Boote und TS-Boote an der Tagesordnung war. Für die Anfangszeit der Seestreitkräfte der DDR und den damaligen Ausbildungsstand der Besatzungen und Kommandanten war es immerhin eine beachtliche Leistung.

Fregattenkapitän a. D. Dieter Flohr

Gefangen am Alten Strom

Am 17. Juni 1953 ging von Berlin aus eine Streikwelle durch die DDR. Erschrocken alarmierten Partei und Regierung und die sowjetische Administration in Berlin-Karlshorst auch die neu aufgestellten Marineverbände der DDR – damals noch Volkspolizei-See. Sie sollten die Küste abriegeln. Mit dabei war auch die Besatzung des Küstenschutzbootes 131. Am 22. Juni musste das Boot in Warnemünde einlaufen, weil die Funkanlage defekt war. Am Alten Strom wurde dann die gesamte Besatzung verhaftet. Die Gerüchteküche brodelte. Es hieß, Russen hätten die Blauen Jungs abgeführt und nach Sibirien gebracht.

Das KS-Boot 131 läuft in den Stützpunkt Sassnitz ein.

Was geschah aber wirklich in Warnemünde?

Unterleutnant zur See Bruno Pyplatz wurde zum Matrosen degradiert und ausgestoßen.

Das Küstenschutzboot 131 wurde am 17. Juni 1953 nachmittags während der Seeausbildung im Schießen auf Luftziele im Übungsgebiet Adlergrund alarmiert. Für die Kasernierte Volkspolizei galt nun „Bereitschaftsstufe I". Die KS-Boote 124 und 134 nahmen mit KS 131 zwischen Ansteuerung Warnemünde und Darßer Ort Patrouillendienst auf. Die Aufgabe lautete: Ruhe und Sicherheit im Zusammenwirken mit der Grenzpolizei-See im Küstengebiet gewährleisten, seeseitige Provokationen verhindern, Absetzen und Entkommen von Provokateuren vereiteln. Tatsächlich „stellte" man vier Fischkutter und hinderte den Logger „Clara Zetkin" am Auslaufen. Ferner wurde ein Boot des Bundesgrenzschutzes-See aus der Dreimeilenzone verwiesen.

Bereits am 19. Juni meldete der Kommandant von 131, Unterleutnant zur See Bruno Pyplatz, mittels Winkspruch seinem Führerboot den Ausfall der gesamten Funkanlage. Selbst das Bord-Radio sagte keinen Mucks mehr. Fatal, denn damit war die Besatzung auch von allen Nachrichten abgeschirmt. Vom Verlauf der Ereignisse in der DDR wusste man nicht viel. Am 22. Juni kam ein ablösendes Boot mit dem Befehl, in Warnemünde zwecks Reparatur und Wiederherstellung der Einsatzbereitschaft einzulaufen.

Zu allem Überfluss meldete der Smutje, dass nun auch die Lebensmittel verdorben seien. Man hatte sie mit Frischfleisch ausgerüstet. Eine Kühllast gab es aber damals noch nicht. Verdorbene Speisen aber durften nicht ausgegeben werden. Indes verspürte die Besatzung bohrenden Hunger.

Im Alten Strom von Warnemünde nahm Boot 131 Frischwasser und Diesel. Bruno Pyplatz schickte – auf Ehrenwort – die Hälfte der Besatzung unter Leitung eines Bootsoffiziers in das nahe gelegene Restaurant „Atlantik". Doch die an Land geschickten Männer kamen und kamen nicht zurück. Unruhig ließ der Kommandant nun auch die andere Hälfte der Truppe unter Leitung des Leitenden Ingenieurs gehen. Sie sollten essen und ihre Kameraden sofort an Bord zurückschicken. Es kam niemand.

Dass es in Rostock-Warnemünde vor allem wegen der Unruhen und des Ausnahmezustandes ein striktes Landgangsverbot gab, durchschaute Bruno Pyplatz nicht. Prompt tauchte eine Streife der Kasernierten Volkspolizei im „Atlantik" auf und stellte den begleitenden Offizier (es war der Polit!) barsch zur Rede. Das heftige Wortgefecht bewog die Seeleute, Partei für ihren Offizier zu ergreifen. Wohl zum Schein lenkte der Streifenführer ein. Die Matrosen sollten bezahlen und dann gehen. Auch die ankommende zweite Gruppe sollte noch etwas zu essen bekommen. Pyplatz, der sich inzwischen selbst über den Strom hatte rudern lassen, kehrte wieder um, als er mitbekam, dass sich die Streife schon wieder beruhigt hatte. Dass inzwischen die geheimdienstlichen Telefondrähte glühten, konnte er nicht ahnen.

Plötzlich meldete ihm aufgeregt sein Posten Oberdeck: „Kommandant, die fangen unsere Jungs weg ...!" Tatsächlich musste nun der Kommandant ohnmächtig zusehen, wie drüben am Kai des Alten Stromes seine Besatzung, bewacht von einem ganzen Zug bewaffneter KVP-Soldaten in Khaki-Uniformen, unsanft auf zwei Lkw „verladen" wurde. Pyplatz sprang ins Schlauchboot. Der Bootsmann griff zu den Paddeln. Da schrie einer der verhafteten Matrosen unsinnigerweise zum Boot hinüber: „Mach die Kanone klar!" Ein donnerndes „Halt!" des Kommandanten ertönte. „Sofort weg von der Waffe!" Das ließ den bereits zur 2-cm-Oerlikon-Kanone laufenden Mann jäh stoppen. Die Persenning blieb über dem Geschützlauf. Die Waffen wurden nicht gerichtet. So bestätigen es heute die Zeitzeugen. Die Munition blieb sicher verschlossen.

Dennoch hatte der Ruf üble Folgen. Bei der Durchsuchung des Bootes durch sowjetische Soldaten, so stellte sich später heraus, war eine leere 2-cm-Hülse gefunden worden. Sie galt trotz aller Beteuerungen der Crew als Indiz dafür, dass am Alten Strom doch geschossen wurde. Die Hülse stammte aber vom Luftzielschießen und hatte sich irgendwo verklemmt.

Die Lkw mit den Besatzungsmitgliedern fuhren davon. Pyplatz, der Bootsmann und zwei Mann Sicherheitswache blieben an Bord zurück. Schließlich fuhr ein sowjetischer Militär-Pkw vor. Kommandant Pyplatz sollte mitfahren und berichten. Das Verhör führte ein Major im Gebäude des heutigen Zollhauses am Strom. Auch seine Besatzung hockte zu dieser Zeit im Keller des backsteinernen Hauses. Die KVP-Soldaten hatten also die festgenommenen Kameraden bei den Russen abgeliefert. Merkwürdig, der Offizier wusste angeblich nichts vom Verbleib der Besatzung, versprach aber Aufklärung. Dann ließ er Bruno Pyplatz wieder an Bord bringen.

Am Abend erschienen Angehörige der Grenzpolizei-See und übernahmen die Bewachung des Bootes. Pyplatz und die restlichen Männer wurden abgeführt. Sie landeten in einer Rostocker KVP-Kaserne. Dort waren dann auch

Ein Teil der Besatzung des KS-Bootes 131 kurz vor der Verhaftung am Alten Strom in Warnemünde

die Kameraden. Sprechen durften sie untereinander nicht. In der Nacht wurden alle mit einem Lkw nach Stralsund-Parow gebracht, wohin das Kommando der VP-See gerade aus Berlin umgezogen war.

Am nächsten Tag stand der junge Unterleutnant Pyplatz vor dem Vizeadmiral Waldemar Verner, dem Chef der VP-See. Langsam dämmerte ihm, was ihm da angelastet wurde. Aus der Esseneinnahme auf „Ehrenwort“ war inzwischen auf seltsamen Meldewegen ein „besonderes Vorkommnis“ geworden. Während des Ausnahmezustandes war dies meldepflichtig bis hoch zur Regierung, zum Innenminister. „Auf die junge Marine ist ein Schatten gefallen!“, tobte Verner. Wieso ein Schatten? Bruno Pyplatz verstand nicht. Sollte etwa an ihm ein Exempel statuiert werden? Hatten die Sowjets etwa wegen des Ausnahmezustandes darauf gepocht?

Wenn ja, dann konnte unter diesem Druck der Besatzungsmacht die Führung der KVP gar nicht anders handeln, als sie es dann tat: Sofort und ohne Beschluss seiner Parteiorganisation nahm man Pyplatz das Mitgliedsbuch der SED ab. „Warum haben Sie denn nicht Essen und Bier an Bord holen lassen?“, grollte Verner. „An Bord gilt Alkoholverbot“, gab der eingeschüchterte Pyplatz zu bedenken. Und Stabschef Heinz Neukirchen raunte ihm dann unter vier Augen zu: „Situationen wie diese müssen Sie eben mit dem Kopf und nicht mit dem Herzen entscheiden!“ Der Rat kam zu spät.

Tage später: Antreten der gesamten Flottenbasis-Ost in Peenemünde.

Bruno Pyplatz musste vortreten. Ein Unteroffizier riss ihm die Schulterstücke von der Uniformjacke. Dann hatte er sofort, zum Matrosen degradiert, die Dienststelle und die Marine zu verlassen.

Korvettenkapitän a. D. Professor Dr. sc. oec. Alfred Leonhardt

Mein 17. Juni 1953

Unsere Kompanie hatte – wie nicht anders zu erwarten – während der Osterfeiertage des Jahres 1953 Wach- bzw. Bereitschaftsdienst. Begeisterung kam in unserer Sechs-Mann-Stube schon deshalb nicht auf, weil obendrein wegen der urlaubsbedingt dezimierten Besetzung der Offiziersschule Landgangssperre verhängt worden war. Mit ein paar heimlich von zwei eingeschmuggelten Fläschchen wurde in der Freiwache eine Art Feiertagsstimmung imitiert. Als Ausgleich für den Osterdienst gab es allerdings einen zusätzlichen Tag zum Jahresurlaub. Es war ein sehr schöner Urlaub mit den Eltern. Und wenn uns

Hanna besuchte, war jeder Tag wie ein kleines Familienfest. Beim improvisierten Swing trug ich natürlich meine heißgeliebten Krepplatschen. Auf einem erhaltenen Foto ist unter dem damals modernen überlangen Sakko das gestreifte Marinehemd zu erkennen. Es ist der Beweis, dass ich nicht ganz gegen die im Urlaubsschein fehlende Zivilerlaubnis verstoßen hatte.

Der 17. Juni 1953 war der letzte Urlaubstag. Als ich am frühen Morgen mit geschultertem Seesack zum Zwickauer Hauptbahnhof ging, war alles ruhig. Mit den Eltern hatte ich noch in aller Ruhe gefrühstückt. Vater hatte während meiner Urlaubstage gelegentlich über seine Arbeit als Hauer und Gewerkschaftsvertrauensmann gesprochen. Dabei fielen auch Bemerkungen über zu hohe Abbaunormen und schlechte Arbeitsbedingungen unter Tage. Am meisten ärgerte er sich darüber, dass er als Gewerkschafter oft zwischen Baum und Borke stand. Als Hauer war er schließlich gezwungen, hohe Leistungen zu fordern. Aber besonders dramatisch schien dies nicht zu sein.

An diesem Morgen machte er sich noch vor mir auf den Weg zur Haltestelle des Zubringerbusses zur Zeche. Mit meinen Magdeburger Kameraden hatte ich vereinbart, dass wir uns auf dem Hauptbahnhof dieser Stadt zur gemeinsamen Weiterfahrt treffen.

Ich saß auf der rechten Fensterseite mit Blick auf den Bahnhofsvorplatz. Belebt ist so ein Platz ja immer. Aber diesmal fiel mir als erstes eine gewisse Hektik der Leute auf. Diese konnte mit der üblichen Eile der zum Zug strebenden Reisenden nichts zu tun haben. Dann sah ich eine Gruppe Jugendlicher, die auf zwei am Boden liegende Uniformierte einschlugen. Bestürzt war ich vor allem über die Umstehenden, die johlend zuschauten und die Schläger anfeuerten. Warum kam denn beiden keine Verstärkung aus der Bahnhofswache zu Hilfe? Später wurde bekannt, dass die Meute gewaltsam in die Bahnhofswache der Transportpolizei eingedrungen war und die Diensttuenden zur Öffnung des Waffenschrankes gezwungen hatte. Mit den zu Recht protestierenden Arbeitern hatten jene Leute wohl kaum etwas gemeinsam.

Inzwischen war auf dem Bahnsteig der Teufel los. Auf dem gegenüberliegenden Gleis hielt ein sogenannter Interzonenzug. Mehrere Türen standen offen, Fenster waren noch heruntergelassen. Zahlreiche Reisende dieses Zuges brüllten mit drohenden Gebärden irgendetwas in Richtung unseres Zuges. Erst als Mitreisende auch das Fenster unseres Abteils öffneten, vernahm man die Aufforderung, alle Uniformierten sollten den Zug verlassen.

Es war sicher nur Zufall, dass sich tatsächlich recht viele Angehörige der Kasernierten Volkspolizei (KVP) und der VP-See im Zug befanden. Vielleicht hatte man deshalb den Zug fälschlicherweise als Militärtransport gedeutet und wollte verhindern, dass Truppen zur Niederschlagung irgendwelcher

Protestaktionen gebracht werden? Oder war es, wie später in den Medien unter anderem vermutet, tatsächlich eine gezielte Aktion eingereister Provokateure, die ein filmreifes Szenario für die „Breite des Volkszornes gegen das Regime" abzog? Mir waren die möglichen Motive in diesem Moment egal. Ich schloss mich dem Vorschlag von zwei ebenfalls im Abteil befindlichen Unteroffizieren der KVP an, alle Uniformierten in einem Waggon zu konzentrieren, um eventuelle körperliche Angriffe gemeinsam abwehren zu können, wenn nötig mit Gewalt. Unser Waggon befand sich etwa in der Mitte des Zuges, also lief ich Richtung Zugende und forderte alle Uniformierten auf, sich zur Zugmitte zu begeben. Einer der beiden Unteroffiziere tat dies in entgegengesetzter Richtung, während der andere die Zivilisten bat, unseren Waggon auch in ihrem eigenen Interesse zu verlassen. Inzwischen waren meine drei Kameraden aus Magdeburg in unseren Waggon gestiegen. Einer von ihnen blutete. Man hatte ihm im Treppenaufgang zum Bahnsteig den Exkragen von der Kieler Bluse gerissen. Bei dem Handgemenge hatte er einen Schlag auf die Nase abbekommen. Souvenirjäger waren dies bestimmt nicht. Mehrere Versuche, gewaltsam in unseren Waggon einzudringen, wehrten wir ab, wobei die Mittel im Hinblick auf unseren Selbsterhaltungstrieb sicher zu verzeihen sind. Die planmäßige Abfahrtszeit des Zuges war längst überschritten. Der in Richtung Lokomotive gelaufene Unteroffizier berichtete, dass versucht wurde, den Lokführer an der Weiterfahrt zu hindern. Reisende aus dem Vorderteil des Zuges wollen auch sowjetische Soldaten gesehen und Warnschüsse gehört haben. Als sich der Zug endlich in Bewegung setzte, warfen noch ein paar besonders eifrige Jugendliche des Interzonenzuges Gleisschotter in Richtung unseres Waggons, ohne jedoch große Wirkung zu erzielen. Die Weiterfahrt bis Stralsund verlief dann völlig reibungslos.

Ein Kamerad meines Zuges reiste wegen Erkrankung erst zwei Wochen später an. Als er mich schließlich sah, riss er verwundert die Augen auf und stammelte: „Du lebst noch?" Er hatte von irgendwo her gehört, ich sei am 17. Juni auf dem Magdeburger Bahnhof erschossen worden. So entstehen Gerüchte. Wenn es stimmt, dass Totgesagte lange leben, habe ich ja noch einiges vor mir.

Wir „Seemollis" waren überaus erstaunt, bereits auf dem Bahnsteig des Bahnhofs Stralsund von Leutnant Paschiller, unserem Kompaniechef, in Dienstuniform und mit umgeschnallter Pistole persönlich empfangen zu werden. Viel Zeit zum Staunen blieb allerdings nicht. Wir bestiegen einen vor dem Bahnhof wartenden Lkw und erfuhren erst in der Offiziersschule, dass unsere Kompanie wieder einmal „Paschillers schnelle Truppe" war. Eine Stunde später saßen wir mit Maschinenpistolen bewaffnet in Dienstuniform, also „Stiefel mit halbem Schlag", wieder auf dem Lkw. Nach kurzer Fahrt bezogen wir Quartier in der Schiffsstammabteilung auf dem Dänholm und liefen fünf Nächte lang Doppelstreifen. Wer zwischen 22 und 6 Uhr auf der Straße angetroffen wurde, verstieß gegen das Ausgehverbot und musste sich ausweisen. Unmittelbare Anwohner wurden verwarnt und bis zur Haustür begleitet. Fremde mussten mit zur provisorischen Polizeiwache in der Dienststelle. Schusswaffengebrauch war mit Ausnahme tätlicher Angriffe auf den Doppelposten streng untersagt.

Wir hatten keine schwerwiegenden Vorkommnisse. Lediglich eine delikate Episode ist mir noch in Erinnerung. Während einer Mitternachtsstreife meinte mein Kamerad kurz vor dem Rügendamm zwei flüchtende Personen gesehen zu haben. Und tatsächlich knackte es in einem Gebüsch, als wir die verdächtige Stelle passierten. Ich sicherte, mein Kamerad leuchtete mit der Taschenlampe in das Gebüsch und rief eilfertig: „Kommen sie raus oder wir schießen!" Vor uns stand ein völlig verstörtes Liebespaar und bat um Nachsicht. Sie gingen beide fremd und fürchteten die Enthüllung ihrer Liaison, wenn ihr Verstoß gegen den Ausnahmezustand an die große Glocke gehängt würde. Die Ausweise waren in Ordnung, er gab sich als leitender Mitarbeiter der Volkswerft zu erkennen, und wir wollten gerade mitfühlend, aber entgegen unserer Vorschrift beide laufen lassen, als mir ein Malheur passierte.

Wir hatten damals außer der sowjetischen „Balalaika" mit Trommelmagazin noch die recht verschlissenen MPi 44 aus Wehrmachtsbeständen. Als ich meine Waffe wieder umhängte, blieb der Boden des Stabmagazins am Koppel hängen, glitt aus der Halterung und fiel mitsamt Feder und 20 Schuss Munition in den Dreck. Mit Hilfe des Pärchens fanden wir den Boden, die Feder und 19 Schuss Munition. Also meldete ich dem Diensthabenden als einziges besonderes Vorkommnis dieser fünf Tage den Verlust von einem Schuss MPi-Munition. Auch bei Tageslicht konnte ein an dem Ort des Ereignisses eingesetzter Suchtrupp nichts finden. Den klapprigen Magazinboden ließ ich mir vom Diensthabenden im Verlustbericht bestätigen und fand mich schon mit dem üblichen Tag „Bau" für Vergehen dieser Art ab. Als ich nach Rückkehr in die Schwedenschanze die zwei halben Schläge aus meinen Hosenbeinen rollte, ging es mir wieder gut, denn der 20. Schuss hatte sich im Hosenaufschlag verfangen. Er war also im übertragenen Sinne des Wortes „in die Hose gegangen".

Die Ausbildung lief nach dieser ereignisreichen Woche wieder normal. Zwei Kursanten unserer Kompanie waren auf eigenen Wunsch entlassen worden. Als Grund gaben sie an, nicht auf das eigene Volk schießen zu können, wenn sich Ereignisse wie die des 17. Juni wiederholen sollten.

Ich kannte keinen Fall, in dem Angehörige der VP-See je in eine derartige Situation gekommen wären. Der große Hammer für mich kam etwa drei

Wochen später. Meine Mutter teilte mir mit, dass sich Vater in einem Auffanglager bei Hamburg aufhält und nicht wieder in die DDR zurückkommen wird. Sobald er Arbeit und eine Wohnung hat, wolle er sie nachholen. Das traf mich wie der Blitz aus heiterem Himmel. Mein Vater im Westen und ich aussichtsreicher Offiziersanwärter der Marine und vielleicht künftiger U-Boot-Kommandant. Das konnte nicht gut gehen.

Um das Geschehene erfassen zu können, hier eine kurze Darstellung jener Tage. Im Jahr 1956 – ich war seit einem Jahr wieder Zivilist – besuchte ich mit Frau und Tochter einige Tage meine Eltern in Bochum. Vater war als Bergmann im Bochumer Verein untergekommen, Mutter war Hausfrau. Beide bewohnten eine kleine Zwei-Zimmer-Wohnung in der Eugenstraße. Es ging ihnen gut. Hauptgrund meines Besuches war die Frage nach dem Warum und Wie. Vater erfuhr nach seiner Darstellung von den Ereignissen in Berlin erst nach Schichtende des 17. Juni. Er sei in die Gewerkschaftsleitung gerufen und dort als „Aufwiegler“ beschimpft worden. Seit Wochen schon sei über höhere Normen gemunkelt worden. Dabei sei immer wieder der Name Hennecke gefallen, dessen Leistung für die Leitung der Zeche der Beweis sei, dass in der gleichen Zeit um vieles mehr Steinkohle gefördert werden könne. Vater hatte sich, wie er sagte, schon einige Zeit vorher auf einer Tagung von Gewerkschaftsgruppenleitern des Steinkohlenbergbaus mit Kumpels der Zeche unterhalten, auf der Adolf Hennecke im Oktober des Jahres 1948 die berühmte Schicht mit 387 Prozent Übererfüllung seiner Tagesnorm gefahren war. Diese Kumpels hätten ihm geschildert, welche absoluten Ausnahmebedingungen während der „Henneckeschicht“ herrschten oder extra dafür künstlich geschaffen worden waren. Deshalb habe Vater lediglich gesagt, dass er eine höhere Norm nur unterstützen würde, wenn ähnliche Voraussetzungen wie bei Hennecke gegeben wären. Am Morgen des 19. Juni wollte er wie üblich mit dem Zubringer zur Zeche fahren. Dem Bus seien die Kumpels der Nachtschicht entstiegen. Ein ihm Unbekannter habe ihn beiseite genommen und zugeflüstert, dass in der Zeche soeben ein Hauer von der Stasi verhaftet worden sei, und er wisse aus sicherer Quelle, dass auch auf seine Ankunft gewartet würde. „Hau lieber ab, die lochen dich sonst ein“, habe er ihm zugeflüstert. Darauf sei Vater auf der Stelle zum Bahnhof gelaufen und in den nächsten Zug in Richtung Westberlin gestiegen.

Mit Wirkung vom 1. Oktober 1954 wurde ich schließlich zum Unterleutnant zur See ernannt. Nur vier Kursanten der Kompanie war es gelungen, sofort zum Leutnant zur See gekürt zu werden. Dass ich nicht dazu gehörte, ärgerte mich schon ein wenig. Vor allem deshalb, weil dies meines Erachtens nur einer kurzen Unbeherrschtheit meinerseits zuzuschreiben war. Nach einer der letzten Prüfungen marschierte unser Zug vom Lehrgebäude in die Unterkunft zurück. Ich hatte das Fach mit der Note fünf abgeschlossen und war überglücklich, weil diese Fünf den für den Leutnant erforderlichen Gesamtdurchschnitt ergeben hätte. Als wir den Sportplatz passierten, strahlten die Lautsprecher des Schulfunkstudios gerade einen Walzer aus und ich tanzte übermütig zwei oder drei Takte im Glied mit. Das sah ein zufällig vorbeigehender Offizier und machte unseren Zugführer auf mein undiszipliniertes Verhalten aufmerksam. Der hängte es an die große Glocke und ich bekam vom Kompaniechef einen mündlichen Verweis verpasst. Das war es dann auch schon gewesen. Ich wurde also nur Unterleutnant zu See.

Fregattenkapitän a. D. Dieter Flohr

Die U-Bootschule der DDR-Marine

Am 1. August 1953 schloss die U-Bootlehranstalt der Volkspolizei-See überraschend ihre Pforten. Sie war erst zum Jahreswechsel 1952/53 unter größter Geheimhaltung in Sassnitz-Dwasieden eröffnet worden. Ein Zeitzeuge ist Gerhard Vandreier aus Rostock. Er erinnert sich: „Als ich Ende Juli 1953 nach dem Urlaub im Osterzgebirge wieder nach Sassnitz-Dwasieden zurückkehrte, fand ich eine leere Dienststelle vor. Alle Lehroffiziere, die 480 Kursanten und der Stab der U-Boot-Lehranstalt waren versetzt worden. Lediglich meine Sachen fand ich in einem Wehrmachtsspind wieder. Nur, die neuen privaten Stiefel hatte wohl jemand gebrauchen können."

Noch heute ist dem in Rostock lebenden Diplom-Ingenieur und Ex-Marine-Offizier ein wenig Enttäuschung anzumerken, dass es damals nichts wurde, mit der Seefahrt auf einem Unterseeboot. Mit großer Begeisterung hatten er und andere am 21. Dezember 1952 zu Stalins Geburtstag zu Unterleutnanten ernannte junge Marineoffiziere der 1. Seeoffiziers- und Ingenieur-Offizierslehrgänge von ihrer Versetzung zur U-Boot-Lehranstalt der Volkspolizei-See erfahren. Vandreier selbst war als Bestschüler sogar zum Leutnant (Ing.) befördert worden und wurde daraufhin an der U-Bootschule als Lehrer für Motorenkunde eingesetzt. „Wir alle waren damals Feuer und Flamme", sagt Vandreier, „noch immer wirkte wohl der Mythos U-Boot aus unserer Jugendzeit während des Zweiten Weltkrieges. Von Angst, auf einem ‚schwimmenden Sarg' zu fahren, keine Spur. Eigentlich waren wir sehr stolz darauf, überhaupt für diese Waffe auserwählt worden zu sein und brannten darauf, diesmal auf deutschen U-Booten den Weltfrieden zu schützen."

In seiner letzten wissenschaftlichen Arbeit vor seinem plötzlichen Ableben im Jahr 2002 hat Konteradmiral a. D. Dr. jur. Friedrich Elchlepp für das Militärgeschichtliche Forschungsamt in Potsdam nach umfangreichem Aktenstudium und Befragungen von Zeitzeugen die Hintergründe und die Strukturen des beabsichtigten Aufbaus einer DDR-U-Boot-Waffe erläutert. Danach hatte Stalin 1952 den sofortigen Aufbau einer ostdeutschen Armee und Flotte gegen NATO und Europäische Verteidigungsgemeinschaft (EVG) angewiesen. Vorausgegangen war die Ablehnung seiner Initiative durch die Westmächte, Deutschland wieder zu vereinen, zu neutralisieren und dann einen Friedensvertrag zu schließen.

Wilhelm Pieck notierte die Aufgabe am 7. April 1952 bei einer Unterredung mit Stalin in Moskau: „Militärische Ausbildung, Infanterie, Marine, Aviation, U-Boote."

Auf dem Gelände der ehemaligen E-Mess-Schule und der Artillerieschule der Kriegsmarine in Sassnitz-Dwasieden (nun Deckname S 7) wurden daraufhin die Trümmer des Schlosses und der gesprengten Wehrmachts-Kasernen geräumt, fünf Unterkunfts-Baracken, vier Holzhäuser für den Unterricht sowie Wirtschaftsgebäude, Sanitärtrakt und Med.-Punkt gebaut. Der Marstall des 1948 gesprengten wunderschönen Schlosses wurde zum Stabsgebäude umgebaut. Im Südhafen Sassnitz entstanden Schiffs-Liegeplätze mit Anschlüssen für Strom, Wasser und Treibstoff, Torpedoschuppen, Tanklager und Kompressorraum für Luftflaschen und eine Ladestation für U-Boot-Akkus. Zeitgleich setzte die Sowjetunion den Bau einer großen Marinebasis im Großen Jasmunder Bodden durch. Ein Durchstich durch die Schaabe bei Glowe zum offenen Meer wurde durch ca. 20 000 deutsche Arbeiter und etwa 3000 Häftlinge sowie die Organisation „Dienst für Deutschland" begonnen. Dies hätte bei Fertigstellung bedeutet, dass der gesamte Norden Rügens ab Lietzow bis Wittow und der Halbinsel Bug zum militärischen Sperrgebiet geworden wäre.

Am 4. Januar 1953 begann unter größter Geheimhaltung für 53 Offiziere, 150 Unteroffiziere und 280 Mannschaften, die sich ab 1950/51 allesamt freiwillig zur Marine gemeldet hatten, die U-Bootausbildung. „Wir Lehrer mussten täglich improvisieren", sagt Gerhard Vandreier, „es gab zwar sowjetisches Lehrmaterial, das aber erst parallel durch eine Dolmetschergruppe übersetzt werden musste. Faktisch erhielten wir täglich jeweils einen Text in die Hand, der im Unterricht behandelt wurde. Da es kein Motorenkabinett und keine Schnittmodelle gab, nahm ich sogar mein Motorrad, eine AWO, mit in die Unterrichtsbaracke und erläuterte daran das Prinzip eines Viertakt-Ottomotors.

Dass ich die Maschine dann auch startete, fand nicht nur Zustimmung bei den anderen in der Baracke Unterrichtenden."

Kommandeur der Lehranstalt war Fregattenkapitän Heinrich Jordt, einst Obermaschinist der Kriegsmarine, später Chef der 6. Grenzbrigade Küste. Ihm zur Seite standen mit Herbert Bauer, Gerhard Klippstein und Erich Thieme erfahrene U-Bootmänner der Kriegsmarine. An den im Vorfeld in der sowjetischen Militäradministration anberaumten Planberatungen hatten zwei sowjetische U-Bootkommandanten und Helden der Sowjetunion, die Kapitäne I. Ranges Trawkin und Winitschenko, teilgenommen. „Im Lehrkörper der Schule selbst waren dann keine sowjetischen Offiziere mehr präsent", sagt Gerhard Vandreier. Das Lehrpersonal bestand aus 64 Offizieren, 63 Unteroffizieren und 34 Mannschaften der VP-See. Ausgebildet wurden in Dwasieden U-Bootkommandanten, Erste Wachoffiziere, Torpedo-Offiziere und Leitende Ingenieure, in den entsprechenden Laufbahnen zudem Unteroffiziere und Matrosen. Diesen Teil der U-Schule leitete Erich Thieme, der spätere langjährige Leiter des Hauptgefechtsstandes im Kommando der Volksmarine. Der Befehl des Chefs der VP-See, Vizeadmiral Waldemar Verner und des Stabschefs, Konteradmiral Heinz Neukirchen, lautete, „noch 1952 eine U-Bootwaffe aufzubauen und zu beherrschen."

„Dazu sollten bald aus Swinemünde (Świnoujście) vier U-Boote der Baltischen Flotte im Sassnitzer Hafen eintreffen", erinnert sich Vandreier. Dann hätte die praktische Ausbildung im Hafen beginnen können. Dabei sollten die russischen Besatzungen den deutschen Kameraden doublierend zur Seite stehen. Geplant waren zunächst vier Küsten-U-Boote vom russischen Typ „Maljutki" mit 24 - 26 Mann Besatzung, vier Torpedorohren, einer 45-mm-Kanone und 283 t Wasserverdrängung.

Elchlepp verweist aber auch auf weitere utopisch anmutende Pläne der DDR. Danach ist im Schiffbauplan „Zeuthen" für 1954 - 1956 der Bau von 14 U-Booten mit je 750 t Wasserverdrängung die Rede, die sich an den deutschen Weltkriegstyp VII C-41 anlehnen sollten. Diese Boote hätten die DDR-Werften nachbauen müssen. Die Vermessungs- und Konstruktionsarbeiten an dem vor Warnemünde gehobenen U-1308 vom Typ VII C-41 hatten in der Volkswerft Stralsund und auch in der Neptunwerft Rostock bereits begonnen.

Allerdings: „Eine U-Bootdivision von 18 - 20 Unterseebooten hätte, so die baldige Erkenntnis, damals das logistische und wirtschaftliche Potential der DDR gleich mehrfach überfordert", sagt Gerhard Vandreier. Dazu soll es auch eine Bemerkung Walter Ulbrichts gegeben haben, der das Vorhaben als unrealistisch ablehnte.

Mit den Unruhen des 17. Juni 1953 platzten dann alle diese Vorhaben ohnehin. Der von Moskau angeordnete „neue Kurs" der DDR-Regierung steuerte auch den erheblichen Rüstungsausgaben entgegen. Zum 1. August 1953 wurde die U-Bootlehranstalt geschlossen, das Personal in andere Dienststellen versetzt und das Lehrmaterial „eingemottet". In die leeren Baracken oberhalb der Steilküste zogen zunächst die Nachrichtenschule und 1955 die Schiffsstammabteilung der Volkspolizei-See ein. Für etwa 250 Abiturienten, die sich für die Ausbildung zu See-, Maschinen- und Funkoffizieren gemeldet hatten, fand hier 1955 die zehnwöchige Grundausbildung statt. Auch die Hafenbauarbeiten der Großbaustelle im Jasmunder Bodden fanden ein sofortiges Ende. Trotz späterer periodischer Mahnungen sowjetischer Admirale und des Verteidigungsministers Malinowski wurde in der Volksmarine der Aufbau einer U-Bootwaffe niemals wieder ernsthaft in Betracht gezogen.

Gerhard Vandreier nahm später ein Hochschulstudium auf, wurde Diplom-Ingenieur, dann Kapitän zur See, Abteilungsleiter und Stellvertreter des Chefs für Rückwärtige Dienste für Technik und Bewaffnung im Kommando der Volksmarine. Bekannt ist sein langjähriges Engagement als „Logistiker" für die Rostocker Hanse Sail und im Deutschen Bundeswehrverband.

Korvettenkapitän a. D. Professor Dr. sc. oec. Alfred Leonhardt

An der (längst aufgelösten) U-Bootlehranstalt

Mein Marschbefehl lautete: „Dienststelle Sassnitz-Dwasieden", als ich mich zehn Tage nach der Hochzeit wieder zum Dienst meldete. Dort traf ich fast die gesamte Kompanie wieder an, wobei jedoch nach kurzer Zeit jene, die sich nicht für die U-Boot-Waffe entschieden hatten, bereits auf Schiffe bzw. zur Baubelehrung abwanderten. Meine Enttäuschung über die geradezu chaotischen Verhältnisse dieser so erwartungsvoll herbeigesehnten Lehranstalt teilte ich gemeinsam mit ca. 30 weiteren „ULA-Neuernannten". Unterkünfte in Holzbaracken, mittelalterliche Sanitärbedingungen, ein paar Schautafeln zur Nachrichtentechnik an den Wänden des Unterrichtsraumes ließen Schlimmes ahnen. Und so kam es auch. Nachdem wir die ersten beiden Tage mit Essen, Trinken und Skatspielen verbracht hatten, befahl am Morgen des dritten Tages ein etwas vergammelt wirkender Oberleutnant lautstark: „Heraustreten und Antreten in Marschordnung!"

Ohne offizielle Begrüßung oder nähere Erläuterungen zum künftigen

Lehrplan und zum Lehrgangsablauf insgesamt begann so etwas wie eine Grundausbildung. In Zugstärke trainierten wir Kehrtwendungen und marschierten tagelang wie neu einberufene Rekruten eine Betonstraße auf und ab. Der Oberleutnant legte besonderen Wert auf korrekte Seitenrichtung und eine gestreckte Beinhaltung beim Exerzierschritt, als wollte er uns auf die nächste Maiparade trimmen. Etwas Abwechslung brachte der Dienstsport, der nach dem nicht obligatorischen Krafttraining sehr schnell und ausgiebig mit Volleyballspielen ausgefüllt war. Wie ich später erfuhr, eine Lieblingsbeschäftigung des Kommandeurs, der sich auch der Sportlehrer verpflichtet fühlte. Anfänglich nahmen wir die ganze Sache nach der Devise „Bewegung kann nicht schaden" belustigt hin. Wir bezeichneten uns schon gegenseitig als „sportliche Paradehengste" und die ULA als Trabergestüt. Als kulturelle Einlage und vielleicht auch zur Beschwichtigung unseres zuweilen recht deutlich geäußerten Unmuts hatte man eine „Exkursion" zum Fischkombinat Sassnitz organisiert. Sie war als „Begegnung mit Werktätigen" konzipiert. Einige der jungen Frauen am Fließband des Konservenbereiches regten unverblümt und unter beifälligem Johlen der anderen an, die „Begegnung" doch lieber in ihrem Umkleideraum stattfinden zu lassen. Es waren in der Mehrzahl Häftlinge des neben dem Kombinat errichteten Frauengefängnisses. Irgendwie konnte man es ihnen nachfühlen, dass die Nähe von zwei Dutzend strammen Marineoffizieren ihre Fantasie anregte. Angesichts des immer offensichtlicher gewordenen Bemühens, uns mit unsinnigen Beschäftigungen hinzuhalten, platzte uns eines Tages der Kragen. Wir weigerten uns herauszutreten und forderten ein Gespräch mit dem Kommandeur der ULA. Als offizielle Begründung verwiesen wir auf das für diesen Dienst ungeeignete Schuhwerk und brandmarkten diese Ausbildung als „Verschwendung von Volkseigentum". Tatsächlich waren die dünnen Ledersohlen unserer Schuhe bereits nach wenigen Tagen infolge des scharfen Betonbodens arg ramponiert. Statt des geforderten Gesprächs mit dem Kommandeur kam es jedoch zu Einzelgesprächen mit einer bereits zwei Tage später angereisten Kommission der Hauptverwaltung der VP-See. Unsere faktische Befehlsverweigerung spielte ebenso wenig eine Rolle wie der weitere Ablauf des U-Boot-Lehrganges. Dieser wurde ohne Kommentar als beendet erklärt und es ging ausschließlich um die weitere Verwendung der Offiziere. Dies erwies sich allerdings als schwierig. Auf den Schiffen waren unterdessen die meisten Offiziersplanstellen mit den lange vor unserem Eintreffen auf die Flottillen verteilten Kursanten der seit mehr als einem Jahr aufgelösten ULA besetzt worden. Natürlich lagen der Kommission unsere Personalakten vor. Als ich an der Reihe war, tippte der Gesprächsleiter auf meine Akte und bemerkte, dass ich bei der ersten Kommissionierung eine Vorliebe für Navigation bekundete. Dies vernahm der am Gespräch teilnehmende Fregattenkapitän Heinrich Jordt und legte de facto fest: „Na, dann nehme ich sie mit nach Parow als Fachlehrer für Navigation." Und so geschah es auch. Allerdings nicht lange, denn bereits nach acht Wochen landete ich als Fachlehrer für Seemannschaft und terrestrische Navigation an der inzwischen gegründeten Ingenieur-Offiziers-Lehranstalt in Kühlungsborn. Ich verkneife mir eine ausführliche Darstellung der Tricks, mit deren Hilfe ich bei den ausschließlich auf Dieselmotoren und Elektrik fixierten Ingenieur-Offiziersschülern ein Minimum an Interesse für elementare Grundlagen der Navigation zu wecken versuchte. Der Lehrbetrieb war natürlich absolutes Neuland für mich. Fachlich war ich nicht schlecht, pädagogisch allerdings ein reiner Autodidakt. Nach einem Probevortrag vor der Leitung des Lehrstuhls und wenigen ingenieurtechnischen Lehroffizieren der Schule bekam ich zwar die üblichen kritischen Hinweise und gut gemeinten Ratschläge, aber alles in allem fand man das Gebotene in Ordnung. Mein Lehrstuhlleiter war Oberleutnant zur See Jochen Wunderlich. Ein fachlich versierter Seemann und sehr kameradschaftlicher Vorgesetzter, zu dem man Vertrauen haben musste. In einem der vielen persönlichen Gespräche mit ihm erwähnte ich, dass ich erneut angesprochen worden bin, Mitglied der SED zu werden. Mehr oder weniger scherzhaft sagte er: „Wenn du nicht willst, mach es wie ich, geh in die NDPD, dann hast du Ruhe." Er nahm es gelassen, als ich ihm entgegnete, dass ich als Arbeiterkind in die SED gehöre. Aber den Zeitpunkt wollte ich schon selbst bestimmen. Erst nach der Wende wurden einige der Hintergründe in der Geschichte der DDR-Seestreitkräfte bekannt, die maßgeblich von den Ereignissen um den 17. Juni 1953 gekennzeichnet waren. Soweit sie auch meine aktive Marinelaufbahn zwischen dem 1. Oktober 1954 und der Entlassung am 15. September 1955 beeinflussten, sind sie hier durchaus erwähnenswert.

Als ich Mitte Oktober 1954 in Sassnitz-Dwasieden anreiste, war die U-Boot- Lehranstalt längst „abgewickelt", wie man heute zu sagen pflegt. Der Auflösungsbefehl der ULA datierte vom 1. Juli 1953! Was ich und meine Mitstreiter bei unserer Ankunft vorfanden, war in Wahrheit längst keine U-Boot-Lehranstalt mehr. Seit dem 1. August 1953 befand sich auf dem Boden der ehemaligen ULA eine Nachrichten-Offiziers-Lehranstalt. Fregattenkapitän Jordt wechselte also nur die Waffengattung und blieb Kommandeur in Sassnitz-Dwasieden.

Mit der Auflösung der ULA war natürlich das gesamte Programm der U-Boot-Bewaffnung der VP-See Geschichte. Über die Ursachen kursieren seither eine ganze Reihe von Vermutungen und Gerüchten. Möglicherweise war es tatsächlich eine Entscheidung der Sowjetregierung, die nach den

Juni-Ereignissen die DDR zumindest zeitweilig als militärischen Unsicherheitsfaktor betrachtete und deshalb die Ausrüstung der VP-See mit U-Booten stoppte. Immerhin ist das U-Boot eine ausgesprochene Angriffswaffe. Wiederholten sich solche oder ähnliche Ereignisse wie im Juni 1953 und die U-Boote der DDR gerieten in falsche Hände, hätte die Baltische Rotbannerflotte in der östlichen Ostsee ohne Zweifel erhebliche Probleme bekommen. Außerdem schloss, aus den oben angedeuteten Gründen, die sowjetische Deutschlandpolitik dieser Zeit eine Annäherung beider deutscher Staaten bis hin zur Vereinigung absolut nicht aus. Der Aufbau einer U-Boot-Flotte der DDR wäre in diesem Falle einer militärischen Stärkung des Westens im Ostseeraum gleichgekommen. Unter Berufung auf den damaligen Chef der Volksmarine, Admiral W. Ehm, vermerkt Konteradmiral Elchlepp im Buch „Volksmarine der DDR", dass es in der Folgezeit „keine ernstzunehmenden Versuche der sowjetischen Seite" mehr gab, eine U-Flottille der VP- See/Volksmarine aufzubauen. Im Gegensatz hierzu kommen jedoch die mir persönlich als seriöse Marinehistoriker bekannten Hans Mehl und Knut Schäfer in ihrem Buch „Die Seestreitkräfte der NVA" zu der Feststellung: „Nach 1963 forderte die UdSSR die DDR erneut auf, sich an einem Programm für Randmeer-U-Boote sowohl für den eigenen als auch für den sowjetischen Bedarf zu beteiligen". Sie berufen sich dabei auf die schmeichelhaften Worte von Marschall Malinowski, dem damaligen Verteidigungsminister der UdSSR: „Die Deutschen sind Pioniere des U-Boot-Baues und sollten ihren Beitrag im Interesse des gesamten sozialistischen Lagers leisten." Beide Autoren verweisen auf eine Empfehlung des Flottenadmirals der Sowjetunion Gorschkow, den Bau und die Einführung von U-Booten in das Programm der Ausstattung der Volksmarine für die Jahre 1986 bis 1990 aufzunehmen.

Weit interessanter für mich war und ist bei der ganzen U-Boot-Diskussion die Frage, warum im Oktober 1954 zwei Dutzend hochmotivierte und für damalige Verhältnisse recht gut bezahlte Offiziere und U-Boot-Anwärter derart hinter das Licht geführt worden sind. Admiral Elchlepp führt im genannten Buch mit pedantischer Exaktheit auf, dass die Eröffnung der ULA Dwasieden auf Befehl 1/53 und deren Auflösung auf Anordnung 20/53 des Chefs der VP-See erfolgte. Unter welchen Umständen jedoch dieser administrative Akt ablief, bleibt unerwähnt. Sofort nach Erscheinen des Buches rief ich ihn in Rostock an und schilderte ihm das selbst erlebte Fiasko. Als damaligem Stabschef war ihm nur bekannt, was mit den Lehrgangsteilnehmern geschah, die bis zur Auflösung 1953 bereits an der ULA ausgebildet wurden. Meine geschilderten Vorgänge im Jahr 1954 waren ihm neu. Er schlug vor, mich zu einem persönlichen Gespräch nach Rostock einzuladen, sobald er sich „bei einigen

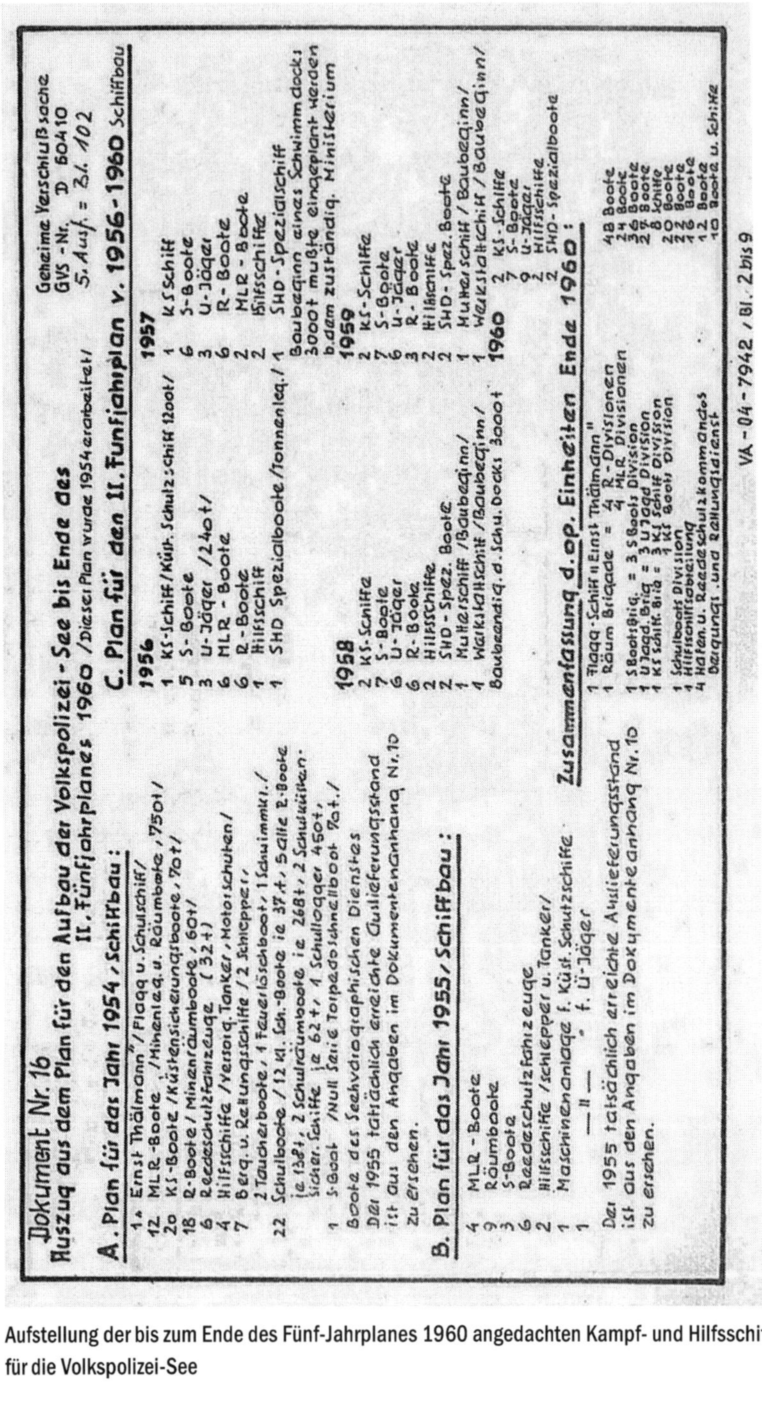
Dokument Nr. 16
Auszug aus dem Plan für den Aufbau der Volkspolizei - See bis Ende des II. Fünfjahrplanes 1960 /Dieser Plan wurde 1954 erarbeitet/

Geheime Verschlußsache
GVS - Nr. D 60410
5. Ausf. = Bl. 102

A. Plan für das Jahr 1954, Schiffbau:

1 „Ernst Thälmann" / Flagg u. Schulschiff/
12 MLR-Boote, /Minenleg. u. Räumboote, 750t/
20 KS-Boote /Küstensicherungsboote, 70t/
18 R-Boote / Minenräumboote, 60t/
6 Reedeschutzfahrzeuge (32t)
4 Hilfsschiffe /Versorg. Tanker, Motorschuten/
7 Berg. u. Rettungsschiffe / 2 Schlepper, 2 Taucherboote, 1 Feuerlöschboot, 1 Schwimmkr./
22 Schulboote / 12 kl. Sch.-Boote je 37 t, 5 alte R-Boote je 138 t, 2 Schulräumboote je 268 t, 2 Schulküstensicher. Schiffe je 62 t, 1 Schullogger 450 t,
1 S-Boot /Null Serie Torpedoschnellboot 70t./
Boote des Seehydrographischen Dienstes
Der 1955 tatsächlich erreichte Auslieferungsstand ist aus den Angaben im Dokumentenanhang Nr. 10 zu ersehen.

B. Plan für das Jahr 1955, Schiffbau:

4 MLR - Boote
9 Räumboote
3 S-Boote
6 Reedeschutzfahrzeuge
2 Hilfsschiffe /Schlepper u. Tanker/
1 Maschinenanlage f. Küst. Schutzschiffe
1 — " — f. U-Jäger
Der 1955 tatsächlich erreichte Auslieferungsstand ist aus den Angaben im Dokumenteanhang Nr. 10 zu ersehen.

C. Plan für den II. Fünfjahrplan v. 1956-1960 Schiffbau

1956
1 KS-Schiff / Küst. Schutzschiff 1200t/
5 S-Boote
3 U-Jäger /240t/
6 MLR - Boote
6 R-Boote
1 Hilfsschiff
1 SHD Spezialboote /Tonnenleg./

1957
1 KS Schiff
6 S-Boote
3 U-Jäger
6 R-Boote
2 MLR - Boote
2 Hilfsschiffe
1 SHD - Spezialschiff
Baubeginn eines Schwimmdocks 3000t mußte eingeplant werden b. dem zuständig. Ministerium

1958
2 KS-Schiffe
7 S-Boote
6 U-Jäger
6 R-Boote
2 Hilfsschiffe
2 SHD - Spez. Boote
1 Mutterschiff /Baubeginn/
1 Werkstattschiff /Baubeginn/
Baubeendig. d. Schu. Docks 3000t

1959
2 KS-Schiffe
7 S-Boote
6 U-Jäger
3 R-Boote
2 Hilfsschiffe
2 SHD - Spez. Boote
1 Mutterschiff / Baubeginn/
1 Werkstattschiff / Baubeginn/

1960
2 KS-Schiffe
7 S-Boote
9 U-Jäger
2 Hilfsschiffe
2 SHD - Spezialboote

Zusammenfassung d. op. Einheiten Ende 1960:

1 Flagg-Schiff „Ernst Thälmann"	
1 Räum Brigade = 4 R-Divisionen	48 Boote
4 MLR Divisionen	24 Boote
1 SBoots Brig. = 3 SBoots Division	36 Boote
1 UJagd. Brig = 3 UJagd Division	27 Boote
1 KS Schiff. Brig = 3 KS Schiff Division	8 Schiffe
1 KS Boots Division	20 Boote
1 Schulboots Division	22 Boote
1 Hilfsschiffsabteilung	16 Boote
4 Hafen. u. Reedeschutzkommandos	12 Boote
Bergungs. und Rettungsdienst	10 Boote u. Schiffe

VA - 04 - 7942 / Bl. 2 bis 9

Aufstellung der bis zum Ende des Fünf-Jahrplanes 1960 angedachten Kampf- und Hilfsschiffe für die Volkspolizei-See

Das Wrack des vor Nienhagen gehobenen U-Bootes U2344 (Typ XXIII) der Kriegsmarine im Schwimmdock der Rostocker Neptunwerft

Leuten, die es genau wissen müssten", schlaugemacht habe. Leider ist Admiral Elchlepp inzwischen verstorben.

Die naheliegende und von vielen sachkundigen Gesprächspartnern auch geteilte Erklärung des U-Boot-Dilemmas der VP-See/Volksmarine dürfte vielgliedrig sein: Der Partei- und Staatsführung der DDR ging es im Juni 1953 im puren Interesse der Erhaltung des arg angeschlagenen Systems um Einsparungen bei allen staatlichen Ausgaben. Allein der VP-See wurden 28,5 Mrd. Mark für den Schiffbau gestrichen. Die U-Boot-Pläne gehörten zweifellos zu den kostenaufwändigsten Projekten.

Vieles deutet darauf hin, dass sich die Verwaltung der VP-See mit dieser Entscheidung keinesfalls abgefunden hatte. Im Bundesarchiv-Militärarchiv Freiburg liegt sogar eine Studie vom 8. April 1954, die vorsorgliche Maßnahmen einer möglichen Neueröffnung der ULA ausweist. Auch in einer internen Planung der Verwaltung der VP-See soll nach wie vor von sechs Neubauten die Rede gewesen sein. Zudem wurde die Bergung von vor Warnemünde gesunkenen U-Booten der Kriegsmarine fortgesetzt. So wurde im Jahr 1955 unter anderem das Boot U 2344 des damals sehr modernen Typs XXIII gehoben und in das Schwimmdock der Neptun-Werft verbracht. Aufgrund der schweren Beschädigungen wurde es jedoch 1957 abgewrackt.

Damit scheint sich der Verdacht zu bestätigen, dass unser „Lehrgang" an der aufgelösten ULA im Oktober 1954 so eine Art „stille Reserve" sein sollte. Wir waren so etwas wie ein „personeller Vorrat" für den Fall einer doch noch möglichen Fortsetzung der U-Boot- Bewaffnung und damit verbunden der Wiedereinrichtung der ULA, falls die politischen Bedingungen es erlauben würden. Lange Zeit war auch ich der Meinung, wie einige meiner ULA-Leidensgenossen, dass das erlebte Fiasko vom Oktober 1954 eine Fehlleistung der Militärbürokratie war. Als hätte uns die Personalabteilung der VP-See nach der Kommissionierung im April 1953 einfach vergessen. Dem war allem Anschein nach nicht so. Dass mit uns „Reserve-U-Boot-Fahrern" so nachlässig verfahren wurde, geht natürlich auch auf das Konto einer in allen Bereichen der DDR oft übertriebenen Geheimniskrämerei.

Man hätte uns über die eingetretene Situation innerhalb gewisser Grenzen informieren und zum Schweigen „vergattern" können. Da sich im Nachhinein herausstellte, dass in diesem Falle die Verwaltung der VP-See mit ihrer heimlichen Fortsetzung von Teilen des U-Boot-Programms bedenklich gegen Beschlüsse der Partei- und Staatsführung handelte, könnte man Verständnis für die gezeigte Unsicherheit der Führung aufbringen.

Kapitän zur See. a. D. Peter Barth

Offizier in der Matrosenbluse

Ich gehörte als Kapitänleutnant zu jenen Admiralen und Offizieren unserer Seestreitkräfte, die Ende der 1950er Jahre, gewissermaßen „auf Probe" (und aufgrund von Erfahrungen der Chinesischen Volksbefreiungsarmee), vier Wochen als einfache Matrosen in der Truppe Erfahrungen sammeln sollten.

Als Offizier der Politabteilung im Kommando der Seestreitkräfte (Kmdo. SSK) meldete ich mich freiwillig. Auch aus heutiger Sicht beeinflussten neben meiner Grundeinstellung zur VR China – einem Eckpfeiler des sozialistischen Lagers – bestimmte Ereignisse meine damalige Entscheidung. In einer Offiziersversammlung des Kommandos Seestreitkräfte in Gehlsdorf berichtete dessen Chef, Vizeadmiral Waldemar Verner, sehr emotional über seine Eindrücke als Teilnehmer der ersten nach China gereisten NVA-Delegation, von dem fernöstlichen Land, seinen Menschen und besonders der Volksbefreiungsarmee wie deren Flotte. Zur Abordnung gehörte auch der Minister für Nationale Verteidigung, Generaloberst Willi Stoph. Verner informierte über

Konteradmiral Felix Scheffler (rechts) und Kapitän zur See Gerhard Riese folgten der Weisung von oben und absolvierten auf einem der neuen Küstenschutzschiffe Dienst als Matrosen.

chinesische Methoden zur politisch-moralischen Erziehung von ranghohen Offizieren und Generalen. Das war neu, ließ aufhorchen, fand allerdings nicht ungeteilte Zustimmung.

Im Frühjahr 1959 wurde dann eine Militärdelegation Chinas unter Leitung von Marschall Peng Dehuai zu einem Gegenbesuch in der DDR empfangen. Im Programm war eine Visite bei der 1. Flottille in Peenemünde vorgesehen. Ich selbst beteiligte mich an der Vorbereitung und Sicherstellung des Aufenthalts der chinesischen Gäste.

Wenn ich mich heute zurückerinnere, dann übte man in Bezug auf das recht ungewöhnliche „Erziehungsvorhaben für Offiziere“ eine gewisse Zurückhaltung. Vorherrschend war die Auffassung: Hoffentlich geht der Kelch an mir vorüber! Warum soll ich denn noch einmal von vorn anfangen? Das habe ich doch alles schon lange hinter mir! Oft hörte man auch die Meinung, dieser Weg sei zwar für China richtig, aber nicht auf unsere Verhältnisse übertragbar.

Ich hatte mich, ausgehend von meiner beruflichen Entwicklung als Elektroinstallateur und -mechaniker, als Matrose auf einem TS-Boot gemeldet. Bei der Jahres-Grunduntersuchung war mir „S- und U-Boot-Tauglichkeit“ bescheinigt worden. Als dann erste Namen für das Matrosenvorhaben im Kommando

SSK bekannt wurden – an der Spitze stand Konteradmiral Felix Scheffler – entspannte sich die Situation unter den Offizieren. Waren erst Zurückhaltung und Skepsis vorherrschend gewesen, so hielten sich nun Schulterklopfen ob meines Entschlusses und nachsichtiges Lächeln unter ernst zu nehmenden Freunden in etwa die Waage.

Im Sommer 1959 begann für mich die persönliche Vorbereitung auf den Einsatz als Maschinist für die 6. Torpedoschnellboot-Abteilung. Es ging um das Studium der Vorschriften und Pläne für das TS-Boot 183, die in unserer VS-Stelle nicht vorhanden waren. Meist abends konnte ich mit Hilfe zweier technischer Offiziere Rollenverteilung, Betriebsstoffschemas und andere Dokumente studieren. Vieles musste einfach gepaukt werden, und ich lernte in den Gesprächen so manche „Schwachstelle“ meiner künftigen Tätigkeit kennen.

Die Einkleidung in der BA-Kammer bescherte mir einen vollen Seesack, mit dem ich mich – per Dienstauftrag für den Matrosen Peter Barth – Richtung Gager/Rügen in Marsch setzte. An die verstohlenen Blicke mancher Mitreisender in Bahn und Bus ob meines zu Kieler Bluse und Bändermütze nicht ganz passenden Alters erinnere ich mich noch gut.

In Gager, dem Liegeplatz der 6. TS-Abteilung, meldete ich mich beim Diensthabenden und wurde dem Boot 5 als 4. Mot.-Gast zugeteilt. Man wies mir im Acht-Mann-Deck auf der Backbordseite die oberste Koje mit einer spartanischen „Korkmatratze“ zu, die gewöhnungsbedürftig war.

Empfangen wurde ich nicht unfreundlich, aber reserviert. Meine theoretische Vorbereitung auf das Maschinistendasein zahlte sich aus. Im Bordalltag musste ich nur wenig „erfragen“. Schon tags darauf lief die 6. TS-Abteilung aus. Ich erfuhr Lärm, Gerüche und das Rumoren der „Pferdestärken“, spürte die „Verwindungen“ des hölzernen Bootskörpers bei verschiedenen Fahrstufen und Manövern. Auch zeigten sich leichte Symptome einer Seekrankheit, wenn nach dem Kommando „Feuer aus“ die Maschinen gestoppt wurden und das kleine Boot wie ein Stück Holz Wellen und Wind ausgesetzt war.

Die Hafentage – nicht nur in Gager – empfand ich als ebenso spannend wie lang. Angefangen von der Brennstoffübernahme – als die Seeleute schon lange Feierabend machten – über die Pflege und Wartung der Maschinen und Anlagen bis zu Säuberungsarbeiten erschlossen sich mir neue Erkenntnisse. Natürlich übernahm ich an Bord den Politunterricht. Auch hier wurde von Mal zu Mal deutlicher, wie sich im Kollektiv der Besatzung Vorbehalte, die mir gegenüber zunächst bestanden hatten, nach und nach auflösten. So konnte ich zur Klärung mancher Frage beitragen, wobei ich erkannte, dass nicht alles von „oben“ Entschiedene „unten“ tatsächlich ankam. Auf alle Fälle begegnete man

Ein Torpedoschnellboot Projekt 183

mir von Tag zu Tag offener. Ich war inzwischen besser integriert und wurde freundlicher aufgenommen. Auch trug man bestimmte dienstliche Probleme oder auch persönliche Sorgen von Besatzungsmitgliedern an mich heran.

Lag die Abteilung in Gager, so verblieb ich als einziger an Bord von Boot 5, wurde nicht mit auf dem Wohnschiff „Grobian“ einquartiert, sondern erschien dort nur zum „Backen und Banken“. Worin die Ursache dafür zu suchen war, kann ich heute nicht mehr sagen. So ging eine abwechslungsreiche Zeit von See- und Hafentagen dahin. In diesen Wochen informierte man mich auch vom Wechsel an der Spitze des Kommandos der Seestreitkräfte Rostock. Konteradmiral Wilhelm Ehm wurde nun unser neuer Chef.

Nur einmal – kurz vor dem Ende meiner Matrosenzeit – nutzten wir den Landgang in Gager, um richtig einen drauf zu machen. Dabei ging es, gelinde gesagt, wohl etwas zu feucht zu. Jedenfalls geriet ich mit der Streife, deren Führer ausgerechnet der Kommandant unseres Bootes war, aneinander. So fiel ein leichter Schatten auf mein insgesamt positiv verlaufenes Gastspiel. Dennoch durfte ich auf der letzten Fahrt als 1. Maschinist tätig sein und erhielt vom Kommandanten, Leutnant Lorenz, das entsprechende Rollenbuch überreicht, das ich bis heute aufbewahre.

Einschließlich der „Parteischelte“, die auf mich nach der Rückkehr vor allem von jenen herabprasselte, die sich bei der Auswahl der Kandidaten für diese „Erprobung“ vornehm zurückgehalten hatten, war es für mich eine einprägsame Lebenserfahrung, ein lehrreiches direktes „Flottenpraktikum“. Die in der 6. TS-Abteilung gewonnenen persönlichen Erkenntnisse erwiesen sich für meinen weiteren Weg inner- und nach 1958 auch außerhalb meiner Teilstreitkraft als äußerst nützlich.

Kapitän zur See a. D. Rudolf Rißmann

Als Kommandant auf dem MLR „Habicht“

Am 1. Oktober 1962 wurde ich als Leutnant zur See Kommandant des MLR-Schiffes „Wolgast“ eingesetzt. Es war ein Schiff des Projekts „Habicht-lang“, also aus der 3. Baureihe. Freude, Genugtuung und Stolz waren damals meine Gefühle. Aber auch – wirst du es als junger Spund mit 27 Jahren überhaupt schaffen? Kameraden, Besatzung und Vorgesetzte sagten: „Natürlich, es wird klappen!“ Auch ich war recht zuversichtlich und das gute Gefühl fand dann auch Bestätigung.

Bereits das gesamte Jahr 1957 über war ich nämlich als Offiziersschüler des 1. Lehrjahres an Bord eines MLR „Habicht-lang“ eingesetzt worden. Das war zwar für meine Crew 56 ein ungewöhnlicher Verlauf des Studiums an der Seeoffiziersschule, brachte aber den Vorteil, dass ich alle Gefechtsabschnitte durchlaufen konnte und schließlich sogar Geschützführer einer 25-mm-Doppelflak war. So lernte ich das Schiff schon durch Forderungen des Ausbildungsprogrammes und der Vorgesetzten in seinen technischen Parametern, der Ausrüstung und Bewaffnung bis in die Details kennen. Das gab Zuversicht und motivierte mich auch für die kommenden Jahre. Ein Jahr im 12-Mann-Deck, Backbord links, in der oberen Hängematten-Koje, Waschen, Duschen im Schichtsystem, Backschafterdienste und Kartoffelschälen, Reinschiff an allen Ecken und Kanten und der „beliebte“ Rollenschwof sind mir noch in guter Erinnerung. Allmählich gab es keinen Spant oder Flecken mehr an Bord, der noch Neuland für mich bedeutet hätte. Der Borddienst und das Leben mit dem Schiff und der Besatzung haben mich geformt, meine Liebe zur Seefahrt und zum Beruf gefestigt.

Im Herbst 1960 zum Unterleutnant zur See ernannt, war ich deshalb hocherfreut über den Befehl: „Versetzt nach Peenemünde auf ein MLR-Schiff.“ So betrat ich die Planken der „Wolgast“ eigentlich mit der Gewissheit: Das Schiff

Ein MLR „Habicht" läuft in Warnemünde ein.

kennst du ja. Noch unbekannt war nur die Besatzung. Eigentlich schwebte mir vor, Artillerieoffizier zu werden. Doch dann wurde ich als Navigationsoffizier eingesetzt. Die gesamte Besatzung wurde zu diesem Zeitpunkt vollkommen neu zusammengestellt und wurde in ihrer Gesamtheit eingeübt. Das nannte sich damals Kampfreserve. Nun begann für mich wieder das Lernen und Trainieren. Alles verlangte seine Zeit, denn die Geräte, Vorschriften und Abläufe wollten erst beherrscht sein. Das geschah nun alles für mich aus der Warte eines Vorgesetzten. Viel Zeit haben wir damals in See verbracht, um so viel wie möglich in der Praxis zu üben und beherrschen zu lernen. Natürlich gab es Unterbrechungen, die Rudermaschine fiel z. B. einmal aus und das noch während der Revierfahrt. Ein Zylinderkopf einer der Hauptmaschinen vom Typ 6 KVD 43 machte die „Grätsche". Mitunter kam einer der Hilfsdiesel nicht auf Last. Ereignisse und Zwischenfälle zur Genüge. Aber es wurde das Meiste mit Bordmitteln behoben. Die Jungen, jeder in seinem Fach, verstanden schon ihr Handwerk. Schließlich kamen sie als ausgelernte Facharbeiter aus der Produktion zur Marine. Dankbar erinnere ich mich auch an meinen Leitenden Ingenieur, Otto Todtenberg, der in kniffligsten Situationen mit seinen hochmotivierten Maschinisten und Elektrikern immer eine Lösung fand. Natürlich mussten auch die Werkstätten in der Basis Peenemünde hin und wieder

Rudolf Rißmann als Leutnant zur See

bemüht werden. Ging es gar nicht weiter, waren die Peenewerker schnell zur Stelle. Während der planmäßigen Werftliegezeiten in Wolgast bot natürlich ein gutes Verhältnis mit den Werkern oftmals die Gewähr, dass wir termingerecht und in guter Qualität die Werft wieder verlassen konnten.

Bald schon wurde ich Gehilfe des Kommandanten – also Erster Offizier – und bereitete mich auf die selbständige Schiffsführung mit Waffeneinsatz vor. Der Kommandeur oder besser Chef der Sicherungsbrigade war Korvettenkapitän „Kuddel" Hollatz, ein ausgezeichneter Seemann und Vorgesetzter. Er förderte und forderte uns junge Leute. Unter seinen strengen Augen bestand ich dann auch die Kommandantenprüfung in Theorie und Praxis und übernahm am 1. Oktober 1962 das Kommando an Bord. Die Ausbildung erfolgte jetzt im Kampfkern II und I, sowohl im Hafen als auch in See, im Vorpostendienst und während der Teilnahme an Übungen.

Sonderaufgaben brachten immer Bewegung in das Schiff. Ruhe und Müßiggang kannten wir nicht. Das Schiff, von uns liebevoll „Lady Wolgast" getauft, war der Schauplatz allen Geschehens. Wind, Sturm, Wetter, das nicht immer à la carte zu haben war, auch Eis, Frost und Fahrten in die weiter entfernten Gebiete der östlichen Ostsee schulten ungemein. Auch manche Sonderaufgabe wie Zieldarstellung, Begleitaufgaben von Schiffen fremder Flotten sowie Freundschaftsbesuche verlangten vieles über das alltägliche Maß hinaus. Und so manches Mal hieß es dann über unsere „Wolgast": „Mit diesem Schiff kannst du alles, nur nicht fliegen und tauchen!"

Im April 1963 wurde ich mit der „Wolgast" zu einer längeren Sonderaufgabe abkommandiert. Sie lautete: Vorbereitung und Sicherstellung der geodätischen Erkundung des Küstenvorfeldes der DDR. Es waren Trassen entlang der DDR-Ostseeküste von Tarnewitz bis Ahlbeck durch eine Kontrollminensuche zu beräumen, um nachfolgenden Spezialschiffen eine gefahrlose Arbeit

Der Leitende Ingenieur Otto Todtenberg nimmt die Glückwünsche Heinz Hoffmanns entgegen.

zu gewährleisten. In der Rotte – Abstand 60 bis 100 m – wurden mit dem Schwimmkabelgerät 55 die Trassen geräumt. Dabei haben wir im Seegebiet in der Regel 21mal ein und denselben Punkt/Streifen überlaufen müssen, um noch nicht gefundene Fernzündungsminen des Zweiten Weltkrieges zur Detonation zu bringen. Diese langwierige und ermüdende Arbeit bedeutete härteste Abforderungen für Technik und Besatzung. Der „liebe IFA", also der schnelllaufende Motor für den Räumgenerator, war gefordert bis zum Letzten. Vierzehn Stunden am Tag musste er volle Leistung bringen, um die Aufgaben termingerecht zu erfüllen. Für mich brachten diese Wochen und Monate den unwiderlegbaren Beweis des guten Standes der DDR-Werftindustrie, namentlich der Peene-Werft Wolgast, die für ihre Qualität und Zuverlässigkeit bekannt war. Wenn es Ausfälle und Reparaturen gab, waren die Werker der Werft oder des Werkes aus Johannisthal (Berlin) sofort zur Stelle und halfen, wenn es mit eigenen Bordmitteln nicht mehr ging. Was die Besatzung und besonders die Maschinisten damals geleistet haben, das genießt heute noch meine hohe Anerkennung. „Das geht nicht, oder das können wir nicht!", waren Fremdworte. Wie stolz war die Besatzung, wenn ich am Abend oder zur Morgenmusterung die Räumstundenzahl bekannt gab. Stets wurde ein extra Stander mit der neuen Zahl beschriftet im Topp gehisst.

Die Besatzung des MLR „Wolgast“ nach Erringung eines Ehrenbanners

Das waren Erlebnisse, die werden wohl alle Beteiligten nie vergessen. Vielleicht wird heute einiges belächelt. Aber was dem damaligen Stand der Technik entsprach, wurde gemeistert.

Leider musste ich auch den Abgang der „Wolgast“ miterleben, als 1965 der Befehl zu ihrer Außerdienststellung und Freigabe zur Verschrottung kam. Das tat weh, obgleich ich nicht mehr ihr Kommandant war. Unwillkürlich kamen auch ein paar Tränen. War doch das Schiff in den Jahren für mich zu einem guten und irgendwie lebendigen Freund geworden. Heimlich verabreichte ich ihr eine letzte Streicheleinheit und murmelte einen Dank zum Abschied. So ist das Leben!

Der Habicht war, so meine ich, schiffbaulich und architektonisch keine besondere Schönheit. Das konnte man von ihm und angesichts seiner Entstehungszeit Anfang der 1950er Jahre auch nicht erwarten. Aber das Schiff war seetauglich, verhielt sich gut, selbst bei Windstärke 11. Es war leicht zu beherrschen und zu manövrieren. Die Ähnlichkeit mit dem M-Bock der Kriegsmarine M-43 war nicht zu leugnen. Das wurde mir von verschiedenen alten Fahrensleuten immer wieder bestätigt. Als Ausbildungsbasis für ungezählte Spezialisten unserer Flotte, die später ihren Weg in der Marine machten, hat sich der MLR-Habicht jedenfalls gut bewährt.

Maat a. D. Burkhard Koch

Was ein Funker so um die Ohren hatte

Funker zu sein, war nicht eben leicht. Aber es hatte auch so seine Vorteile. Zum Beispiel: Nach dem Einlaufen ihrer Schiffe und Boote in die Heimathäfen brauchten sich die Funker bei ihrer Hauptfunkstelle nur abzumelden und waren sofort landgangsklar. Während andere Matrosen in ihren Gefechtsstationen noch Reinschiff machten, vor allem die Stoker (Maschinisten) den Einsatzklarzustand wiederherstellen mussten und sich erst danach entsprechend einer größeren Körperpflege unterziehen durften, um endlich „landgangsfein" zu sein, konnten wir Funker schon immer mal die Füße an Land setzen.

Auch waren die Funker während der Werftliegezeiten von jeglicher körperlicher Arbeit an Bord ausgeschlossen. Man machte sich halt Sorgen um deren Tastgefühl. Damit aber der tägliche Dienst nicht so langweilig wurde und man nicht nur in den „Vier Jahreszeiten" oder der „Ponnybar" rumhängen konnte, machte ich zu Werftzeiten immer freiwillig Funkdienst in der Führungsfunkstelle Peenemünde. Das Anforderungsbild des Funkdienstes habe ich deshalb bis heute nicht vergessen. Vor allem nicht die verschiedenen Funknetze.

Zu meiner Zeit, 1959 bis 1960, wurden die fahrenden Einheiten der Seestreitkräfte der DDR in der Regel mit den folgenden Funknetzen geführt.

Das Flotteninformationsnetz

Die Arbeitsfrequenz war immer 3042 KHz und die Ersatzwelle war immer 3412 KHz. Ein Wechsel dieser Frequenzen wurde äußerst selten durchgeführt, dadurch stellte man sicher, dass die Funkverbindungen zwischen den einzelnen Landfunkstellen gewährleistet waren.

Dieses Netz nutzten aber auch die fahrenden Einheiten, wenn deren Führungsfunkstellen auf Grund größerer Entfernungen nicht erreichbar waren. Jede Landfunkstelle hatte in jedem Fall ihren festen Rufnamen; dieser wurde auch nie verschlüsselt gesendet.

Die Hauptfunkstelle war in Stubbenkammer, ihr Rufnamen: – a ä g – (Anton – Ärger – Gustav). Die geläufigsten Landfunkstellen waren zur damaligen Zeit: 1. Flottille Peenemünde – Rufname: – f ü d – (Friedrich – Übel – Dora), 6. Flottille Sassnitz – Rufname: – d ö v – (Dora – Öse – Viktor), 4. Flottille Warnemünde – Rufname: – c ä m – (Cäsar – Ärger – Max), das Kommando der Seestreitkräfte Rostock – Rufname: – f ö g – (Friedrich Öse – Gustav).

Zudem hatten alle Küstenbeobachtungsstellen und der Dänholm je eine Funkstelle. Das Verkehrstempo auf diesem Flotteninformationsnetz war relativ

Maat Burkhardt Koch während seiner Dienstzeit bei der Volksmarine

hoch. Tempo 100 war beinahe die Regel. Boote und Schiffe setzten ihre Sprüche ohne eine Ankündigung ab, indem sie viermal den griechischen Buchstaben Eps (dada ditdit da) gaben, anschließend die Dringlichkeitsstufe, Gruppenzahl, Uhrzeit, Trennung, Spruchtext, eigener Rufname, *-k-*. In der Regel wiederholte die Hauptfunkstelle Stubbenkammer jeden auf dem Netz gegebenen Spruch und setzte bei dieser Wiederholung nur die laufende Spruchnummer des Tages davor. Hatte die Hauptfunkstelle einen gesendeten Spruch nach 10 Sekunden nicht wiederholt, konnte jede beliebige Landfunkstelle, die den Spruch einwandfrei empfangen hatte, diesen gerade von einem Boot gesendeten Spruch wiederholen. Das löste von Zeit zu Zeit einen richtigen Wettstreit unter den Landfunkstellen aus. Jeder war interessiert daran, diesen Spruch als „Erster" zu wiederholen.

Der gesamte Funkverkehr wurde ständig durch eine Funküberwachung mitgehört. Diese Dienststelle war ebenfalls auf Stubbenkammer stationiert und hatte den unverkennbaren Rufnamen: – e ü b – (Emil – Übel – Bruno). Wenn es Funkverstöße durch die diensthabenden Funker gab, die nicht der damaligen Funkvorschrift DV 14/8 entsprachen, trat diese Funküberwachung mit eben diesem markanten Rufnamen in die Funkverbindung ein, um diesen Verstoß mit einer Rüge zu ahnden.

So geschah es auch auf der Funkstelle der 1. Flottille in Peenemünde, als ein gerade von der Flottenschule gekommener junger Funkgast an der Welle saß. Er hatte in diesem Fall einen Funkverstoß gemacht und wurde entsprechend von der Funküberwachung auf dieser Welle gerügt. Anstatt des Rufnamens – eüb – (als Morsezeichen sollte sich das so anhören: dit ditditdada daditditdit) hörte er zwar die gleichen Zeichen, jedoch als ditditdit dadada ditditdit – übersetzt: SOS! Nun sprang er heftig von seinem Drehstuhl und schrie in den Funkraum: „Da draußen ist jemand, der in Seenot ist und Hilfe braucht. Ich habe eben ein SOS empfangen!"

Da dies fasst unglaublich erschien, setzte sich ein erfahrener Funker an dessen Arbeitsplatz und versuchte, Verbindung mit dem angeblich Hilfe Rufenden herzustellen. Die Funküberwachung wartete inzwischen schon einige Minuten auf die Quittung der ausgeteilten Rüge. Nach einigem Hin und Her klärte sich diese Sache aber schnell auf. Ergebnis: Der junge Funker durfte in der nächsten Zeit auf diesem Netz nicht mehr arbeiten.

Im Funkkabinett der Flottenschule Parow

Die Führungsnetze der Flottillen

Die einzelnen Flottillen hatten ihre eigenen Führungsnetze, um ihre Einheiten zu führen. Dabei wurde von der jeweiligen Führungsstelle auf den von ihr betriebenen Funknetzen immer derselbe Rufname genutzt wie im Flotteninformationsnetz. Die fahrenden Einheiten hatten zwar auch ihren festen Rufnamen, mussten den jedoch bei der Übermittlung von Signalen, Parolen und Sprüchen verschlüsseln. Die Führungsnetze hatten in der Regel eine Arbeitswelle und mehrere Ersatzwellen zur Verfügung.

Die Boote und Schiffe mussten ihre Hauptfunkstelle oft ewig auf ihren Funkempfängern suchen. Auch zwischen Tag und Nacht wurden aus funktechnischen Gründen die Frequenzen gewechselt. Bei dem Frequenzwechsel verloren die fahrenden Einheiten sehr oft die Verbindungen zu ihren Führungsstellen. Um diesen Verbindungsabbruch entgegenzuwirken, nutzten viele Funker der Boote und Schiffe die Gelegenheit, ihre Sprüche auf dem immer erreichbaren Flotteninformationsnetz loszuwerden.

Das Luftwarnnetz

Dies waren reine Empfangsnetze. Die Luftziele wurden in Form von Zahlenkolonnen von einer Luftüberwachungszentrale gesendet. Da die Morsezeichen für Zahlen fünfstellig sind und dementsprechend mehr Sendezeit in Anspruch nahmen, wurde mit sogenannten verkürzten Zahlen gesendet.

Das Funknetz des Zusammenwirkens

Dieses Netz wurde in der Regel bei gemeinsamen Manövern in Betrieb genommen und im A 1-Betrieb (Telegrafieverkehr) abgewickelt.

Das UKW-Sprechfunknetz
Die UKW-Station „Akazie“ war auf jedem Boot oder Schiff installiert und diente der Kommunikation bei den fahrenden Einheiten untereinander.

Zur damaligen Zeit, wenn bestimmte Boote oder Schiffe sogenannten Vorposten fahren mussten, kreuzten öfter westdeutsche Schiffseinheiten unseren Kurs. Da kam es schon mal vor, dass sich bei schlechten Funkverbindungen zu den landgestützten Einheiten westdeutsche Funker als Funkübermittler angeboten hatten.

Erst nachdem die Parole angefordert wurde, bemerkte man die peinliche Situation und brach den Funkverkehr ab. Verheimlichen konnte man so einen Vorfall ohnehin nicht, man wusste ja nie, wer alles mitgehört hatte. Diese Vorfälle waren in jedem Fall meldepflichtig an den Stab. Man wurde dann erneut belehrt, auch in Zukunft jede Verbindung dieser Art zu unterlassen.

Fregattenkapitän a. D. Karl-Heinz Kremkau

Landgang auf Usedom

Ich besaß schon ein Auto – Marke Wartburg 311. Zu dieser Zeit war ich Stabschef der 3. MLR- Abteilung. Werner Olbrich war Stabschef der Sicherungsbrigade unter „Kuddel“ Hollatz. Noch in See erreichte mich ein Morsespruch: „STCH an STCH: Heute Abend kollektiver Landgang auf der Insel Usedom!“ (STCH ist die Abkürzung für Stabschef). Es war mehr eine Art „bittende Weisung“.

Ich fuhr den Wartburg vor. Drei muntere Marineoffiziere, Anzug „schnifflig“, stiegen ein. Mit dabei waren mein Leitender Ingenieur (LI) und der Nachrichtenoffizier. Angefangen hatte es in Bansin in der Gaststätte zur Post. Bedienung durch die die traumhafte Karina. Meine Autobesatzung hat richtig hingelangt, nach dem Motto: Bier ist Grundnahrungsmittel.

Die Gaststätte schloss um 24Uhr – gewaltsame Trennung von Karina. Festlegung von STCH Werner Olbrich „Da ein Schiff von uns um 6 Uhr ausläuft, müssen wir die Zeit bis dahin überbrücken!“ Also hinein in die nächste Nachtbar und das war in diesem Fall die Vineta-Bar in Koserow. Und das dann bis zum bitteren Ende. Zwischendurch habe ich ständig versucht, Schluss zu machen mit diesem Trinkerzug. Mir wurde ständig geraten, ruhig zu sein und eine Prärieauster zu trinken.

Wenn ich bei meinen beiden Unterstellten auf Verständnis gestoßen war und wir gehen wollten, dann hatte Werner das alles kurzerhand aufgehoben: „Der Stabschef der MLR hat hier gar nichts zu sagen, der Boss bin ich!“ Ich habe mich gefügt. Er war ja aber auch ein feiner Kerl, eben nur leicht angeheitert.

4 Uhr – Bar schließt. Vorschlag, zu einem Wartesaal zu fahren und Kaffee zu trinken – bis man nicht mehr schielt. Der nächste Wartesaal der geöffnet hatte, das war die Mitropa im Bahnhof Stralsund. Allerdings waren es bis dahin rund 100 km. „Steigt erst einmal ein, dann sehen wir weiter“, war mein Vorschlag. Gesagt, getan. Türen zu. Motor anlassen, Heizung an und los ging es. Alle brauchten eine Minute zur Vorbereitung, d. h. zum Finden der besten Position, der endgültigen Kopfhaltung und der Oktave, in der sie gedachten zu schnarchen. In zwei Minuten war alles abgestimmt. Erst Solo, dann im Duett und dann im Trio. Wenn es mir dann zu viel wurde, bin ich auf die Bremse gestiegen (920 qcm). Es hat nichts genützt, es ging immer von vorn los.

In Peenemünde habe ich auf dem Parkplatz an der Hauptwache gehalten. Tür hinten rechts auf, den Ingenieur Offizier herausgeholt und zum Weitertransport an das Auto gelehnt. Linke Tür hinten auf, Nachrichtenoffizier herausgeholt, zum Weitertransport an das Auto gelehnt. Höflicherweise den Boss zuletzt geweckt, herausgeholt, an das Auto gelehnt.

Während dieser Zeit waren die Insassen von der Rückbank wieder ins Auto gekrochen und fingen erneut an zu schnarchen. Es war zum Verzweifeln. Allein schaffte ich das nicht. Ich ging in den nahe gelegenen Offiziersblock, weckte Offiziere des Stabes der Abteilung und bat sie, mich zu unterstützen. Der Parkplatz war aufgrund der langen Zeit total mit Kohlenstaub bedeckt. Mein lieber Werner stand nicht mehr am Auto. Er lag in der Waagerechten und schlief.

Wir brachten ihn gemeinsam in die Senkrechte. Im Gesicht sah er aus wie Louis Armstrong. Die Insassen der Rückbank wurden gewaltsam in die Koje gebracht, obwohl sie meinten, gerade jetzt wäre ihre schöpferische Phase.

Mein Problem hatte sich entscheidend dezimiert. Es waren nur noch Zeus und die Ochsen übrig.

Werner wollte nun unbedingt das Schiff verabschieden, welches um 6 Uhr auslaufen sollte.

Wir fuhren am Kraftwerk vorbei. In der Nähe des Liegeplatzes wurde das Auto abgestellt, den Rest wollten wir zu Fuß zurücklegen. Kommandant Günter Schober war schon auf der Brücke. Die Auslaufgenehmigung war bereits erteilt. Der Diensthabende der Abteilung erblickte den Stabschef und rief „Achtung!“, legte die Hand an die Mütze und kam uns entgegen. Werner, aufgeschreckt durch das Kommando, bewegte sich im Stechschritt (wie einst der Orchesterchef Papa Weiß) auf den Diensthabenden zu. Der war sprachlos. Einfache Frage: Was machst du, wenn dein Chef im Paradeschritt grüßend auf dich zukommt? Ich rannte hin und her, bis ich die Situation in den Griff bekam. Schließlich hätte nur der Diensthabende den Stechschritt zeigen müssen.

Am nächsten Tag meinte Werner: „Das war ein Bombentag!" Und ich habe überlegt, ob ich dem Dienst Valet sage und als Schlafwagenschaffner bei der Reichsbahn anfange.

Anmerkung: Endlich hatte ich auch verstanden, warum er eines Tages mit Jonny John gemeinsam – jedoch jeder auf einem anderen Schiff – funkensprühend durch die Brücke der Freundschaft in Wolgast fuhr.

Alle wunderschönen Erlebnisse, Begegnungen und auch Bekanntschaften konnten mich nicht dazu bringen, auf Usedom sesshaft zu werden. Ich war der festen Überzeugung, hier müssen kleine und auch große Seelen verkümmern. Es gehörte eben eine besondere materielle und geistige Voraussetzung dazu, Peenemünde als seinen letzten Standort zu wählen. Eine familiäre Bindung konnte es auch sein. Das konnte und wollte ich nicht. Es war mein fester Entschluss, einmal Kommandant des größten Schiffes der Marine zu sein. Ich schrieb ein Versetzungsgesuch, dem auch stattgegeben wurde. Auf jeden Fall ließ ich auf Usedom Kameraden und gute Freunde zurück.

Ich wurde der Gehilfe des Kommandanten auf dem Küstenschutzschiff (KSS 101) in Sassnitz, Kommandant Kapitänleutnant Werner Ebert aus Halberstadt. Das war aber auch die einzige Möglichkeit, die Insel zu verlassen. Ich war also doch noch nicht reif für die Insel.

Korvettenkapitän a. D. Wolfgang Heinritz

Im Vorpostendienst der Volksmarine 1964–1969

Ende der 1950er Jahre verschärfte sich der sogenannte „Kalte Krieg" zwischen Ost und West immer mehr. Von beiden Seiten – im Westen die NATO, im Osten die Mitgliedsstaaten des Warschauer Vertrages – gab es kaum ernsthafte Bemühungen, die militärpolitische Lage zu entspannen. Das hatte zur Folge, dass die Volksmarine der DDR in Verbindung mit der Baltischen Rotbannerflotte der Sowjetunion und der Seekriegsflotte der Volksrepublik Polen Mittel und Wege fand, ein maritimes Aufklärungs- und Überwachungssystem in Form eines Vorpostendienstes in der Ostsee aufzustellen und in Gang zu

Ein MLR-Schiff Projekt „Krake“

setzen. An diesem System, in der Volksmarine später auch „Gefechtsdienst“ genannt, beteiligten sich alle vorgenannten Staaten mit ihren Flottenkräften – in gegenseitiger Abstimmung, Koordinierung und festgelegten stationären und beweglichen Positionen, d. h. also mit vor Anker liegenden oder in Fahrt befindlichen Schiffen und Booten.

Von Seiten der Volksmarine wurden vor allem Schiffe folgender Typen zur damaligen Zeit eingesetzt: Minenleg- und -räumschiffe der Typen „Habicht“ und „Krake“. Beide Typen waren sehr seetüchtig und besaßen eine für ihre Zeit ausreichende Bewaffnung, allerdings weniger leistungsstarke Nachrichtengeräte und Ortungsanlagen. Gelegentlich wurden bei schwerer See auch Küstenschutzschiffe des Typs RIGA (sowjetisches Projekt 50) eingesetzt.

Einsätze dieser Art – Aufklärungsfahrten genannt – gingen in die Gewässer der westlichen Ostsee, den Ausgängen durch das Kattegat und Skagerrak bis in die südliche Nordsee und zurück durch den Großen oder Kleinen Belt oder durch den Sund.

Die Schiffe der 2. MLR-Abteilung der 4. Flottille mit Stützpunkt Warnemünde – auf denen ich meinen Dienst versah – besetzten die Vorpostenpositionen am Zwangsweg 1 (ca. 3 bis 4 Seemeilen südöstlich der Insel Fehmarn). Sie konnten hier den gesamten Schiffsverkehr der Wege 1 bis 3 beobachten, d. h. die Gewässer um Fehmarn, die südlichen Küstengewässer der dänischen Inseln sowie die Zufahrten nach Travemünde und im erweiterten Sinne auch die nach Kiel und Neustadt.

Alle Schiffsbewegungen der NATO-Flotten – auch Kriegsschiffe der Ostseeanlieger Schweden und Finnland – wurden nach einem festgelegtem Schema chiffriert an das Kommando der Volksmarine in Rostock gemeldet. Dort erfolgte die Auswertung, wurden eventuelle Maßnahmen dazu eingeleitet oder in Gang gesetzt.

Zum „Gefechtsdienst“ befohlene Schiffe liefen stets auch gefechtsbereit aus. An den Waffen befand sich die entsprechende Munition, eine Serie Wasserbomben „Klar zum Wurf“ aktiviert. Die Besatzungen standen im sogenannten englischen Wachsystem – zwei komplette Wachen wechselten alle vier Stunden. Einheiten der NATO-Flotten – Flugzeugträger, Kreuzer, Zerstörer, Fregatten und besonders U-Boote – wurden nach deren Sichtung nach Anzahl, Typ (Klasse), Kurs, Geschwindigkeit, Handlungen, Bewaffnung, Ausrüstung und besonderen Merkmalen gemeldet. Neuste Veränderungen auf dem Gebiet der Bewaffnung und Elektronik, Umbauten, Ergänzungen und vieles mehr mussten fotografiert werden – möglichst mit Teleobjektiv aus verschiedenen Blickwinkeln. Besonders Neubauten von Kriegsschiffen fanden das ungeteilte Interesse und wurden „unter die Lupe“ genommen!

Auf Befehl des Kommandos der Volksmarine konnte auch eine Begleitung der NATO-Schiffe durchgeführt werden. Praktiziert wurde diese Methode vor allem beim Durchlaufen der Verantwortungszone der Volksmarine von West nach Ost bis zum nächsten polnischen oder sowjetischen Vorposten.

In den Jahren, von denen ich hier berichte, muss man die Beziehungen zwischen den beiden deutschen Marinen als korrekt bezeichnen. Eine Ausnahme negativer Art machten hier die Schnellboote der Jaguar- und Zobel-Klasse der Bundesmarine mit ihrem provokatorischen und unseemännischen Verhalten gegen die vor Anker liegenden Vorpostenschiffe der Volksmarine. Uns war strikt verboten, irgendwelche Gespräche oder Gesten gegenüber den BRD-Schiffen und Booten zu tätigen. Ende der 1960er Jahre sollten unsere Besatzungen das Zuwinken der Bundesmarine durch Zurückwinken mit roten Tüchern erwidern! Dieser Unsinn wurde jedoch schnell wieder aufgehoben und normale seemännische Verhaltensweisen allen gegenüber empfohlen und auch eingehalten!

Besondere Aufmerksamkeit galt dem Aufklärungsschiff der Bundesmarine A 52 (Oste), wenn dieses im Seegebiet der mittleren und östlichen Ostsee auftauchte bzw. nach Osten durchlief. Dieses Schiff musste ständig von unserer Seite „beschattet“, überwacht und begleitet werden. Man muss anmerken, dass die als harmloses „Flottendienstboot“ ausgewiesene „Oste“ an fast allen Manövern als „Spion teilnahm“, egal ob es sich um Raketenschießen, U-Jagd-Törns oder sonstige Übungen unsererseits handelte.

Es gab trotz aller Spannungen auch Momente der Menschlichkeit. So konnte ein westdeutscher Bürger, der mit einem Flugzeug ca. 5 Seemeilen südöstlich von Fehmarn und in somit in der Nähe unseres Vorpostens abgestürzt war, von dem Minenleg- und Räumschiff „Rostock“ gerettet werden. Er wurde den Behörden der BRD übergeben und ließ aus Dankbarkeit für seine Rettung den Propeller seines zerschellten Flugzeuges als Geschenk zurück. Dieser zierte unsere Offiziersmesse bis zur Außerdienststellung des MLR „Rostock“.

Anfang der 1970er Jahre zeigte es sich dann, dass die MLR-Schiffe doch in die Jahre gekommen waren und den Belastungen des Vorpostendienstes nicht mehr genügten, weil sie vor allem zu personalintensiv waren. So wurden neue Schiffe mit neuen Besatzungen eingesetzt – hauptsächlich die Minensuch- und Räumschiffe des Projektes 89.1 und 89.2 – auch Kondor-Klasse genannt.

Der Vorpostendienst war hart, schwer und entbehrungsreich und bei den damit ständig konfrontierten Besatzungen nicht sonderlich beliebt. Trotzdem versahen sie ihren Dienst gewissenhaft und stets zur Zufriedenheit der vorgesetzten Kommandostelle.

Resümee meinerseits zu dieser Zeit: Für mich war es eine anstrengende aber auch schöne Zeit im Gefechtsdienst der Volksmarine. Ich meine, dass wir mit unseren MLR-Schiffen einen nicht unwesentlichen Beitrag zur Sicherung des militärischen Gleichgewichtes und damit zur Erhaltung des Friedens geleistet haben – wenn auch einige Zeitgenossen heute anderer Meinung sind!

Fregattenkapitän a. D. Ewald Tempel

Begegnung mit dem „Elchkopf-Geschwader“

Am 12. April 1961 unternahm das Aufklärungsschiff „Wismar“ einen Vorstoß in die Kieler Bucht. Die operative Aufgabenstellung lautete: Gewinnung von Informationen aller Art über einen vermeintlichen Gegner. Das war nichts Besonderes und durchaus legal. In jeder Flotte gehört dies zum täglichen Marinedienst, um ein aktuelles Lagebild zu erstellen. Die Bundesmarine führte ihre „Vorstöße“ mit der gleichen Zielstellung durch, bezeichnet diese Methode der Seeaufklärung aber als „Taktische Nahaufklärung“. Für die Volksmarine hatte die in der Kieler Bucht sehr konzentriert mögliche visuell-optische Beobachtung der in den stützpunktnahen Übungsgebieten auf engem Raum erfolgenden See- und Gefechtsausbildung der dort basierten Geschwader eine mehrfache Bedeutung. Sie diente nicht nur der Bewertung des Ausbildungsstandes der Bundesmarine, sondern auch der Präzisierung und Erweiterung der täglichen Lagefeststellung auf dem Hauptgefechtsstand im Kommando der Volksmarine. In Kombination mit der ständigen Funkaufklärung wurden die Beobachtungen auch zum Vergleich, zur Ergänzung und Verifizierung bereits anders ermittelter Daten genutzt. Ein weiterer Schwerpunkt dieser Fahrten war, die optische und fotographische Aufklärung der Schiffe und Boote selbst. Etwa 90 Prozent aller aus den eigenen Gewässern und alle von der Vorpostenposition 72 (eine Ankerposition vor dem Fehmarn Belt) vorgetragenen Aufklärungsvorstöße führten deshalb in das Seegebiet der Kieler Bucht.

Die Indienststellung neuer Schiffstypen, die Art und Anzahl ihrer Bewaffnung, der elektronischen Geräte und der sonstigen technischen Ausrüstungen war zu Beginn der 1960er Jahre eine stets spannende Aufklärungsaufgabe. Die operative und taktische Bedeutung einer Analyse der aufgezeichneten elektronischen Signatur von land- und bordgestützten Radar- und Feuerleitgeräten der NATO-Streitkräfte – und damit ihrer praktischen Nutzung – war der Aufklärung der Volksmarine zu Beginn der 1960er Jahre noch fremd. Die „Funkelektronische Aufklärung“ des Warschauer Paktes hat aber auch in den späteren Jahren niemals die uns bekannten Fähigkeiten der NATO-Streitkräfte erreicht.

So war es auch am 12. April 1961. Um 3:40 Uhr passierte die „Wismar“ die Molen von Warnemünde mit Kurs Fehmarn Belt. Der Chef des Stabes, Konteradmiral Heinz Neukirchen, hatte den Einsatzbefehl für diese Fahrt erteilt, um die dort seit einigen Tagen von der Funkaufklärung festgestellte verstärkte Einzel- und Verbandsausbildung der Ostsee-Geschwader der Bundesmarine visuell-optisch aufklären zu lassen. Dazu wurde ich als zuständiger Offizier der Abteilung Aufklärung an Bord der „Wismar“ kommandiert. Mit mir kam eine mobile, mit VHF- und UHF-Empfangsgeräten ausgerüstete Gruppe der Funkaufklärung auf das Schiff, die die taktischen UKW-Funkverbindungen innerhalb der Geschwader zu überwachen hatte. Dem zumeist offen abgewickelten westdeutschen UKW -Sprechverkehr waren zwar keine Geheimnisse zu entnehmen, doch hin und wieder war für uns eine interessante administrative Information dabei.

Die Überfahrt in die Kieler Bucht erfolgte ohne ein Täuschungsmanöver des auf dem Weg patrouillierenden Küstenwachbootes aus Neustadt. Die „Wismar“ war der Bundesmarine bereits aus ihrer vorherigen Verwendung als Hochsee- und Bergungsschlepper gut bekannt. Danach war sie nun schon seit knapp einem Jahr als Aufklärungsschiff unterwegs. Ihre Silhouette hatte sich trotz der jetzt mit weißem Farbanstrich versehenen Aufbauten nicht verändert. Statt der alten Bordnummer H-33 (ex. A 14), führte sie nun erstmalig in

Der Schlepper „Wismar" (dän. „Lossen") wurde als Aufklärungsschiff eingesetzt und erhielt einen zivilen Anstrich.

großen Buchstaben ihren Namen am Vorschiff und am Heck. Da zu einem Schiffsnamen am Heck auch der Heimathafen gehört, wurde dafür Rostock festgelegt. Das war auf ihre Basierung bezogen unverbindlich, aber dennoch zutreffend. Die „Wismar", zwar in Warnemünde/Hohe Düne stationiert, wurde nur vom Kommando der Volksmarine Rostock-Gehlsdorf eingesetzt und auch von dort auf einem besonderen Funknetz geführt. Die alte Hauptfunkstation des Schiffes war allerdings schon sehr störanfällig. Auf den „Fernfahrten" ins Skagerrak wurde die Marineführung deshalb mindestens schon zweimal mit der Meldung des OP-Dienstes: „Schiff ‚Wismar' ist seit mehr als 12 Stunden überfällig" aufgeschreckt. Doch dem erfahrenen Gruppenführer der Funkaufklärung, Obermeister Manfred Heinze, gelang es immer, einen Weg zur Wiederherstellung der Funkverbindung zu finden.

Zwischen dem Kommandanten der „Wismar", Oberleutnant zur See Gerhard Nietz, und den jeweils an Bord kommandierten Offizieren der Abteilung Aufklärung gab es auf den Fahrten in die „Seegebiete der NATO" eine wohlüberlegte Arbeitsteilung. Für die Bordorganisation und die seemännisch-nautische Schiffsführung blieb der Kommandant voll verantwortlich. Der Ablauf der Fahrt, die Festlegung der zu erfüllenden Aufgaben und die Auswahl der zu übermittelnden Gegnermeldungen lagen in der Zuständigkeit des

Aufklärungsoffiziers. So hatte es der Chef des Stabes seit April 1960 in seinen Einsatzbefehlen festgelegt und damit alle eventuell auftretenden Eitelkeiten von vornherein unterbunden. Diese besondere Abgrenzung der Aufgaben hatte sich stets bewährt. Gesamtaufgabe der Fahrten war es, die Auskunfts- und Planungsunterlagen des Kommandos der Volksmarine zu vervollkommnen. Und mit deren Inhalt und Forderungen ist ein Offizier des Stabes der VM nun einmal vertrauter.

Die Fahrt verlief ohne Besonderheiten. Die Sichtweite auf See betrug durch die im April fast ausgeglichene Luft- und Wassertemperatur mehr als zehn Seemeilen. In Richtung der Küste aber in den Morgenstunden etwas weniger.

Gegen 9 Uhr erreichten wir das außerhalb der Territorialgewässer positionierte Feuerschiff „Kiel". Die Brückenwache winkte uns während der obligatorischen Umrundung des Schiffes freundlich zu. Das Feuerschiff fungierte auch als Leit- und Lotsenstation für die Kanalschleuse Kiel-Holtenau. Die Männer auf der Brücke kannten uns bereits gut und sie würden – wie immer – unseren Standort an ihre Leitstelle Holtenau melden. Wie auch sonst betrachteten wir heute wieder ehrfurchtsvoll das klar in der Morgensonne liegende Marine-Ehrenmal Laboe. Die uns bekannte maritime Ehrenbezeugung fand nur innerlich statt. Dann drehte die „Wismar" östlich der Untiefe Stoller Grund mit Nord-Nord-Westkurs auf den zur Flensburger Förde und zum Kleinen Belt führenden Schifffahrtsweg 8 ein.

Im großen Artillerie-Schießgebiet der Kieler Bucht manövrierten getrennt voneinander einige Torpedo-Schnellboote des 1. und 3. Schnellboot-Geschwaders. Wir konnten ihre Bordnummern nicht ausmachen, waren aber durch die Überwachung der uns bekannten UKW-Frequenzen der Geschwader gut über ihren Bootsbestand, den Zeitplan der Ausbildung und die seinerzeit ablaufenden Handlungen informiert.

Von der UKW-Aufklärung erfuhr ich auch, dass sich östlich des Übungsgebietes Breitgrund das 3. Minensuch-Geschwader „Kiel-Wik" in vollem Bestand zur Räumausbildung befand. Es war das „Elchkopf-Geschwader", für das ich mich als Ostpreuße schon lange interessierte. Einzelne Boote mit dem schwarz-weißen Wappenschild beiderseits am Bug waren mir schon begegnet. Doch nun bestand die Möglichkeit, das gesamte Geschwader einmal in Augenschein zu nehmen. Aus den in der Abteilung Aufklärung gesammelten Informationen über das 3. MSG war mir bekannt, dass die Verleihung des ostpreußischen Elchkopfes als Geschwaderwappen schon bei seiner Neuaufstellung erfolgt war – „in Anerkennung der Leistungen und zum Gedenken an die Männer der 3. Räumboot-Flottille der Kriegsmarine." Die 12 R-Boote dieser Flottille und ihr Begleitschiff „Von der Groeben" hatten das Elchkopf-Wappen

1939 in Pillau erhalten. Im Herbst 1945 war die Flottille als Kriegsbeute an die Baltische Flotte der UdSSR gegangen. Es ist belegt, dass die ihr 1944 neu zugeführten R-Boote des Typs R-218 wieder am 29. Mai 1950 in Parow durch die Baltische Flotte – leider ohne ihr markantes Wappenschild – an die Seepolizei übergeben wurden. Nach knapp fünfjähriger Unterbrechung fuhren sie wieder unter deutscher Flagge. Sie kamen schon bald auf den Schifffahrtswegen vor der DDR-Küste zum Minenräumen zum Einsatz. Dafür wurde den Besatzungen der R-Roote auch hohe Anerkennung zuteil.

Zu einem besonderen – nun aber leider nach innen gerichteten „Gefechtseinsatz" – kam es dann während der Tage des DDR-Volksaufstandes vom 17. Juni 1953. Alle R-Boote – nun als Schulboote zur VP-See gehörend – wurden ab dem 18. Juni auf Befehl eines immer noch mächtigen und für den Norden der DDR zuständigen sowjetischen Militärkommandanten zur beidseitigen Blockierung der Ansteuerungen und Zufahrten der Seehäfen der DDR eingesetzt. Das resultierte aus dem am Vortag vom Befehlshaber der Gruppe der Sowjetischen Streitkräfte (GSSD) in Karlshorst verhängten Ausnahmezustand über den angeblich souveränen Staat DDR. Hier in Karlshorst hatten sich Ulbricht und Co. vor „ihrem Volk" verkrochen. Dieser Einsatz war kein Ruhmesblatt in der Vita der nun wieder in deutschen Gewässern in Fahrt gekommenen Räum-Boote. Zu Zwischenfällen auf See kam es aber nicht. Der den Kommandanten verlogen angekündigte und erwartete Seetransfer der von Westdeutschland gesteuerten „Konterrevolution" fand natürlich nicht statt. Am 24. Juni wurde der auf sechs Positionen – jeweils im Bestand von 3 R-Booten – befohlene Einsatz beendet. Nach diesem Einsatz wurden allerdings einige fragenstellende und damit „nicht genehme" Besatzungsangehörige fristlos entlassen.

Drei Jahre später wurde die Bundesmarine geschaffen. Sie erinnerte sich sofort an die langjährige Marinetradition der Führung von Schiffs- und Verbandswappen. Das bekannte Wappen der 3. Räumboot-Flottille, und damit auch ein Stückchen Ostpreußen, wurde so 1957 in Bremerhaven dem Vergessen entrissen.

Dieses Geschwader hatten wir nun vor uns. Gegen 10:30 Uhr kamen die Räumboote und ihr Geschwader-Begleitschiff „Ems" im Seegebiet südlich der dänischen Marstal Bucht in Sicht. Sie bildeten keine geschlossene Formation, sondern führten Einzelausbildung im nachgeordneten Strukturbestand, den beiden Divisionen, durch. Wir vermieden es, direkt auf sie zuzuhalten. Der Kommandant manövrierte die „Wismar" in einem weiten Drehkreis um das Geschwader, in das Zentrum der Marstal Bucht. Hier gingen wir auf Stopp und ließen das Schiff im schwachen Nordwest-Strom treiben. Der Abstand zu den am nächsten gelegenen R-Booten betrug nun etwa 8 bis 10 Kabellängen (eine Kabellänge hat 185 Meter). Das war eine respektvolle Distanz zur Beobachtung ihrer Handlungen. Unsere gute Ausbildung im achtbaren Fach Seemannschaft wirkte nach.

Es herrschte Windstille. Die See war, bis auf einige gekräuselte Stellen und die weithin auslaufende Bug- und Hecksee der R-Boote, blank wie ein Spiegel. Mit dem Fernglas versuchten wir die Bord-Nummern der Boote auszumachen, um sie dann den Divisionen zuzuordnen. Mein erster Blick galt natürlich dem Geschwader-Wappen. Ja, sie führten alle den Elchkopf am Bug – für mich persönlich eine wehmütige, zugleich aber auch eine ehrenhafte Erinnerung an Ostpreußen.

Es musste schon fast 12 Uhr gewesen sein, als sich das Führerboot der 31. R-Boot-Division, die „Aldebaran", aus der losen Formation löste und mit kleiner Fahrt auf uns zuhielt. Da schrillten zuerst – natürlich nur im Kopf – die Alarmglocken. Unser direkter Umgang miteinander war zu dieser Zeit eher spärlich und zurückhaltend gewesen. Den ständigen Vorpostendienst im Fehmarn Belt und die Aufklärungsfahrten in das NATO-Seegebiet der Ostseezugänge hatte es erst seit dem Frühjahr 1960 gegeben. Zudem war unseren Kommandanten jeder unmittelbare Kontakt, ja selbst die traditionelle Grußerweisung auf See, offiziell untersagt. Doch das war die an Land erdachte Theorie der Politoffiziere. Die Praxis auf See gestaltete sich meist völlig anders und entgegen diesen Festlegungen. Die Annäherung der „Aldebaran" mit kleiner Fahrtstufe war wohl ganz bewusst gewählt. Sie signalisierte uns, dass dies in guter und freundlicher Absicht geschah.

So war es denn auch. Das R-Boot setzte sich 8 bis 10 Meter an unserer Backbordseite in den Driftstrom und ging nun ebenfalls auf Stopp. Der Divisionschef, ein Kapitänleutnant, eröffnete das Gespräch mit der korrekten Grußformel „Guten Tag, meine Herren! Ich habe eine Nachricht für Sie." Kommandant und ich erwiderten den Gruß ziemlich überrascht mit einem nicht ganz synchronen „Guten Tag". Der Höflichkeit halber fügte ich dem noch ein zaghaftes „Herr Kaleu" hinzu. Bei dem langen Wort des vollen Dienstgrades hätte ich mich wohl verhaspelt.

Wir konnten uns auf die kurze Distanz bei der herrschenden Witterungslage sehr gut ohne Megaphon verständigen. Unser Nachteil: Die auf See gleißende Mittagssonne schien uns direkt ins Gesicht. Unsere angespannten und nun erwartungsvollen Gesichtszüge konnte die Brückenbesatzung der „Aldebaran" – mit der Sonne im Rücken – dagegen bestens studieren. Doch der Divisionschef – es war der höchste Dienstgrad und wohl auch Dienstrang an Bord, an der Rah wehte sein Kommandozeichen, der Divisionsstander

– spannte uns nicht lange auf die Folter. Anerkennend, aber ohne sicht- und spürbare Emotionen, kam nun seine präzise Nachricht: „Seit heute Morgen umrundet ein russischer Fliegeroffizier mit einem Raumschiff die Erde.“ Danach folgte eine kurze Pause. Auch wir blieben, der Haltung eines Offiziers entsprechend, völlig gelassen, obwohl sich mancher Blick doch unwillkürlich für den Bruchteil einer Sekunde in den strahlend blauen Himmel erhob. Dann fügte er dieser sehr wichtigen, aber völlig überraschenden Information in ruhigem Tonfall hinzu: „Schalten sie die Mittelwelle des Norddeutschen Rundfunks, dort läuft eine von Radio Moskau übernommene Sondersendung, in der sie mehr über diesen Raumflug erfahren werden.“

Ewald Tempel als Oberleutnant zur See

Ich bedankte mich sehr höflich für diese Information, denn ich hatte mich nach der zuerst doch einsetzenden inneren Unruhe – während der Annäherung der „Aldebaran“ – wieder gefangen. Oberleutnant zur See Gerhard Nietz wies derweil den Obersteuermann an, die zentrale Rundfunkanlage zu schalten und den NDR zu suchen. Darüber gab es bei uns überhaupt keine Bedenken, denn wir befanden uns außerhalb der Reichweite der DDR-Rundfunksender. Wer wollte uns dafür schelten, für diese Pioniertat „unserer Freunde“ einen „Feindsender“ zu schalten? Unterdessen begann zwischen dem Kommandanten der „Wismar“ und dem Divisionschef noch ein kleines Gespräch über den technischen Aspekt der Rundfunkschaltung. Oberleutnant Nietz informierte den Kaleu, dass er den NDR auf die beiden Oberdecklautsprecher schalten konnte und dies angewiesen hatte. Nach etwa 2 bis 3 Minuten war das geschehen. Doch nun war kein weiteres Gespräch mehr möglich. Die Wattstärke der Lautsprecher war zu groß. Wir konnten uns nur noch freundlich mit einem klaren Handzeichen verabschieden.

Das R-Boot gab über sein Typhon das Signal zweimal kurz und drehte danach – nun aber ziemlich rasant – nach Backbord ab. Wir winkten uns noch eine kleine Weile zu – auch mit den Mützen schwenkend – und das kleine deutsch-deutsche Gespräch war wieder beendet.

Aber das war noch nicht die ganze Geschichte. Die „Aldebaran“, die nach wenigen Minuten ihre nur etwa 12 bis 15 Kabellängen entfernten anderen Boote der 31. R-Boot-Division erreicht hatte, kehrte mit diesen – in einer lockeren Dwarslinie laufend – erneut zur „Wismar“ zurück. In einem Abstand von 150 bis 200 Metern gingen sie auf stopp und ließen sich treiben. Schnell vermuteten wir dafür den Grund. Die R-Boote befanden sich dort schon in der Reichweite unserer Bord-Lautsprecher. Wir beobachteten auch, dass auf dem Achterdeck der Boote bei der Zuschaltung eines weiteren Korrespondenten-Berichts über den Raumflug die Arbeiten an den Leinen, Schwimmkörpern und Greifern eines auch bei uns bekannten mechanischen Räumgerätes unterbrochen wurden. Die Besatzungen hörten interessiert zu. Ja, wir lagen richtig in unserer Annahme, das war der Grund ihrer erneuten Annäherung an das Volksmarine-Schiff.

Die Boote der 32. Division hatten dagegen ihre Räumgeräte bereits ausgebracht und setzten die Ausbildung fort. Sie übten für eine kurze Zeit das Minenräumen in der Peilformation. Ihr Abstand zur „Wismar“ betrug etwa drei Seemeilen. In ihrer Nähe befand sich das Begleitschiff „Ems“. Es hatte sicher die gleichen rundfunktechnischen Voraussetzungen wie die „Wismar“. Nach etwa 20 bis 30 Minuten wurde die Sondersendung des NDR beendet. Der russische Fliegeroffizier – der Name Gagarin sagte uns damals eigentlich noch gar nichts – war wieder gelandet.

Dass es sich jedoch am 12. April 1961 gar nicht um eine Liveübertragung aus Moskau gehandelt hatte, blieb uns allerdings verborgen. Als nämlich die Bekanntgabe und Übertragung des Fluges begann, war die Kapsel mit dem ersten Kosmonauten an Bord schon längst gelandet. Verschwiegen wurden der Öffentlichkeit auch die für Juri Gagarin lebensbedrohlichen Umstände in der letzten Flugphase unmittelbar vor der Landung.

Soweit also unser Beispiel für unerlaubte Westkontakte auf See. Eine eher schlichte Begegnung, gewiss. Aber trotz der politisch-ideologischen Vorgaben der SED-Führung für die Beurteilung der „Bonner Wehrmacht“ durch die NVA, machte jeder Marineangehörige bei einer Vielzahl von Begegnungen mit dem „imperialistischen Feind“ auf See seine eigenen Erfahrungen. Sie waren zumeist von Neugier, Korrektheit, Offenheit und auf See gelebter Marinepartnerschaft geprägt.

Fregattenkapitän a. D. Bodo Keppler

Die „Schnellsten der Ostsee"

Es war im Sommer 1971. Damals prägte sich ein besonderes Erlebnis in mein Gedächtnis ein. Es gab in der Volksmarine und in den Flotten des Warschauer Vertrages ziemlich viel Wirbel um einen durch den Großen Belt in die mittlere Ostsee vorgestoßenen amerikanischen Überwasserkampfverband. Dieser setzte sich aus dem U-Jagd-Träger „Intrepid" (42 000 t) und Sicherungsschiffen, den Zerstörern „Rogers" und „Taussig" sowie der Fregatte „Hartley" zusammen.

Als der Verband sich dann wieder auf dem Rückmarsch in Richtung Kiel befand, wurde mir kurzfristig als Navigationsoffizier der 7. LTS-Bootsbrigade die Aufgabe gestellt, die Planung eines Torpedoscheinangriffes auf diesen Verband durch zwei LTS-Bootsabteilungen (insgesamt 24 Boote) navigatorisch sicherzustellen. Für den „Angriff" wurde ein Torpedoschnellboot des sowjetischen Typs 206 (NATO: „Shershen") als Führungsboot und Fühlungshalter bereitgestellt.

Am entscheidenden Tag verlief alles wie geplant. Beeindruckend war bereits das alarmmäßige Auslaufen aller Boote in Kiellinie durch das Fahrwasser vom Stützpunkt Bug in den Libben, dem Seegebiet zwischen Hiddensee und Rügen, wo wir Warteposition einnahmen. Das anschließende Anlaufen der Vorentfaltungs- und der Ausgangspositionen verlief Dank des ausgezeichneten Ausbildungsstandes der Besatzungen exakt und reibungslos ohne Zwischenfälle.

Flugzeugträger US „Intrepid" zeigte Flagge in der Ostsee.

Ein „Aal“ verschwindet in der Hecksee des LTS-Bootes.

Alle Besatzungen waren natürlich begeistert bei der Sache und hoch motiviert. So ein Riesenschiff vor die „Rohre zu bekommen“, war eine willkommene Abwechslung und tolle Gelegenheit, das eigene Können zu testen.

Das Wetter war an diesem Tag ausgezeichnet, es herrschte eben richtiges Torpedoangriffswetter: Hochdruckwetterlage, Sicht nur ca. drei Seemeilen, diesig, Wind 3-4 Beaufort, See 2-3.

Dann näherte sich der Trägerverband Kap Arkona bzw. Dornbusch. Die Waffenleitanlage des Führungsbootes ortete ihn aufgrund der an diesem Tag herrschenden Funkmessüberreichweiten bereits auf 40 Seemeilen Entfernung. Nach etwa zwei Stunden kam der Befehl „Angriff“. Der Verband wurde mit einer frontalen Umfassung (Zangenangriff) von 180 Grad bei einer Zieldistanz von etwa acht Seemeilen angesteuert. Alle Schusspositionen wurden exakt erreicht und mit Höchstfahrt schossen alle Boote aus etwa 20 und 24 Kabellängen Entfernung zum Träger fast zeitgleich je einen Leuchtstern weiß – als Zeichen der imitierten Torpedoschüsse. Die amerikanischen Boys werden sich sehr über das Begrüßungsfeuerwerk gewundert haben. Dann setzten sich die Boote wieder mit Höchstfahrt unter Raumgewinnung in Richtung Küste ab. Theoretisch liefen nun alle geschossenen „Aale“ auf den Verband zu. Das wären immerhin rund 50 Torpedos gewesen!?

Die spätere Auswertung durch den vorgesetzten Stab würdigte dann auch unter anderem die hohe Einsatzbereitschaft, den sehr guten Ausbildungsstand und die „hohe Kampfmoral“ aller beteiligten Besatzungen. Doch in der ganzen Zeit und auch später plagte mich, wie auch andere beteiligte Offiziere des Stabes der Brigade, ein ziemliches Unbehagen.

LTS-Boot in schneller Fahrt

Natürlich war es als eine deftige politische Provokation zu bewerten, dass in der Zeit des Kalten Krieges ein amerikanischer Kampfverband dieser Größenordnung in das flache Binnenmeer Ostsee einlief. Aber dass dies Verhalten dann mit einer rein militärischen Provokation, einem konkreten Schnellboots-Angriff, beantwortet wurde, dürfte wohl eindeutig gegen internationales Seerecht verstoßen haben. Man muss dazu wissen, dass auch alle zwölf Boote eingesetzt wurden, die zum sogenannten Kampfkern I zählten. Das waren die Besatzungen, die den höchsten Ausbildungsstand besaßen und daraufhin ständig mit scharfen Gefechtstorpedos (320 kg Gefechtsladung, eingestellte Lauftiefe zwei Meter, Laufgeschwindigkeit 39 Knoten, Laufwinkel je vier Grad Steuerbord und Backbord) ausgerüstet waren.

Ich muss noch heute darüber nachdenken, was damals hätte passieren können, wenn menschliches Versagen in das Spiel gekommen wäre? Was, wenn die US-amerikanischen Kommandanten unseren Scheinangriff fehl gedeutet und das Feuer eröffnet hätten?

Mein Einsatz auf LTS-Booten hatte sofort nach der Ernennung zum Offizier im Herbst 1963 begonnen. Er endete mit Aufnahme meines Studiums an der Militärakademie „Friedrich Engels“ in Dresden im Herbst 1972. Natürlich hatte auch meine Diplomarbeit das Thema: „Der Einsatz von leichten Überwassertorpedoträgern mit geradelaufenden, schleifenlaufenden und zielsuchenden Torpedos gegen mittlere Überwasserschiffe.“

Als Kommandant war ich seit dem 1. Dezember 1963 Angehöriger der 8. LTS-Bootsabteilung mit dem Standort Ribnitz-Damgarten und erhielt dort

Obermaat Ruprecht war der Leitende Maschinist eines LTS-Bootes.

auf dem Bodden die erste praktische Ausbildung auf diesem neuen Schiffstyp der Volksmarine. Nach der offiziellen Indienststellung der Boote der 7. und 8. LTS-Bootsabteilungen am 25. Juli 1964 wurden wir zeitweilig im Stützpunkt Warnemünde stationiert. Erst später kam die Verlegung in den am 1. Mai 1965 eingeweihten Stützpunkt Bug/Dranske der 6. Flottille.

Mit der Entwicklung von LTS-Booten des Projektes 63, Typ ILTIS durch das Institut für Schiffbau Wolgast und den Bau durch die Peene-Werft Wolgast wurde eine völlig neue Gattung von Kampfbooten geschaffen. Sie waren speziell für den Einsatz in der südwestlichen Ostsee vorgesehen und sollten im Ernstfall schnelle und überraschend geführte Torpedoschläge auf Überwasserziele führen können. Dazu gehörte auch das schnelle Abdrehen und Absetzen nach dem Angriff, zurück in eine geschützte Position unterhalb der Küste.

Der Ausstoß des Torpedos nach achtern mit dem Gefechtskopf nach vorn setzte eine hohe Angriffsgeschwindigkeit, größer als 36 Knoten, voraus. Das war wichtig, um in flachen Seegebieten ein größeres Abtauchen des Torpedos nach dem Ausstoß zu vermeiden. Die Torpedos wurden unter Nutzung der verbleibenden hohen Relativ-Vorausgeschwindigkeit mit errechnetem Vorhalt auf das Ziel ausgestoßen. Die Formel dazu lautete: (V rel. Torpedo = V boot - V ausstoß Torpedo). Diese Ausstoßvariante von Torpedos war die erste serienreife und weltweit einzige, die sich jemals im Flotteneinsatz befand.

Die taktischen Vorzüge dieser kleinen Gleitboote bestanden in ihrer relativ geringen Ausmachentfernung durch die Funkmessgeräte des Zielschiffes. (Bei ruhiger See bot eigentlich nur die Hecksee der Boote ein größeres Funkmessziel.)

Auch die hohe Angriffsgeschwindigkeit – seegangsabhängig erreichte sie zwischen 40 und 50 Knoten, das entsprach etwa 80–90 km/h – und der überraschende Einsatz in mehreren Gruppen machte die Boote durchaus gefährlich. Sie hatten zudem gute Möglichkeiten, sich mit Feststoffnebeln zu tarnen.

Der größte Nachteil war allerdings, dass sie beim Torpedoangriff bis zur Schussposition relativ lange durch gegnerisches Abwehrfeuer laufen mussten, was zwangsläufig zu hohen Verlusten geführt hätte.

Der Ausstoß der Torpedos nach achtern war eine für die Marinetechnik einmalige Variante.

Im Verlaufe der Einsatzzeit in der Volksmarine kam es an den Booten zu verschiedenen Verbesserungen. Dazu zählten der spätere Anbau von Wellenabweisern vorn, ein Ruderschutz achtern, ein Vierbeinmast achtern mit neuer UKW-Breitband-Dipolantenne, verstärkte Gelenkwellen und Umlenkgetriebe, ein Heißaugenschutz, die Ausrüstung mit vier Nebeltonnen Typ C-weiß, zwei Zusatzbehälter für 400 Liter Treibstoff, Spezialseekarten zur Navigation in Atlasform (Format DIN A3), Peilaufsätze zur terrestrischen Navigation, Spezialcodiertafeln zur gedeckten Nachrichtenübermittlung, mechanisches Torpedoziellineal.

Schließlich wurden auch die Funkmessanlagen KSA 5 durch TSR 222 ausgetauscht, Torpedorechner in Verbindung mit der Funkmessanlage TSR 222 und ein Radiokompass eingeführt, die KW – und UKW-Funkstationen gegen quarzstabilisierte Stationen ausgetauscht. Und es kamen, wenn auch spät, gefederte Kabinensitze, die individuell einstellbar waren und die schweren Seegangs-Belastungen der drei Besatzungsmitglieder verminderten.

Nachteile dieser Boote zeigten sich in der begrenzten Kampfkraft durch die Seegangsabhängigkeit (ab See 4 nur noch geringe Geschwindigkeit möglich), die kurze Seeausdauer (der Aufenthalt in See war abhängig vom Treibstoffverbrauch und der mitgeführten Menge und auch von der physischen Belastungsgrenze der Besatzung bei harten Bewegungen in See). Dazu muss man wissen, dass es Messwerte von Schlägen gab, die bei Seegang auftraten und maximal 9,1 Meter pro Sekundenquadrat betrugen. Kurzzeitig trat beim Abtauchen des Bootes in ein Wellental sogar Schwerelosigkeit in der Steuerkabine auf!

Die Boote konnten auch nur im Küstenvorfeld eingesetzt werden und benötigten zur Unterstützung größere Führungsboote oder fliegende Fühlungshalter bzw. Leitstellen an Land.

Vor allem aber: Sie waren schutzlos, denn eine eigene Luftabwehr war nicht vorhanden. Die Navigation war insgesamt sehr eingeschränkt. Fest steht daher, dass bei einem Kriegseinsatz die Verlustquote dieser Boote nebst Besatzungen als sehr hoch angesetzt werden musste.

Maat a. D. Norbert Schädel

Die Schnauze des Generals und der nackte Arsch des Kommandanten

Ich war Funker auf dem Küstenschutzschiff „Karl Marx" – Bordnummer 142. Ich diente auf diesem Schiff mit Unterbrechungen von September 1972 bis April 1975 als Funkmaat. Unser GA-Kommandeur war Oberleutnant Scheffler.

Wir befanden uns auf See und fuhren mit der Hubschrauberstaffel aus Stralsund Parow eine gemeinsame Übung. Der Kommandant der Übung war (wenn mich meine Erinnerung nicht täuscht) ein General der Luftstreitkräfte. Ob Generalmajor oder Generalleutnant, ich weiß es nicht mehr. Wir hatten Gefechtsalarm, d. h. alle Funker befanden sich im Funkraum. Ich hatte Funkdienst und kämpfte mit einer sehr schlechten Verbindung. Der Funkspruch war geprägt von Unterbrechungen und Wiederholungsanfragen meinerseits. Eigentlich bewegte ich mich am Rande eines QCZ. Zur Erläuterung für Nichtfunker: Um den Funkdienst zu vereinfachen, wurden in der Anfangszeit (als es noch keinen Sprechfunk gab) sogenannte Q-Gruppen erfunden. Ein QCZ in der Militärfunksprache bedeutete eine Rüge durch die andere Funkstelle. In etwa zu vergleichen mit einer gelben Karte beim Fußball. Die nächste Stufe war dann ein QXX, was im Klartext hieß: „Ihr Funker gewährleistet keinen normalen Betrieb, wir bitten um seine Ablösung." Ein QXX zog automatisch eine Bestrafung nach sich.

Aufgrund der schlechten Verbindung musste ich mich äußerst konzentrieren. Trotz der Kopfhörer vernahm ich im Hintergrund ständig Stimmengemurmel, welches mich zusätzlich nervös machte. Während einer kurzen Funkunterbrechung drehte ich meinen Kopf etwas zur Seite und rief in den Funkraum: „Haltet doch mal Eure verdammten Schnauzen." Ich war natürlich der Meinung, dass meine Mitstreiter das Gemurmel verursachten. Als ich meinen Kopf drehte, sah ich plötzlich ein paar grüne Hosen mit blauen Streifen. Der Schreck fuhr mir natürlich in alle Glieder und ich wollte aufspringen, um Meldung zu machen. Aber die auf meinem Kopf befindlichen Kopfhörer verhinderten das und der Empfänger wackelte bedrohlich. Da legte der General mir seine Hand auf die Schulter und sagte beruhigend: „Bleiben sie sitzen, Genosse, wir sind schon draußen". Später erfuhr ich durch meinen Gefechtsabschnitts-Kommandeur, dass der General auf einen wichtigen Funkspruch gewartet hatte. Das Gelächter der Anderen war natürlich hinterher groß.

Ein weiteres Erlebnis hatte ich nach einem verlängerten Kurzurlaub (VKU). Mein Vater war damals begeisterter Funkamateur (und ist es heute noch). Wir vereinbarten, uns nach besagtem VKU auf einem Funkamateurnetz zu treffen, um zu schauen, ob ich ihn bzw. er mich empfangen kann. Es war eigentlich ein riskantes Vorhaben, da das Senden aus dem Hafen strengstens verboten war. Und auf einem Funkamateurnetz erst recht. Zu der mit meinem Vater ausgemachten Zeit schaltete ich den Sender ein. Hochfahren hieß das. Ich stöpselte die Antenne ein und ging auf die ausgemachte Frequenz. Schon nach kurzer Zeit hörte ich meinen Vater laut und deutlich. In der Funkersprache wurden dafür Zahlen von eins bis fünf verwendet. Wenn jemand besonders laut und klar zu empfangen war, hieß das in der Amateurfunksprache „fünf plus Möbelwagen". Ich nahm meine Taste und gab ein paar „Viktors" – did-did-did-da. Diese Zeichenfolge eignete sich besonders für solche Tests. Ich sendete maximal fünfzehn Sekunden, und mein Vater bestätigte mir später einen ausgezeichneten Empfang. Ich hatte den Sender gerade wieder ausgeschaltet, als über den Bordfunk die Stimme des Kommandanten erklang: „Diensthabender Funker sofort zum Kommandanten". Ich meldete mich augenblicklich in der Kajüte des Kommandanten: „Genosse Kapitän, diensthabender Funker auf ihren Befehl zur Stelle." Er fragte mich sofort, ob ich an den Geräten im Funkraum gearbeitet hätte. Ich bestätigte ihm das mit der Bemerkung, dass ich Dienst hätte und die Sender bzw. Empfänger gereinigt hätte. Auf seine Frage, ob ich gesendet hätte, erwiderte ich, dass ich einen Probebetrieb durchgeführt hätte. Er erklärte mir jedenfalls, dass er eine Information aus der Hauptfunkstelle erhalten habe, dass von unserem Schiff gesendet wurde. Zu meiner Rechtfertigung brachte ich hervor, dass ich sicherlich vergessen hätte, die Antenne rauszuziehen. Mein Kommandeur drohte mir, dass ich in Teufels Küche kommen würde, wenn ich aus dem Hafen senden sollte. Er beließ es bei einer mündlichen Standpauke und ich hatte noch mal Schwein gehabt. Es beweist aber auch, wie lückenlos die Überwachung der Schiffe gewesen war.

Während einer Übung im Verband mit Schiffen der Rotbannerflotte und der polnischen Seekriegsflotte kam es ebenfalls zu einem kleinen Vorkommnis während meines Funkdienstes. Ich kämpfte wieder einmal mit unmöglichen Funkbedingungen – vor allem auf dem damals sogenannten Funknetz 404. Das war das internationale Funknetz der drei beteiligten Flottenverbände. Nachdem ich meinen damals sowjetischen Funkpartner ständig mit Unterbrechungen und Wiederholungswünschen „genervt" und er auch einen (für meine Begriffe) unmöglichen Gebestil an den Tag gelegt hatte, kam es dazu, dass ich mir ein sogenanntes „QCZ" (Rüge durch eine andere Funkstelle) einfing. Nun war ich verpflichtet dieses unverzüglich an den Hauptbefehlsstand (HBS) zu melden. Hätte ich es nicht getan, wäre ich spätestens nach der Auswertung der Übung durch die Hauptfunkstelle in die Bredouille gekommen, da mein Kommandeur auf die Frage nach dem Grund für das QCZ keine Antwort gehabt hätte. Also rief ich den HBS in der gewohnten Weise an. „GS 3 an HBS". Unverzüglich ertönte die Stimme des Kommandanten aus dem Lautsprecher. „HBS hört." Bis zu diesem Augenblick hatte ich die leise Hoffnung, dass der Kommandant wachfrei und ein anderer Offizier Brückendienst hätte. Also meldete ich vorschriftsmäßig: „QCZ auf Funknetz 404 für Maat Schädel." Nach dem sekundenlang keine Antwort kam, dachte ich schon, der Kommandant hätte mich nicht verstanden. Aber dann erklang seine tiefe und kehlige Stimme aus dem Lautsprecher: „Schädel, wenn das stimmt, springe ich dir mit dem nackten Arsch ins Gesicht!!!" Im ersten Augenblick war ich verdattert, aber dann dröhnte zum zweiten Mal seine Stimme: „Maat Schädel auf HBS."

Dort durfte ich dann haarklein berichten, aus welchem Grund es zu dieser Rüge gekommen war. Das Schlimme an der Sache war ja, dass alle an der Übung beteiligten Schiffe mitgehört hatten. Und weil es auf dem internationalen Netz passierte, war es für mich besonders peinlich. Eine Bestrafung seitens des Kommandanten blieb allerdings aus.

Fregattenkapitän (Ing.) a. D. Siegfried Prinz

Von Schwarzhälsen, Kesselwanzen und Masutochsen

Die in der Überschrift angeführten Bezeichnungen waren nur einige der scherzhaften Ausdrücke, die von den „Oberdecksaffen" gegenüber dem Maschinenpersonal auf dem KSS Projekt 50 gebraucht wurden. Der Gefechtsabschnitt V war mit 56 Mann Personal der stärkste an Bord. Er bestand aus dem Kessel-, Turbinen-, E.- und Pumpenzug. In der täglichen Organisation wurden Kessel- und Turbinenzug vom I. Wachingenieur (I. WI) und der E.- und Pumpenzug vom II. Wachingenieur (II. WI) befehligt. Die Führung des gesamten GA-V oblag dem Leitenden Ingenieur (LI). Die hohe Personalstärke und die Unterteilung in vier Abschnitte wird verständlich, wenn man sich die Maschinenanlage betrachtet und berücksichtigt, dass elektronische oder gar rechnergestützte Führungsprozesse noch keinen Einzug gehalten hatten. Nur antrainiertes Können, Schnelligkeit, Ausdauer und oft auch Kraft des Personals verbunden mit exakter Führungstätigkeit der Vorgesetzten gaben die Garantie dafür, dass die Maschinenanlage gab, was man von ihr verlangte, die einzelnen technischen Anlageteile zusammenspielten wie ein Uhrwerk.

Im Folgenden möchte ich einige Handlungen im Gefechtsabschnitt V

Das Küstenschutzschiff Projekt 50 der Riga-Klasse hatte mit seinen drei funkmessgesteuerten 100-mm-Universalgeschützen eine für die Nachkriegszeit beachtliche Feuerkraft.

beschreiben, die nur für unser Projekt typisch waren. So wichtig wie diese für den Maschinenbetrieb auch waren, gab es trotzdem ergötzliche Geschichten bei der Ausübung dieser Rollen.

Heizölübernahme:

Das Flottenmasut F12 war ein Rohöl, das erst bei einer Vorwärmung auf 80 bis 120 °C die Konsistenz bekam, dass es durch die Brenner in die Kessel eingespritzt werden konnte. Bei normalen Temperaturen war das Masut schwarz und zähflüssig (Anmerkung: Während der Werftliegezeit in Kronstadt mussten die Besatzungen bei etwa 0 °C dieses Masut mit der Schaufel aus den Bunkern holen). Zur Heizölübernahme gab es an Bord vier Übernahmestellen, je eine auf Back und Schanz und mittschiffs Backbord und Steuerbord. Die Bunker wurden in Gruppen gefüllt, d. h. es waren zu gleicher Zeit mehrere Bunker offen, in die das Heizöl lief. Die Gruppen wurden durch den Pumpenmeister festgelegt und mit dem II.WI abgestimmt. Dieser Festlegung ging eine genaue Peilung der in den Bunkern noch vorhandenen Vorräte voraus, die im Pumpenbuch festgehalten wurden. Die Peilung erfolgte manuell über die an den Bunkern vorhandenen Peilrohre, an deren Verschlüssen Peilstäbe mit Ketten befestigt waren. Aufgabe der Pumpengasten war es nun, kurz bevor der Bunker die Vollfüllung erreichte, diesen zu schließen, einen leeren Bunker zu öffnen und diesen der Gruppe zuzuordnen. Eine laufende, gewissenhafte Peilung war dazu die Voraussetzung, auch um das Überfüllen des Bunkers und das Austreten des Heizöls durch die Entlüftungen an Oberdeck zu vermeiden. Der gefürchtete Ruf „Masut an Oberdeck" ertönte leider doch ab und zu, denn bei einer Übernahmemenge von 100 t/h war höchste Aufmerksamkeit angesagt.

Anfang der 1960er Jahre, ich war II.WI auf der 121, unterstanden mir im Pumpenabschnitt der Pumpenmaat Schreck und der Pumpengast Matrose Spott. Nomen ist Omen, denn manches Horrorszenario dieser beiden „Experten" jagte mir tatsächlich den Schreck in die Glieder und sorgte für anschließenden Spott. Das ging dann so – Frage an Pumpenmaat: „Genosse Schreck, sind Bunker 1, 2 und 3, geöffnet?" Antwort: „Jawohl, Genosse Leutnant." Kontrollfrage des Leutnants: „Und alle anderen Bunker sind kontrolliert und zu?" „Jawohl, Genosse Leutnant." „Anfangen!" Es dauerte nur kurze Zeit, bis mich die Meldung ereilte: „Masut an Oberdeck Bb-Seite!" Damit war natürlich für den Pumpenabschnitt nach der Heizölübernahme Oberdeckschrubben angesagt und der Leitende Ingenieur (LI) kontrollierte das Ergebnis persönlich. In einer anderen Situation saß Matrose Spott friedlich schlummernd vor dem Peilrohr für Bunker 3. Das Masut schwoll schon aus dem Peilrohr und lief ihm über die Füße – doch mein Spott schlief und schlief, bis er von mir unsanft geweckt wurde. Nur das hohe Süll am Luk zur Artillerie-Rechenzentrale hatte verhindert, dass diese empfindliche Technik von oben geölt wurde. Nach solchen Vorfällen war uns der Spott nicht nur des Oberdeckspersonals sicher und gipfelte in dem Zweizeiler: „Masutübernahme mit Pumpen-Schreck bringt versautes Oberdeck."

Der Verdampfer erzeugte aus Seewasser Kondensat, das als Kesselspeisewasser verwendet wurde. Obwohl der Dampf-Wasser-Kreislauf ein geschlossener Kreislauf war, gab es permanente Wasserverluste, die normal waren und ergänzt werden mussten. Wirkungsprinzip des Verdampfers: Über Heizschlangen aus Kupferrohr wurde eine bestimmte Menge Seewasser verdampft. Das Salz des See-Wassers blieb als Lauge im Verdampfer, wurde nach außenbords abgesaugt und neues Seewasser aufgefüllt. Der Dampf wurde über einen Hilfskondensator kondensiert und das Kondensat in die dafür vorgesehenen Zellen gepumpt. Große Teile des Salzes setzten sich natürlich auch auf den heißen Heizschlangen ab. Dadurch verringerte sich der Wärmeübergang und damit auch die Verdampfer-Leistung. Die Heizschlangen mussten von Zeit zu Zeit durch Klopfen mit Hämmern vom Salz befreit werden – eben das

Siegfried Prinz als Leitender Ingenieur eines Küstenschutzschiffes

Verdampferklopfen. Dazu wurde der Verdampfer geöffnet (der Deckel wog 1,3 t!), die Heizschlange demontiert und die Heizrohre so lange geklopft, bis das Salz entfernt war. Das war für den Pumpenabschnitt bei den zu bewältigenden Gewichten, der Enge des Hilfsmaschinenraumes und dem durch das Klopfen verursachten Lärm eine kraftaufwendige, unangenehme Arbeit.

Der Hauptenergieträger der Antriebsanlage war der von den Hauptkesseln erzeugte Dampf. Wie exakt die Dampfparameter gehalten werden konnten, hing nicht unwesentlich vom Wärmeübergang zwischen Flamme im Kessel, Rohrwandung und Wasser bzw. Dampf ab. Im Laufe des Maschinenbetriebes war es unvermeidlich, dass sich auf den Kesselrohren eine feste Rußschicht absetzte, die periodisch wieder beseitigt werden musste. Das wurde als Kesselfegen bezeichnet. Dazu waren die Mannlöcher des Verbrennungsraumes zu öffnen und die Beplattungen der Kessel außen zu entfernen. So wurde von innen und von außen das Rohrwerk zugänglich. Schon das war in der Enge eine mühevolle Arbeit. Doch jetzt begann die Hauptarbeit und ich kann versichern, die Arbeit eines Schornsteinfegers ist dagegen der reine Luxus. Gereinigt wurde zuerst von außen nach innen. Mit ca. 1 m langen Bürsten, den Schwertfegern, wurde

Rohrgewirr im Maschinenraum eines KSS

zwischen die Rohre gefahren und durch das Hin- und Herziehen der leichtere Ruß entfernt, mit Drahtbürsten die härtere Rußschicht. Gleiches erfolgte dann von innen nach außen. Die Arbeit wurde in drei Schichten zu je acht Stunden ausgeführt und war ein Allemannsmanöver des GA-V. Oft musste aber auch Personal anderer GA's aushelfen. Unsere Jungs sahen nach ihrer Schicht wie Bergleute vor Ort aus. Arbeitskombi, Käppi über die Ohren gezogen, vor der Nase einen weißen Putzlappen oder das Schweißtuch, bedeckt und verschmiert mit einer Mischung aus Ruß und Schweiß und nach der Schicht zum Umfallen fertig. Oftmals waren die Gesichter kaum zu erkennen. Die Bezeichnung Schwarzhals war hier wirklich gerechtfertigt. Es war einfach eine fürchterliche Schinderei. Die Abnahme der Arbeiten erfolgte durch den I. WI und LI. Dazu waren mehrere Hundert Rohrbündel mit Hand-Lampen abzuleuchten. Der Einstieg in den Kessel erfolgte durch Mannlöcher. Das Mannloch gestattete mir eigentlich einen noch recht zügigen Ein- und Ausstieg. Aber auch unser Abteilungs-Ingenieur (AI), „Papa Wehrend" genannt, wollte seine Kontrollpflichten erfüllen. Er war allerdings ein recht beleibter Vertreter der Spezies Mensch. Seine fast 180 kg mussten also durch ein Mannloch, kleiner 60 x 100 cm, gebracht werden. Dazu wurde folgendes Verfahren angewendet: Unter Mithilfe von zwei Kesselgasten (nicht gerade die Schwächsten) stemmte sich

„Schwarzhälse“ in ihren Lederpäckchen

unser AI bis zur Höhe des Mannloches, steckte die Beine durch das Mannloch und drehte sich so, dass Beine und Achtersteven in den Kessel hingen. Jetzt begann das Schwierigste. Unter ständigem Kneten, Falten und Drücken wurde der umfangreiche Bauch zentimeterweise durch das Mannloch gezwängt, bis die Beine unseres AI fest auf dem Kesselboden standen. Aufatmend und zufrieden zog er dann seinen Kopf ohne fremde Hilfe in das Kesselinnere. Zum Aussteigen aus dem Kessel musste unser „Dicker“ dann nur kräftig geschoben und der Bauch dabei weggedrückt werden. Jeder Beteiligte hätte problemlos bei dieser Aktion seine Zulassung als „Ganzkörpermasseur“ ablegen können. Während meiner späteren Dienstzeit als I. WI und LI auf dem Schiff 122 wurde die Abnahme des Kesselfegens von mir für alle Beteiligten mit einem Bierchen belohnt. Aber eine Sauarbeit und eine riesige Quälerei war es immer wieder. Ob für heutige GA-V-Generationen so eine Plackerei überhaupt noch nachvollziehbar ist?

Schwarzhälse, Kesselwanzen, Masutis, Oberdecksaffen und ähnliche Ausdrücke waren Späße untereinander. Wie die Geschichten zeigen, liegt jedoch in jedem Spaß ein Körnchen Ernst, und wenn der Ulk keine Auswüchse zeigt und beleidigend wird, sei er geduldet. Es sollte aber niemand vergessen – die

Besatzung eines Schiffes ist nur so stark, wie ihr schwächstes Glied. Nur hohes fachliches Können, ein hohes Stehvermögen, auch wenn im Kesselraum vor den Kesseln Temperaturen bis 50 °C und mehr auftraten, gemeinsames Beherrschen der Kampftechnik und wenn sich jeder auf jeden verlassen kann, vom Matrosen bis zum Kommandanten, ergibt das die erforderlich hohe Kampf- und Standkraft eines Marineschiffes. Übrigens – die vornehmsten Lords an Bord waren doch die des GA-V. Niemand, nicht einmal der Kommandant, trug beim Wachbetrieb in See ein so schmuckes schwarzes, auf Hochglanz poliertes Lederpäckchen mit strahlend weißem Halstuch, das durch einen blank polierten Kupferring zusammengehalten wurde. Okay?

Maat a. D. Richard Hohmann und
Stabsmatrose a. D. Dietmar Bochmann

Funkstörungen

Zeit und Ort der Handlung – Ende 1963 in der Funkstelle Peenemünde. Die Überschrift könnte eigentlich heißen: „Wo gehobelt wird fallen Späne." Auch in einem Funkraum!

Jedenfalls haben unsere Tastfunker in Pausen während des Wachdienstes an Bord oder auch in einer der Stabsfunkstellen das manchmal eintönige, meist jedoch vieltönige Wellegehen mit handwerklichen Basteleien überbrückt. Unsere Nebenbeschäftigung konnte ja von der Umwelt, dank der gut verschlossenen Funkraumtüren, kaum wahrgenommen werden. Selbst unser Wachleiter machte nachts, falls er nicht las, auch mal ein Nickerchen. Oder, mein Funkmeister, er möge mir verzeihen, dass ich ihn hier oute, reparierte seine Stellnetze, damit wir zur Heimreise noch warmen, frisch geräucherten Aal mit nach Hause nehmen konnten. Eine meiner Basteleien habe ich noch über 46 Jahren aufbewahrt. Ein anderes „Kunstwerk" ist aus erklärlichen Gründen, die ich gleich erläutere, nicht mehr existent.

Es war zu dieser Zeit in Mode gekommen, die Ziffernblätter der Armbanduhren mit maritimen Bildchen aufzuwerten. Respekt, Respekt, manche Matrosen entpuppten sich als wahre Künstler. Ich wählte, wie die Sorben bei den Ostereiern, die Kratztechnik, um „meinen Habicht" (gemeint ist das Minenleg- und Räumschiff, auf dem ich diente, bevor ich wieder zum „Landei" wurde) auf dem Ziffernblatt zur Geltung zu bringen. Was das mit Funkerei zu tun hat? Das kommt jetzt!

Zwei Nächte später, pünktlich zu Mitternacht, wurden von mir, dem diensttuenden Funker, die Frequenzen gewechselt. In dem Zusammenhang mussten auch die Rufzeichen anhand von kalenderabhängigen und streng geheimen Funkunterlagen an einem bestimmten Tag geändert werden. Routinesache. Nur, auf der neuen Frequenz hörte ich nun zwar die mir vertrauten Funkerhandschriften, aber mit Rufzeichen, die ich nicht auf meiner Liste hatte. Und die Hauptfunkstelle fragte bei mir, wie sonst üblich, auch keine Verbindungsbestätigung ab. Da wurden ich und mein Wachleiter stutzig.

Und als wir noch so stutzten, klingelte es an der Tür und ein Melder des OP-Stabes brachte ein Fernschreiben von der Hauptfunkstelle Rostock. Der diensthabende Funker, also meine ganz kleine Wenigkeit, bekam schriftlich einen Verstoß gegen die Funkbetriebsvorschrift, QCZ, mitgeteilt. Für mich so fast das Schlimmste, was überhaupt passieren konnte. Trotzdem, ich hatte keine Peilung, wie das passieren konnte! Erst ein Blick auf meine Armbanduhr und den Wandkalender klärte die Lage. In Windeseile hatte ich meine Funkunterlagen aktualisiert und mich im Flottennetz ordnungsgemäß angemeldet. Peinlich, peinlich!

Was war nun eigentlich passiert? Das Datumsfenster meiner nigelnagelneuen, kunstvoll verzierten Uhr hatte sich wohl durch meine abgekratzten Farbreste verklemmt und zeigte ein verkehrtes Datum an. Der Uhrmacher meinte, dass nun eine gleichartige Uhr billiger käme als die Reparatur. Deshalb besitze ich diesen wichtigen Beweis meiner eigentlichen Unschuld nicht mehr.

Ausgewertet wurde das Ganze natürlich am nächsten Tag auch noch, und ich bekam als Strafe die Beauflagung, den Vorschriftspassus, gegen den ich verstieß, zehn- oder zwanzigmal abzuschreiben. Das Schlimme daran war, dass ich dafür Zeit aufbringen musste, die ich so gerne für kleine Basteleien während des Wellegehens nutzen wollte!

Im Januar 1967 fanden außerplanmäßige Beförderungen statt; auch ich war vorgesehen. Am Vortag fand mal wieder eine Funkübung statt, an der auch alle in der Peene-Werft Wolgast liegenden Schiffe teilnehmen mussten. Wir waren ca. 1–2 Stunden im Funkraum und versuchten, die Funkverbindung mit der Hauptfunkstelle Peenemünde herzustellen. Leider kam keine Verbindung zu Stande. Da ging ich zu einem benachbarten U-Jagdschiff des Projektes „Hai" und erkundigte mich, ob der denn eine Funkverbindung habe. Der Funker sagte sofort, dass aufgrund der vielen Schweißmaschinen in der Werft so große Störungen auftreten würden, dass keine Verbindung zu Stande kommen könnte. Dann also nicht. Wir Funker gingen also in die Messe und spielten einige Runden Schach. Gegen 22 Uhr erschien, wie so oft, unser Kommandant Alfred Meyer. Er fragte mich etwas lauernd, ob wir lieber Schach spielen würden, als an der Funkübung teilzunehmen. Ich versuchte ihm zu erklären, wieso es keine Funkverbindung geben könnte. Aber der Kommandant winkte nur ab und verschwand in seiner Kammer.

Am Morgen darauf kam dann: „Heraustreten auf das Achterdeck zur Morgenmusterung und Beförderung." Da erst wurde mir gesagt, dass ich nicht befördert würde, da ich schließlich kein Interesse an der Funkübung hatte. Mehr noch. An diesem Tag wollte ich ja in den Urlaub fahren, ich wartete nun auf meinen Urlaubsschein. Vergebens. Weder der Bootsmann noch der I. Wachoffizier wollten eine Erklärung abgeben, und Kommandant „Alfred", den einige so nennen durften, auch ich, war verschwunden. Ich hing ziemlich durch.

Plötzlich aber tauchte „Alfred" im Unteroffiziersdeck auf. In der Hand meine Beförderungsurkunde und die neuen Effekten. Er hatte sich beim Stab erkundigt, ob das mit der Störung durch Schweißmaschinen stimmen würde.

Und es hatte gestimmt. Ich musste flugs mein Nähzeug holen und „Alfred" saß neben mir, nähte am Colani und ich heftete fieberhaft meine neuen Effekten an die Bluse. Da der Zug schon weg war, fuhr mich „Alfred" mit seinem PKW nach Anklam, wo ich noch den Zug von Stralsund nach Berlin erreichte. Als Marschverpflegung gab es zwei Schachteln „JUBILAR" mit. So war er, unser Kommandant. Es war für mich ein Jubeltag, den ich nicht vergessen habe.

Fregattenkapitän a. D. Dieter Flohr

Ahoi, nach Leningrad

August 1962. Flottenbesuch! Ein Wort elektrisierte. Mal raus aus der DDR, ein anderes Land sehen. Die Marine machte es möglich. Das Ziel hieß Leningrad, das alte St. Petersburg. Als Flaggschiff fungierte das Küstenschutzschiff „Karl Liebknecht". Mit dabei waren die Minenleg- und Räumschiffe „Erfurt", „Magdeburg" und „Rostock". Konteradmiral Heinz Neukirchen, damaliger Interimschef der Volksmarine, hatte die Leitung. Diesem Besuch in der „Wiege der Großen Sozialistischen Oktoberrevolution" wurde besondere Bedeutung zugesprochen. Als „Erster offizieller deutscher Flottenbesuch in der UdSSR" sollte er die Waffenbrüderschaft zwischen den verbündeten sozialistischen Ostseeflotten vertiefen. Zwar hatte es schon eine Schulschiffreise des Dampfers „Ernst Thälmann" unter Leitung von Kapitän zur See Friedrich Elchlepp 1958 gegeben, aber er wurde nur als inoffizieller Besuch gewertet. Ebenso die

Das Küstenschutzschiff „Ernst Thälmann“ und die MLR-Schiffe („Erfurt“, „Magdeburg“ und „Rostock“) absolvierten im August 1962 den ersten offiziellen Flottenbesuch der Volksmarine in der Sowjetunion.

Aufenthalte der Küstenschutzschiffe zu den polnischen Tagen des Meeres 1957 bis 1961 in Gdynia und Szczecin.

Am 22. August verließ der Verband den Rostocker Stadt-Hafen. Eingangs des Finnischen Meerbusens, vor der Insel Hogland, übergab der vorausgeschickte Versorger „Timmendorf“ Verpflegung. Als die Ladeluken geöffnet wurden, zeigte sich der größte Teil der Nahrungsmittel verdorben. Brot war von Schimmel durchzogen, Tomaten zermatscht. Kühllasten gab es damals noch nicht. Dieses „Lehrgeld“ senkte die Hochstimmung auf die kommenden Besuchstage aber nicht.

Vor der Seefestung Kronstadt wartete der Kreuzer „Kirow“. Die tausendköpfige Besatzung in Paradeaufstellung angetreten. „Karl Liebknecht“ eröffnete den traditionellen Gruß – 21 Schuss. Dann blitzte es auf „Kirow“ 21 Male auf. Dumpf grollte der Geschützdonner über das Wasser. Die Hymnen wurden jeweils gleichzeitig von den Bordorchestern gespielt. Mit Hurra grüßten die Besatzungen der deutschen Schiffe eine größere Gruppe Matrosen auf einer der Kronstadt-Bastionen. Sie schwenkten ihre Mützen. Es waren die Besatzungen zweier KSS, „Ernst Thälmann“ und „Karl Marx“, die für ein langes Jahr zur Modernisierung in Kronstadt weilten. Ihr Heimweh war offenkundig.

Auf dem Weg zum Winterpalais

Dann die Stadt. Das Venedig des Nordens. Großes Staunen vor Weltkulturschätzen wie Winterpalais, Eremitage, Park von Peterhof, Zarskoje Selo, Kreuzer „Aurora", Smolny, Marinemuseum. Auf der Straße kam ein alter Mann wie ein russischer Bär auf mich zu, zerquetschte mich um ein Haar, schmatzte mich nach russischer Sitte ab und raunte mir mit Tränen in den Augen zu: „Wir wollen niemals wieder Krieg miteinander."

Am folgenden Tag standen wir erschüttert im Piskarjow-Ehrenhain. 600 000 Leningrader, verhungert und erfroren, liegen hier in riesigen Massengräbern. Opfer der 900-tägigen Blockade der deutschen Wehrmacht. Nein, so etwas wollte keiner von unserer Generation wieder mitmachen müssen.

1989 machte die Bundesmarine ebenfalls einen Flottenbesuch in Leningrad. Das Besuchsprogramm war identisch. Danach las man in den bundesdeutschen Zeitungen: „Nach 80 Jahren wieder deutscher Flottenbesuch an der Newa." Noch im Mai 2010 schrieb die Zeitschrift der Deutschen Gesellschaft für Schifffahrts- und Marinegeschichte „Schiff & Zeit" – „Warum kommt ihr erst jetzt? Erster deutscher Flottenbesuch in Leningrad 1989". Zumindest die heutigen Marinehistoriker hätten davon ausgehen müssen, dass es nach 1945 bereits mehrere deutsche Flottenbesuche an der Newa gegeben hatte. Ein Teil der bundesdeutschen Marinegeschichtsschreibung besitzt eben noch immer ihre Besonderheiten.

Kapitän zur See a. D. Helmut Berger

Ein Aal, der nicht konnte oder: Viele Köche verderben den Brei

Mit der Übernahme der beiden ersten Küstenschutzschiffe im Dezember 1956 waren die Besatzungen auf volle Gefechtsstärke (damals 186 Mann) aufgefüllt und nach der Überführung in den Heimathafen Sassnitz begann sofort eine intensive Hafen- und Seeausbildung nach Vorschriften der Sowjetischen Seekriegsflotte. Das war keine leichte Aufgabe, denn wir hatten es mit Waffensystemen, Antriebsanlagen und Ausrüstungen zu tun, die in der Volksmarine bis dahin unbekannt waren und ihresgleichen suchten. Dazu kam, dass die gesamte Borddokumentation nur in Russisch vorlag. Um diese schwierige Anfangsphase zu meistern, sollten vertragsgemäß die wichtigsten Spezialisten der sowjetischen Besatzung noch drei Monate an Bord verbleiben und uns bei der Ausbildung anleiten. Innerhalb dieses Zeitraumes war auch die Erprobung und Abnahme der Waffensysteme vorgesehen.

Das Artillerieschießen fand am 12. März 1957 im Seegebiet Adlergrund ohne erwähnenswerte Besonderheiten statt. Das Schießen eines Übungstorpedos war für den Folgetag geplant. Zu diesem Zweck wurde eine Schussposition nordöstlich der Tromper Wiek mit einer Wassertiefe von 60 m ausgewählt, denn es musste mit einem „Torpedosack" – also einem Durchsacken des Torpedos vor Einnahme der eingestellten Lauftiefe – von bis zu 25 m gerechnet werden.

Am 13. März begann die „Operation", die vom amtierenden Chef der Seestreitkräfte Konteradmiral Neukirchen, in der Flotte „Donnergroll" genannt, persönlich geleitet wurde. Nachdem er die Meldung erhalten hatte, dass die zur Absperrung des Seegebietes eingesetzten Schiffe ihre Positionen eingenommen hatten, erhielt ich den Befehl zum Ablaufen und zur Einnahme der Schussposition.

Schon nach dem Auslaufen aus Sassnitz hatte ich immer öfter von der Brücke zum Torpedorohrsatz geschaut, wo sich mehrere Spezialisten – unser Kommandeur GA-III, Flottillen-Sperroffizier, Flaggsperroffizier und der sowjetische Spezialist – bemühten, dem Aal den letzten Schliff zu geben. Aus ihren heftigen Diskussionen und Gebärden war eindeutig zu entnehmen, dass man sich partout nicht einigen konnte, welche Eingeweide des Torpedos wie zueinander geregelt werden sollten. Nachdem „Donnergroll" ob dieses Szenariums begann unruhig zu werden, einigte man sich schnell, indem der Flaggsperroffizier seine Variante favorisierte. Als mir der Torpedo endlich klar gemeldet wurde, gingen wir auf Gefechtskurs und nach Erreichen der Schussposition gab ich den Befehl „Torpedo los!"

Der Aal verließ vorbildlich das Rohr, wurde dabei illegal vom I. Wachoffizier fotografiert und tauchte elegant ins Wasser. Dutzende, teils mit Ferngläsern bewaffnet, starrten gebannt auf die Wasseroberfläche, denn jeder wollte als Erster die Torpedolaufbahn entdecken. Aber es hat nicht sein sollen. Der Aal hatte die gemeinsame Fürsorge der vier Spezialisten nicht verkraftet, tauchte unter und bohrte sich in den Schlick.

Auf der Brücke, die reichlich mit Vorgesetzten, Spezialisten und Gästen besetzt war, wurde die Frage gestellt, was zu tun sei. Wiederum eine Vielzahl gegensätzlicher Meinungen und Vorschläge, bis der Entschluss gefasst wurde, erst einmal einen größeren Sicherheitsabstand einzunehmen, um einer Selbstversenkung durch den möglicherweise plötzlich auftauchenden Torpedo zu entgehen. Wir gingen also auf Distanz und warteten ab, wie der Aal weiter reagieren würde.

Ich hatte die hydroakustische Station „Pegas" im passiven Regime (Geräuschpeilung) schalten lassen und es war eine große Erleichterung, als der Hydroakustiker Schraubengeräusche in konstanter Peilung meldete. Da in dieser Peilung kein Schiff auszumachen war, konnte es sich nur um die Schraubengeräusche des im Schlick festsitzenden Torpedos handeln. „Donnergroll" befahl mir, ihm sofort Meldung zu erstatten, wenn die Torpedogeräusche verstummen und verzog sich mit Anzugsordnung Hängelippe in die Gästekammer.

Und siehe da, nach geraumer Zeit war das Antriebsgemisch verbraucht. Die Schraubengeräusche verstummten. Da der fehlende Vortrieb den Torpedo nun nicht mehr im Schlick festhielt und weil durch den weichen Untergrund sein Übungskopf kaum beschädigt war, tauchte unser Aal auf und stand senkrecht im Wasser. Dabei war sein vom Schlamm befreiter rot-weißer Übungskopf auch optisch gut auszumachen.

Da unsere Seestreitkräfte zu diesem Zeitpunkt noch nicht über Torpedofangboote verfügten, musste der Torpedo von uns selbst geborgen werden. Als der Aal sicher an Bord war, ging es zurück nach Sassnitz.

Nach dem Festmachen verließ „Donnergroll" als Leiter der Operation das Schiff – ohne auch nur ein Wörtchen von sich zu geben. Fazit: Schon die alten Römer wussten, dass viele Köche den Brei verderben.

Fregattenkapitän a. D. Karl- Heinz Kremkau

Kommandanten-Ballett

Ein großes Ereignis wurde im Rahmen der Offiziersausbildung geplant. Wenn ich mich heute daran erinnere, hatte es durchaus groteske Züge angenommen. Deshalb meine etwas sarkastisch anmutende Schilderung aus heutiger Sicht:

Szenario:
Ort: 4. Flottille der Volksmarine
Ziel: Einsparung von Verbrauchstoffen, Simulation von Gefechtshandlungen
Grund: Übernahme sowjetischer Erfahrungen

Prolog:
Dass der Admiral Below – der Chef der 24. Raketenbrigade in Świnoujście – bei gemeinsamen Übungen immer vier Modelle U-Jäger und ein U- Boot aus der Jackentasche holte, daran hatte ich mich gewöhnt. Auf einem Kartentisch wurden dann U-Bootsuche und Angriffe simuliert. Das habe ich in russischer Jazyk (lies Sprache) noch mitgemacht, Simulationen waren eben in. Nun also kam die Krönung:

Das Kommandanten-Ballett:
Aber so ein Ballett? Das lehnte ich ab. Wir Küstenschutzschiff-Kommandanten, Kurt Urmoneit, Dieter Fröhlich und ich, kamen uns vor wie Pausenclowns. Doch alles Lamentieren half nichts, wir mussten Aufstellung nehmen.
Auf dem Theaterzettel hätte es so ausgesehen:
Produktion: Flottillenchef Fregattenkapitän Herbert Bernig

Choreographie: Stab der 4. Flottille, Günther Pöschel
Ballettmeister: Korvettenpapitän Horst Sohst, GA III-Spezialist der Flottille
Ausstattung und Kostüme: Korvettenkapitän Putlitz, Mat. Versorgung, Kleiderkammer der Flottille
Technische Ausrüstung: Korvettenkapitän Jochmann, Sicherstellung von Kommandotabellen und dreifarbigen Taschenlampen (gerettet aus Wehrmachtsbeständen)
Medizinische Sicherstellung: Flottillenarzt – Dr. Heinz Stange
Musik/Melodie: Es weht der Wind mit Stärke
Aufführungsort: Sporthalle 4. Flottille.
Corps de Ballett: Alle Kommandanten von drei KSS, aller MLR Typ Krake und aller R- Boote Typ „Schwalbe“
Die Zuschauer: Die Stäbe der Flottille und der fünf Abteilungen
Die Schaulustigen: Politabteilung, Parteiapparat und Rückwärtiger Dienst.
Es war schizophren, aber es war so – die Politabteilungen gehörten immer zu den Schaulustigen, wenn die Volksmarine Wasserspiele veranstaltete.

Die Szenerie:
Das Ballett hatte immerhin eine Stärke von ca. 24 Mann. Anstatt ihrer Schiffe nahmen alle Kommandanten auf dem Parkett Aufstellung. Räumgeleit, Sicherungskräfte wurden „formiert“, dann ging es los. Schon bald kam es zu kuriosen Begegnungen auf diesem glatten Parkett. Bei Kursänderungen tauchten mit einem Mal Siegfried Lumma, Gunther Wötzel oder Hubert Rodewald (alle MLR) neben mir auf. Trippelschritt war die normale Gangart.

Lächerlich wurde es bei solchen Befehlen wie: „10 Umdrehungen mehr!“ Oder: „Kommen Sie längsseits!“

Ein Kommandant stieß plötzlich gegen den Leiter der Übung. Das war der Anlass, dass alle Kommandanten der Küstenschutzschiffe meuterten. Mit der Bemerkung: „Die Kommandanten der Dickschiffe können Platz nehmen!“, konnten wir uns endlich von diesem Panoptikum verabschieden. Wir sind in die Gang der Schaulustigen aufgestiegen und haben jetzt erst richtig mitbekommen, wie man Offiziere, die ihren Beruf als Berufung sehen, lächerlich machen kann.

Fazit: Eine Turnhalle, eine Taschenlampe und eine Riege von Seeoffizieren können den Einsatz von Schiffen auf dem Seeschauplatz nicht. Man kann nicht alles in Kabinette verlegen.

Fregattenkapitän (Ing.) a. D. Siegfried Prinz

Die Strandbeölung

An einem Herbsttag nahmen zwei Küstenschutzschiffe Kurs auf Tarnewitz. Handfeuerwaffenschießen. Wir hatten die Mole auslaufend passiert und die Maschinenanlage lief wie ein Uhrwerk. Ich wollte gerade vom Befehlsstand V (BS/V) aus meinen Kontrollgang durch den Gefechtsabschnitt V (GA-V) antreten, als folgende Schreckensmeldung von der Gruppen-Gefechtsstation 1/V (GS-1/V) eintraf: „Heizöl in der Kesselraumbilge, höchste Brandgefahr!" Mit einem Sprung an das Geländer des Niederganges zum Kesselraum und nach kurzem Rutsch drei Meter abwärts war ich vor Ort. Dickes schwarzes Heizöl schwabbelte unter den Flurplatten und darüber entwickelte sich gefährlich ein bläulicher Dunst. Stechender Geruch erschwerte das Atmen, obwohl alle Lüfter in Betrieb waren. Trotz gewissenhafter Suche fanden wir die Ursache nicht. Ein Brand im Kesselraum hätte sich zu einer Katastrophe für das gesamte Schiff ausweiten können. Mir blieb nichts anderes übrig, als den Befehl zu geben, die 100 t-Ejektoren in Betrieb zu nehmen und die Bilge zu lenzen. Schnell war die Bilge leer, die Brandgefahr gebannt und endlich konnte man auch wieder normal atmen. Auch die Störungsursache, ein Riss in der Decke des Bunkers 4 direkt unter dem Backbord-Kessel, war schnell gefunden. Der Bunker wurde auf ca. 60 Prozent entleert und der Riss mit Leckwehrmaterial abgedichtet. Erleichterung! Alles klar, die Fahrt konnte weitergehen. Doch kurz vor Tarnewitz kam überraschend nur für unser Schiff der Befehl zur sofortigen Rückkehr in den Stützpunkt Warnemünde. Dort angekommen, erwartete uns nach dem Festmachen ein uns unerklärliches Aufgebot an hochkarätigen Dienstgraden. Der Havariekommissar, der Schiffstechnische Dienst des Kommandos und der Flottille, Flottillenchef, Abteilungschef, Abteilungs-Ingenieur und weitere Persönlichkeiten nahmen uns in Empfang und unterzogen mich einer hochnotpeinlichen Befragung. Was war passiert? Mein Befehl zum Lenzen der Kesselraumbilge hatte bewirkt, dass etwa 2 t Heizöl außenbords gepumpt wurden. Durch den auflandigen Wind trieb der doch recht beachtliche Ölteppich auf den Strand von Warnemünde zu. Die Wellen sorgten dafür, dass sich schwappweise das Öl über den Strand verteilte und dieser bald mit bunt bis schwarz schillernden Flecken übersät war – und das auch noch unter den Terrassen des Nobel-Hotels „Neptun". So verging nur kurze Zeit, bis Gäste und Spaziergänger dieses Ereignis zur Meldung brachten und so die Dienstmühle in Gang setzten. Für mich als Leitenden Ingenieur standen die Aktien schlecht. Ich sah schon in kürzester Zeit eine Veränderung im Dienstgrad und Regressmaßnahmen auf mich zukommen. Rettung kam durch den Abteilungs-Ingenieur, unseren guten „Papa Wehrend" und den ACH, Fregattenkapitän Strecker. Ihnen gelang es, das Aufgebot an hohen Offizieren zu überzeugen, dass wohl ein brennendes Schiff mit über 150 Mann Besatzung ein größeres Übel gewesen wäre, als 2000 m mit Ölflecken belegter Strand. Und wenn in Verantwortung der Küstenschutzschiff-Abteilung die Ölflecken vom Strand beräumt würden, wäre der Schaden ja behoben. Nach einer Anfrage beim Umweltamt wurde diese Verfahrensweise auch genehmigt. Das Schiff 123, das mit EKZ-4 (Einsatzklarzustand) im Hafen lag, erhielt den Auftrag zur Beseitigung des Prinz'schen Ölteppichs am Warnemünder Strand und wir liefen wieder mit Kurs Tarnewitz aus. Die Besatzung der 123 war von dieser Aufgabe sicher nicht begeistert, aber ihre Leistung war beispielhaft. Mehrere Hundert Lkw-Ladungen mit ölverschmutztem Sand wurden im gerade im Bau befindlichen Stadtteil Lütten Klein zum Straßenbau angefahren. Die Besatzung erhielt für ihren Einsatz vom ACH eine Kollektivprämie, während ich meinen Anteil in Form von höherprozentigen Flüssigkeitsprodukten beizusteuern hatte. Schwein gehabt!

Wie ich später erfuhr, hatten einige der Matrosen der 123 mit den Urlaubern noch ihren Spaß getrieben. Ganz Neugierige wollten nämlich wissen, was denn mit dem Sand gemacht wird, den die Marine da auf Lastkraftwagen auflädt. Da gab es dann solche Antworten wie: „Der wird zum Aufschütten der Sahara nach Afrika exportiert." „In Babelsberg wird ein neuer Sandmann-Film gedreht und die DEFA braucht dazu jede Menge feinen Sand. Den gibt es nur hier an der Ostsee."

Fregattenkapitän a. D. Dieter Sperling

Bordkater Felix

Im Frühjahr 1961 hieß es, das Schiff „Karl Marx" läuft zu einem Besuch der Flottenbasis Baltijsk aus. Ich diente damals als GA-I-Kommandeur. Kommandant war Kapitänleutnant Schreiber. Der noch inoffizielle Besuch der Volksmarine in Baltijsk stand unter Leitung von Vizeadmiral Verner, der meines Wissens damals schon Stellvertreter des Ministers für Nationale Verteidigung und Chef der Politischen Hauptverwaltung der NVA war. Die Vorbereitungen für die Fahrt wurden getroffen, das Schiff in Farbe gebracht, die Uniformen geschniegelt und gebügelt. Die Offiziere des Schiffes zogen in das Meisterdeck und machten so das Offiziersdeck für den Admiral und seinen Anhang frei. Mit uns zog auch unser Maskottchen um, der Bordkater Felix, ein Kater mit pechschwarzem Fell, weißen Pfoten, weißer Blesse auf der Nase und weißer Schwanzspitze. Wie er an Bord kam, wer ihn mitbrachte, wusste keiner. Jedenfalls war er eines Tages da und blieb bei uns. Alle liebten und verwöhnten ihn, vom Smutje bis zum Kommandanten. Aber offiziell durfte keiner an Bord etwas wissen, denn laut Vorschrift „Dienst an Bord" (DaB) waren Tiere an Bord verboten.

In der Vorbereitung wurde auch das gesamte Zeremoniell bis zum Erbrechen trainiert, also Paradeaufstellung an Steuerbord, Ehrenzug am Torpedorohrsatz, Kommandant und Diensthabender des Schiffes an der Stelling, sechs Maate mit Bootsmannspfeife landseitig. Diensthabender, Ehrenzug und Stellingsmaate waren handverlesen. Damit es dann auch klappte, wurde alles mehrmals durchgespielt. Nur einer war außen vor – Bordkater Felix. Er durfte nicht mitmachen und damit er nicht störte, war er im Meisterdeck eingesperrt. Endlich war alles klar zum Ablegen und zur Überfahrt. Der Admiral und sein Tross stiegen ein. Das Wetter war gut, die See ruhig und die Überfahrt lief reibungslos ab. Felix verhielt sich vorbildlich und lief keinem der hohen Gäste über den Weg.

In Baltijsk angekommen, verließen Vizeadmiral Verner und seine Begleiter das Schiff zu Maßnahmen oder Antrittsbesuchen in der Flottenbasis, nicht ohne vorher für die Besatzung Landgangssperre ausgesprochen zu haben. Wir lagen genau vor dem „Goldenen Anker", der damals besten Kneipe von Baltijsk, und durften nicht von Bord. Spät in der Nacht kehrte der Tross mit einem sichtlich angeheiterten Chef vom Ausflug zurück. Ich weiß das so genau, denn ich war der handverlesene Diensthabende.

Am nächsten Tag war nun für 10 Uhr der Gegenbesuch der Admiralität aus Baltijsk an Bord angesagt. Alles lief wie am Schnürchen. Es war ja auch lange genug trainiert worden. Die Besatzung trat in 1. Garnitur weiß auf Back, Schanz und dem Bootsdeck an. Je nach Dienstgrad immer höher, so zuletzt die Offiziere auf der Brücke. Der Ehrenzug stand am Torpedorohrsatz, Kommandant, Diensthabender des Schiffes und die Stellingsmaate … aber das hatten wir ja schon. An Land wartete Vizeadmiral Verner auf seine Gäste, die auch pünktlich eintrafen. Nach herzlicher, brüderlicher und somit kussreicher Begrüßung wurde das Zeichen zum Beginn der Zeremonie gegeben. Ich blies die Backen auf und trillerte ein Lang, ein Kurz in meine Pfeife. Das hieß „Front nach Steuerbord", was auch der Kommandant laut befahl. Jetzt war der Ehrenzugführer an der Reihe: „Ehrenzug stillgestanden! Achtung, präsentiert das – Gewehr! Augen – rechts!" Dabei blitzte sein Säbel zum Präsentiergriff durch die Luft und zehn Hände klatschten laut an die Karabiner.

Vizeadmiral Verner lud den sowjetischen Admiral ein, als erster über die Stelling an Bord zu gehen. Der wiederum bat den Gastgeber vorauszugehen. Den Stellingsmaaten ging langsam die Luft aus. Noch während sich beide Admirale so in Höflichkeit übertrafen, passierte es, Bordkater Felix kam von einem illegalen Landgang nach Hause, marschierte beiden Admiralen über die Schuhspitzen, nahm die Einladung der leeren Stelling dankend an und marschierte mit Stolz erhobenem Schwanz an Bord. Am entsetzten Kommandanten vorbei, betrat er den ausgerollten roten Teppich. Er stolzierte den Ehrenzug entlang und verschwand dann, sein derzeitiges Exil missachtend, im Offiziersdeck. Das Entsetzen stelle man sich vor! Allen blieb die Spucke weg. Aber es gab auch manchen, dem es sehr schwer fiel, ernst zu bleiben. Einige grinsten sogar unverfroren. Nun, das Zeremoniell wurde abgebrochen und erst wiederholt, nachdem Felix im Offiziersdeck eingefangen und im Meisterdeck verwahrt war. Diesmal lief alles ohne Zwischenfälle ab.

Das kommt also davon, wenn man Bordkater von militärischen Trainings ausschließt, vergisst, sie eindeutig über befohlene Landgangssperren zu belehren, ihnen nicht die Notwendigkeit einer zwischenzeitlich anderen Unterkunft erklärt und sie überhaupt bei der ideologischen Vorbereitung solcher Maßnahmen der Waffenbrüderschaft einfach übergeht. Dann kann Kater-Rache fürchterlich sein! Der Vorfall wurde überprüft und untersucht. Wer wusste vom Kater? Natürlich die gesamte Besatzung, Kommandant eingeschlossen. Wie kam der Kater aus dem Meisterdeck? Durch die Nachlässigkeit der dort Wohnenden, also aller Schiffsoffiziere. Wie konnte der Kater von Bord? Durch Unaufmerksamkeit der gesamten Wache, einschließlich des Diensthabenden. Es waren einfach zu viele am Desaster beteiligt, die man hätte zur Verantwortung ziehen und bestrafen müssen. Die ganze Wucht der Rache traf so alleine den von der ganzen Besatzung so geliebten schwarz-weißen Kater Felix. Befehl von ganz oben: „Das Tier kommt von Bord! Und zwar sofort!“ So geschah es dann auch. Wir schenkten ihn einem kleinen Jungen, der mit seinen Eltern zur Besichtigung des Schiffes gekommen war. Es tröstete uns etwas, als wir sahen, wie glücklich der Kleine mit seinem Geschenk im Arm von dannen zog. Felix schien auch nicht ganz unzufrieden. Vielleicht hatte er während seines Landganges Bekanntschaft mit einer netten Katzen-Dame gemacht und hoffte auf weitere Rendezvous. Russisch musste er nun noch lernen, aber wie wir sahen, war er in guten Händen.

Ich war noch viele Male in Baltijsk, aber Felix habe ich nie wieder gesehen. Zum Andenken an ihn hieß unsere Bordzeitung noch lange Zeit „Bordkater Felix“ und wurde mit einem schwarzen Kater geziert. Der Befehl „Keine Tiere an Bord!“ wurde nach diesem Vorfall überall bei Androhung härtester Strafen strengstens durchgesetzt.

Kapitän zur See a. D. Hans Steike

Der verrückte Fernseher

Große Werftliegezeit für Küstenschutzschiff Projekt 50. Um die 150 Mann-Besatzung wenigstens etwas im Griff zu behalten, ordnete der Kommandant intensive Kontrollen der Dienstorganisation durch alle Offiziere und Meister (Fähnriche gab es noch nicht) in ihren Abschnitten an. Das Betreten der beiden Messen in der Dienstzeit war nur zur Erfüllung dienstlicher Aufgaben gestattet. Das Einschalten des Fernsehers während der Arbeitszeit der Besatzung galt fast als Todsünde.

Eines Vormittags begab sich der Parteisekretär des Schiffes, Stabsobermeister Gr. in die O-Messe, um seinen Parteihaushalt in Form von zwei dicken – natürlich roten – Büchern auf Vordermann zu bringen. Kaum hatte er seine Arbeit begonnen, da raschelte es hinter dem Fernseher, der auf einem Podest an der Backbordseite der Messe stand. Irritiert schaute Gr. hoch – aber es musste wohl eine Täuschung gewesen sein.

Da raschelte es schon wieder. Es raschelte aber nicht nur, sondern der Fernseher kippelte etwas nach vorn, um dann gleich wieder in seine Ausgangsposition zurückzufallen. Noch ehe der verblüffte Parteisekretär diesen Vorgang verkraftet hatte, raschelte es ein drittes Mal. Der Fernseher kippte jetzt ganz schnell nach vorn, fiel vom Podest und zerbarst mit lautem Knall auf dem Messe-Fußboden. „Was hier passiert ist, glaubt dir kein Mensch", durchzuckte es Gr. In Panik raffte er seine Dokumente zusammen und wollte sich aus der Messe stehlen.

Zu spät! Der Politstellvertreter (PV) des Schiffes hastete bereits den Niedergang vom Offiziersdeck herauf: „Genosse Gr., haben Sie auch diesen fürchterlichen Krach gehört? Es klang, als sei in der O-Messe etwas umgefallen!" „Ja-ja-ja", stotterte Gr. „Das war der Fernseher und er ist von ganz alleine heruntergefallen." Der PV riss die Tür zur Messe auf und schaute entsetzt auf die Bescherung. Was da in Trümmern und Scherben am Boden lag, war immerhin Polittechnik – seine Technik!

Ganz bleich drehte er sich um, hob die Augenbrauen und fragte dann mit merkwürdig spitzer Stimme: „Der Fernseher ist also von ganz alleine heruntergefallen, ja? Und Sie waren auch ganz alleine in der Messe und haben den Fernseher überhaupt nicht angefasst?" Hochrot im Gesicht und mit dicken Schweißtropfen auf der Stirn konnte Gr. nur noch nicken. Da platzte dem PV der Kragen: „Genosse Gr., gerade von Ihnen hatte ich etwas mehr A... in der Hose erwartet. Jeder kann mal einen Fehler machen, aber dann muss man auch dazu stehen! Und eine dämlichere Ausrede ist Ihnen nicht eingefallen? Es ist Ihnen doch sicher klar, dass diese Sache ein Nachspiel hat!" Natürlich verbreitete sich der Vorfall in Windeseile und mit entsprechenden Ausschmückungen unter der Besatzung.

Das Nachspiel hieß erst einmal „Melde- und Untersuchungsordnung" – kurz MUO genannt. Da der entstandene Schaden einen in besagter Vorschrift festgelegten finanziellen Grenzwert beträchtlich überstieg, musste der Vorgang als „Besonderes Vorkommnis" behandelt und eine Untersuchung eingeleitet werden. Während also der eilig eingesetzte Ermittlungsoffizier zuerst freundschaftlich, dann immer ungeduldiger und schließlich entnervt den störrischen Parteisekretär zu einem Geständnis oder aber wenigstens zu einer glaubhafteren Ausrede bewegen wollte, klopfte es zaghaft an die Tür der PV-Kammer. Der Funkmaat und ein „Puster" (Funker) traten ein. „Wir … ich … wir müssen eine Meldung machen!" Da es ja selten Wunder gibt, ahnt man schon, dass die Meldung irgendwie mit dem verrückten Fernseher zu tun haben wird.

Um den folgenden Bericht der Funker besser zu verstehen, eine kurze Erläuterung zur Unterbringung des Fernsehers in der O-Messe. Wie schon erwähnt, stand er auf einem Podest. Beim Seeklarmachen verkeilte der PV ihn immer durch geeignete Werke der Klassiker des Marxismus/Leninismus mit der Decke der O-Messe. Mit solch gewichtigen Argumenten von Marx, Engels und Lenin versehen, hatte der Fernseher bisher jedem Seegang getrotzt. Aber in der Werft war diese Sicherung ja nicht notwendig. Hinter dem Fernseher lief ein wetterfestes Fernsehkabel nach oben – diese Richtung sollte für die weitere Untersuchung von wesentlicher Bedeutung sein – und durch eine spezielle Öffnung in der Außenhaut der Messe weiter zur Fernsehantenne an der Backbord-Seite der Brücke. Das Kabel lag in einer kurzen Schleife hinter dem Fernseher und war mit robusten Bananensteckern mit diesem verbunden. Die heutigen zierlichen Eurostecker waren noch nicht bekannt, höchstens im sogenannten NSW (Nichtsozialistisches Wirtschaftsgebiet).

Der Rest ist kurz erzählt. Im Funkabschnitt war Wartung aller Antennenanlagen im Bereich der Brücke befohlen. Um es besonders gut zu machen, wollte man dazu die Fernsehantenne demontieren. Da das Kabel zu straff war, sollte die notwendige Lose von unten besorgt werden. Vorsichtig zog der Funker am Kabel und siehe da, es gab ganz leicht nach (erstes Rascheln – die Schleife hinter dem Fernseher strafft sich). Da es aber nicht ganz reichte, wurde etwas stärker gezogen (zweites Rascheln und das Kippeln des Fernsehers). Weil nun Widerstand zu spüren war, wurde eine kurze Kampfberatung abgehalten. Wozu ist Widerstand da? Um ihn zu überwinden! Mit einem kräftigen Ruck wurde das Kabel „befreit", ohne dabei auch nur zu vermuten, dass man damit den Fernseher der O-Messe von seinem Podest gestürzt hatte.

Die Untersuchung der Sache mit dem Fernseher fand also eine ganz natürliche Erklärung, die O-Messe erhielt wenig später einen neuen Fernseher – sogar mit Farbe! – und das untadelige Ansehen des Parteisekretärs war wieder hergestellt. Nur die beiden Funker waren sauer: Regress! Und die Moral von der Geschicht'? Zieh an Fernsehkabeln nicht.

Kapitän zur See a. D. Hans Steike

Die Pistole János Kádárs

Im Juni 1966 weilte eine ungarische Partei- und Regierungsdelegation unter Leitung von János Kádár auf dem Schiff „Karl Marx". Kommandant war Kapitänleutnant Fröhlich, Spitzname „Brummi", der zuerst einmal Bärenführerpflichten zu erfüllen hatte. Ein Küstenschutzschiff hatte ja öfter Besuch und für denjenigen, der eine solche Delegation über das Schiff führen musste, war im Bordjargon der Begriff „Bärenführer" kreiert worden. Dann legte das Schiff ab und war in See Tribüne für verschiedene Vorführungen der Volksmarine. Zum Abschied schenkte der hohe Gast dem Kommandanten eine vergoldete Pistole mit persönlicher Widmung. Das sprach sich herum, und ehrfurchtsvoll bewunderten die Bordoffiziere und die herbeigeeilten anderen Kommandanten das nicht alltägliche Geschenk. Aber, wat nu? Weder die gesetzlichen noch die militärischen Bestimmungen hatten so einen Fall berücksichtigt. Vorgesetzte und Militärabwehr zerbrachen sich den Kopf. Der Mann kann das Schießeisen doch nicht einfach mit nach Hause nehmen oder gar damit herumrennen, wenn es ihm gerade passt. Die Waffenkammer an Bord schien zu unsicher, schließlich hatte „Brummi" als Kommandant die volle Befehlsgewalt über das ganze Schiff.

Ein ganz heller Kopf fand schließlich die Lösung: Die Pistole ist weit, weit weg vom Schiff in der Waffenkammer des Kommandos der Volksmarine einzulagern. Da lag sie nun und lag und lag. „Brummi" hat sie jedenfalls nie wieder gesehen. Nicht einmal, als die Volksmarine abgewickelt und somit auch die Waffenkammer im Kommando aufgelöst wurde. Und damit war die Lösung richtig, denn nachweisbar hat „Brummi" mit dieser Pistole keinerlei Unsinn anstellen können.

Fregattenkapitän a. D. Peter Rath

Zwischenfall im Küstenvorfeld

Es war die Zeit des Kalten Krieges. Weltweit standen sich Menschen, auch Deutsche „feindlich gegenüber“. So auch an deutschen Land- und Seegrenzen, aber vor allem auf hoher See.

Ein Tag im September 1964. Seeausbildung. Südwestliche Ostsee. Der „Teich“ war ruhig, schneeweiße Kumulus-Wolken hingen träge am sonnenüberfluteten Himmel, die Sicht war klar bis zum weiten Horizont. Der Abteilungschef war zufrieden. Er konnte genau beobachten, wie die einzelnen Kommandanten die befohlenen Kurs- und Formationsänderungen ausführten und wenn nötig auch eingreifen.

Ein normaler Ausbildungstörn – wenn da nicht wieder, wie schon so oft vorher, die „andere Seite“ mit unseemännischen Manövern zur Vorsicht gemahnt hätte.

An Steuerbordseite der Boote lief seit geraumer Zeit ein Frachter der Deutschen Seereederei (DSR) auf gleichem Kurs. Die Flaggen wurden gedippt, die Besatzungen winkten sich zu – so wie es immer war.

Von voraus kamen kleine weiße Schaumpunkte auf die Abteilung zu, wurden größer und größer, Schnellboote der anderen deutschen Marine. Sie drehten bei und preschten geradewegs vor den Bug des Frachters. An Oberdeck des Schiffes hasteten Seeleute zum Vorschiff und an die Reling, in den Händen übergroße Fender, eine „gewollte Havarie“ abzumindern bereit – und auf der Brücke war man auch gewiss aufs Äußerste angespannt und bereit, mit Maschinenkraft Kurs und Geschwindigkeit zu ändern …

Es war ein unseemännisches Manöver. Die anpreschenden Schnellboote schlingerten gerade noch an der Bordwand des massigen Frachters längsseits und – drehten ab.

Das Handelsschiff war auch nicht das eigentliche Ziel des provokanten Manövers – zumal die Seeleute an Oberdeck ihrer Wut freien Lauf ließen und mit den Fäusten drohten.

Nein, die Attacke galt eigentlich den Torpedoschnellbooten – und vor allem natürlich – deren Besatzungen.

Nachdem Kommandanten der westdeutschen Marine bereits einige dreiste Havarien provoziert hatten und dabei offensichtlich sogar Schäden an ihren eigenen Booten bewusst in Kauf nahmen, war die Befehlslage in der Volksmarine eindeutig: Nicht provozieren lassen, seemännisch korrekt handeln!

Inzwischen hatten die westdeutschen Schnellboote, Typ Jaguar, in Kiellinie eine weite Schleife gezogen und preschten erneut auf die Formation der ostdeutschen TS-Abteilung zu und schnitten mit hoher Fahrtstufe den Kurs der Boote.

Die Kommandanten waren durch frühere ähnliche Aktionen gewarnt und bereit, rechtzeitig einer drohenden Kollision auszuweichen. Dazu gehörte auch, dass die Waffen auf dem Vor- und Achterdeck jeweils so abgedreht wurden, dass sie nicht auf die „Jaguare" zielten.

Abteilungschef und Kommandanten waren die „großen Aufmacher" in westdeutschen Zeitungen: „Ulbrichts rote Matrosen richten die Waffen auf unsere friedlichen Besatzungen!" Damals hatte man noch so reagiert, wie es nun einmal jedes Kriegsschiff bei einer vermeintlich feindseligen Annäherung eines fremden Fahrzeuges tun muss: Abwehrbereitschaft herstellen.

Und dann wiederholte sich, was schon so oft inszeniert wurde. Die westdeutschen Boote schwenkten auf Parallelkurs ein und liefen möglichst dicht neben der Volksmarine-Formation her. Und bald waren da auch „freundliche Grüße" zu hören und es wurden Zigaretten, Schokolade und Bier angeboten, auch Pornohefte in Richtung der ostdeutschen Mariner geworfen. Und alles endete damit, dass Jakobsleitern außenbords gehängt wurden und danach herübergerufen wurde: „Sind Landgänger an Bord für Kiel oder Lübeck?"

Und je weniger die Besatzungen darauf reagierten, etwa nicht hinüberschauten, sondern unberührt ihren Aufgaben nachgingen, umso unflätiger fielen die „Grüße und Wünsche aus dem Westen" aus. Der Abteilungschef hatte sich das Treiben längere Zeit angesehen. Dann befahl er seinen Kommandanten: „Kurs beibehalten, volle Kraft voraus!" Und das nicht ohne Hintergedanken.

Wie erwartet, legten auch die Kommandanten der westdeutschen Schnellboote die Hebel auf volle Fahrt voraus. Als sie mit hohen Bugwellen und lang gezogenen Schraubenwassern wieder auf gleiche Höhe aufgeschlossen hatten, ließ der Abteilungschef seine Stabsoffiziere und das Brückenpersonal zu sich kommen. Kurze Anweisung, dann veranstalteten sie von der Brücke und vom Bug des Führerbootes eine scheinbare Hektik. Sie zeigten in Vorausrichtung des westdeutschen Führungsbootes und fuchtelten aufgeregt mit den Armen. Gleichzeitig rief der Bootsmann (ein Mann mit kraftvoller Stimme) eindringlich hinüber: „Wahrschau! Bohlen voraus, wahr-schau, Bohlen voraus!"

Auf der Brücke und an Oberdeck des westdeutschen Führungsbootes setzte Bewegung ein. Alle Augen starrten nach vorn. Ein Aufprall des schnellen Kielbootes bei dieser hohen Fahrtstufe auf einen Balken oder Baumstamm hätte zu einer schwersten Havarie geführt.

Und so kam es, wie es vom Abteilungschef erwartet wurde, der Bundesmarine-Kommandant ließ die Maschinen vorsichtshalber stoppen. Die Boote dahinter konnten gerade noch nach Steuerbord ausscheren, einige rasten gefährlich nahe auf das Heck des vorderen Bootes zu. Für Minuten herrschte ein großes Durcheinander.

Unverändert setzte inzwischen die TS-Abteilung ihren Kurs fort. Auf den Gesichtern der Besatzungen leuchtete etwas Schadenfreude und anerkennende Blicke gingen zur Brücke. Der Abteilungschef sah, zugegebenermaßen auch erleichtert, wie sich die westdeutschen Boote achteraus sammelten und dann in Formation abliefen.

Er atmete die frische Seeluft tief ein, und wandte sich über UKW-Sprechfunk an seine Kommandanten: „Das musste einfach mal sein … aber, das mir das ja nicht zur Regel wird!"

Maat a. D. Burkhard Koch

Ferienwelle einmal anders

Ende der 1950er Jahre war die Zeit des Rock and Roll, und der hatte auch die Jugend in der DDR voll erfasst. Wenn einer in der Marine damals die Möglichkeit hatte, diese Musik ungestört zu hören, dann waren es die Funker, heimlich, still und leise im Funkschapp.

Da gab es ja den damals sehr beliebten Sender Radio Luxemburg, und der sendete im Mittelgrenzwellenbereich ca. 1500 KHz und im 49 Meter-Band ca. 6000 KHz.

Wie es der Zufall wollte, sendete auch die Ferienwelle Rostock im Mittelgrenzwellenbereich.

Eines Tages, wir lagen mit unserem Boot vor der Insel Usedom vor Anker und sahen neidvoll die Urlauber am Strand liegen, kamen wir auf eine tolle Idee. Wir legten den Sender Radio Luxemburg auf die Frequenz von der Ferienwelle Rostock und übertrugen auf diesem Sender die gerade laufende Musik von Radio Luxemburg.

Wir sahen ja, dass viele Urlauber mit ihren Stern-Kofferradios in den Strandkörben lagen.

Für eine verschwindend kurze Zeit hörten sie nun „Westmusik"! Dann, nach einer kleinen Sendepause, sagten wir durch unser Mikrophon: „Schalten sie sofort ihr Radio aus, sie sind erkannt!" Nach dieser Aktion, die bestimmt ihre Wirkung nicht verfehlt hatte, veränderten wir sofort die Frequenzen unserer Sende-Empfangs-Anlage, um nicht selbst von der Funküberwachung angepeilt zu werden. Natürlich haben wir uns über diesen Streich diebisch gefreut, doch wären wir mit solchem Scherz mit Sicherheit vor dem Militärstaatsanwalt gelandet, wenn das damals ans Tageslicht gekommen wäre.

Eine andere Kuriosität war folgende: Auch an Land konnten die Marinefunker Seltsames erleben, zum Beispiel bei der Nachrichtenbetriebsabteilung (NBA). Sie war für die nachrichtentechnische Sicherstellung des Kommandos der Volksmarine in Gehldorf verantwortlich. Stationiert waren diese Einheiten mit ihrem Fahrzeugpark in der alten Kaserne Rostock, Ulmenstraße.

Bei Übungseinsätzen oder Manövern rückten diese Truppen in die Botanik rings um Rostock aus. Einmal baute die NBA im Wald bei Schwarzenpfost ihre schweren Funkwagen auf: Lkw vom Typ G 5, SIL und SIS. Sie wurden bis zur Hälfte in den Sand eingegraben und mit Tarnnetzen versehen, um so jeder Feindeinsicht verborgen zu bleiben.

Die Fahrzeuge mit der damals noch sehr geheimen Sendeanlage R 118 hatten als Richtungsblinker an den Führerhäusern noch Winker, die auf elektromagnetischer Basis arbeiteten. Die Fahrzeuge selbst waren so geheim, dass beim Verlassen der Funkkabine jedes Mal im Innern das Licht ausging. So sollte jedem Fremden in der Dunkelheit sowohl der Standort des Fahrzeugs als auch ein Blick in das Innere verwehrt werden. Wie man erkennt, an alles hatte man gedacht. Nicht aber an die Winker. Diese klappten nämlich jedes Mal, wenn aus dem Funkwagen gesendet wurde, heftig winkend heraus und leuchteten hellrot weit in die Nacht hinein. Der Grund war schnell gefunden. Durch die Hochfrequenz des Senders wurden die Spulen in den Winkern elektrisch erregt und so leuchteten sie auf und verrichteten ihre Aufgabe – nur eben zum falschen Zeitpunkt.

Was tun? Abhilfe schaffte man, indem die Winker an ihre Gehäuse festgebunden wurden. Dadurch wurde das Leuchten zwar etwas vermindert, doch war es auch weiterhin noch deutlich sichtbar. Ein Abbau der Winker war nicht möglich, da sie für die Rückfahrt wieder als Richtungsanzeiger benötigt wurden. Und ohnehin waren sie für die Verkehrssicherheit unerlässlich.

Fregattenkapitän a. D. Dieter Sperling

Die Vertreibung der „Oste"

Im Jahr 1989 gründete ich zusammen mit mehreren ehemaligen Marineoffizieren ein Touristikunternehmen, das sich mit Hafenrundfahrten und Meeresangeln beschäftigte. Da war es üblich, dass wir mit gleichartigen Unternehmen aus Schleswig-Holstein zusammentrafen und gemeinsam auf Dorsch oder Hering gingen. Man lag Bord an Bord und besuchte sich gegenseitig. So kam regelmäßig auch die „Alte Liebe" aus Heiligenhafen nach Rostock, ein wunderschöner Angelkutter. Oder wir trafen uns vor der dänischen Küste, im Großen Belt oder im Öresund. Ich freundete mich mit dem Kapitän und Eigner des Kutters an und wir fanden schnell eine gemeinsame Antenne – nicht zuletzt wegen unserer gleichen Vornamen. Trafen unsere Schiffe zusammen, hieß es bald in den Anglerkreisen: „Aha, da kommen Dieter und Dieter."

So kam es dann auch, dass wir voneinander gern wissen wollten, was der andere Dieter in seinem früheren Leben so getrieben hatte. Es stellte sich heraus, dass wir beide bei der Marine gedient hatten und beide mit dem Dienstgrad Fregattenkapitän im gleichen Jahr den Dienst quittiert hatten – der eine bei der Volks- der andere bei der Bundesmarine. „Und was war Deine Aufgabe bei der Marine?" Nun konnten wir ja alles offenlegen, ohne in den Verdacht zu kommen, militärische Geheimnisse zu verraten. Es stellte sich heraus, dass der andere Dieter u. a. Kommandant der „Oste" war.

Die „Oste" war eines der damaligen Aufklärungsschiffe der Bundesmarine und wurde wegen ihres hellen Anstriches auch „Weißer Schwan der Ostsee" genannt und das auch noch im Jahr 1969, als ich Stabschef der Küstenschutzschiff-Abteilung wurde. In unserer Ereignistafel kann man unter dem Jahr 1969 u. a. lesen: „In der 4. Flottille erfolgt eine Inspektion durch das Ministerium für Nationale Verteidigung. Dabei wird auch die Küstenschutzschiffsabteilung (KSSA) überprüft."

Die Inspektion lief im üblichen Rahmen ab. Es erfolgten Normenüberprüfungen an Land, so im Sport, im Schutz vor Massenvernichtungsmitteln und in der Spezialausbildung. Auch der Politunterricht wurde begutachtet. Schießübungen mit Handfeuerwaffen waren abzulegen. Die Offiziere wurden in der taktischen Ausbildung überprüft. Um es kurz zu machen, die KSS-Abteilung hatte alle Klippen umschifft und lag gut im Rennen. Die Note 2 war angepeilt. Nun ging es darum, bei den Überprüfungen in See unter Beweis zu stellen, dass wir unser Handwerk beherrschten. Unter Führung des Chefs der Abteilung, Hermann Strecker, liefen die Schiffe „Ernst Thälmann", „Karl Marx" und „Friedrich Engels" mit dem eingestiegenen Stab aus. Alles lief wie am Schnürchen. Die Aufgaben der U-Boot-Jagd waren bereits erfüllt. Höhepunkt sollte das Verbandsschießen auf See- und Luftziele sein. Für das Seezielschießen war das Übungsgebiet nördlich von Rügen vorgesehen. Ein Schlepper mit zwei Scheiben lag bereits auf Position.

Die Schiffe nahmen Kiellinie ein und liefen zur Ausgangsposition. Gefechtsbereitschaftsstufe I. Alle Gefechtsstationen waren besetzt, die Geschütze geladen. Die elektronischen Anlagen hatten das Ziel aufgefasst. Da tauchte zwischen dem Verband und dem Schlepper die „Oste" auf. Signal „Nordpolhalb", das hieß Unterbrechung des Schießens. Die „Oste" hielt sich beharrlich ziemlich nahe an Steuerbordseite auf Parallelkurs. Das führte schließlich zum Abbruch der Aufgabe. Der Schlepper wurde zurück zur Ausgangsposition befohlen. Neuer Anlauf, das gleiche Spielchen – „Oste" auf Parallelkurs. Was tun? Da kam mir eine Idee. Der Wind stand günstig in Richtung der „Oste". Sollte der Aufklärer beim nächsten Anlauf wieder so nahe Parallelkurs laufen, könnte man ihn durch „Einnebeln" vielleicht vertreiben. So geschah es dann auch. Befehl an die taktische Nummer 3: „Turbogebläse der Kessel herausnehmen."

Fritz Naumann, der dort als Kommandant fuhr, wollte das nicht glauben. Rauchloses Fahren gehörte zur Seemannsehre und eine Rauchfahne galt als Schande für jeden Kommandanten. Erst nach Wiederholung des Befehls ließ sich Fritz dazu hinreißen, ihn zu befolgen und war wenig später begeistert von dem Erfolg. Schwarzer Qualm trieb in Richtung „Oste".

Befand sich zu Beginn des Manövers ein Teil der Besatzung des Aufklärers noch an Oberdeck, war der nach dem Auftauchen des Schiffes aus der Qualmwolke verschwunden. Nach achteraus wäre klüger gewesen, denn nun war unsere taktische Nummer 2 an der Reihe und reagierte sofort ohne besonderen Qualm-Befehl. Als der „Weiße Schwan der Ostsee" jetzt auftauchte, war vom Weiß nicht mehr viel zu sehen. Mit voller Fahrt versuchte die „Oste" aus dem Gefahrensektor zu entkommen. Nun folgte die nächste Überraschung.

Befehl: „Wendung zugleich nach Backbord um 90 Grad! Klar zum Luftzielschießen!" Nach Ausführung des Manövers wurde die Leuchtrakete gestartet und die 37-mm-Flakwaffen hämmerten auf den aufgehenden Leuchtfallschirm los. Die „Oste" lag zwar nicht mehr im gefährlichen Sektor, aber immerhin noch achteraus. Das reichte denen. Jetzt hatte man endgültig genug von der KSS-Abteilung. Die „Oste" drehte ab und lief in Richtung Heimat, ziemlich verölt und wohl auch ohne brauchbare Ergebnisse.

Nun konnten wir in aller Ruhe das Seezielschießen in Angriff nehmen. Es wurde ein voller Erfolg, die Scheibe völlig zerlegt. Die Seeausbildung wurde mit „sehr gut" bewertet. Das brachte der Abteilung insgesamt die Abschlussnote „gut" ein und trug auch zum guten Gesamtergebnis der Flottille bei.

Und nun zurück zum anderen Dieter. Er war nämlich damals Kommandant der „Oste" gewesen und konnte sich noch gut an diese Episode erinnern. Sein Kommentar nach so vielen Jahren: „Ihr wart das? Alle Achtung! War intelligent gemacht." Er erzählte noch, dass die Besatzung nach dem Einlaufen in ihren Heimathafen versucht hatte, das Schiff mit Schrubbern, Tweideln und allerlei Reinigungsmitteln von dem schwarzen, klebrigen Belag zu befreien und die weiße Farbe wieder zum Glänzen zu bringen. Es half alles nichts. Selbst „Meister Propper" stieß an seine Grenzen. Schließlich erhielt die „Oste" einen marinegrauen Anstrich, vom Marinekommando in Glücksburg als „Tarnmaßnahme" kaschiert.

Kapitän zur See a. D. Manfred Kretschmar

100-mm-Beschuss

Es war irgendwann nach Indienststellung des 3. und 4. Küstenschutzschiffes. Um Aufwand (Schlepper mit Scheibe) zu sparen, war damals noch das Schießen mit verlegtem Treffpunkt erlaubt. Dabei fasste das schießende Schiff ein anderes KSS auf, der volle horizontale Richtwinkel wurde aber im Rechengerät mit einer Verbesserung versehen, so dass die Salven in sicherer Entfernung genau im Kielwasser des anderen Schiffes einschlugen. Zumindest sollten sie es. Auf dem „beschossenen" Schiff kontrollierten Beobachtungsgruppen die Ablagen nach Seite und Entfernung. Damit war dann auch eine Auswertung der Genauigkeit des Schießens möglich.

Mein Schiff lief also mit Westkurs und südlich davon lief Schiff 4 auf Parallelkurs und bereitete sich auf das Schießen vor. Bereitschaftsstufe 1 auf beiden Schiffen, Besatzung an Oberdeck unter Stahlhelm, Seegebiet frei, Nordpol vor, Feuererlaubnis. Eine Orientierungssalve schlug irgendwo im „Gelände" ein. Es folgten zwei Einschießsalven mit Tempo 10. Plötzlich ein Jaulen über dem Hauptbefehlsstand. Die Salve sauste zwischen Brücke und Mast hindurch und schlug an Backbordseite ein. Die Salve lag deckend, aber leider nicht da, wo sie eigentlich sollte. Nach dem ersten Schreck sprang ich zum UKW-Gerät. „Halt!" – das Signal zur Unterbrechung des Schießens. Das nutzte aber wenig, da die zweite Salve sich bereits in der Luft befand. Das grässliche Jaulen wiederholte sich und jetzt lagen die Einschläge dicht hinter dem Schiff. Zu dicht! Jetzt erst konnte das „Halt!" zur Wirkung kommen. Die „4" brach das Schießen ab. Dass die Brückenbesatzung während des Beschusses hinter der dünnen Blechverkleidung in Deckung gelegen haben soll, weise ich als Übertreibung zurück.

Der Ladeschütze hatte an Bord eines Küstenschutzschiffes einen der körperlich schwersten Jobs.

„Salve-Feuer“– Seezielschießen der 100-mm-Geschütze eines Küstenschutzschiffes

Kapitän zur See a. D. Hans Steike

Duschen mit Hilde

Wer jetzt eine erotische Dusch-Party mit einer griffigen, langhaarigen, blonden und vollbusigen Seemanns-Braut erwartet, wird enttäuscht sein. „Hilde“ war nur der liebevolle Spitzname für den Hilfskessel. Hilde wurde hoch geachtet, denn im Stützpunkt war sie lebensnotwendig. Im Winter beheizte sie Kammern, Decks und Betriebsräume. Täglich sorgte sie für Wirtschaftsdampf in der Kombüse, somit für das Wohl der Besatzung, und warmes Duschen wäre ohne Hilde auch unmöglich gewesen.

Das Offiziers-Deck verfügte über eine eigene Dusche, gleich neben Kammer 7. Nun darf man sich diese Dusche nicht vorstellen wie ein häusliches Brausebad. Durch einen kleinen, hermetisch verschließbaren, blechverkleideten Raum liefen viele verschieden starke Rohre. Nicht alle waren für das Duschen bestimmt. An den Rohren befanden sich eine Menge Ventile und Drei-Wege-Hähne, auch nicht alle für das Duschen gedacht. Für die Körperpflege kam es nun darauf an, die richtigen Ventile zu finden und diese in richtiger Reihenfolge und Dosierung zu bedienen.

Als Neuling verließ man die Dusche selten zufrieden. Entweder man hatte in dem Ventil-Wirrwarr schon vorher entnervt aufgegeben oder beendete die Körperpflege knallrot – abgebrüht wie ein Schlachtschwein – oder bibbernd wegen des nur kalten Wassers. Aber selbst wenn man die Technik beherrschte, blieben Überraschungen nicht aus. Der Weg von Hilde zum Offiziers-Deck war lang, der Dampf verschluckte sich manchmal, blieb irgendwo stecken oder wurde umgeleitet. Wer dann das Dampfventil weiter öffnete, konnte eine böse Pleite erleben. Der plötzlich wieder in den Duschkopf schießende Dampf machte das Wasser kochend heiß und verwandelte den Raum innerhalb von Sekunden in eine Dampfsauna. Nun war gar kein Ventil mehr zu erkennen. Am sichersten war, sofort alle Ventile zu schließen, wenn der Dampf wegblieb und die Dusche neu einzuregeln, wenn lautes Knacken in der Dampfleitung die Rückkehr dieses Mediums anzeigte. Das Schlimme aber war, dass man aus dem Dusch-Raum heraus keinerlei BÜ-Möglichkeit zur Hilde oder zum Maschinenabschnitt hatte. BÜ war die Abkürzung für Befehls-Übermittlung. Man war den Ereignissen hilflos ausgeliefert.

Nicht so der neue Kommandant „Kurrrtchen Urrrmoneit“. An seinem rollenden R war unschwer der Ostpreuße zu erkennen. Nachdem Kurtchen einige Male mit den Tücken des Objektes Bekanntschaft gemacht hatte, griff er zu einer drastischen Maßnahme. Er befahl dem Leitenden Ingenieur die Bildung einer BÜ-Kette, bestehend aus dem Zweiten Wachoffizier (II. WI), Pumpenmeister und Pumpenmaat. Das ging dann so:

Kommandant zum II. WI, der vor dem Duschraum stand: „Kein Dampf!“

II. WI (vorsichtig): „Genosse Kapitänleutnant, haben Sie rechts oben das Ventil …?“

„Vorrrsicht, Unterleutnant, ich bin doch nicht blöd!“ Und dann unwirsch: „Soforrrt Dampf durrrchschalten!“

Der II. WI spritzte zum Niedergang, wo der Pumpenmeister postiert war: „Sofort Dampf durchschalten!“

Der Meister spurtete in den Seitengang und gab den Befehl in Richtung des achtern stehenden Pumpenmaaten weiter. Der verschwand in den Aufbauten. So ging das einige Male während einer Reinigung und wiederholte sich bei jedem Duschwunsch des Kommandanten. Dem II. WI traten schon Schweißtröpfchen auf die Stirn, wenn der Leitende Ingenieur auch nur andeutete, dass der Kommandant heute wohl wieder duschen würde.

Eines Tages dann war dieser Aufwand nicht mehr nötig. Alle relevanten Ventile und Hebel im Duschraum waren sorgsam mit verschiedenen Farben gekennzeichnet worden. Eine vor Spritzwasser und Dampf geschützte Instruktion hing an der Wand, unterteilt in drei Abschnitte: Ventilstellung bei Duschvorbereitung, Ventilbedienung während des Duschens, Ventilstellung nach dem Duschen. Kurtchen grinste zufrieden. Mehr hatte er mit seiner drastischen Maßnahme gar nicht bezweckt. Manchmal muss man die Menschen eben zu ihrem Glück zwingen. Das gilt auch für Ingenieur-Offiziere.

Oberfähnrich a. D. Frömmel und
Stabsobermeister a. D. Gerhard Ernst

Wie wir Tastfunker formten

Jedes Jahr wurden an der Flottenschule junge Matrosen für die Funklaufbahn ausgewählt. Sie wurden kommissioniert, so nannten wir das Verfahren. Aber es war damit keineswegs sicher, dass die Jungs auch das Ziel des sechsmonatigen Lehrgangs schafften. Ungefähr 15 Prozent der Neuen, mitunter auch mehr, schafften die notwendige Geschwindigkeit beim Geben und Hören von Funksignalen nicht. Und das waren immerhin 60 Morsezeichen pro Minute. Doch es war auch bekannt, dass überall, wo Funker ausgebildet wurden, ein natürlicher Schwund zu verzeichnen war – bei der Hochseefischerei, der

Seereederei, der NVA-Nachrichtentruppe. Damit fand man sich ab. Das ließ uns an der Flottenschule aber einfach keine Ruhe. Es war einfach nicht zu vertreten, dass da viel Zeit und Kraft in eine Ausbildung gesteckt wurde, die am Ende nicht das erhoffte Ergebnis erzielte. So setzten sich damals einige Funkausbilder zusammen und dachten über Veränderungen nach. Mit dabei waren Kapitänleutnant Ludwig, die Stabsoberfunkmeister Ernst und Frömmel, Kapitänleutnant Budwig und Oberfunkmeister Sauckel. Sie bildeten ein Rationalisatorenkollektiv, wie sie damals in allen Einheiten vorhanden waren.

Noch im Jahre 1961 erreichten etwa 25 Prozent der Lehrgangsteilnehmer nicht das Ausbildungsziel. Woran konnte das nur liegen? Die Form der Eignungsprüfung hielten wir damals noch für richtig. Dagegen hatten wir unsere herkömmliche Unterrichtsmethode im Hören als eine der Ursachen für die schlechten Hörleistungen vieler Funkschüler ermittelt. Bei dieser Ausbildung saß der Ausbilder vor der Lehrklasse an einem Polygon und gab die Funksignale mit seiner Taste selbst. Die Schüler schrieben eifrig mit, solange sie folgen konnten. Der Ausbilder war an seinen Platz gebunden und konnte nur in den Pausen auf seine Funkschüler Einfluss nehmen. Also beschafften wir uns zwei Tonbandgeräte und „bespielten" Bänder mit Morsezeichen für das jeweilige Tempo mit Hilfe eines Maschinensenders, den wir an der Seefahrtsschule Wustrow ausfindig gemacht hatten. Diese Tonbänder spielten wir in den Stunden der Hörausbildung ab. Dadurch erreichten wir erst einmal, dass alle Schüler dieselben Morsezeichen hören und sich deren exakte Klangbilder einprägen konnten. Wir kamen damit auch in allen Klassen auf ein gleiches Niveau. Zudem war der Ausbilder während des Unterrichts im Hören nicht mehr an seinen Platz gebunden. Der Erfolg war spürbar. Doch dann die Enttäuschung: Trotz der neuen Ausbildungsmethode fielen noch immer 15 Prozent der Lehrgangsteilnehmer am Ende aus. Und nun gab es auch Tempoprobleme im Geben. Unsere Hoffnung, dass die Schüler mit Hilfe der Tonbänder im Geben besser vorankämen, erfüllte sich leider nicht. Das brachte uns auf die Idee, dass der Funkschüler die Möglichkeit haben muss, die Klangbilder der von ihm getasteten Morsezeichen nicht nur zu hören, sondern auch zu sehen. In mühevoller Arbeit bauten wir einen RFT-Morseübungsschreiber derart um, dass er die Klangbilder der getasteten Morsezeichen einwandfrei im Ondulatorsystem schrieb. Danach kamen wir nun auch im Geben besser voran.

Und trotzdem hatten wir unser Ziel noch nicht erreicht. Die meisten Matrosen, die den Lehrgang nicht bestanden, waren am Tempo 60 gescheitert. Bei dieser Geschwindigkeit stiegen sie einfach aus. So nahmen wir an, dass die Ursache in der mangelnden Hörveranlagung einzelner junger Männer zu suchen sein müsste. Demnach konnte es schon an der Eignungsprüfung liegen? Hier rutschten uns jährlich also Schüler mit mangelnder Hörveranlagung durch, die später bei Tempo 60 nicht mehr mithalten konnten. Es galt, auch die seit Jahren praktizierte Art der Eignungsprüfung zu überprüfen und vielleicht nun mehr individuelle Tests einzuführen. Doch das schien unmöglich. Also kapitulieren? Andere kamen ja auch nicht weiter.

Aufgeben – das kam nicht in Frage. Wir überlegten, ob es vielleicht medizinisch möglich wäre, die Hörveranlagung eines Kursanten festzustellen, und gingen zu unserem Flottenarzt. Heute lächeln wir darüber. Damals hätten wir die verrücktesten Dinge ausprobiert, wären wir dadurch einen Schritt weiter gekommen. Für den Arzt war das natürlich ein interessantes Problem. Aber auch er konnte uns nicht weiterhelfen. Organisch lässt sich so etwas nicht feststellten, sagte er uns bedauernd. Wir waren damit auf dem falschen „Dampfer".

Doch wir fünf vom Rationalisatorenkollektiv Funk suchten unverdrossen weiter. Nachdem wir die Form der Eignungsprüfung der vergangenen Jahre eingehend untersucht hatten, stellten wir schließlich fest, dass individuell verschieden geprüft wurde. Viel hing vom Urteilsvermögen des Prüfenden ab, von dessen Erfahrungen und seiner Psyche. Vor allem aber wurde die Hörveranlagung der Schüler bei Tempo 20 und 30 eingeschätzt. Es fiel uns wie Schuppen von den Augen; hier lag der Hund begraben! Die Mehrzahl der ausgeschiedenen Funkschüler stolperte dann erst bei Tempo 60. In weniger schnellen Tempi hielten sie noch mit. Jetzt waren wir auf dem richtigen Kurs. Wir stellten uns die Aufgabe, eine Testmethode zu erarbeiten, die alle angeführten Fehlerquellen ausschließen sollte. Diese Methode reichten wir dann als Verbesserungsvorschlag ein. Das Ergebnis kann man wie folgt zusammenfassen:

Um die Individualität der Eignungsprüfung auszuschalten, benutzten wir nur Tonbänder. Damit die Zufälligkeit des Urteils der Prüfenden ausgeschaltet wird und um zu gewährleisten, dass alle zu prüfenden jungen Männer die gleichen Forderungen zu erfüllen hatten, legten wir Normen fest. Da sich jeder Mensch für einige Sekunden stark konzentrieren und demnach auch kurzzeitig Morsezeichen auffassen kann, kamen wir überein, dass von den zu Prüfenden mindestens 30 Morsezeichen gehört werden müssen. Die Morsezeichen wurden im Tempo 60 abgespielt. Dadurch wurde vermieden, dass der zu Prüfende die einzelnen Bestandteile der Morsezeichen zählen konnte. Damit war die Aufgabe gelöst.

In der Praxis hatte sich die neue Methode bestens bewährt, mehr noch – dieser Verbesserungsvorschlag war nun auch bei der Deutschen Lufthansa, der Deutschen Seereederei so wertvoll wie für die Ausbildung aller Funker in der Nationalen Volksarmee. Schließlich profitierte auch die Gesellschaft für Sport und Technik davon, die die neue Methode in ihrer vormilitärischen

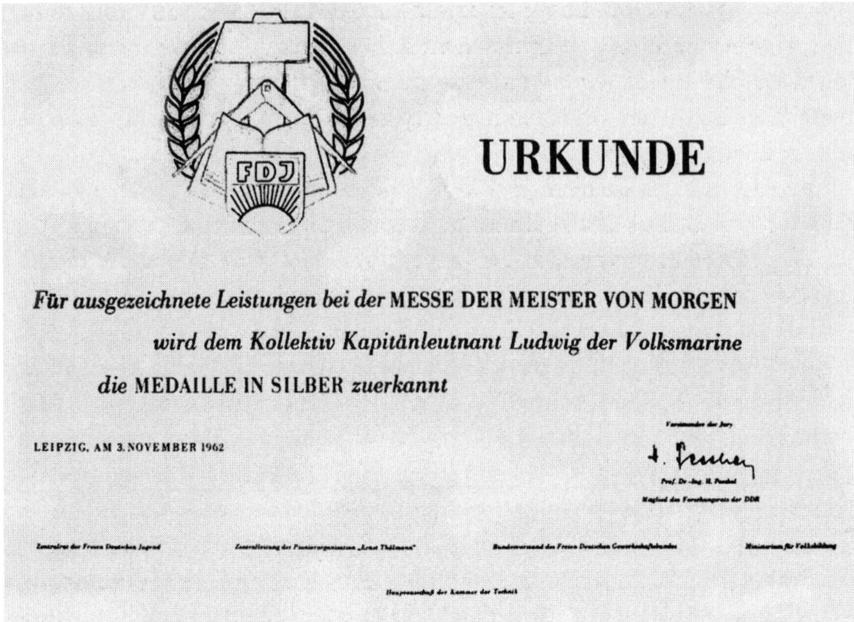

URKUNDE

Für ausgezeichnete Leistungen bei der MESSE DER MEISTER VON MORGEN *wird dem Kollektiv Kapitänleutnant Ludwig der Volksmarine die* MEDAILLE IN SILBER *zuerkannt*

LEIPZIG, AM 3. NOVEMBER 1962

Urkunde der Messe der Meister von Morgen (MMM) für die Funkausbilder der Flottenschule

Ausbildung von Funkspezialisten verwenden konnte. Das brachte dann wiederum Vorteile für die Flottenschule, denn nun kamen Matrosenschüler, die schon eine gewisse Grundlage im Tastfunken mitbrachten.

Der Clou der Sache war, dass der amtierende Chef der Volksmarine, Konteradmiral Heinz Neukirchen, die Methode wie Sauerbier den anderen Flotten des Warschauer Vertrages anpries und diese unsere Methode ebenfalls erfolgreich angewandt haben.

Nachdem wir nun diese Sache „gepackt“ hatten, wartete bereits eine neue Aufgabe auf uns. Bei dem Einsatz der Funker an Bord stellte sich heraus, dass sie anfangs mit den atmosphärischen Störungen sehr zu kämpfen hatten. Sie waren bei ihrer Ausbildung ja nur den Summerton – ohne jedwede Störung – gewohnt. Jetzt mussten sie die Funksignale auch unter dem Einfluss von atmosphärischen Störungen empfangen und mitschreiben, was ihnen anfangs sehr schwer fiel und was vorübergehend zu einem Leistungsabfall kam. Also machte sich der damalige Stabsoberfunkmeister Simon Frömmel daran, vier Kleinsender mit vier verschiedenen Festfrequenzen zu bauen. Über diese Sender wurden nun Morsezeichen mit vier verschiedenen Geschwindigkeiten gesendet. Die Morsezeichen wurden von vier Tonbandgeräten abgespielt, mittels eines von Stabsobermeister Frömmel entwickelten „Impulstasters“

gleichgerichtet und mit diesen Impulsen die Sender getastet. So konnten nun jeweils auf Anforderung der Empfangszentrale Morsezeichen in vier verschiedenen Geschwindigkeiten gesendet werden, mit dem Empfänger empfangen und auf die Plätze der Hörklassen gelegt werden – mit allen atmosphärischen Störungen.

Heute ist das Tastfunken längst in Vergessenheit geraten. Es wurde von der rasanten technischen Entwicklung blitzschnell überholt. Aber es sollte nicht vergessen werden, was einst in der Seefahrt für solides Können dazu gehörte, ein zuverlässiger Funker an Bord eines Schiffes zu sein.

Fregattenkapitän (Ing.) a. D. Ulrich Mädel

Feuer im Schiff

Turbinenraum-Brand auf KSS 1-61

Als ehemaliger Leitender Ingenieur in der Erstbesatzung des Küstenschutzschiffes 1-61 möchte ich nach 45 zurückliegenden Jahren meine Kenntnisse und Erinnerungen an diese Havarie zu Papier bringen. Damit soll auch bestehenden Legenden und ebenso falschen Angaben in- und ausländischer Literatur begegnet werden.

Zwei kurze Klingelzeichen („dit – dit", als Eselsbrücke leicht zu merken als „es – brennt!") mindestens 15-mal gegeben, das war das Alarmsignal für Feuer im Schiff. Auf dieses Signal hin mussten sofort die Befehlsstände (BS) und Gefechtsstationen (GS) besetzt und alle Räume im Verantwortungsbereich auf Feuer oder Rauchentwicklung kontrolliert werden. Das Personal jeder GS war darauf trainiert, kleinere Brände selbständig mit Feuerlöschern oder – über entsprechende Anschlüsse der in See immer unter Druck stehenden Feuerlöschanlage – mit Seewasser zu löschen. Bei größeren Bränden kamen speziell ausgebildete und mit Atemschutzgeräten ausgerüstete Schiffsicherungs-Gruppen mit effektiveren Löschmitteln wie zum Beispiel Schaum-Ejektoren zum Einsatz. Auf den Küstenschutzschiffen des Projekts 50 waren Munitions- und Maschinenräume durch Berieselungsanlagen geschützt. Zusätzlich konnten Muni-Bunker geflutet werden. Ein Dampffeuerlösch-System sicherte alle Heizöl-Tanks. Als letztes Mittel standen in den Maschinenräumen Gasfeuerlösch-Anlagen zur Verfügung, die allerdings erst eingesetzt werden konnten, nachdem das Personal diese Räume verlassen hatte. Brandbekämpfung für den Ernstfall wurde bei jeder Abschnitts- oder Schiffsgefechtsübung und regelmäßig unter sehr realen Bedingungen im Schiffssicherungs-Kabinett der

Flottille trainiert. Aber auch in Friedenszeiten schlug der Feuerteufel zu, wie die folgenden zwei Beiträge belegen sollen.

Nach turnusmäßiger und erfolgreicher mittlerer Instandsetzung in der Neptunwerft Rostock – die Maschinenräume blitzten vor Sauberkeit, die Anlagen arbeiteten wie am Schnürchen – liefen die Schiffe 1-61 (Kommandant Kapitänleutnant Kurt Hollatz) und 1-62 (Kommandant Oberleutnant zur See Manfred Kretzschmar) am 27. März 1958, einem Donnerstag, von Rostock mit Kurs Heimathafen Sassnitz aus. Beide Schiffe waren noch nicht mit den Kampfsätzen für die Bewaffnung ausgerüstet und nur mit dem halben Brennstoff-Vorrat (ca. 110 t Masut) bebunkert. Bei bis Sturmstärke auffrischendem von Nordnordost auf Ost drehendem Wind baute sich nördlich Rügen ein durcheinanderlaufender hoher Seegang auf, in dem die Schiffe hart zu arbeiten begannen und nach beiden Seiten stark krängten. Auf Grund dieser und der sich weiter verschlechternden Wetterentwicklung kamen beide Kommandanten überein, nördlich Kloster unterhalb der Steilküste von Hiddensee außerhalb der 10-m-Tiefenlinie vor Anker abzuwettern. Wegen der reduzierten Stabilitätswerte wollten sie Schiffe und Besatzungen nicht unnötig durchschaukeln. Bei ansonsten klarem Himmel hielt der immer heftiger wütende Sturm mehrere Tage an. Am 29. März, einem Sonnabend, verließ das Minenleg- und Räumschiff 6-33 seewärts steuernd das Stralsund-Fahrwasser Nord. Nach dem Erkennungssignal-Austausch und der Frage nach dem Zielhafen schlug Oberleutnant zur See Kretzschmar vor, bei den KS-Schiffen zu ankern und nach Wetterbesserung gemeinsam nach Sassnitz abzulaufen. Die lakonische Antwort lautete: „Wir brechen durch!“ Als wir endlich am Montagmorgen bei abflauendem Wind ablaufen konnten, war es höchste Zeit. Auf beiden KS-Schiffen wurden bereits einige nicht voll ausgerüstete Verpflegungskomponenten knapp.

Beim Anlaufen des Sassnitzer Hafens sah unser Oberdeckspersonal mit Betroffenheit und seemännischer Trauer das MLR 6-33 mit starker Krängung an der Steilküste zwischen Mukran und Sassnitz gestrandet liegen. Später sollten wir erfahren, dass nach einem Wassereinbruch über ein leckgeschlagenes Einstiegsluk auf dem MLR die Leonard-Antriebssätze für die Ruderanlage ausgefallen waren. Bei dieser Havarie war auch der Tod des Leitenden Ingenieurs, Unterleutnant Ing. Tauchmann, zu beklagen. Er starb an Unterkühlung, nachdem er sich längere Zeit in der gefluteten Abteilung I am Notruderstand aufgehalten hatte und beim Rettungsversuch sein Schlauchboot gekentert war.

Gegen 9 Uhr machten beide KSS an den zugewiesenen Liegeplätzen 14/15 – die 1-61 als Außenschiff – im Päckchen fest. Am 2. April, einem Mittwoch, wurden 50 Prozent beider Besatzungen bis zum 9. April in den Osterurlaub geschickt. Die operative Verfügbarkeit beider KSS war ab 10. April geplant. Das KSS 1-61, das als erstes zur Ausrüstung vorgesehen war, verholte am 8. April gegen 8 Uhr mit eigener Kraft zur Pier 3. Die Transportmittel der Torpedoregelstelle und des Munitionslagers standen schon zur Torpedoübergabe bereit. Nachdem die Übernahme von zwei Gefechtstorpedos abgeschlossen war und ich den Qualitätspass für das ab 1958 importierte sowjetische Flottenmasut F-20 unterzeichnet hatte, begann gegen 10 Uhr die Bebunkerung. Für Munitions- und Heizöl-Übernahmen war folgendes Betriebsregime vorgeschrieben: Brücke (HBS) besetzt, ein Hauptkessel in Betrieb, der andere unter Betriebsdruck in Bereitschaft, beide Hauptturbinen vorgewärmt und im E-Törn-Betrieb. Die Turbo-Hilfsmaschinen versorgten Kessel und die Hauptturbinen mit allen notwendigen Medien, die Turbo-Generatoren unabhängig von Land das Schiff mit Elektroenergie. Damit war gewährleistet, dass das Schiff innerhalb von zehn Minuten mit eigener Kraft bewegt werden konnte. Der Maschinen-Leitstand (BS/V) war durch den I. Wachingenieur (I.WI), Oberleutnant Ing. Herrmann, besetzt. „Das Masut läuft gut", meldete der Pumpenmeister, Obermeister List, an den BS/V. Es war also alles im Lot und ich meldete mich beim Kommandanten zum Mittagessen auf das Nachbarschiff ab. Eingeladen hatte mich dessen Navigationsoffizier, Oberleutnant zur See Ulrich Korn, Schulkamerad und Lehrlingskollege aus Eberswalde. Es gab Erbsen mit Speck, die mir mehr zusagten als die bei uns an diesem Tage servierten weißen Bohnen. Es war noch nicht aufgebackt und ich unterhielt mich mit dem Kommandanten, Oberleutnant zur See Kretzschmar, als dieser plötzlich darauf aufmerksam machte, dass auf meinem Schiff Dampf abgeblasen wird und schwarzgelbe Rauchwolken aus den Eingängen zu den Maschinenräumen quellen. Er sagte noch: „Mach dich los LI! Da stimmt was nicht. ‚Kuddel' (Spitzname des Kommandanten Kurt Hollatz von 1-61) macht doch um diese Zeit keine Schiffsgefechtsübung." Ich rannte, was ich konnte, die 300-Distanz zu meinem Schiff zurück.

Auf der Pier 3 begegnete ich unserem zum OP-Dienst rasenden Diensthabenden des Schiffes, Leutnant zur See Hoffmann, Navigationsoffizier. „Heizölexplosion im Turbinenraum, mach schnell!", rief er mir zu. An Bord angekommen, meldete mir der I. WI: „Fontänenartiger Heizölausbruch aus dem Peilrohr (Bunker 8) mit Entzündung. Hilfsdiesel und E-Feuerlöschpumpe in Betrieb, Heißdampfzufuhr abgestellt, Kühlung der Schottwände im Kesselraum (Abt. VI) und E-Werk (Abt. IV) angewiesen." Ich besetzte sofort den Reservebefehlsstand des GA-V (RS/V) am Backbord-Zugang des Gebläseraumes an Oberdeck. Dort gab es ein mit Telefon ausgerüstetes Schapp für die Gasfeuerlösch-Anlage. Ich meldete die Übernahme der Brandbekämpfung und meinen Entschluss, die Gasfeuerlöschanlage einzusetzen, dem HBS. Dem I. WI befahl ich, zu prüfen, dass sich kein Personal mehr im Turbinenraum befindet, alle Schotten des Turbinenraumes dicht zu setzen, das E-Gebläse und die E-Törneinrichtung über das E-Werk abzuschalten und beide Schiffsicherungsgruppen zur Kühlung des Oberdecks einzusetzen. Nach Abmeldung dieser Maßnahmen durch den I. WI ließ ich das CO2-Gas in den Turbinenraum einströmen und meldete alle getroffenen Maßnahmen dem HBS. Schon während der Befehls- und Abmeldevorgänge bildeten sich vor meinen Augen über dem Turbinenraum am Flakstand und auf halber Schiffsbreite Backbord um den Torpedo-Rohrsatz verpuffende, qualmende Farbblasen. Von der Backbord-Schiffswand glitt in halber Turbinenraumlänge der graue Anstrich flächenweise in das Hafenwasser und gab den rötlichen Mennige-Grundierungsanstrich frei. Das verführte den aus dem Fenster schauenden OP-Dienst Sassnitz zu der Falschmeldung an das Kommando der Seestreitkräfte (SSK), dass der Schiffskörper mittschiffs bereits glühe.

Wie MG-Schützen mit den Strahlrohren hantierend, kühlte das Personal im Kesselraum und im E-Werk die Schottwände zur brennenden Nachbar-Abteilung. Mit Erfolg! Nach Einströmen des CO2-Gases ließ die Wärmebelastung der Schiffswandungen nach. Ein MLR-Schiff unterstützte 15 Minuten nach Ausbruch des Brandes die Kühlung des Schiffskörpers mit seinen Feuerlösch-Kapazitäten.

Da wir damals nicht über Schaummittel verfügten und auch keine Atemschutz-Kreislaufgeräte an Bord hatten, wurde die Feuerwehr des Fischkombinates angefordert. Durch diese Feuerwehr wurden die sich freiwillig meldenden GA-V-Angehörigen Turbinenmaat Wolfgang Deckert und Pumpengast Obermatrose Wolfgang Fiß mit je einem Atemschutz-Kreislaufgerät (Firma Draeger) ausgerüstet und so gut wie möglich unterwiesen, wobei Obermaat Deckert zugutekam, dass er den Umgang mit solchen Geräten noch aus seiner Bergbau-Tätigkeit kannte. Nach Freigabe des Raumes betraten sie als Ortskundige, gefolgt von zwei Feuerwehr-Männern, gegen 14 Uhr über das Schott vom Gebläseraum aus den Turbinenraum und bekämpften die letzten Schwelbrände in der noch glimmenden und knisternden Wärmeisolation an der Decke und der Backbord-Wand mit Schaumstrahlern. Gegen 14:30 Uhr dann endlich die Meldung: „Brand gelöscht, aber Turbinenraum schwarz wie die Hölle!“ Zur Belüftung des Raumes konnten nun die noch intakten Gebläse wieder zugeschaltet werden. Einige Raumleuchten brannten noch, brachten aber wegen Verrußung keine Leuchtkraft mehr, sodass Notbeleuchtung verlegt werden musste.

Aus den nun folgenden Untersuchungen ließen sich nach den Aussagen des

Personals auch die Ereignisse vor Brandausbruch und bei Heizölaustritt rekapitulieren. Obermatrose Harry Butz als Pumpengast beaufsichtigte die Füllung des Bunkers 8 im Turbinenraum. Der dazu geöffnete Peilstutzen reichte kurz über den Flurboden in der Nähe der Backbord-Kühlwasserpumpe. Seine Handlungen waren auch vom BS/V aus einzusehen. Er meldete seinem Vorgesetzten, dem Pumpenmeister Christian List, dass es Unregelmäßigkeiten beim Füllen des Bunkers gibt. Trotz deutlicher Füllgeräusche könne er trotz mehrmaliger Peilung keinerlei Veränderung des Peilstandes feststellen. Verhängnisvolle Reaktion des Pumpenmeisters: „Das klären wir nachher. Ich gehe erst mal essen."

Eine Meldung an den BS/V unterließ er. Fluchend peilte Obermatrose Butz ohne Füllergebnis weiter. Der I. WI bekam die Hektik des Pumpengastes mit, ließ das Telefon am Leitstand durch Turbinenmaat Ambrosius besetzen, um an Oberdeck nachzuschauen, was mit der Bebunkerung los sei. Er war kaum den Niedergang hoch, da strömte aus dem Peilstutzen Heizöl mit vollem Übergabedruck von ca. 1,5 bis 2 bar fontänenartig und sich zerstäubend bis an die Turbinenraumdecke und entzündete sich sofort an nicht isolierten heißen Ventilen und Aggregat-Teilen. Dieser Vorgang mit sofortiger starker Rauchentwicklung verlief so schlagartig, dass die verplombten Handfeuerlöscher gar nicht mehr eingesetzt werden konnten, sondern sofort der Befehl zum Verlassen des Raumes gegeben werden musste. Mit dem Schrei: „Heizöl-Explosion im Turbinenraum. Heizöl-Übergabeschieber schließen!" stürzte Maat Ambrosius an Oberdeck. Der hier stehende 1.WI ließ über den HBS sofort Feueralarm auslösen. Blitzartig wurde ihm klar, dass mit dem Verlust des Turbinenraumes der Dampfbetrieb der Turbo-Aggregate nicht mehr aufrechterhalten werden kann. Nachdem E-Werk 1 und 2 synchronisiert waren, wurde die Heißdampfzufuhr vom Kesselraum aus abgestellt und im Steuerbord-Kessel „Feuer aus" gemacht. Die schnelle Abschaltung und damit verbundene kurze Eigenaufheizung des Kessels löste sein Sicherheitsventil aus, die Dampfsäule, auf die mich der Kommandant der 1-62 aufmerksam gemacht hatte! Vom Ausbruch des Brandes bis zum Schließen des Übergabeschiebers an Oberdeck verging weit weniger als eine Minute. Solange aber die Heizdampfzufuhr noch nicht abgestellt war, fand im Turbinenraum quasi ein unkontrollierter „Selbstbetrieb" statt. An Oberdeck war über das Entlüftungsrohr kein Heizöl entwichen.

Gegen 16:30 Uhr betrat der Chef des Stabes der SSK das havarierte Schiff. Nicht ganz ohne Grund wurde Konteradmiral Neukirchen im Flottenjargon „Donnergroll" genannt. Ich lernte ihn in unserer Situation von einer ganz anderen Seite kennen. Er befahl Kommandant, mich und stationsgebundenes Personal in den Turbinenraum. Ich rekonstruiere jetzt den Inhalt eines kurzen

Dialoges zwischen Konteradmiral Neukirchen und mir:

Admiral: „Hier ist ja ein immenser Schaden entstanden. LI, was für ein Heizöl haben Sie übernommen?"

LI: „Flottenmasut F-20 aus der SU."

Admiral: „Wo waren Sie bei Brandausbruch?"

LI: „In der O-Messe des Nachbarschiffes."

Admiral: „Wer hatte auf dem BS-V Dienst?"

LI: „Der I. WI, Oberleutnant Ing. Herrmann."

Admiral: „LI, fühlen Sie sich nach diesem Vorfall noch im Besitz aller körperlichen und geistigen Fähigkeiten?"

LI: „Ich denke doch, Genosse Admiral! Bin aber ziemlich erschüttert."

Admiral: „Dann erwarte ich von Ihnen eine exakte Zuarbeit bei der Ermittlung aller Brandursachen auch im Interesse unserer sowjetischen Freunde. Was schätzen Sie im Moment als vermutliche Ursache ein?"

LI: „Eine Verstopfung des Peilrohres als Folge anderer Ursachen."

Admiral: „Wie groß wird der Zeitausfall des Schiffes sein?"

LI: „Ich schätze 5 Monate, Genosse Admiral!"

Admiral: „Genossen, ich danke Ihnen, dass Sie Besatzungsausfälle und den (an alle) Verlust des gesamten Schiffes verhindert haben. Kommandant, sorgen Sie für eine erste Auswertung und eine Würdigung des Schiffssicherungs-Einsatzes Ihrer Besatzung! Ich danke Ihnen."

Weitere, gründlichere Gespräche fanden in der O-Messe statt. Danach wertete der Kommandant die Schiffsicherungs-Handlungen vor der Besatzung aus und belobigte Matrosen, Unteroffiziere und Offiziere für Mut und Einsatzbereitschaft bei der Rettung des Schiffes, darunter auch I. WI und LI.

Um die in den folgenden Untersuchungen aufgedeckte Ursache des Brandes zu verstehen, einige kurze Erklärungen zum Bunkersystem des Schiffes und zum verwendeten Heizöl. Die taktisch-technische Aufgabenstellung hatte von den KSS-Konstrukteuren gefordert, 220 t Heizöl und 10 t Turbinenöl im Schiffskörper unterzubringen. Die Projektanten lösten diese Aufgabe, indem sie von Abteilung I bis Abteilung VII insgesamt 20 Schiffbauzellen (18 für Heizöl und 2 für Turbinenöl) im Doppelboden schufen, wobei – entgegen heutiger Forderungen – die Schiffs-Außenhaut zugleich Bunkerwand war. Diese Vielzahl von Bunkern verhinderte zu Gunsten der Schiffsstabilität große bewegliche

Die „Stoker“ (die Maschinisten) der Steuerbordwache stellten sich für ein Erinnerungsfoto.

Oberflächen. Die Bestände konnten bunkerweise oder in Bunkergruppen innerbetrieblich umgewälzt werden, womit auch Quer- und Längstrimmungen des Schiffes möglich waren. Neben absperrbaren Füll- und Saugleitungen verfügten alle Zellen über an Oberdeck endende, gekrümmte Entlüftungsrohre. Gegenstrom-Verschlusskappen verhinderten das Eindringen von Wasser. Zur Bestandskontrolle, „Peilen“ genannt, hatte jeder Bunker ein mit Schraubverschluss und Gliederstäben ausgerüstetes Peilrohr (NW-60), das mit seiner unteren Öffnung in die tiefste Stelle des Bunkers ragte. Diese Öffnung war so umschlossen, dass beim Füllen des Bunkers die mit Ölgasen angereicherte Luft nur über die Entlüftungsrohre entweichen konnte. Für die Pumpengasten waren diese Peilrohre im Schiffsinneren zugänglich, so auch im Turbinenraum die Peilstellen für drei Heizöl- und zwei Turbinenöl-Bunker.

Nun zum Heizöl: Die projektierte Leistung des Dampfturbinenantriebs war auf die Eigenschaften des sowjetischen Flottenmasuts F-20 berechnet – Heizwert, Flamm- und Zündzeitpunkt, Dichte, Stockpunkt usw. Als das Schiff 1-61 in Dienst gestellt wurde, verfügte der Treib- und Schmierstoffdienst des Kommandos der SSK über in Kesselwagen gelagerte Vorräte eines Braunkohlenteer-Öles aus DDR-Produktion. Seit 1952 wurde dieses dünnflüssige Heizöl für die Flammenrohr-Kessel des Schulschiffes „Ernst Thälmann“ verwendet. Sein Stockpunkt – also die Temperatur, bei der das Öl beginnt, vom flüssigen in den festen Aggregatzustand zu wechseln – lag bei 0 °C. Auch die KSS wurden anfangs mit diesem Heizöl versorgt. Allerdings mussten wir feststellen, dass die Schiffe damit weder die projektierte Höchstgeschwindigkeit noch errechnete Fahrtstrecken erreichten. Die Ursache lag im zu geringeren Heizwert des DDR-Erzeugnisses. Der LI des Schiffes 1-62, Oberleutnant Ing. Ernst Julius, und ich drängten den Flottillen-Ing., Korvettenkapitän Ing. Walter Neugebauer, sich im Kommando für den Import des sowjetischen F-20 stark zu machen. Im Sommer 1957 fuhr uns das Tanklager Sassnitz jedoch Kesselwagen der Österreichischen Bundesbahn mit einem Heizöl vor, das zwar den Heizwert des F-20 besaß, allerdings einen Stockpunkt von 13 °C hatte. Je tiefer also die Temperatur unter diesen Wert fiel, desto mehr verfestigte sich das Öl. Heizöl-Übernahmen gestalteten sich so zu einer Zeremonie! Jeder Waggon musste mindesten zweimal vorgewärmt und damit hin- und herrangiert werden. Selbst bei sommerlichen Temperaturen bekamen wir das Öl nur mit eingeschalteter Bunkerheizung in die Zellen. Wieder drängelten wir, doch endlich das F-20 zu beschaffen, dessen Stockpunkt kurz über 0 °C lag. Man teilte uns mit, dass die jetzige Lieferung nur eine kurzfristige Zwischenlösung sei und dass im Tanklager Dwasieden/Sassnitz mit Hochdruck an einer Bunkeranlage mit Pieranschluss gebaut wird. Tatsächlich konnten wir am bewussten 8. April erstmalig das lang ersehnte Heizöl F-20 direkt an der Pier mit einer Durchlaufmenge von ca. 60 t/h übernehmen.

Zurück zu den Ursachen des Brandes. Zuerst die eigentliche, die physikalische. Vor der Übernahme hatte der Pumpenmeister richtigerweise alle Altbestände in anderen Bunkern zusammengefasst und die nun leeren für die Füllung mit F-20 vorgesehen. Was niemand feststellen konnte: Um die untere Öffnung des Peilrohres des Bunkers 8 hatte sich eine Restmenge des alten Heizöls in fester Form abgelagert und das Peilrohr dicht gesetzt. Im Nachhinein erklärlich, wenn man die unterschiedlichen Stockpunkte und die Hafenwasser- und damit Bunkertemperatur von 11 °C in Betracht zieht. Das alte, sich verfestigende Heizöl konnte mit der neuen dünnflüssigeren Füllung nicht emulgieren. Wegen des deutlich niedrigeren Stockpunktes des F-20 war das Zuschalten der Bunkerheizung nicht notwendig gewesen. Der Bunker galt ja als leer. Der steigende Füllungsstand konnte vom Peilgast nicht festgestellt werden. Schließlich stieg der Druck im sich füllenden Bunker so stark an, dass das F-20 die nicht emulgierte Masse durchbrach und das Übernahme-Masut explosionsartig aus dem Peilrohr in den Turbinenraum schoss, mit allen bereits geschilderten Folgen. Peilungen und Berechnungen ergaben später, dass etwa 0,75 – 0,9 t Masut im Turbinenraum verbrannt sein mussten. Sachlich falsch ist allerdings, ausgehend von der Brandursache von Bunkerverschmutzung zu sprechen. Die in festen Aggregatzustand übergehenden Masutreste sind kein Schmutz!

Zu dieser rein physikalischen Ursache kamen begünstigende Bedingungen durch Nichteinhalten von Verhaltensanforderungen. So muss ich mir selbst den Vorwurf machen, dass ich mit meinen ingenieurtechnischen Kenntnissen Restbestände in den leer gefahrenen Bunkern hätte einkalkulieren müssen. Mit Zuschaltung der Bunkerheizung wären diese Restbestände problemlos mit dem F-20 emulgiert. Dass ich auf dieses Problem nicht gekommen bin und deshalb diese Zuschaltung nicht anwies, muss ich auf meine Kappe nehmen. Solange ich dann noch als LI an Bord gefahren bin, waren die Bunkerheizungen jedenfalls gefragte Systeme.

Grobes Fehlverhalten beim Pumpenmeister – er hätte sofort auf die Meldung des Peilgasten über Unregelmäßigkeiten beim Füllen des Bunkers 8 reagieren müssen. Meldung an den BS/V, Unterbrechung des Füllvorganges für diese Zelle durch einfaches Schließen eines Schiebers und Suche der Ursache für die Unregelmäßigkeit wären die notwendigen Handlungen gewesen. Das hätte die sich allmählich aufbauende Katastrophe im letzten Moment noch verhindert.

Nach Abschluss aller Untersuchungen – leider habe ich den vollständigen Abschlussbericht der Havariekommission nie zu Gesicht bekommen – wurden in der Auswertung des Vorkommnisses mit der Besatzung die umsichtigen und richtigen Schiffsicherungs-Maßnahmen nach Ausbruch des Brandes und das Zusammenspiel HBS – BS/V ausdrücklich gewürdigt. An den praktischen Handlungen lobend hervorgehoben wurden die Bedeutung kurzer, klarer Befehle für die Verkürzung von Reaktionszeiten, die schnelle Befehlsübermittlung, zügige wie präzise Ausführung und Rückmeldung. Am praktischen Beispiel wurde nachdrücklich darauf hingewiesen, wie wichtig es ist, auf jede Unregelmäßigkeit im Schiffsbetrieb sofort zu reagieren.

Ein Auszug des Berichtes betraf mich persönlich: „Durch den Chef der SSK wird der Kommandeur des GA-V, Oberleutnant Ing. Ulrich Mädel, wegen Vernachlässigung der Aufsichtspflicht mit einem „Strengen Verweis" bestraft. Soweit das die von mir nicht beachteten physikalischen Zusammenhänge betraf, geht die Formulierung in Ordnung. Wenn damit auf meine zeitweilige Abwesenheit angespielt wurde, muss ich bemerken, dass der Brand auch bei meiner Anwesenheit ausgebrochen wäre und seine Bekämpfung sowie Auswirkung den gleichen Verlauf genommen hätten.

Es gab auch weitergehende Schlussfolgerungen und Aufgaben für übergeordnete Stäbe. Innerhalb von drei Wochen wurde in Verantwortung des Kommandos der SSK mit allen verfügbaren Dolmetschern und Schreibkräften die russische Original-Borddokumentation ins Deutsche übersetzt und anschließend gedruckt. Diese richtige Maßnahme brachte allerdings für die Bedienung der Technik des Pumpenabschnittes und für den Umgang mit F-20 keine neuen Erkenntnisse. Für beide Schiffe wurden Schaum-Ejektoren und Atemschutz-Kreislaufgeräte beschafft und nachgerüstet. Die sowjetische Seite kritisierte berechtigt die deutschen Experimente mit verschiedenen Heizöl-Typen. Es gab von ihrer Seite keinen Anlass, am Projekt 50 konstruktive Veränderungen vorzunehmen.

Noch im April 1958 nahm ein sowjetischer Ingenieur-Offizier aus der Flottenbasis Baltijsk gemeinsam mit unserem Turbinenabschnitt alle beschädigten Armaturen und Anlagen auf. Im Mai traf ein sowjetisches Hilfsschiff mit mehreren Kisten in Sassnitz ein. Mit der angelieferten Ersatzausrüstung und vorbereiteten Reparaturlisten wurde unser Schiff im Juni in die Neptunwerft überführt. Fassungslos registrierten die Werftarbeiter den Zustand des Turbinenraumes, den sie ja erst vor rund neun Wochen gemeinsam mit der Besatzung funktionstüchtig erprobt und protokollarisch übergeben hatten. Während der Kontrolle der Bunker bestätigte sich auch die Hypothese über die Verstopfung des Peilrohres im Bunker 8. Anfang Dezember war das Schiff wieder klar zur Standerprobung. Mit Unzulänglichkeiten der neu aufgetragenen Wärmeisolierschicht (es bildete sich reichlich Kondenswasser) mussten wir uns abfinden. Erst 1960 wurde dieses Problem mit neu entwickelten Thermo-Isoliermatten endgültig gelöst.

Eine kurze Bemerkung zum Schluss: Entgegen den Angaben in maritimer Literatur, z.B. der englischen Ausgabe „Fregatten und Zerstörer der Welt“, brannte das Schiff 1-61 nicht unmittelbar nach der Indienststellung völlig aus, sondern erlitt nach 15 Monaten Dienstzeit unter DDR-Flagge einen Turbinenraumbrand. Außerdem nannte man fünf in Dienst gestellte Schiffe und nicht vier und zeigte dazu noch die falsche Silhouette. Schon vor 45 Jahren haben westliche Geheimdienste wohl öfters sehr oberflächlich gearbeitet.

Fregattenkapitän a. D. Karl-Heinz Kremkau

Die Jagd auf Ole

Bei der Flottenübung „Taifun" im August 1967, ich war damals der Stabschef der Küstenschutzschiff- Abteilung, haben wir doch tatsächlich einmal einen dänischen Staatsbürger nördlich von Hiddensee „hopp" genommen.

Der Signalmaat meldete zuerst ein Schnellboot, welches sich nicht bestätigte, denn es war ein Speed-Boot bester Bauart. Wenn ein Boot mit einer Geschwindigkeit von ca. 50 Knoten innerhalb der Drei-Meilen Zone seinen Kurs durch einen sich gerade formierenden militärischen Schiffsverband wählt, dann ist nicht Staunen, sondern Handeln angesagt.

Es wurde alles erwogen. Selbst ein eventueller (verdeckter) Schiedsrichter der Volksmarine war im Gespräch.

Das Boot zog alle Ferngläser auf sich. Ein kurzer Mast mit Radarreflektor war abgenommen und wirksam verhüllt. Eine Flagge war nicht auszumachen. Also signalisierten wir: „Stoppen Sie und drehen Sie bei!" Kurze Zeit später hatten wir das Plastikboot längsseits. Aber welche Überraschung – das Boot mit seinem dänischen Eigner und Skipper kam vom „shoppen" aus Stralsund. Den Begriff verwendeten wir damals noch nicht. Der Bootsführer, genannt Ole, hatte sein Boot, ohne die Freibordmarke zu beachten, bis unter das Deck mit Brandy und Zigaretten vollgestopft. Ware für den dänischen Binnenmarkt. Am dortigen Zoll vorbei, versteht sich. Nun hatten wir ihm aber die heimliche Anlandung und den Treff mit einem Kumpan in der Köge-Bucht verdorben. Ole war ganz gesprächig. So sagte er, dass er diese Tour öfter und zwar mit freundlicher Genehmigung der DDR-Behörden absolviere. Er verstand nicht, dass wir ihn mit so einem großen Schiff gestoppt und des Schmuggels bezichtigt hatten. Er betrachtete sich als Händler und Kaufmann, der mit der DDR ordentliche Geschäfte machte. Bei uns herrschte Sprachlosigkeit. Ja, sagte Ole, die Schiffe der KSS Abteilung hätten ihn mit ihrer Größe und perfekten kriegerischen Aussehen eine gewisse Angst eingeflößt.

Hierzu muss ich bemerken, es wurde eine Sammelaufgabe gelöst und die entsprechenden Signale gesetzt. Wir hatten noch eine Kohle drauf gelegt, schafften locker 24 Knoten und hatten absichtlich Dampf abgelassen, sodass er wohl gedacht hatte, die 2. Stufe wäre gezündet worden. So legte er nach Aufforderung am Seefallreep an. Da alle Schiffe und Boote der Volksmarine gerade ihre Ausgangspositionen eingenommen hatten, war er vielleicht davon ausgegangen, wir würden das Gewese nur um seine Person machen.

Ole Olsen kam also an Bord, zeigte seine Papiere und die detaillierte

Rechnung des Duty Free Shops aus dem Hafen Stralsund. Wir überzeugten uns, dass er alles in harten Devisen bezahlt hatte, was in seinem Speedboot verstaut war. Eine Tiefenkontrolle an Bord wurde daraufhin nicht durchgeführt, denn die Devisenkurse und Umrechnungstabellen lagen ja in der Staatsbank in Rostock zur Einsicht aus.

Dann aber stellte sich schnell heraus, dass Ole Olsen nicht unsere Sprache beherrschte. Er äußerte sich nur in Dänisch und Englisch. Nicht einmal unser „Denglisch" konnte er verstehen. Beim Schnelldurchlauf der Besatzungsliste stellte sich heraus, dass Manfred Kretschmar als der oberste Kontrolleur vom Kommando Volksmarine ja bei uns an Bord war. So wurde er um Hilfe gebeten, da wir ja wussten, dass er Englisch parlieren konnte. Wenig später erschien er dann auch am Ort des Geschehens auf dem Achterdeck. Doch auch er stellte schnell fest, dass sein an der Seefahrtsschule Wustrow erlerntes Englisch etwas Anderes war, als das Englisch, welches die Queen, der Herzog von Edinburgh oder auch Robin Hood sprachen. So wurde die weitere Verständigung mit Ole ein Gemisch von Kehllauten und Aerobic-Übungen der Runde, in dessen Mitte der Däne stand.

Die größte Enttäuschung seines bisherigen Lebens aber erlebte der Abteilungs-PV (Politstellvertreter) Winfried Volland. Er verstand nicht, dass die DDR diesen offensichtlichen Schmuggel wollte und unterstützte. Für ihn brach eine Welt zusammen. Schließlich machte auch der Abteilungschef (ACH) Hermann Strecker ein sehr nachdenkliches Gesicht, zündete sich eine weitere F 6 an und wandte sich mit einer militärischen Weisung an mich: „Stabschef, nimm einmal die Sache in die Hand und kläre mit der Grenze (kurz für 6. Grenzbrigade Küste) diesen seltsamen Fall!" Das mache ich im Handumdrehen, dachte ich.

Ich rief über UKW die Leitstelle der 6. GBK Dornbusch an. Auf diese Weise eine Verbindung zum OP-Dienst der Grenzbrigade in Rostock zu bekommen, war aber nicht so einfach. Nach langen Erklärungen und Rücksprachen wies der OP-Dienst an, den Bürger Ole Olsen unverzüglich frei zu geben. Die Frage sei, was uns denn einfalle, solch ehrbaren dänischen Bürger überhaupt einzufangen und festzuhalten.

Winfried Volland schüttelte nun noch mehr seinen Kopf und verstand die Welt nun gar nicht mehr. Wie sollte er auch wissen, dass Schmuggel zu den vielen Geschäften der DDR gehörte und Schalck-Golodkowski kannten wir ja auch nicht.

Befehl war Befehl. Leichtes Schulterzucken, eine Mine des Bedauerns aufgesetzt, gute Fahrt gewünscht (das mit der Handbreit weggelassen) und als besonderen Service noch den Kurs zur Köge-Bucht übermittelt, wurde Ole Olsen in die grenzenlose Freiheit entlassen. Er legte ab. Beide Volvo-Motoren sprangen tief brummend an und mit ca. 50 Knoten entschwand er unseren Blicken.

Kurze Zeit später meldete ein anderer Kommandant eines Küstenschutzschiffes, Lothar Winter, sehr aufgeregt, dass er einen Schmuggler gefangen hätte.

Fragen an Lothar Winter: „Welche Nationalität? Und wie heißt der Mann?"

„Er ist Däne, sein Name ist Ole Olsen und er wäre heute schon auf so einem Schiff gewesen. Dort hätte man Ihn freundlich verabschiedet und ihm eine gute Fahrt nach Dänemark gewünscht."

Ich befahl Lothar, den Mann sofort in Marsch zu setzen.

Nach ein paar Minuten meldete sich der Kommandant mit folgender Hiobsbotschaft:

„Ole will und kann heute nicht mehr nach Dänemark zurück. Erstens sei sein Freund nicht mehr am vorgesehenen geheimen Treff und zweitens müsse er nun tanken!"

Letzterem konnte abgeholfen werden, denn wir hatten ja immer 20 l Benzin an Bord (OZ 78), der für unseren Außenbord-Boxermotor russischer Bauart vorgesehen war. Der Kanister wurde Ole gezeigt. Da dieser aber ein derartiges Typenschild – roter Stern auf dem Zylinderkopf – noch nicht gesehen hatte, ging er das Wagnis, dieses Zeug zu tanken, nicht ein. Nun wollte er nicht mehr selbst fahren, sondern abgeholt werden! Wer konnte ihn abholen? Ich rief wieder den OP-Dienst der 6. Grenzbrigade an und erklärte ihm, dass wir in einer Übung sind und keine Aufgaben der 6. GBK übernehmen können und werden. Unverständnis über unsere Handlungsweise war die sofortige Reaktion. Ich rügte Tonart und Ausdrucksweise und bemerkte zum Schluss, dass wir ihm nicht unterstellt seien.

Ole Olsen wurde dann in die O-Messe gebeten. Karl Bibow, der Politoffizier des Schiffes erhielt die völkerverbindende Aufgabe als Aufsichts- und Begleitperson. Immerhin war ein NATO-Bürger auf einem sozialistischen Kampfschiff. Wir hatten Westkontakt! Bibow musste auch um das leibliche Wohl von Ole besorgt sein. „Extrawürste bekommt er nicht", legte der fest. „Er muss das essen, was unsere Jungs auch essen." Rotwurst und Harzer Käse wurden darauf in der O-Messe serviert. Die maritime Bezeichnung dieses Menüs lasse ich aber weg, denn der Leitende Ingenieur war mein Freund. Ein Boot der Grenze holte unseren ungebetenen Gast schließlich ab. Und der vergaß nicht, sich noch für das ausgezeichnete Essen zu bedanken.

Fregattenkapitän a. D. Karl-Heinz Kremkau

Kampfauftrag Fisch

September 1966 – Besuch der Kampfgruppe des Büros des Ministerrates der DDR auf dem Küstenschutzschiff „Ernst Thälmann". Kampfgruppen-Kommandeur war Genosse Löwe.

Diese Kampfgruppe wurde immer an kritischen Stellen eingesetzt und hat auch die Führung zu schützen. Anlässlich des 5. Jahrestages des Mauerbaus organisierten sie eine Fahrt zur Volksmarine. Ein Fleischdampfer hätte nicht gereicht, eine Kampfgruppe fährt schließlich mit einem Kampfschiff.

Kommandant des KSS war Korvettenkapitän Karl-Heinz Kremkau. Es wurde eine Fahrt mit allen Vorführeffekten – die Klingel kam nicht zur Ruhe. Signaltabelle rauf und runter. Besatzung in Kampfanzug und Gasmaske. Offiziere beantworteten jede Frage, da ohne Maske.

Es wurde auch ein U-Jagd-Angriff gefahren. Höhepunkt: Werfen einer Serie Wasserbomben WB 1. Zehn Stück wurden klar gemacht, wovon sechs eine volle Ladung hatten. Mit großem Getöse rauschten die raus. Die Fontänen stiegen auf. Toll.

Frage an mich: „Kommandant, uns wurde gesagt, wir könnten Fisch mit nach Berlin nehmen …?" Ein Glück, dass man ungefähr wusste, wo der Fisch stand. Tatsächlich: Treffer.

Nach dem U-Jagd-Angriff gab es Fisch ohne Ende. Das Meer glänzte silbrig.

Ich ließ einen Kutter mit den entsprechenden Geräten aussetzen. Der Signalmaat wies aus luftiger Höhe den Kutter ein und so standen nach Ablauf einer Stunde die Kämpfer im Kutter bis an die Waden im Fisch. Alle Angehörigen der Kampfgruppe an Bord waren angesichts des Fischaufkommens außer sich vor Freude.

Ich ließ auch noch das Seefallreep aussetzen. Auch hier standen sie auf dem untersten Podest und versuchten – erst mit bloßen Händen – den Fisch einzufangen – die Berliner. Dann rannten sie umher, um von der Besatzung Geräte zu erhalten, die Fangquote zu erhöhen. Dann das Nonplusultra – Papierkörbe aus den Decks wurden an Bootshaken oder Besen befestigt. Hier konnte ja das Seewasser ablaufen. Mit einer normalen Pütz klappte es nicht.

Diese Männer haben mich durch ihren Einfallsreichtum begeistert, ihre jugendliche Frische, ihre Ausdauer und die Verbissenheit, die sich das Volk der DDR eigentlich vom Ministerrat gewünscht hätte. Die Seefahrt war für sie ein Erlebnis in sonstiger Eintönigkeit des ministeriellen Lebens.

Nachdem die Kameraden auch die schwer bepackten Außenbordkameraden wieder an Bord genommen hatten, begann die Suche nach Transportmöglichkeiten für den Fisch. Ich hatte den Eindruck, dass alle sehr große Familien hatten. Ich verabschiedete sie, als sie im Autobus saßen und wünschte ihnen eine gute Fahrt. Hier roch es noch penetranter als in einer Fischmehlfabrik.

Herzlicher Tumult ohne Worte. Und sie hielten ihr Wort und riefen aus Berlin an. Der Fisch sei ausgezeichnet gewesen.

Es ist erstaunlich, bei mir hatten sie sich offensichtlich nebenbei nach meinen Neigungen und Hobbys erkundigt. Ich bekam nämlich fünf Langspielplatten mit Symphonien und Jazz. Platten die ich schon lange suchte und die zu DDR-Zeiten als Bückware galten.

Stabsmatrose a. D. Helmuth Mack

Matrosenalltag

Wie kam ich eigentlich zur Marine? Als Lehrling auf der Peene-Werft in Wolgast hatte ich auf Schiffen der Volksmarine gearbeitet und fand, zumal als Küstenjunge, das Ganze so interessant, dass ich einmal Seemann werden wollte. In der Hoffnung nach erfolgreicher Absolvierung des Wehrdienstes leichter bei der sozialistisch gepragten (christlichen) Seefahrt zu landen, meldete ich mich deshalb freiwillig für drei Jahre zur Volksmarine und kam so schließlich zu den Küstenschutzschiffen. Nach mehr schlecht als recht durchgestandener Grundausbildung in Stralsund-Dänholm stand ich nun mit gepacktem Seesack an der Stelling und harrte verunsichert und neugierig der Dinge, die da kommen sollten. Und es kam ganz dicke! Unterbringung im Deck 6, das den knapp 50 Matrosen des Maschinenabschnittes vorbehalten war. Die besten Kojen hatten die älteren Semester bereits in Beschlag genommen. Mir blieb nur eine Backskiste, auf der ich allabendlich meine Koje aus- und jeden Morgen wieder einrollen durfte. Tägliche Waschgelegenheit bildete eine überdimensionale Dachrinne, in die mehrere Kaltwasserhähne mündeten. Den „Luxus“ Duschen gab es nur kurzzeitig, wenn die „Hilde“, wie der Hilfskessel an Bord hieß, angefahren wurde. Dabei war Beeilung angesagt. Schließlich wollte jeder ein paar Tropfen heißen Wassers abfassen. Das Entsetzlichste für jeden Anfänger war aber das „asiatische Hockklosett“. Eine trichterförmige Ausnehmung mit Loch in der Mitte, ein Festhaltegriff, eine halbhohe Tür und ein drehbares Ventil zum Nachspülen. Es dauerte seine Zeit, bis man sich daran gewöhnt hatte, sein „Geschäft“ vor den grinsenden Kameraden zu verrichten.

Als Junge von der Waterkant war ich ziemlich überrascht, dass die übergroße Mehrheit der Genossen aus Sachsen war (begann für mich damals schon südlich von Berlin) und wie natürlich diese Sachsen für sich in Anspruch nahmen, die eigentlich größten Seefahrer zu sein. Neckereien zwischen Sachsen und Fischköppen (Küstenbewohner) oder zwischen Oberdecksaffen und Kesselwanzen bzw. Masutochsen (Maschinisten, weil die Kessel mit Masut befeuert wurden) begleiteten mich über die gesamte Dienstzeit. Was wir „Neuen", „Spritzer" oder „Tagesäcke" (Anspielung auf die vielen Tage, die wir noch zu dienen hatten), um nur einige Bezeichnungen für Neuankömmlinge an Bord zu nennen, dann allerdings erlebten, schmiedete uns zusammen und führte zu festen Kameradschaften, die teilweise noch heute Bestand haben.

Es begann mit harmlosen Späßen, wie Poller- und Spantenrichten oder Kielschwein-Füttern. Das war wohl auf allen Marineschiffen üblich. Dazu kamen spezielle „KSS-Traditionen". Beim „Feuerleitstand-Richten" wurde ein zentnerschwerer Schraubenschlüssel, der eigentlich für die Welle gedacht war, über das ganze Schiff bis zur Brücke geschleppt. Dort erfuhr man dann, dass es die verkehrte Größe war. Inzwischen hatten andere Matrosen ihre Schultern schon unter den Feuerleitstand gestemmt und versuchten diesen nach den Anweisungen eines Obermaaten zu richten. Drin wurde unauffällig an irgendwelchen Kurbeln gedreht, so dass sich der Wackeltopp tatsächlich bewegte. Natürlich zu weit. Also Schulter unter die andere Seite und das Ganze zurück! Neue Maschinisten wurden mit der Begründung „Röntgen" zum Labor geführt. Das Labor hatte eine Luke zum Durchreichen von Öl- und Kondensatproben. An diese Luke presste der Neue seinen freien Oberkörper – und bekam eine Pütz kaltes Wasser verabreicht.

Offiziell waren solche Bräuche wohl nicht erwünscht. Aber was will man schon gegen Traditionen ausrichten. Also spielte die Mehrzahl der Vorgesetzten wohl oder übel mit, solange solche Späße im Rahmen blieben. Viel später, mittlerweile war ich selbst ein „Älterer" und um Neues bemüht, hatte ich wohl diesen Rahmen gesprengt. Nachdem auf meine Anweisung nächtlich mehrere Rollen mit Toilettenpapier zwischen Mannschaftsdeck und Kesselraum ab- und wieder aufgewickelt wurden, bekam ich die Quittung. Am nächsten Tag wurde einer meiner beiden Balken – äußeres Zeichen eines stolzen Stabsmatrosen – vom Oberbootsmann auf dem Achterdeck in öffentlicher Zeremonie abgetrennt. Ich war wieder Obermatrose.

Aber nicht nur die Matrosen waren erfinderisch. Während einer Werftliegezeit kamen schlaue Neuerer auf die Idee, im Deck jeweils drei Kojen übereinander ganz seemännisch mit Ketten zu befestigen und diese dann morgens und abends zurren zu lassen. Gute Absicht war, im Deck mehr Platz zu schaffen, beispielsweise auch für einen Fernseher. Aber die Nebenwirkungen! War das eine Freude, nach dem Landgang mit einem kräftigen Ruck die ganze Mannschaft zu wecken. Manch einer ist beim Besteigen der obersten Etage unsanft zu Boden gegangen. Die Ketten machten beim Auspacken jedes Mal ein Geräusch wie das der Gefangenen auf Galeeren. Ich habe dieses Geräusch heute noch im Ohr.

Aber zurück zu den Begrüßungsbräuchen. Gerechterweise muss man zugeben, dass die, die uns anfangs so „liebevoll" empfingen, sich später als diejenigen herausstellten, die uns beharrlich lehrten, wie man sich seemännisch an Bord benimmt und mit welchen Tricks und Kniffen die Technik zu bedienen ist. So stellte sich allmählich auch Kameradschaft ein.

Es war schon abenteuerlich, das Matrosenleben an Bord. Dabei fallen mir nicht zuerst die Höhepunkte wie Manöver, interessante Seefahrten und wichtige Besuche an Bord ein, in deren Vorbereitung und Durchführung viele bemerkenswerte Leistungen vollbracht wurden, aber auch so manche Posse ihre Uraufführung erlebte. Vielmehr sind es die vielen kleinen Begebenheiten im täglichen gemeinsamen Leben auf engstem Raum, an die man sich immer wieder gern erinnert und die beim Zusammentreffen ehemaliger „KSSler" freudig aufgetischt werden.

Und vor allem die Landgänge! Mit dem Blick vom tristen grauen Kahn auf die damalige Skyline von Warnemünde mit dem neu erbauten Hotel Neptun, wissend von der darin tosenden Disko und den wartenden Mädchen, wurden tolle Pläne für Landgänge geschmiedet. Oft zerplatzten diese Träume aber an erfinderischen Landgangs-Musterungen penibler Vorgesetzter, eigener schlechter Dienstdurchführung oder Disziplinlosigkeit. Letztlich erreichten wir aber immer wieder das rettende Ufer. Urlaub und Landgang lassen auch den hartgesottensten Matrosen in der Hand seines Vorgesetzten zu Wachs werden. Dafür dann aber draußen! Teepottbar, Achternstrombar, Schwedt (Ulmenbar) und erst das Mau waren echte Höhepunkte des Matrosendaseins. Was haben wir gefeiert! Nicht wenige von uns, so auch ich, haben in Rostock ihre Liebe für das Leben gefunden. Da sage mir noch einer, die drei Jahre Volksmarine waren umsonst. Allerdings waren die Landgänge gelegentlich so schön, dass man den Heimweg an Bord manchmal zu spät antrat – oder wie es mir einmal ging – gar nicht erst fand. Über die Gründe darüber werde ich hier schweigen, aber wer weiß, was ein „Vulkan" (scharfes Mixgetränk im Mau) für Folgen haben konnte, ist im Bilde. Jedenfalls muss ich noch heute über meinen Arresteinlieferungsschein im liebevoll gepflegten Album meiner Dienstzeit schmunzeln.

Stabsobermeister a. D. Udo Hoppe

Warum Elektriker auf Küstenschutzschiffen nie verhungern konnten

Jeder, der an Bord gefahren ist, weiß, dass Matrosen äußerst erfinderisch sind, wenn es um das Überlisten der Vorgesetzten geht. Bei einem Verpflegungssatz von 4,25 Mark pro Mann und Tag war man als junger Mensch nach den Mahlzeiten oftmals noch hungrig. Darum musste zusätzlich Nahrung beschafft werden. Eine Möglichkeit dazu bot sich, wenn man als Elektriker Wachdienst hatte. Diensthabender E nannte sich dieser 24-Stunden-Dienst im Hafen.

Nun gab es auf dem Küstenschutzschiff Projekt 50 im vorderen Bereich unter dem Deck 1 eine Verpflegungslast mit allerlei leckeren Sachen – z. B. Würste, Käse, Eier, Gemüse und Konserven. Man musste nur reinkommen. Vor der Last lag ein kleiner Raum für Tiefkühlkost und davor der Maschinenraum für das Kühlaggregat mit dem Kompressor und den Leitungen mit der Kühlflüssigkeit. Der Zugang zu diesem ganzen Trakt war verschlossen und den Schlüssel verwaltete der Koch. Nun bestand der Trick zur Nahrungsergänzung darin, ca. eine Stunde bevor der Koch in die Verpflegungslast ging, um die Zutaten für das Mittagessen zu holen, das Kühlaggregat abzuschalten. Dazu brauchte man nur an der Hauptschalttafel 1 im E-Werk den Schalter für das Kühlaggregat in die entsprechende Lage bringen.

Jetzt war nur noch Geduld angesagt. Der Koch ging also in die Verpflegungslast und stellte am fehlenden Geräusch fest, dass der Kompressor des Kühlaggregates für die Tiefkühlkost nicht lief. Ein schneller Kontrollblick zum Thermometer: Temperatur noch im grünen Bereich, aber schon leicht gestiegen. Verderblicher Proviant in Gefahr, durchzuckte es ihn. Folgerichtig kam kurz darauf über die Kommandoanlage des Schiffes die schon ersehnte Aufforderung: „Diensthabender E zur Kombüse." Dieser machte sich dorthin auf den Weg mit einer großen, aber mit ganz wenig Werkzeug gefüllten Tasche. Sie musste ja genügend Raum haben, um die Zusatznahrung darin transportieren zu können. Man begab sich gemeinsam zur Verpflegungslast und der Koch schloss auf. Mit Eifer begann der Elektriker dann die „Reparatur" der Kühlanlage. Das dauerte und dauerte. Der Fehler war einfach nicht zu finden. So lange hatte der Smutje natürlich keine Zeit, denn er musste sich ja um die Zubereitung der Mittagsmahlzeit kümmern. Also sagte er dem Diensthabenden E, er solle ihm den Schlüssel gleich zurückbringen, wenn die Arbeit erledigt sei. Und so konnte der E-Gast dann in aller Ruhe und ungestört seine Werkzeugtasche füllen, die Beute im Deck unterbringen, den Schalter für das

Kühlaggregat an der Hauptschalttafel wieder einschalten und noch einen Kontrollgang zur Kühllast durchführen, um sich davon zu überzeugen, dass die „Reparatur“ erfolgreich abgeschlossen wurde.

Zuletzt konnte er den Schlüssel wieder zur Kombüse bringen und dem Koch mitteilen, dass die Fehlersuche zwar ziemlich schwierig war, aber doch alles zum guten Abschluss gebracht werden konnte und dass die Kühlanlage wieder problemlos arbeitete. Als Dank für die gelungene Reparatur bekam er dann meist noch eine Wurst vom Koch geschenkt.

Korvettenkapitän a. D. Helmut Dähnicke

Seemannsmilch

Beim ersten Flottenbesuch der Baltischen Rotbannerflotte 1962 in Rostock hatte ich Wassilij, den Verbindungsoffizier des sowjetischen Zerstörers, als persönlichen Dank für die gute Zusammenarbeit zu mir nach Hause eingeladen. Nach einem fröhlichen Abend verabschiedete sich der Kapitänleutnant mit der Bemerkung, dass er mich unbedingt zwei Stunden vor dem Auslaufen seines Schiffes noch bei sich an Bord begrüßen möchte. „Zuwinken können wir uns dann immer noch“, sagte er vieldeutig.

Als ich mich am nächsten Tag bei der Stellingswache meldete und erklärte, von wem ich erwartet werde, empfing mich nach dem Seitepfeifen des Stellingsgasten ein Maat an Deck, der mich dann zur Kammer meines Verbindungsoffiziers brachte. Auf der kleinen Back stand bereits ein russisches Frühstück mit allen möglichen Salaten und – zu meiner Erleichterung, der ich mich an die Erzählungen meines Chefs über die „entsetzlichen Saufereien“ bei ähnlichen Gelegenheiten erinnerte – einige Flaschen „Narsan“, kaukasisches Mineralwasser. An der Tür salutierte ein hünenhafter Matrose mit weißen Handschuhen an seinen Pranken. „Lang zu“, forderte Igor mich auf und ich ließ mich nicht lange bitten.

„Als gute Freunde und Seeleute wollen wir zum Abschied noch einen ordentlichen Schluck, ‚Morskoje moloko‘ trinken. Das sichert das Wiedersehen!“, meinte schließlich der Russe.

„Matwej!“, winkte er dem Backschafter zu. Der verschwand und kehrte kurz darauf mit einer Karaffe zurück, in der sich eine rosa Flüssigkeit befand, die mich an die Mixgetränke in der berühmten Berliner Mokka-Milch-Eisbar erinnerte. Der Matrose goss zwei Wassergläser dreiviertel voll und reichte sie uns. „Auf unsere Freundschaft!“ „Na sdorowje“, prostete Wassilij und schüttete den Inhalt seines Glases mit einem Zug in sich hinein. Ich wollte ihm nicht allzu sehr nachstehen und nahm wenigsten einen kräftigen Schluck. Dann blieb mir die Luft weg. Als ich wieder atmen konnte, krächzte ich verzweifelt: „Um Gottes willen, was ist das? Wieso heißt das Seemannsmilch?“ Wassilij grinste und fragte: „Kennst du das nicht? Das ist Gerätespiritus mit Himbeersaft – so um die 80 Prozent, also ein richtiges Seemannsgetränk. Hier an Bord hat nämlich nur der Kommandant Wodka – und alle anderen müssen sich eben zu helfen wissen.“

Später auf der Pier wischte ich mir verstohlen Tränen aus den Augen, als der Zerstörer ablegte. Ich war mir nicht sicher, ob das an dem Abschied von neu gewonnenen Freunden oder noch an den Nachwirkungen der „Seemannsmilch“ lag.

Fregattenkapitän a. D. Karl-Heinz Kremkau

Sturmfahrt

Am 17. und 18. Oktober 1967 gerieten wir mit drei Küstenschutzschiffen während einer Übung in einen Orkan. Es war immerhin der größte Sturm des Jahrhunderts seit 1801. Die Leistungen der drei Besatzungen wurden damals weder ausreichend gewürdigt noch wurde davon gebührend Notiz genommen. Ich bin heute noch stolz auf unsere großartige seemännische Leistung. Heute kann ich anmerken, dass die politischen Aktivitäten stets höher bewertet wurden als die fachlichen.

Zur Ausgangssituation. Hermann Strecker, unser etatmäßiger Abteilungschef, hatte Urlaub. Der durchzuführende U-Jagd-Abschnitt stand unter meiner Leitung. Er war wie stets gut vorbereitet, die Technik war einsatzklar und wir gut ausgerüstet. Ein Arzt und Mechaniker waren zusätzlich eingestiegen. Mit Filmen waren wir auch gut ausgerüstet. Den Streifen „Der Mann mit dem Gewehr“ brauchten wir nicht mitnehmen, da war die Perforation ausgeleiert.

Der Kommandant des Schiffes 124, Korvettenkapitän Kurt Urmoneit, war schon abgestiegen und bereitete sich in Naumburg auf den Besuch der Militärakademie vor.

Ich wählte das Schiff 124 als Führerschiff. Der I. Wachoffizier (I. WO) des Schiffes war Kapitänleutnant Harald Müller. Im Verband zudem Schiff 122, Kommandant Kapitänleutnant Lothar Winter, und schließlich Schiff 123,

Kommandant Kapitänleutnant Fritz Naumann. Viel später erzählte er mir, dass dies seine erste Fahrt war, die er als Kommandant machte, und das alles ohne Aufsicht. Mir ist nicht schlecht geworden, aber es zeigt, dass wir, Hermann und auch ich, grenzenloses Vertrauen hatten. Beide haben sich wacker geschlagen. Lothar Winter sah das übrigens alles schon gelassener.

Wir liefen aus. Im Übungsgebiet eingetroffen, meldete ich mich beim Leiter des UAW-Abschnittes, dem Brigadechef der 1. Sicherungsbrigade der 1. Flottille, Fregattenkapitän Fritz Minow. Der erste Tag verlief korrekt nach Plan. Der zweite Tag begann auch nach Plan, aber das sollte es auch schon gewesen sein. Der Tauchgang eines U-Bootes beträgt entweder zwei oder vier Stunden. Wir befanden uns beim Tauchgang für vier Stunden.

Gegen 14 Uhr bekam ich den Spruch „BCH an ACH – aufgrund der Wetterlage laufe ich ab, begleiten sie das U-Boot nach Świnoujście." Ich habe gestaunt, wie schnell der Seeschauplatz leer gefegt war – ich glaube, Fritz Minow hatte geahnt, was auf uns zukam. Ich entschloss mich, das Training ebenfalls abzubrechen.

Kanonenschlag klarmachen, beschweren und im Abstand von einer Minute werfen (also drei Mal). Nach weiteren Versuchen kein Ergebnis. „Die da unten sitzen wohl auf ihren Ohren", war noch die gelindeste Bemerkung. Ich überlegte, drei Wasserbomben RGB 12 (Üb) klarzumachen, verwarf die Idee jedoch schnell wieder, weil der Vorschlag kam, drei WB 1 zu nehmen – die müsste der U-Boot-Kommandant hören. Auf der Brücke war der Humor noch nicht ausgegangen, und die Sprache hatte es auch noch nicht allen verschlagen. Aber das sollte noch kommen. Jeder wusste, denen da unten ging es besser als uns hier oben. Da war kaum Seegang spürbar. Auf der Brücke fiel der Satz: „Wenn der nicht in den nächsten 20 Minuten auftaucht, trete ich aus der DSF aus." Der Politstellvertreter, Kapitänleutnant Hannemann, machte ein nachdenkliches Gesicht. Ich kann aber einschätzen, er hat seinen Mann gestanden. Nun war die Frage, wann und vor allem wo taucht das U-Boot auf. Alle Ferngläser waren besetzt, der Beobachtungssektor betrug 360 Grad. Kurz vor 17 Uhr tauchte das „gute Stück" endlich auf – Erleichterung. Der „Genosse Stein" fiel mir vom Herzen. „Marschformation Kiellinie – Geschwindigkeit nach U-Boot ausrichtend – Kurs Świnoujście!"

Was wir zu begleiten hatten, lief in Kreuzerlage und hatte es noch immer etwas besser als wir. Kann er nicht wenigstens 10 Umdrehungen mehr? Oder hat er ein Problem?

Dann ereilte mich die Hiobsbotschaft des Schiffes 122: „Verdampfer unklar."

Jetzt hatten wir ein Problem. Der Kessel musste außer Betrieb genommen werden, sobald das Speisewasser aufgebraucht war. Aufgrund dieser Meldung

Ein Küstenschutzschiff des Projekts 50 in schwerer See

entschloss ich mich, sofort den Kurs zu ändern und mit den Schiffen 124 und 122 direkt nach Sassnitz abzulaufen und das Schiff 123 zur Begleitung des U-Bootes zu befehlen.

Es wurde ein Funkspruch mit eindeutigem Inhalt und Lage formuliert, verschlüsselt und an die 1. Flottille abgesetzt. Ruhe im Schiff, keine Reaktion. Wie sich später herausstellte, wurde hier nur das Schiff 123 und das U- Boot lagemäßig geführt. Kommt ein Funkspruch mit so brisantem Inhalt nicht im Kommando der Volksmarine an? Wenn sie in der 1. Flottille nicht wissen, was verdampfen, verdunsten, verduften ist, nehme ich ihnen das nicht übel. Aber ein Nachfragen in der 4. Flottille wäre Pflicht gewesen! Hier war ein Schiff mit 170 Mann Besatzung in einer äußerst bedrohlichen Situation. Ohne Antrieb! Im Sturm! Es hätte nie die Möglichkeit bestanden, eine stabile Schleppverbindung herzustellen. Ein Küstenschutzschiff war kein Schiff, auf dem die Spitzenkräfte der Volksmarine fuhren. Also irgendwie ein maritimer weißer Fleck in der Führungsetage? Und auch kein Lieblingsschiff gegenüber Raketen- und Torpedoschnellbooten, Leichten Torpedoschnellbooten?

Wir waren auf uns allein gestellt – wie so oft. Hineingeredet wurde uns allerdings auch nicht. Sicher hatte man Vertrauen in uns, so sahen wir es damals.

Wir liefen mit nahezu Westkurs Formation Kiellinie ab. Es wurde die Geschwindigkeit optimiert. Mehr als 10 Knoten waren nicht drin, um größere

Schäden zu vermeiden. Es versteht sich von selbst, dass „Erhöhter Verschlusszustand“ und „Klarmachen zur Sturmfahrt“ befohlen wurde.

Die Vartalampe tat ihre Pflicht. Den Kommandanten musste ich nichts erklären. Sie wussten, was zu tun war, und die Besonderheiten ihres Schiffes und ihrer Besatzung kannten sie besser als ich.

Die Wetterlage wurde ständig bedrohlicher. Die Befehle waren von Sorge durchsetzt, die Meldungen von der 122 beinhalteten vage Hoffnung. Ich erinnerte mich, was ich auf der Seeoffiziersschule gelernt hatte, jede dritte bis siebente Welle in der Ostsee sei eine große Welle. Das war falsch. Hier waren nur große Wellen.

Alle Besatzungsangehörigen legten Kampfanzug mit Schwimmweste an. Ich trug nur die WO-Jacke und pendelte zwischen Radarstation und Kartenraum. Dort hörte ich: „Wenn der Alte keine Schwimmweste trägt, kann es so schlimm nicht sein.“ Dieser Verstoß gegen die Vorschrift hatte mir moralisch geholfen. Nur der Obersteuermann fragte mich, ob ich nicht im Kartenraum das Rauchen einstellen könnte, ihm wäre deswegen schlecht. Das habe ich dann getan, denn ihn brauchte ich ja noch.

Im Erlebnisbericht von Lothar Winter heißt es: „Unterdessen wird die Wetterlage immer bedrohlicher. Ohne merklichen Übergang hat sich die Nacht ausgebreitet. … Die Ostsee ist nicht wiederzuerkennen. Die Wellenhöhe nimmt ständig zu und wird jetzt bei etwa sechs Meter geschätzt. An die Besatzung geht der Befehl, den Kampfanzug See (dieser hat eine integrierte Schwimmweste) anzulegen. Auf der offenen Brücke stehen wir ständig in Gischt und Spritzwasser. Längst haben wir keinen trockenen Faden mehr am Leib. Die Verständigung auf dem Hauptbefehlsstand (HBS) wird immer schwieriger, denn das Tosen des Sturmes und die verursachten Windgeräusche in Mast, Signalleinen und Aufbauten übertönen alles.

Eine exakte Bestimmung der Windgeschwindigkeit mit dem Anemometer erweist sich als unmöglich. Der Messwert liegt außerhalb der Skala. Die Gefahr für Schiff und Besatzung wird immer größer. Ständig überfluten tonnenschwere Brecher das Vorschiff. Das Schiff stampft schwer in der vorlichen See. Die Propeller drohen auszutauchen. Sehr häufig muss der Maschinentelegraph auf Stopp gelegt werden, um ein totales Unterschneiden zu verhindern.

Die Wache am 100-mm-Geschütz auf dem Bootsdeck wird eingezogen. Eine Wachablösung für das Personal an den Flakwaffen und für den Gasten im Rudermaschinenraum ist nicht mehr möglich, denn der Verkehr an dem obersten durchlaufenden Deck muss untersagt werden. Grünes Wasser ergießt sich ständig auch über den Backbord-Seitengang bis hin zum Achterdeck. Die Fahrt über Grund kann nur geschätzt werden, sie ist sehr gering.

Wird das Kesselspeisewasser ausreichen bzw. wird es dem LI, Siegried Prinz, und seinen Jungs gelingen, den inzwischen ermittelten Schaden zu beheben? Eine Membrane in einem Reduzierventil am Verdampfer hatte seinen Geist aufgegeben. Da ein derartiges Ersatzteil nicht an Bord vorhanden war, wird aus einer Konservendose ein Provisorium angefertigt. Bei einem maximalen Krängungswinkel von 43° und dies bei einem Begegnungswinkel mit der See von 10° Bb. – also See von fast von vorn, erscheint die Arbeit über Kopf an dem Ventil im Hilfsmaschinenraum bei sehr hohen Temperaturen fast unmöglich. Doch der Stabsmatrose Rotmund lässt sich festzurren und macht sich trotz dieser Situation an seine Arbeit.

Nur wenige Fragen drängen sich einem Kommandanten in solch einem Augenblick auf. Was passiert, wenn die Kessel keinen Dampf mehr machen? Zum Beidrehen und Abwettern ist es dann zu spät. Ehe das Schiff die notwendige Driftgeschwindigkeit aufgenommen hätte, würde es vorher wahrscheinlich kentern. Was wäre zu befehlen, um die Kentergefahr zu reduzieren? Eine mögliche Variante wäre das Fluten leerer Heizölbunker im Doppelboden. Wassertiefen im Gebiet und Wellenhöhe machen ein Ankermanöver unmöglich. Könnte das Führerschiff helfen? Das Herstellen einer Schleppverbindung unter diesen Umständen erscheint kaum denkbar.

So wird die Frage nach einer organisierten Rettung der Besatzung erst einmal durch die Hoffnung auf eine erfolgreiche Verdampferreparatur verdrängt.

Auf dem HBS bemerke ich jetzt ein paar Matrosen, die nicht zur Brückenwache gehören. Es sind neue, noch unerfahrene Besatzungsangehörige. Sie haben Angst. Ich lasse sie in die Messe bringen. Oberleutnant Spittel, unser Feldscher, soll sie dort mit einem Beruhigungsmittel behandeln. Nach einem überkommenden, besonders schweren Brecher poltert es auf dem Vorschiff. Irgendetwas hat sich losgerissen und schießt über die Back. Später stellen wir fest, dass es die schwere Bb.-Leinentrommel aus der Verankerung gerissen hatte. Sie zerfetzte die Reling und ging außenbords. Inzwischen hatte man in der Maschine die defekte Membrane ausgebaut. Das Provisorium funktioniert nicht. So wird der Versuch unternommen, den Verdampfer per Hand zu fahren (zu regeln). Es gelang."

Als ich diese Meldung erhielt, wurde mir eine große Last von den Schultern genommen.

Es war inzwischen nur noch möglich, über UKW und unverschlüsselt Nachrichten auszutauschen. „Kommandant an STCH: Verdampfer wieder in Betrieb." Die übergroße Anspannung war gewichen. An der Backbordseite kamen mit einem Mal mehrere Lichter zugleich in Sicht – das Leuchtfeuer der

Greifswalder Oie und dann etwas schwächer die Positionslichter des Schiffes 123, das das U-Boot begleitet hatte. Ich dachte: „Mensch Fritz, wo kommst du denn her?" Später habe ich mir schwere Vorwürfe gemacht. Warum bin ich den kürzesten Weg gegangen und nicht unter dem Schutz der Küste wie Naumann abgelaufen. Wo kein Kläger, ist auch kein Richter.

Wir hatten keine Verluste und damit auch keine Kommission am Hals.

Der letzte Befehl vom Kommandanten: „Fall Anker!" Das war nach 23 Stunden auf der Brücke. „An Kapitänleutnant Harald Müller, Besatzung achteraus. und auf Vollzähligkeit überprüfen!" Meldung: „Besatzung vollzählig angetreten." Ein erhebendes Gefühl. Keiner fehlte. Gleichlautende Meldungen kamen auch von 122 und 123.

Vor angetretener Besatzung fragte ich, wer seine persönlichen Sachen schon am Mann hatte? Einige Arme gingen zögernd nach oben. Als ich zu verstehen gab, dass ich dies für normal und richtig halte, meldeten sich über 50 Prozent der Besatzung.

Noch vor dem Ankern hatte der eingestiegene Arzt gemeldet, dass der verletzte Matrose Krumm ins Krankenhaus eingeliefert werden müsste. Der Sanitätskrankenwagen stand schon am Liegelatz bereit. Ich begab mich in die Messe. Zum Pantry gewandt, bat ich um einen Kaffee. „Kaffee ist da, aber keine heile Tasse mehr." „Treiben sie einen Blechnapf auf."

Es klappte. Radio an: „An der Küste der Deutschen Demokratischen Republik wütete ein Sturm, wie es ihn bisher nicht gab. Alle Schiffe der Deutschen Demokratischen Republik haben rechtzeitig schützende Häfen angelaufen!" Wir zählten als Volksmarine natürlich nicht dazu. Ich war enttäuscht.

An Land war der erste Weg zum Telefon, um meine, die 4. Flottille anzurufen. Die Verbindung kam sofort zustande. Endlich vertraute Stimmen. Ich wurde sofort mit dem amtierenden Flottillenchef (FCH), Fregattenkapitän Günther Pöschel, verbunden. Ich gab einen kurzen Bericht ab, über Erlebtes und über den technischen Zustand der drei Schiffe. Frage an mich: „Was schlagen Sie vor?" Antwort: „ Wir brechen durch!" „Machen sie keinen Mist, das hat auch Förster den KSS geantwortet, die damals im Libben lagen. In deren Folge ist dann der MLR 633 gestrandet und es gab einen Toten!" (Pöschel war Kommandant des Schiffes 633, jedoch war er zu diesem Zeitpunkt in Urlaub.)

Ich hatte nur notwendige und zu erfüllende Forderungen – einen Schlepper an der Ansteuerungstonne Rostock zu stationieren, um im Falle „Feuer aus" ein Schiff auf den Haken nehmen zu können. (Wir hatten in Sassnitz nur noch 8-10 Tonnen Masut im Bunker.)

Ich war kaum an Bord zurück, da kam ein Anruf der Küstenbeobachtungsstation (KBS), Absender 1. Flottille: „FCH an ACH, melden sie sich sofort telefonisch bei mir!"

War ich jetzt der Diener zweier Herren? Noch einmal an Land rudern?

Ich beachtete den Spruch nicht weiter und bereitete die Überfahrt nach Rostock vor.

Alle drei Schiffe sahen ein bisschen wie gerupfte Hühner aus, aber die Stimmung war gelöst. Und der Stolz, etwas Besonderes geleistet zu haben, war bei jedem erkennbar.

Meine Gedanken eilten voraus. „Wie werden wir in der 4. Flottille empfangen?"

Ich mache es kurz. Es war ein kleines Empfangskomitee. Es bestand aus Günther Pöschel und Hermann Strecker, die nebst einem Leinenkommando am Liegeplatz standen. Nachdem alle drei Schiffe festgemacht hatten, wurden alle Kommandanten in die Offiziersmesse des Schiffes 124 befohlen. Lotte Winter und Fritz Naumann meldeten sich in einer Anzugsordnung, die ich gegenüber dem FCH entschuldigen musste. Es war schon gut so, Etikette war da fehl am Platz. Vollkommen unmilitärisch erfolgte das Schulterklopfen, Freude über Vollbrachtes. Jeder Kommandant schilderte seine Erlebnisse.

Jeder hörte gespannt zu und Hermann rauchte und rauchte. Nachdem sich Günther Pöschel das alles angehört hatte, kam er zu folgendem Schluss: „Ich hätte auf Grund dieser hervorragenden Leistungen die Flottille mit Kapelle heraustreten lassen sollen, um sie zu empfangen. Es tut mir leid, aber das ist nur vorgesehen bei Erbringen politischer Leistungen."

Fregattenkapitän a. D. Dieter Sperling

„Melde: Schiff fest!"

Es war im Herbst 1963 – nach der Werftliegezeit in Kronstadt. Die Schiffe „Karl Marx" als Führerschiff – hier war der Stabschef eingestiegen – und „Ernst Thälmann" liefen zu einer UAW-Übung südlich Bornholm aus. Wie üblich um diese Jahreszeit war das Wetter nicht besonders. Zunehmender Wind und Seegang machten die Arbeit am U-Boot immer schwieriger. Die Ausbildung wurde beendet. Die Küstenschutzschiffe (KSS) begleiteten das U-Boot nach Świnoujście und liefen dann in Richtung Heimathafen Sassnitz ab. Inzwischen wehte der Wind stürmisch aus Südost bis Süd. Das brachte uns zwar schneller vorwärts, versprach aber Probleme bei der Einfahrt und beim Anlegen in Sassnitz.

Unsere Liegeplätze lagen hinter der Südmole im ersten Hafenbecken. Das Becken wurde durch eine Holzpier begrenzt. Am Ende dieser Pier stand ein Kran auf einem Betonsockel. Das zweite Becken auf der anderen Pierseite wurde im Jargon „Schweinebucht" genannt. Hier lagen die Torpedoschnellboote (TS-Boote) des Projektes 183. Zwischen Molenende und Ende der Holzpier mit dem Kran lag die schmale Einfahrt in „unser" Becken. Für das Anlegen bedeutete das, dass die KSS gleich nach Passage der Mole auf engstem Raum drehen mussten, um ihre Liegeplätze zu erreichen. Und genau dabei traf der starke Wind die volle Breitseite des Schiffes und konnte es gefährlich in Richtung des betonierten Sockels versetzen. Erschwerend kam hinzu, dass unmittelbar an der Einfahrt zum ersten Becken zwei Tanker im Päckchen lagen, wegen ihrer Aufbautenform auch „Kamele der Ostsee" genannt. Die Zufahrt zum Liegeplatz wurde so noch enger.

Das Führerschiff unter Kapitänleutnant Schreiber lief zuerst ein. Unter großen Schwierigkeiten gelang es ihm, das Nadelöhr zwischen Tankern und Kransockel zu passieren. Den vorgesehenen Liegeplatz konnte er nicht erreichen. Trotz aller Maschinen- und Rudermanöver trieb der stürmische Wind das Schiff unaufhaltsam gegen die Holzpier. Dort musste es festmachen. Nun war das Nadelöhr noch kleiner geworden, denn nach Passage des Kransockels drohte nun auch noch das Heck der „Karl Marx". Kommandant der „Ernst Thälmann" war Kapitänleutnant Werner Ebert. Vom Stabschef erhielt er nun den Befehl zum Einlaufen und Anlegen am üblichen Liegeplatz. Auf der „Karl Marx" stand wohl die gesamte Besatzung außer einigen Maschinenleuten, die mit dem Abstellen der Anlage beschäftigt waren, an Oberdeck, um sich das Manöver anzuschauen. Ich glaube, nicht nur wir, sondern der ganze Stützpunkt, das Fischwerk, vielleicht sogar ganz Sassnitz hielten den Atem an.

Zügig passierte die „Ernst Thälmann" die Mole. Die Situation zwang den Kommandanten, früher mit dem Schiff anzudrehen als gewöhnlich. Nachdem das Schiff mit Kurs auf die verengte Einfahrt lag, überschlugen sich die Befehle. Trotz des Sturmes war die hohe Fistelstimme des Kommandanten weithin zu hören: „Beide Maschinen halbe Fahrt voraus!" Unmittelbar darauf: „Beide Maschinen große Fahrt voraus!" Wohlgemerkt, alles in der Enge der Sassnitzer Hafeneinfahrt. Das Schiff nahm ungewöhnlich schnell Fahrt auf und schoss förmlich auf die Lücke los. „Beide AK voraus!" Das Schiff machte einen richtigen Satz. Es war die einzige Möglichkeit, nicht auf den Kransockel oder das Heck der „Karl Marx" getrieben zu werden. Zwischen diese Hindernisse und die „Ernst Thälmann" passte kein Blatt Papier mehr. Das Schiff kam von den Hindernissen frei. Sofort der Befehl: „Beide AK zurück!" Doch das letzte Manöver hatte kaum noch Wirkung. Das Schiff jagte durch das kleine Hafenbecken auf seine Anlegestelle zu. Der Bug hakte hinter einen Dalben, der eigentlich für das Festmachen gedacht war. Der Dalben riss aus dem Grund und schoss wie ein Torpedo durch das Becken. Das gleiche geschah mit dem zweiten, dritten und vierten Dalben. Dann bohrte sich der Bug des Schiffes in die mit Bohlen belegte Pier, die normalerweise durch die Dalben geschützt werden sollte. Die Bohlen zersplitterten auf einigen zehn Metern wie Streichhölzer, bis das Schiff endlich zum Stehen kam. „Beide Maschinen Stopp! Alle Leinen über und fest!" Als wäre das Manöver das Natürlichste der Welt gewesen, drehte sich der Kommandant zur Seite, machte Ehrenbezeigung in Richtung des Stabschefs auf der „Karl Marx" und schrie mit hoher Stimme, den Sturm übertönend, durch das Hafenbecken: „Melde Schiff fest!"

Der Stabschef verließ völlig fertig die Brücke der „Karl Marx" und begab sich zu einem Beruhigungstrunk in die O-Messe.

Bei der später durchgeführten Havarieverhandlung wurde der Kommandant der „Ernst Thälmann" freigesprochen. Er hatte nicht anders handeln können. Am Bug des Schiffes war nur ein geringer Schaden entstanden. An anderen Schiffen – dank der beherzten Manöver der „Ernst Thälmann" – gar keiner. Die Holzschäden waren schnell zu beheben. Die Pier wurde wieder hergerichtet und wir hatten jede Menge Abfallholz zu Hause in unseren Kellern, um im Winter im kalten Sassnitz die Öfen damit zu heizen. Das kann auch Siggi Prinz aus unserer Marinekameradschaft noch bestätigen.

Und das tat Siggi dann auch mit folgendem Zusatz: In diese Zeit fiel ein plötzlicher hoher Besuch – der Chef für Rückwärtige Dienste der Volksmarine hatte sich angekündigt. Und das bei diesem desolaten Zustand der Pier! „Wohin bloß so schnell mit dem vielen Splitter-Holz?", jammerte der Stützpunktkommandant. „Geben Sie mir einen G 5 (Lkw) und in vier Stunden ist das Holz weg." Die Zusage erfolgte prompt. Und so fuhren Dieter und ich mit Unterstützung des GA-V uns das Brennholz für wenigstens die nächsten fünf Jahre nach Hause.

Kapitänleutnant (Ing.) a. D. Lothar Kolditz

Taucheinsatz im „geheimen“ Auftrag

Unser Schiff lag in Sassnitz. Terminarbeiten zur Pflege der Technik standen auf dem Dienstplan und ein geschäftiges Treiben herrschte an Oberdeck. An Backbord-Seite in Höhe des Reservebefehlsstandes diskutierte ein Geschützmaat aufgeregt mit zwei Matrosen. Ehe ich die Ursache dafür ergründen konnte, wurde ich zum Kommandanten gerufen. „LI, lass sofort die Tauchgruppe klarmachen, aber ohne großes Aufsehen. Dem Flak-Personal ist bei Montagearbeiten eine Rückholfeder ins Wasser gefallen. Du musst sie unbedingt finden, ehe der Stab davon Wind bekommt.“ Begeistert war ich nicht, denn es war Anfang Januar und außerdem war das Wasser am Liegeplatz alles andere als sauber. Mein bester Taucher war im Urlaub und so blieb mir nichts anderes übrig, als den delikaten Befehl selbst auszuführen.

Ich stand schon an der Taucherleiter, als ein Kesselgast mir unbedingt und sofort eine vertrauliche Meldung machen wollte. Er gestand mir, dass er am Silvesterabend eine nicht genehmigte Flasche Wodka zur Kühlung und zum Verbergen vor dem I. Wachoffizier an einer Schnur aus dem „Bulley“ gehängt hatte. Sein Heizerwuhlingstek hatte aber nicht gehalten. Der Knoten hatte sich gelöst. Die Flasche lag also außenbords drei Meter unter dem Kiel und er meinte, dass es doch schade sei, wenn sie dort liegen bliebe. Seine Offenheit gefiel mir und ich versprach, mal nach der Flasche zu sehen.

Durch einen zweiten Taucher an Oberdeck gesichert, begann ich meinen Tauchgang. Durch die scheinende Mittagssonne hatte ich einigermaßen Sicht unter Wasser und nach wenigen Minuten die beiden vermissten Gegenstände gefunden. Unauffällig wurden Feder und Flasche an Oberdeck und zum Kommandanten gebracht. Ich berichtete zum Sachverhalt.

Mit dem Hinweis auf das bestehende Alkoholverbot behielt er den Wodka ein und beorderte mich, den zweiten Taucher und den Eigentümer der Flasche nach dem Abendessen zum Rapport. Es wurde ein sehr gemütlicher Abend.

Fregattenkapitän a. D. Norbert Cziselsky

Bewährung in der Brandung

Im September 1962 wurde ich zur Baubelehrung in die Peene-Werft Wolgast kommandiert und damit zur Landungsabteilung der Volksmarine versetzt. Zu diesem Zeitpunkt waren bereits sechs Schiffe des Projekts 46 in Dienst gestellt worden. Auch mein wurde im Oktober übergeben und ebenfalls in Dienst gestellt.

Diese Schiffe, die ja nur für den Zweck gebaut waren, Soldaten und deren Kampftechnik an einer Küste anzulanden, erwiesen sich als sehr einfach, aber auch sicher in ihrem Seeverhalten.

Die Ausrüstung und Unterbringung der Besatzung muss als sehr primitiv eingeschätzt werden. Der Grund lag gewiss darin, dass die Schiffe eben nur diese eine Aufgabe hatten und man bei einer tatsächlichen militärischen Auseinandersetzung an einer gegnerischen Küste mit hohen Verlusten rechnete. So hatten diese Kleinen Landungsschiffe weder einen vernünftigen Kompass, bei Kursänderungen bzw. Ruderlagen schleppte dieser bis 30 Grad nach, noch befand sich ein Radargerät an Bord.

Obwohl dieser Schiffstyp mit vier Hauptmaschinen ausgerüstet war, ließ er sich insbesondere bei starken Winden nur sehr schwer manövrieren. Das lag an seiner flachen Bauweise, die ja der Hauptaufgabe, an einem flachen Strand anzulanden, gerecht werden sollte. Dies wurde durch extrem flachen Tiefgang und einen flachen Schiffsboden erreicht. Das Schiff lag demnach wie eine Zigarrenkiste auf dem Wasser. Beim Ein- und Auslaufen in den Häfen, den sogenannten Revierfahrten, in der Nacht, bei starkem Wind und Strom, wurde dem Kommandanten große Umsicht und solides seemännisches Können abverlangt. Nicht selten musste das Schiff mit 30 Grad abweichend vom rechtweisenden Kurs durch das Revier gesteuert werden. Die flache Landeklappe, die schräg am Bug angebracht worden war, ließ Kurse gegen die See ab Seegang drei bis fünf nicht mehr zu. Dann nämlich erschütterten die Wellenschläge gegen die Landeklappe das gesamte Schiff sehr stark und nahmen fast die gesamte Fahrt heraus.

Da ich aber in all den Jahren an wohl allen Übungen und Manövern teilgenommen hatte, konnte ich die Zuverlässigkeit, insbesondere die Schwimmfähigkeit des LaBo gut einschätzen und auch dadurch das Vertrauen meiner Besatzungen erwecken.

Im beladenen Zustand lag das Schiff sehr gut in der See und besaß auch eine große Rollstabilität. Auch bei der Be- und Entladung der Räder- und

Ein Kleines Landungsschiff (LaBo) in der Beladungsphase durch einen Panzer T-54

Kettentechnik gab es bei gutem Wetter und günstigen Strandprofilen keine Probleme.

Aufgrund des geringen Tiefganges und der guten Trimm-Möglichkeiten war es möglich, die gesenkte Landeklappe direkt auf den Strand aufzulegen, zumindest aber dicht am Strand, bis zu dem dann zumeist noch etwa 30 bis 40 Meter Wasser zu durchfahren waren. Solche Strandprofile fanden sich z. B. in der Prorer Wiek auf Rügen, aber auch auf Usedom und entlang der polnischen Küste. Für die auf- und abfahrende Technik der Landstreitkräfte waren diese Bedingungen natürlich äußerst günstig. In späterer Zeit ermöglichte die inzwischen eingeführte amphibische Technik auch ein vom Strand entfernteres Aufsitzen der Landungsschiffe. Dies war beim Großmanöver „Waffenbrüderschaft 80" gut zu erkennen.

Bei unseren Anlandungen wurden die Heckanker der LaBos und Robben nur sehr wenig eingesetzt. Es bestand ja die Gefahr, insbesondere wenn es beim Ablanden schnell gehen musste, mit den Schrauben über die eigene Ankerkette zu laufen. Andererseits hatte schon die auf die Sandbank aufgelegte Landeklappe eine gewisse Ankerwirkung. Wenn diese nicht ausreichte, wurde die rechtwinklige Lage des Schiffes zum Strand mit Maschinenkraft stabilisiert. Dabei liefen zwei Maschinen „Voraus" und zwei Maschinen lagen auf „Achtung zurück". Damit wurde ein hohes Maß an Sicherheit in der Brandung am Strand gewährleistet.

Manövermäßige Anlandung bei Ustka (Polen)

Geankert aber wurde in der Regel auf Reede oder auf Wartepositionen auf See. Dies jedoch nur, wenn die Wetterlage dies auch zuließ. Bei zu starker See schlug diese derartig gegen das platte Heck, dass das gesamte Schiff derart erschüttert wurde und starke Vibrationen auftraten. Dies ließ ernste Materialschäden befürchten und machte den Aufenthalt an Bord für die Besatzung schier unerträglich. Darum war an Ankern natürlich nicht zu denken.

Es gab auch einige Manöver, in deren Verlauf die Kleinen Landungsschiffe sehr stark mitgenommen wurden. Dennoch gelang es, von wenigen Ausnahmen abgesehen, stets auch bei widrigem Wetter, die Technik wie befohlen an Land zu bringen.

Zumeist war zuvor eine starke Brandung durchbrochen worden. Diese Brandung wurde jedoch einigen Schiffen beim Ablanden zum Verhängnis. Denn zunächst schlugen die schweren Brecher beim Zurückziehen derart gegen das flache senkrechte Spiegelheck, dass das Schiff nicht mehr rechtwinklig zum Strand gehalten werden konnte und quer schlug. Zu diesem Zeitpunkt waren dann auch die Landeklappen noch nicht wieder vollständig geschlossen und verzurrt. Die Folge war, dass die Schiffe schließlich mit ihren Hecks auf vorgelagerte Sandbänke aufsetzten. Dabei wurden die Ruderschäfte derart gestaucht, dass sie die an Oberdeck befindliche Verdeckelung und Verschraubung durchstießen und die Schraubenmuttern wie Geschosse umherflogen.

Es erscheint mir heute noch als ein Wunder, dass zu keinem Zeitpunkt jemand von der Besatzung von einer dieser Muttern regelrecht erschossen wurde.

Das Schiff wurde sofort manövrierunfähig und trieb hilflos und in Querlage an den Strand. Mitunter drehte es sich unter der Wucht der anrollenden Wogen auch mehrmals, bis es auf den Strand geworfen wurde. Die dann aufprallenden Brandungswellen verursachten haushoch aufsteigende Gischtwände an der dem Meer zugewandten Bordseite.

Norbert Cziselsky als Kapitänleutnant vor seinen Landungsschiffen (LaBo)

Beim Manöver „Baikal" 1966 erlebten dies sowjetische, polnische und deutsche Besatzungen in Gemeinsamkeit. Zum Glück gab es dabei keine Opfer. Was die Landeklappen und deren Handhabung betrifft, so ist anzumerken, dass diese in der Ablandephase nicht so schnell geschlossen werden konnten. Sie wurden daher eine gewisse Zeit noch durch die See im Wechsel immer wieder angehoben und fallen gelassen. Das überlastete die Hydraulik, die das Heben der Klappen zu leisten hatte. Diese fiel letztlich gänzlich aus. Deshalb versuchten einige betroffene Schiffe über Heck die offene See zu erreichen und mussten dann auf den Haken genommen und eingeschleppt werden. Hinzu kam zumeist noch ein erheblicher Wassereinbruch über die noch geöffneten Laderäume bis zu 1,5 Meter Höhe. Das ergab eine tonnenschwere Zuladung. Auch konnte jetzt der starke Wind ungehindert angreifen, sodass einige blecherne Rolldecks wie Pappe ganz oder zum Teil durch die Luft flogen. Doch auch bei derartigen Widrigkeiten blieben die Schiffe stets schwimmfähig, dank ihres ausgezeichneten Auftriebs mittels ihrer Leerzellen und wasserdichten Schotten zwischen Laderaum zum Maschinenraum und den Unterkünften.

Als sehr praktisch erwiesen sich einige Male auch Landungsschiffe, als sie zum Freispülen gestrandeter Schiffe eingesetzt wurden.

Als Kommandant eines LaBo hatte ich auch einmal eine merkwürdige „geheime" Aufgabe zu übernehmen, den Transport einer Schafherde von Wolgast zur Greifswalder Oie. Die Besatzungen entgegenkommender Schiffe hörten nur ein vielstimmiges „Mäh" aus dem Laderaum und erzählten später, ich hätte wohl einen ganzen Zirkus transportiert.

Fregattenkapitän a. D. Dieter Flohr

Havarie an der Landeklappe

Das Manöver der verbündeten Ostseeflotten trat am dritten Tag in eine neue bedeutsame Phase ein. Tag und Nacht war in den Stäben hart gearbeitet worden. Weit vor der heimatlichen Küste war der angenommene Gegner bereits aufgeklärt und durch überraschende Vorstöße von Raketenschnellbooten, Torpedobooten und Fliegerkräften empfindlich geschwächt worden. In dieser Situation entschloss sich das Oberkommando, die Landstreitkräfte von See aus zu unterstützen und eine operative Seelandung vorzunehmen. Es galt, einen Brückenkopf an der Küste zu bilden und auszubauen.

Die „Stunde" der Landungskräfte war gekommen. Wenige Sekunden nachdem die Alarmglocken anschlugen, betrat der Kommandant, Korvettenkapitän Biernath, bereits den Hauptbefehlsstand seines Schiffes, des Landungsschiffes „Grimmen".

Der etwas untersetzte, kräftige Offizier ist schon einige Jahre auf Landungsschiffen gefahren. Sein Schiff, die „Grimmen", hat sich schon oft einen Namen gemacht. Seit der Indienststellung gab es wohl keinen „sozialistischen Wettbewerb", der nicht die „Grimmen" im Kampf um die Spitzenposition gesehen hatte. Mehrmals erhielt das Schiff den Bestentitel, und in der Messe leuchtete die Verdienstmedaille der NVA von der Wand. Diesen guten Ruf gilt es natürlich zu verteidigen, und alle an Bord sind dazu bereit. Den Jungs gehen die erforderlichen Handgriffe schnell von der Hand. Nacheinander treffen die See- und Gefechtsklarmeldungen der verschiedenen Gefechtsabschnitte ein. Etwas skeptisch betrachtet der Kommandant die umliegende See. Unzählige Schaumkronen leuchten von den Wellen. Der Wind ist böig geworden und hat an Stärke zugenommen. Er weht aus Nord-Ost, und damit wird er bei der bevorstehenden Beladungsaktion auflandig sein, und das bedeutet eine tückische Brandung. Brecher auf Brecher schiebt sich an den grauen Schiffsleibern vorüber. Aber noch sind Schlingern und Stampfen erträglich. Für Augenblicke lugt die Sonne durch vereinzelte Wolkenlöcher und lässt die Brandung vor der flachen Küste silbrig aufglänzen. Die kommenden Stunden werden den Männern auf den Schiffen, aber auch den Soldaten der Landstreitkräfte in Panzern und SPW alles abverlangen, was sie in langen Ausbildungsstunden gelernt und geübt haben.

Auf dem Führerschiff zucken Blinksignale auf. „Doppelkiellinie". Signalflaggen knattern in der Rah, die Schiffsdiesel brüllen auf. Bald hat sich der Verband formiert und nimmt Fahrt auf.

Nach Stunden ist das befohlene Küstengebiet erreicht. Hier werden die Schiffe der Volksmarine die Kameraden der Landstreitkräfte mit ihrer Waffentechnik an Bord nehmen, ablanden und nach Überführung des Landegeleits im Morgengrauen in der Flanke des angenommenen Gegners anlanden. Dann hängt alles von den Soldaten in Steingrau ab.

Nach einer 90-Grad-Schwenkung laufen die Landungsschiffe auf die Küste zu. Vor der „Grimmen" und den anderen „größeren Pötten" torkeln die kleinen Landungsboote im Seegang. Sie bilden die erste Welle und haben es heute besonders schwer, ihre Gefechtsaufgabe zu erfüllen. Die Brandung wird ihnen schwer zu schaffen machen, und wenn die Besatzungen unvorsichtig zu Werke gehen, droht Gefahr, querzuschlagen und zu stranden. Dann ist es unmöglich, das Schiff aus eigener Kraft wieder in tiefere See zu ziehen. Korvettenkapitän Biernath kann von seinem erhöhten Befehlsstand das Geschehen gut überblicken. Die „Grimmen" nimmt in der zweiten Welle eine mittlere Position ein. Die ersten „Kleinen" ziehen sich bereits voll beladen vom Strand zurück und scheren nach den Seiten aus, um dann wieder in die freie See abzulaufen. Nun kommt es darauf an, dass auch die zweite Welle die zugeteilte Technik schnellstens übernimmt und wieder ablandet.

„Anker klar zum Fallen!"

Kurz vor dem Aufsetzen will Korvettenkapitän Biernath die Heckanker auswerfen, um dem Schiff in der Brandung mehr Halt zu geben. „Landeklappe vorsenken!"

In schulmäßiger Reihenfolge erteilt der Kommandant jetzt seine Befehle. Die See läuft schräg von achtern auf. Immer wieder wird das Landungsschiff angehoben und seitlich versetzt. Der Rudergänger muss den Kurs ständig korrigieren. Ohne seine Ladung ist das Schiff von Wellen und Wind leichter zu packen.

Für eine schnelle und sichere Beladung ist auch eine möglichst kurze Wasserdurchfahrt für die Technik günstig. Ein Ruck geht durch das Schiff. Vom Unterwasserkörper her ist ein Schieben und Knirschen zu vernehmen. Jäh wird die Fahrt abgebremst – das Landungsschiff „Grimmen" ist angelandet. „Landeklappe senken!"

Langsam, dann schneller öffnet sich das riesige stählerne Maul am Bug des Schiffes und senkt sich in die brodelnde Brandung. Ihre Innenseite bildet nach dem Absenken eine schräge Auffahrt für die Fahrzeuge. Zwei mächtige Stahltrossen, die Hydraulikseile, sind mit der Landeklappe verbunden. Mit ihrer Hilfe wird die stählerne Landeklappe, nachdem die Technik darübergerollt ist, wieder gehievt.

Am Strand ist es lebendig geworden. Motorenlärm dringt herüber. Der erste

Panzer stößt bereits im Rückwärtsgang – so erfordert es die Beladungsvariante – zum Wasser hinunter. Die breiten Ketten mahlen durch den nassen Sand und schleudern Schlamm und Gischt weit hinter sich. Er schlägt einen kurzen Haken, dann kriecht er Meter um Meter auf das Landungsschiff zu. Obermaat Lücke, der Oberbootsmann, hat seinen Platz an der Landeklappe eingenommen und gibt von dort mit Winkflaggen Hinweise an die Panzerkommandanten, hilft ihnen, die schwierige Aufgabe des Fahrens an Bord besser zu lösen. Die Panzerkommandanten, mit ihren Oberkörpern aus dem Turmluk ragend, geben die Hinweise ihren Fahrern weiter. Der erste Panzer hat die Auffahrt erreicht. Die Ketten reiben auf Stahl. Der Panzermotor heult auf. Funken sprühen, ein Kreischen und Poltern. Schwerfällig zieht sich der T-54 empor, verharrt für Sekunden, wippt dann in den dunklen Laderaum hinunter, rollt aus und bleibt dann triefend und fauchend stehen. Die Besatzung sitzt sofort ab und beginnt den Panzer mittels bereitliegender Stropps seefest zu verzurren. Aber schon gilt die Aufmerksamkeit dem nächsten Stahlkoloss. Panzer auf Panzer nimmt die stählerne Schräge und verschwindet rasselnd im dunklen Laderaum. Zuletzt ist immer die langrohrige Kampfwagenkanone zu sehen, bis auch sie verschwindet. Alles klappt.

Der Kommandant schaut hin und wieder auf seine Stoppuhr. Bisher liegen sie glänzend in der Normzeit. Die schmale Wasserdurchfahrt vom Land bis zum Schiff ist doch recht günstig für den Zeitplan. Nur noch ein Panzer muss übernommen werden, dann kann die „Grimmen“ unverzüglich ablanden. Obermaat Lücke konzentriert sich auf den letzten „Passagier“. Schon nähert sich das Gefechtsfahrzeug. Doch der Fahrer steuert zu weit links. Eine Korrektur ist erforderlich. Obermaat Lücke gibt heftige Winkzeichen. Da ist der Panzer bereits am Fuße der Landeklappe angelangt. Alles verläuft nun in Sekundenschnelle. Die rechte Kette hat bereits gefasst, die linke reibt funkensprühend am Abweiser. Der Motor dröhnt auf. Schwarzblauer Qualm bricht aus dem Auspuff. Mit einem plötzlichen Ruck zieht sich der Koloss in die Höhe. Das Heck drängt gegen das Hydraulikseil, der T-54 schiebt sich daran steil empor, lehnt sich mit seinem Tonnengewicht dagegen. Der Panzerkommandant starrt auf die Trosse. Sturm und Motorenlärm scheinen ihm die hastig erteilten Befehle vom Munde zu reißen … da gibt das Stahlseil jäh nach, der Panzer bleibt stehen. Ein Missverständnis, eine Unterbrechung im Bordnetz des T-54? Fassungslos besieht sich Obermaat Lücke den Schaden. Schlaff hängt das Hydraulikseil herab. Die Landeklappe hat nachgegeben. Noch liegt sie auf dem Sandboden auf. Doch lässt sie sich nicht mehr hieven. Es besteht Gefahr, dass die hochgehende See die Klappe aus dem Gelenk reißt. Aber auch so kann das Schiff vorerst nicht zur See fahren. An Oberdeck und am Zugang zum Laderaum versammeln sich Matrosen und Panzerfahrer. Kommandant und Kommandeur des Maschinengefechtsabschnittes drängen sich durch den Kreis der Neugierigen. Schnell treffen die Offiziere eine Entscheidung: Sofortige Reparatur! Der endgültige Verlust der Klappe im Seegang würde das Aus in der Übung bedeuten. Nicht auszudenken.

Unverzüglich rollt die Technik wieder von Bord. Sie muss, so gut es geht, von anderen Schiffen übernommen und in den Sammelraum überführt werden. Dort wird die „Grimmen" die Panzer wieder übernehmen. Es darf keine Lücke in der Landeformation geben.

Nach kurzer Verständigung mit dem Abteilungschef wird der Plan beschlossen. Die Reparatur wird mit Bordmitteln aufgenommen. Wenig später sind alle Panzer wieder von Bord. Am Bug des Schiffes hat eine kleine Arbeitsgruppe sich der komplizierten Aufgabe angenommen – der Bootsmann, Obermaat Lücke, der Kommandeur des GA II, Oberleutnant Koch, der Pumpengast, Stabsmatrose Klaus Wieck, der das Autogenschweißgerät bedient, und Obermatrose Eberhard Täger.

Inzwischen hat die See die Stärke 5 bis 6 erreicht. Unaufhörlich wälzen sich von achtern grünlich-graue Brecher heran und wuchten auf die schief hängende Landeklappe. Das Schiff, nun ohne Technik und mit gelenzten Ballastwasserzellen, ist leichter geworden. Es droht abzutreiben. Es gibt für die kleine Schar keine Frage, sie haben keine Zeit zu verlieren, wenn sie am anderen Morgen neben ihren sowjetischen und polnischen Genossen an der Anlandung teilnehmen wollen.

Mit einem Sicherheitsgurt versehen springt Obermatrose Eberhard Täger beherzt in die herbstkalte Ostsee. Woge auf Woge stürzt über ihm zusammen. Gischtmassen drücken ihn immer wieder unter Wasser. Aber der schlanke Matrose lässt sich nicht unterkriegen, jedes Mal taucht er unter heftigen Armbewegungen wieder auf und lässt sich nicht von seiner Aufgabe abbringen. Seine Kameraden sichern ihn von Bord aus. Er will feststellen, welchen Schaden das Hydraulikseil genommen hat. Noch ist unklar, ob es gerissen ist oder nur aus der Halterung gebrochen wurde. Die Wucht der Brandung schleudert Täger wieder zurück. Aber er kämpft sich heran, taucht und tastet die schadhafte Stelle ab. Endlich ist er sicher. Das Hubseil ist nicht gerissen. Die Wucht des T-54 hat die Halterung beschädigt. Laschen und Bolzen sind stark deformiert. Wenn sie gerichtet und geschweißt werden, kann das Hydraulikseil wieder befestigt werden und seine Funktion erfüllen. Wieder an Bord, informiert Täger den Leitenden Ingenieur über seine Feststellungen. Es ist bald klar, sie könnten die Reparatur schaffen, wenn die Landeklappe angehoben und über der Wasserlinie waagerecht verzurrt wird. Pläne werden gewälzt,

Bootsmann Eberhard Täger und ein Kamerad reparieren in tosender Brandung mit Bordmitteln die defekte Landeklappe des Schiffes „Grimmen".

verworfen, neue Überlegungen angestellt. Endlich einigt man sich auf den Vorschlag des Oberbootsmannes. Er will eine Stahlleine am unter Wasser liegenden Teil der Landeklappe anschlagen und diese dann vorsichtig über das Ankerspill an Oberdeck und die unbeschädigte Hydraulik an Steuerbord anheben. Ein Flaschenzug ist nicht an Bord. Das ist ein Nachteil, denn die Leine muss über die scharfe Kante des Oberdecks geführt werden. Doch es gibt keine andere Wahl. Eine Leine ist zur Stelle.

Wieder lässt sich Obermatrose Täger in die eiskalte See gleiten. Der Bootsmann kommt zu Hilfe. Sich gegenseitig haltend und stützend, mühen sich die beiden Seeleute in der tobenden Brandung ab. Es erweist sich als äußerst kompliziert, die Leine unter Wasser zu befestigen. Und die Verbindung muss stabil sein, soll sie das Tonnengewicht der Klappe aushalten. Immer wieder verschwinden die beiden im Wasser, müssen mühsam nach Luft schnappen; doch endlich ist die Leine fest. Triefend und vor Kälte rot angelaufen, klettern Obermaat Lücke und Obermatrose Täger an Bord zurück. Trockene Bekleidung liegt für sie bereit. Der Smut hat heißen Tee gebracht. Die gesamte Besatzung nimmt Anteil am Kampf um die Landeklappe.

Bange Sekunden folgen. Wird die Verbindung beim Hieven halten? Langsam läuft das Spill an. Die Leine strafft sich, ein hässliches Surren und Ächzen an der Oberdeckskante, die Leine rutscht. Funken sprühen, dann ein unangenehmes Krachen – die Landeklappe fällt in ihre Ausgangslage zurück. Die Verbindung hat gehalten, aber das auswandernde Seil, das ohne Rollenführung über die Deckskante laufen musste, ist vom Spillkopf gesprungen. Sofort folgt ein neuer Versuch. Wieder wandert die Leine unter der tonnenschweren Last zur Seite aus und rutscht ab. Versuch folgt auf Versuch. Ein gefährliches Spiel. Wie eine Bogensehne zischt die Leine über das Oberdeck. Alle Männer halten einen respektablen Sicherheitsabstand ein. Endlich gelingt es. Der Spillkopf nimmt die Leine auf. Windung für Windung legt sich aneinander. Die

Landeklappe hebt sich vom Grund und bleibt in horizontaler Lage hängen. Klaus Wieck und der Leitende Ingenieur machen sich an das Richten der Laschen. Weithin dröhnen die Hammerschläge.

Das Schiff droht querzuschlagen, denn jetzt fehlt die Stabilisierung, die durch die auf dem Grund aufliegende Landeklappe gegeben war. Es muss dringend ablanden.

Der Kommandant erteilt die erforderlichen Befehle. Dumpf hämmern die Maschinen los. Langsam zieht die „Grimmen“ zurück in die tiefere See. Korvettenkapitän Biernath geht achteraus gegen die See an. So donnern die Wellen zwar mächtig gegen das Spiegelheck des Landungsschiffes, aber die Männer auf der hängenden Landeklappe bleiben trocken. Am Bug zischt die Schweißflamme auf. Bolzen und Laschen sind gerichtet.

Bei Seegang wahrlich keine leichte Arbeit. Endlich sind die Schweißarbeiten beendet. Nun kann auch das Hydraulikseil wieder eingesetzt und befestigt werden. Die Finger sind klamm, aber dann ist auch diese Arbeit geschafft. Das Seil ist wieder fest. Der Kommandant erteilt die Genehmigung zum Hieven. Mit Fingerspitzengefühl steuert Obermaat Lücke die Hydraulik. Langsam hebt sich die Klappe in gewohnter Weise. Die Behelfsleine wird gelöst. Dann geht der Hievvorgang weiter. Abgekämpft beobachten die Genossen, wie sich das Maul am Bug schließt. Sie haben Qualitätsarbeit geleistet. Die neue Verbindung hält die Last aus. Noch ein schmaler Spalt lässt das rötliche Licht der tiefstehenden Sonne in den Laderaum fallen. Dann schließt sich auch dieser, und in das Dunkel hinein hallt ein mehrstimmiges „Hurra“ der kleinen Schar. Die „Grimmen“ ist wieder einsatzklar. Mit großer Fahrt läuft das Schiff dem am Horizont entschwundenen Verband nach.

Fregattenkapitän a. D. Fritz Wehofsky

Die einzige ökonomische Einheit der Volksmarine – Landungsboote

Mitte des Jahres 1959 erhielt die Peene-Werft Wolgast den Auftrag, mit dem Bau eines Landungsbootes (LaBo) zu beginnen. Bis Ende Dezember 1962 liefen dann in schneller Folge zwölf Kleine Landungsschiffe vom Stapel und wurden in den Bestand der Volksmarine integriert.

Damit begannen die Probleme für die Verantwortlichen. Wo sollte man sie stationieren? In welchem Stützpunkt gab es zweckdienliche und ausreichende

Liegeplätze? Wo sollte man die Besatzungen während der Hafenliegezeiten unterbringen?

Das LaBo hatte zwar einige winzige Kammern und Notkojen an Bord, doch die konnte man allenfalls für die Ruhephasen der Freigänger auf See nutzen.

Da die Fragen nicht rechtzeitig geklärt werden konnten, wurden die zwölf Landungsboote faktisch zu Nomaden. Zunächst erhielten sie in der 4. Flottille Warnemünde-Hohe Düne „Asyl". Dann wurden sie an die am 1. Mai 1963 neu gebildete 6. Flottille abgegeben und in Parow, später in Bug/Dranske stationiert. Damit wurden sie den Stoßkräften der Volksmarine, also den Torpedoschnellbooten und Raketenschnellbooten zugeordnet. Dies war auch die Zeit, in der ich als Kommandeur der Landungsschiffabteilung eingesetzt wurde. Schon 1965 hatte der eigentlich lupenreine Verband der Sicherungskräfte, die 1. Flottille in Peenemünde, die Landungsboote zu übernehmen. Es gab wohl kaum einen Hafen bzw. Liegeplatz an der DDR-Küste, wo diese Landungsschiffe nicht, wenn auch nur kurzzeitig, stationiert waren.

Die ersten zaghaften Schritte und Übungen, vor allem das sehr schwierige gemeinsame Training mit den Soldaten des motorisierten Schützenregiments 28, hatte ich als Kommandeur zu verantworten. Mit nicht geringem Stolz führten wir im Februar 1963 auf Befehl des damaligen Interimschefs der Volksmarine, Konteradmiral Heinz Neukirchen, die Landungsboote dem Chef der sowjetischen Seekriegsflotte, Flottenadmiral der UdSSR S. G. Gorschkow vor. Dieser zeigte sich sehr interessiert, befand die Kleinen Landungsschiffe auch als zweckmäßig, bemängelte aber ihre viel zu geringe Geschwindigkeit von nur 10 Knoten. Die Schiffe, so Gorschkow, seien während der Anlandungsphase zu lange dem konzentrierten Feuer der Landungsabwehrkräfte ausgesetzt. Auf jeden Fall wurden sie dann auch nicht von den Flotten des Warschauer Vertrages in ihren Bestand übernommen, was sicherlich insgeheim sowohl von der Volksmarine als auch von der DDR-Schiffbauindustrie erhofft worden war. Vielleicht waren ja auch, wie sich bald zeigen sollte, die polnischen Schiffskonstrukteure und Werften schneller. Jedenfalls überraschten sie uns einige Zeit später mit den Landungsschiffen der „Grunwald"-Klasse bei gemeinsamen Manövern und Flottenbesuchen.

Im Sommer 1963 begann für die Landungsboote und ihre unerfahrenen jungen Kommandanten bzw. Besatzungen die aktive Truppenerprobung. In nur drei Sommermonaten hatten sie die Einsatzbereitschaft herzustellen. Erschwert wurde diese Phase noch durch Dreharbeiten des Armeefilmstudios der NVA, damals in Berlin-Treptow stationiert. Es sollte ein Lehrfilm entstehen, und die

Fregattenkapitän Fritz Wehofsky im Gespräch mit Offizieren der Landungssoldaten

von der Regie geforderten dauernden Wiederholungen der Anlande-Szenen, weil irgendetwas nicht geklappt hatte, „schlauchten" sowohl die Besatzungen als auch Landungssoldaten und Technik. Es erwies sich, dass verschiedene Kfz-Typen der Landstreitkräfte mit propellergekühlten Motoren nicht gerade „watfähig" waren und bei den Wasserdurchfahrten vom auf der Sandbank aufsitzendenden Landungsschiff bis zum Strand mit zerschlagenen Kühlern und Motorschäden liegen blieben. Die Besatzungen und die Kommandanten haben in dieser Vorbereitungszeit jedenfalls oftmals die Grenzen des Zumutbaren überschreiten müssen.

Der Grund für die große Eile in der Ausbildung lag darin, dass für den Herbst 1963 eine erste größere gemeinsame Anlandeübung der Flotten des Warschauer Vertrages an der polnischen Ostseeküste geplant war. Sie erhielt den Namen „Flut". Da noch keine polnischen Landungsschiffe zur Verfügung standen, hatten die deutschen Landungsboote mit polnischen Landungssoldaten Panzer T 34 mit aufgesessener Marineinfanterie „zu laden". Das Ganze wurde in einer Reedeübung im August 1963 an der Westerplatte bei schönstem Wetter schon einmal erprobt. Alles verlief tadellos. Die Landungsschiffe der Volksmarine landeten im befohlenen Seitenabstand und in zwei Wellen pünktlich am breiten Nordstrand der Westerplatte in der Danziger Bucht an und beherrschten auch problemlos die schwierige Phase der Ablandung ohne Technik. Und die Panzer rollten sicher der flachen Küste entgegen. Man war zufrieden.

Eine „Robbe" aus der Vogelperspektive

Zu diesem Zeitpunkt war auch bereits das Nullschiff des Mittleren Landungsschiffes Projekt „Robbe" von der Peene-Werft fertig gestellt worden. Es wurde unter dem Haudegen und Kommandanten Jonny John, der später die Yacht „Ostseeland" führte, nach Neufahrwasser überführt. Es machte ganz in der Nähe des einstigen Liegeplatzes des Linienschiffes „Schleswig Holstein" fest, das bekanntlich Ende August 1939 zu einem Flottenbesuch Danzigs dort angelegt hatte, um am 1. September überraschend die ersten Schüsse des Zweiten Weltkrieges abzugeben. Am Abend schaute sich Flottenadmiral Gorschkow mit seinem Gefolge auch dieses Schiff gründlich an. Sein Urteil muss jedoch nicht so honorig gewesen sein, denn auch von der „Robbe" baute die DDR dann nur eine begrenzte Zahl und konnte das Schiff nicht exportieren.

Als das Manöver „Flut" dann an der polnischen Küste bei Ustka stattfand, herrschte eine schwierige Wetterlage. Seitlicher Wind von achtern und eine hohe Brandung stellten die Truppe vor gewaltige Probleme. Doch der nun erreichte gute Ausbildungsstand der Besatzungen und die gesammelten Erfahrungen sicherten auch hierbei gute Ergebnisse. Bei dieser Anlandung zeichnete sich der Matrose Koschmieder aus, als er mutig in die Brandungswellen sprang, um drei polnische Soldaten vor dem Ertrinken zu retten.

Schließlich bestätigten die erreichten Ergebnisse der Flottenübung, dass die Peene-Werft Wolgast der Marine ein brauchbares, zuverlässiges und standhaftes Fahrzeug übergeben hatte. Dies zeigte sich auch bei einer kritischen Situation während einer anderen Anlandung während des Manövers „Baikal" 1966. Wiederum bei achterlicher See und starker Brandung überlief eines der Landungsboote seine schon gefierte Landeklappe. Diese brach daraufhin aus der Halterung und verschwand im Gischt. Der Laderaum lief voll Wasser. Dennoch wurde die Kampftechnik (ein Panzer T-34 und zwei SPW) „ausgeladen" und das Landungsschiff lief achteraus gegen die anrollenden Brandungswellen ankämpfend in tieferes Wasser, wo es Anker warf. Später, nach abflauendem Sturm, lief es sogar mit eigener Kraft in den Hafen von Ustka ein. Auch mit geflutetem Laderaum war das Schiff schwimm- und manövrierfähig geblieben.

Die Zweckmäßigkeit und Verwendbarkeit der Landungsboote wurden auch bei anderen Einsätzen dieser Schiffe bestätigt. Sie wurden z. B. für die Übernahme und den Transport von Kampftechnik von See an Land eingesetzt. Bei der Flottenübung der Volksmarine 1964 übernahm ein Landungsboot vom Frachter „Wismar" der Deutschen Seereederei auf hoher See mit dessen Ladegeschirr zwei Panzer T-34 und brachte sie an die Küste. In anderen Fällen fungierten sie als Transportschiffe für die Küstenraketen des Typs „Sopka", die zum Schießabschnitt von Warnemünde nach Baltijsk überführt werden mussten.

Auch die DDR-Wirtschaft nutzte die Zweckmäßigkeit der Kleinen Landungsschiffe der Volksmarine. Landungsboote wurden mehrfach für den Transport von ganzen Erdöl-Bohranlagen zur Insel Hiddensee verwendet. Auch Schaf- und Rinderherden sowie Pferde wurden „übernommen" und zu den Weideplätzen auf der Greifswalder Oie und sicher zum Kirr, einer Insel im Barther Bodden vor Zingst, gebracht.

Fregattenkapitän a. D. Norbert Cziselsky

Mit den Landungsschiffen durch Dick und Dünn

Im Herbst 1963 wurde ich zur Baubelehrung nach Wolgast versetzt. Es ging um die Übernahme eines LSM, also eines Mittleren Landungsschiffes des Projektes „Robbe".

Die Indienststellung dieses dritten Schiffes erfolgte am 1. Mai 1964. Im Vergleich zu den Kleinen Landungsschiffen (LaBo), auf denen ich zuvor gedient hatte, waren die LSM „Robbe“ sehr ansehnliche Schiffe und als Kommandant war ich darauf sehr stolz. Mit der technischen und nautischen Ausrüstung war ich zu damaliger Zeit sehr zufrieden. Die „Robbe“ hatte einen zuverlässigen Kreiselkompass sowie einen richtigen Magnetkompass, ein Echolot, ein Log und sogar Radar. (Heute sind selbst kleinste Yachten schon besser ausgerüstet und verfügen über Satellitennavigation – GPS). Auch gab es einen Kartenraum mit Kartentisch auf der Brücke.

Doch auch die Unterkünfte der Besatzung, die zwar mit ihren blanken Blechwänden einem Kriegsschiff entsprachen, waren großzügiger und zweckentsprechender als auf den Kleinen Landungsbooten.

Die „Robbe“ als Zweischrauben-Schiff ließ sich ähnlich manövrieren wie sein Vorgänger. Es hatte auch einen sehr geringen Tiefgang und besaß einen flachen Schiffsboden. Bei achterlichem Wind und auslaufendem Strom wurde die Brückendurchfahrt in Wolgast mitunter zum Problem, weil das Schiff mit seiner großen Windangriffsfläche und dem geringen Tiefgang über die Wasseroberfläche „dahinsegelte.“ Mitunter kam es dann auch aus diesen Gründen zu leichten Kollisionen mit der alten Brücke in Wolgast. Generell aber entsprach die Konstruktion völlig den Anforderungen der vorbestimmten Hauptaufgabe, nämlich die An- und Ablandung an flachen Sandstränden.

Auch bei starkem Wind und Seegang Stärke 3 bis 5 lag das Schiff gut in der See, selbst wenn man glaubte, die „Robbe“ hätte bei starken Krängungen und beim Stampfen schon die Grenzen überschritten. Oft konnte ich beobachten, dass sich das Schiff sogar in sich bog.

Ein besonderes Erlebnis war für mich die Teilnahme am Manöver „Kaschalot“ an der polnischen Ostseeküste. Als der Landungsverband sich der Küste näherte, war schon von Weitem zu erkennen, wie die See heftig gegen bereits quer geschlagene polnische und sowjetische Landungsschiffe schlug. Zum Teil waren diese Schiffe regelrecht quer auf den trockenen Strand gedrückt worden. Unsere Landungsboote und „Robben“ liefen als dritte und vierte Welle an, durchbrachen die starke Brandung und landeten sicher an. Dann spitzte sich die Situation aber doch zu, da die Brandung auch nach dem Aufsitzen noch immer durch das Schiff lief. Das Schiff hob und senkte sich stark, die ausgebrachte Landeklappe fand keinen Halt auf Grund, das Schiff war aber mittschiffs fest gekommen. Die auflaufende See aber schlug heftig gegen das senkrechte Spiegel-Heck. Die Landeklappen wurden gesenkt und es kam auch kein Befehl zum Abbruch der Landung, obwohl die Materialschäden schon sehr hoch und bereits weithin sichtbar waren. Die Schiffe wurden dann mit Maschinenkraft in Vorausrichtung und mit dem Vorschiff aufsitzend stabil

Ein Mittleres Landungsschiff des Projekts „Robbe“ aus der Vogelperspektive

gehalten. Doch die Technik konnte nicht entladen werden, wollte man nicht die Soldaten und das kostbare Material in der hohen Brandung verlieren. Daher wurden erst einmal die Kampfschimmer, die nach den Erfahrungen des Manövers „Flut“, währenddessen drei polnische Soldaten um ein Haar ertrunken wären und von unserem deutschen Matrosen Koschmieder gerettet wurden, an Bord waren, angeseilt und über die Landeklappen in die brodelnde See gelassen. Sie sollten den Grund zwischen Schiff und Strand erkunden. Quer zum Strand lief eine starke Strömung, die unsere Situation noch weiter verkomplizierte. Als wir die Kampfschwimmer wieder wohlbehalten an Bord hatten, waren wir erleichtert. Inzwischen kamen sich die in etwa 100 Meter Abstand nebeneinander angelandeten „Robben“ durch immer größere Querlagen gefährlich nahe. Es drohten schwere Kollisionen. Große Gefahren entstanden auch durch die zunehmende Versandung der Kühlwasserpumpen. Dadurch hätte es unweigerlich zu Totalausfällen der Hauptmaschinen mit nicht mehr überschaubaren Folgen kommen können. In den Laderaum des Führerschiffes, auf dem sich der Brigadechef befand, drang Wasser. Es stand schließlich ein bis zwei Meter hoch.

Schließlich kam dann doch der Befehl zum Abbruch. Trotz der schweren See gelang es allen Kommandanten, ihre Schiffe wohlbehalten in den Hafen zu führen.

Hinter all diesen Begebenheiten stehen pflichtbewusste Menschen, die ich nicht vergessen möchte. Ihrem hohen persönlichen Einsatz und ihrer seemännischen Umsicht ist es zu danken, dass die damals gestellten Aufgaben mit der ihnen anvertrauten Technik auch erfüllt werden konnten.

Fregattenkapitän a. D. Peter Rußbild

Auf U-Boot-Jagd in der Ostsee

Das UAW-Schiff „Hai"

Am 28. Februar 1984 folgten einige Marineoffiziere – ehemalige „Hai-Fahrer" – der Einladung des Chefs der 1. Flottille und versammelten sich in Peenemünde am Liegeplatz des UAW-Schiffes 215 „Sternberg". Nach dem Seeklarmachen, was von uns „Alten Hasen" natürlich kritisch beobachtet wurde, legte das Schiff ab. Die meisten Kameraden hatten sich über Jahre nicht gesehen und so nutzten wir die Revierfahrt auf der Peene, um alte Erlebnisse unserer gemeinsamen Bordfahrzeit aufzufrischen.

Im freien Seeraum wurde die Gasturbine gestartet und das doch schon recht alte Schiff erreichte noch eine Geschwindigkeit von stolzen 30,5 sm/h. Alle Waffen und technischen Anlagen waren ebenfalls noch voll einsatzbereit. Zum Abschluss der Übungsfahrt wurde der Angriff auf ein imitiertes U-Boot durchgeführt, wobei eine ganze Salve reaktiver Wasserbomben (20 Stück) eingesetzt wurde.

Mit dieser letzten Fahrt der „Sternberg" ging damals die Ära der U-Jäger „Hai" zu Ende. Das Schiff machte am Liegeplatz in Peenemünde fest und die Dienstflagge wurde niedergeholt. Alle Beteiligten beschlich ein beklemmendes Gefühl. Nach fast 20 Jahren Dienstzeit wurde der letzte U-Jäger „Hai", einsatzklar mit Einsatzklarzustand (EKZ) Eins, außer Dienst gestellt und verschrottet.

Im Oktober 1968 hatte ich den U-Jäger 433 (12 404) „Sternberg" als Kommandant übernommen. Zu diesem Zeitpunkt waren die „Kinderkrankheiten", die ja einem neuen Schiffstyp zumeist noch anhaften, schon weitestgehend beseitigt. Der U-Jäger „Hai" (Projekt 12.4 M) war speziell für den Einsatz gegen U-Boote der NATO in der Ostsee konzipiert und verfügte damals auch über ausreichende Gefechtsmöglichkeiten. Mit anderen Worten, er war eine Antwort der Volksmarine auf das U-Boot-Bauprogramm der Bundesmarine.

Mit der Hydroakustischen Anlage „KLA-58" wurden gute Ergebnisse bei den „Taktischen Trainings" der UAW-Kräfte und im Gefechtsdienst erzielt. Die fehlende „absenkbare hydroakustische Anlage" musste allerdings durch das Zusammenwirken mit UAW-Hubschraubern und deren Abwurf von hydroakustischen Funkbojen im Suchgebiet kompensiert werden. Die Funkmessanlage „Reja", bei ihrem Einbau bereits veraltet, gewährleistete dennoch die navigatorische Sicherstellung im Seebetrieb. Zur Bekämpfung von U-Booten standen die reaktiven Wasserbombenwerfer 4 x RBU-1200 und 2 x Wasserbombenabrollbahnen zur Verfügung, die sich als zuverlässig erwiesen hatten.

Peter Rußbild

Der Wasserbombenwerfer RBU-1200 konnte allerdings nur vertikal und nicht horizontal bewegt werden. Dieser Umstand wirkte sich negativ beim Angriff auf ein U-Boot aus, da das Schiff auf den Gefechtskurs eingedreht werden musste und der „Jäger" dem „Gejagten" damit sofort seine Angriffsabsicht verriet. Trotz dieses Nachteils wurden beim 2. Taktischen Training der UAW-Kräfte vom 10. bis 17. April 1977 von 133 Übungsangriffen auf ein U-Boot der Vereinten Ostseeflotten (VOF) insgesamt 111 Treffer registriert. Die Artilleriebewaffnung mit 2 x 30 mm Waffen (AK-230), Visiersäule „Kolonka" und Feuerleitanlage System MR 104 konnte gegen Luft- und Seeziele eingesetzt werden. Schießaufgaben auf geschleppte Luftziele und auf Seezielscheiben wurden mit guten Ergebnissen erfüllt.

Ein U-Jäger „Hai" feuert eine Salve reaktiver Wasserbomben ab.

Eine Abteilung der U-Jäger „Hai" beim Auslaufen in Peenemünde

Die Gasturbinenlage (Pirna 051), übrigens eine Meisterleistung der Konstrukteure in den 1960er Jahren, verlieh dem Schiff eine Geschwindigkeit bis zu 32 sm/h. Dies gab den U-Jägern die Möglichkeit, in kürzester Zeit das Seegebiet zu wechseln und erfolgreich zur U-Boot-Suche auf Anruf eingesetzt zu werden. Besondere Bedeutung hatte die Geschwindigkeit für die Erfüllung von Aufgaben im Gefechtsdienst, also bei der Erfüllung von Begleit- und Beobachtungsaufgaben gegenüber in der Operationszone der Volksmarine handelnden Schiffen der NATO.

In den Jahren des Kalten Krieges bestand unsere Hauptaufgabe darin, U-Boote der NATO bei der Entfaltung in die östliche Ostsee zu begleiten und an der Grenze unserer Verantwortungszone an die Seekriegsflotte Polens oder an die Baltische Rotbannerflotte zu übergeben. Diese „Gefechtsdienstaufgaben" wurden ständig mit hohem Einsatz der Besatzungen erfüllt und forderten sowohl von Mensch als auch vom Schiff viel ab.

Am 11. Juni 1976 bekamen wir den Befehl zur U-Boot-Suche in der Arkonasee. Im Seegebiet klärten wir vier dänische U-Boote in Begleitung eines Minenlegers auf. Die Gelegenheit nutzten wir zu einer zusätzlichen „Trainingseinheit", da die Volksmarine ja über keine eigenen U-Boote verfügte. So begleiteten wir die U-Boote in Überwasser- und Unterwasserlage und diese nutzten uns wahrscheinlich als Zielschiffe, denn plötzlich tauchte an unserer Backbordseite ein Übungstorpedo auf. Zum Glück wurde kein Schaden angerichtet.

Der U-Jäger „Hai" war auch geeignet zum Legen von Minen. Dazu waren die Schiffe mit 2x17 m fest installierten Minenschienen ausgerüstet. Es konnten alle in der Bewaffnung der Volksmarine befindlichen Ankertau – und Grundfernzündungsminen transportiert und verlegt werden. Die Schiffe waren vorrangig zum Legen von Verteidigungs-U-Boot-Abwehr- und Landungsabwehr-Minensperren vorgesehen. Aufgrund ihrer hohen Geschwindigkeit konnten sie auch zum offensiven Minenlegen eingesetzt werden.

Anfängliche Probleme mit der Gasturbinenlage waren 1968 im Wesentlichen überwunden. Im Juni 1972 fuhr ich mit vier U-Jägern „Hai“ von Tonne Baltijsk bis Tonne Osttief 6,5 Stunden mit Gasturbine ohne jegliche Störung. Die kompakten Aufbauten des U-Jägers „Hai“ waren dem Schutz vor ABC-Waffen geschuldet. Jede überflüssige Öffnung am Schiffskörper wurde beim Bau der Schiffe vermieden. Eine Wassersprühanlage, die sich über das gesamte Schiff verteilte, gestattete sogar die Durchquerung von mit ABC-Waffen verseuchten Seegebieten. Diese relativ hohen und geschlossenen Aufbauten des Schiffes boten dem Wind jedoch wiederum eine große Angriffsfläche und erschwerten das Manövrieren im Hafen und in engen Gewässern, zumal in diesen Bereichen nur die Mittelmaschine (Diesel) zur Verfügung stand. Die Verstellpropeller der U-Jäger „Hai“ erwiesen sich als sehr empfindlich bei Eisgang. Schon geringe Deformierungen der Flunken konnten größere Schäden an den Lagern der Wellenanlagen hervorrufen. Deshalb wurde für den Gefechtsdienst je eine U-Boot-Such- und Schlag-Gruppe (USSG) bestehend aus vier U-Jägern „Hai“ im Winterhalbjahr in den Hafen Sassnitz verlegt, der durch die Fährverbindung „Sassnitz-Trelleborg“ stets eisfrei blieb. Bei unzähligen Einsätzen während der taktischen Trainings der UAW-Kräfte östlich Bornholms und im Gefechtsdienst bei der Suche und Verfolgung von U-Booten hat der U-Jäger „Hai“ seine gute Seetauglichkeit bewiesen. Vor Anker war das Schiff allerdings ein „Spielball“ der Wellen, und der Kränkungswinkel bei grober See war oft extrem. Doch wir erreichten immer den sicheren Hafen.

Ein Beispiel des soliden Schiffbaues der Peene-Werft in Wolgast belegte der Verlauf der Havarie der Schiffe 433 und 413 am 12. Oktober 1973. Auf der Überfahrt von Hel nach Peenemünde kam es um 03:56 Uhr östlich der Greifswalder Oie zu einer folgenschweren Kollision. Der U-Jäger 413 lief mit 15 kn auf den mit gestoppter Maschine treibenden U-Jäger 433 mittschiffs auf. Nach den Meldungen, die auf dem Hauptbefehlsstand kamen, zeichnete sich eine äußerst kritische Lage ab. In den Abteilungen V, VI und VII wurde Wassereinbruch festgestellt und die Stromversorgung war ausgefallen. Die Leck- und Stabilitätsinformation des Schiffes ging davon aus, dass zwei Abteilungen mit Wasser gefüllt sein konnten und das Schiff dann noch schwimmfähig blieb. Nun waren bereits drei Abteilungen vollgelaufen. Ständige Messungen der Freibordhöhe ergaben, dass das Schiff dennoch schwimmfähig blieb. Mit Hilfe eines Schleppers erreichten wir schließlich gegen 8 Uhr den Hafen Peenemünde. Die 433 war endlich am Pier fest. Obwohl ich alle Vorkehrungen zum sofortigen Verlassen des Schiffes getroffen hatte, waren wir erleichtert.

Die Dienst- und Lebensbedingungen auf dem U-Jäger „Hai“ stellten gegenüber dem sowjetischen Vorgängertyp 201 M eine qualitative Verbesserung dar. Obwohl ich der Kommandantenkammer auf dem U-Jäger 201 M etwas nachtrauerte. Entsprechend seiner Größe, Aufgabenstellung und Einsatzdauer in See waren die Dienst- und Lebensbedingungen auf dem „Hai" gut. Mit der Indienststellung des U-Jägers „Hai" Mitte der 1960er Jahre hatte die Peene-Werft in Wolgast der Volksmarine ein modernes und zuverlässiges Schiff übergeben.

Fregattenkapitän a. D. Klaus Martin und
Fregattenkapitän a. D. Wolfgang Rusch

Im Schlepp von Sewastopol nach Warnemünde

Im Juli 1978 wurde in Warnemünde das erste Schiff des Projektes 1159 als Küstenschutzschiff (KSS) „Rostock" in Dienst gestellt. Die Werft dieser ausschließlich für den Export gebauten Schiffe, die u. a. auch die jugoslawische und kubanische Marine erhielten, befand sich im Schwarzen Meer. Während die später der Volksmarine übergebenen Schiffe „Berlin" und „Halle" über die Binnenwasserstraßen der Sowjetunion zu Komplettierungswerften an der Ostseeküste und von da aus nach Warnemünde gelangten, wurde die Baunummer 1159/1 in Verantwortung der sowjetischen Seite von Sewastopol durch das Mittelmeer und weiter bis Warnemünde geschleppt. Sinn der Sache war wohl, die Hauptmaschinen mit möglichst geringen Maschinenstunden an den neuen Eigner zu übergeben. Dass man damit aber die Hilfsmaschinen einer besonderen Tortur aussetzte, spielte entweder nur eine untergeordnete Rolle oder wurde einfach nicht bedacht. Aber Schwamm darüber!

An der eigentlichen Aufgabe, die lange Überführungszeit zu nutzen, um sich mit dem Schiff vorab gründlich vertraut zu machen, nahm auch eine Gruppe der Volksmarine teil. Von der zukünftigen Besatzung waren das die Kommandeure der Gefechtsabschnitte I, IV und V, Joachim Klaus, Klaus Martin und Fritz Schmökel sowie der BMSR- Techniker „Luczi" (Stabsobermeister Luczak). Kommandant war Günter Senf. Aus verschiedenen Stäben bzw. Fach-Diensten stiegen Wilfried Beloch, Dietrich Mahlkow und Wolfgang Rusch ein. Fred Fleischer, Spezial-Propagandist des Kommandos der Volksmarine, war für die politische Arbeit eingesetzt und erfüllte zusätzlich Aufklärungsaufgaben. Dazu war er von der Abteilung Aufklärung des Kommandos mit hochwertiger japanischer Fototechnik ausgerüstet worden.

Die Reise begann am 13. Mai 1978 ganz unspektakulär ab Hauptbahnhof Rostock mit dem D 523 nach Berlin. Auf dem Flughafen Berlin-Schönefeld wartete der Flug SU 114 mit dem Ziel Moskau auf uns. Beim Einchecken gab es unverständlicherweise Vorbehalte des Zolls gegen eine kleine Reiseschreibmaschine, die Wolfgang Rusch mitführte. Es gelang aber, die Zöllner davon zu überzeugen, dass sie wirklich dienstlichen Zwecken diente und nicht zum Verhökern bestimmt war. In Moskau übernachteten wir und weiter ging es am 14. Mai mit dem Flug Moskau-Simferopol. Hier landeten wir gegen 14 Uhr und wurden von Korvettenkapitän Stepanow, Chef einer U-Jagd-Abteilung, empfangen. Sein Spitzname war, wie wir später erfuhren, Papa. So werden wir ihn in unserem Reisebericht auch weiter nennen. Er stellte sich als Verantwortlicher für die Überführung und die spätere Übergabe des KSS an die Volksmarine vor. Nach Landessitte bewirtete uns Papa mit sehr hochprozentigem Feuerwasser, bevor und während es per Bus entlang der Schwarzmeerküste durch den Kurort Jalta und vorbei am riesigen Pionierlager „Artek" weiter nach Sewastopol ging.

Klar, dass wir sehr gespannt auf unser zukünftiges Schiff waren. Als wir an Bord eintrafen, ging es dort noch ziemlich unruhig zu. Die Vorbereitungen für die Überfahrt waren noch in vollem Gange. Unsere Unterbringung erfolgte in Zwei-Mann-Kammern im Offiziersdeck. Hier war alles tipptopp vorbereitet und wir brauchten nur noch unsere persönlichen Utensilien verstauen. Für die Überführung war eine Besatzung zusammengestellt, die zwar nicht ganz Gefechtsstärke erreichte, aber durchweg aus erfahrenen Matrosen, Unteroffizieren und Offizieren bestand. Zugestiegen waren außerdem einige Zivilisten. Wie wir bald erfuhren, handelte es sich um Service-Personal für die Hauptbewaffnung bzw. wichtige technische Anlagen. Sie waren für diese Aufgabe direkt von den jeweiligen Herstellerfirmen abgestellt worden. Einige der als GA-Kommandeur eingesetzten sowjetischen Offiziere und einige der Spezialisten blieben für zehn Monate in Warnemünde und unterstützten unter Führung von Korvettenkapitän Stepanow die deutsche Besatzung bei der schnellen Beherrschung ihres Schiffes. Am Abend zeigte uns Papa die Stadt. Dann ging es gemeinsam in ein gemütliches Restaurant und erst als dieses schloss, kehrten wir ziemlich „knülle" an Bord zurück.

Auslauftag war der 15. Mai. Fregattenkapitän Fleischer überraschte mit dem Vorschlag, eine zeitweilige Parteigruppe zu bilden, um die Überfahrt auch zur regelmäßigen politischen Arbeit zu nutzen. Die Notwendigkeit verstand zwar keiner so richtig, aber wie damals eben üblich, traute sich auch niemand, dagegen zu sprechen. Schließlich kam Fred Fleischer ja von der Politischen

Die Gruppe deutscher Offiziere und ihr sowjetischer Betreuer, die das Küstenschutzschiff 1159 im Schlepp nach Rostock überführte.

Verwaltung des Kommandos der Volksmarine und musste es wissen. Also wurde die Gruppe durch einstimmigen Beschluss sanktioniert. Fritz Schmökel trat das Amt des Parteigruppenorganisators an, Fred Fleischer wurde sein Stellvertreter. Aus heutiger Sicht gesehen hatten wir mit der Bildung dieser Gruppe ein echtes Selbsttor geschossen, was sich noch zeigen sollte.

Bis zum Auslaufen verblieb noch etwas Zeit. In kleinen Gruppen gingen wir nochmals in die Stadt und kauften Souvenirs für unsere Lieben zu Hause ein. Kaum zurück an Bord begannen schon die Grenzformalitäten. Auch der Zoll überraschte mit einer Kontrolle. Schmuggelware wurde nicht gefunden. Wilfried Beloch hatte sich einen kleinen Kühlschrank für seine Laube gekauft und diesen mit Hilfe der Stammbesatzung „zollsicher" in der Bilge versteckt. Irgendwie kam die Sache dem Stellvertreter des Parteiorganisators zu Ohren, der sofort eine erste Beratung verlangte, um das Fehlverhalten des Genossen Beloch parteilich zu ahnden. Begründung: Durch solche Einkäufe werde dazu beigetragen, im sozialistischen Bruderland Engpässe an Waren des täglichen Bedarfs zu vergrößern. Ziemlich weltfremd diese Meinung. Die meisten von uns, vor allem die KSS-Fahrer waren schon oft dienstlich in der SU gewesen, hatten dort eingekauft, was es bei uns zu Hause schlecht, gar nicht oder nicht so billig gab. Und so wussten wir, dass Kühlschränke oder E-Heizungen in Massen in den Geschäften standen. Und wenn wir ganz tief in uns hineinhorchten, waren wir viel größere Engpass-Sünder als Wilfried. Wie sollte man ihn da verurteilen? Er kam also ungeschoren davon.

Kaum war die Sache abgehakt und als hätten wir daraus nichts gelernt, begingen wir schon die nächste kleine Verfehlung. Die letzten Rubel wurden an einem liegeplatznahen Kiosk zu Wodka veredelt und in einem Koffer durch Werk-Personal und unauffällig an Bord gebracht, denn laut Befehl bestand strengstes Alkoholverbot auf dem Schiff. Diesmal blieb die Aktion unbemerkt. Die Parteigruppe musste nicht bemüht werden. Außerdem wäre zu damaliger Zeit in der Sowjetunion alles möglich gewesen, aber kein Engpass an Wodka. Von der Ära Gorbatschow ahnte man noch nichts.

Inzwischen war der Schleppzug klar zum Ablegen. Auf dem KSS war eine Drei-Punkte- Befestigung für die Schleppleine aufgeschweißt. Die Schleppverbindung wurde hergestellt. Nach offizieller Verabschiedung durch höhere Offiziere der Schwarzmeer-Flotte, bekamen die Stammbesatzung und das Werftpersonal noch kurz Gelegenheit, von den auf der Pier versammelten Angehörigen Abschied zu nehmen.

Um 14.40 Uhr Ortszeit nahm der Hochsee-Schlepper „Wladimir Rusanow" unter den Klängen eines Militärorchesters langsam Fahrt auf. Die Schleppleine kam steif. Sacht driftete der Bug des KSS von seinem Liegeplatz weg. Der Schleppzug setzte sich in Bewegung. Die Musik auf der Pier wurde leiser und leiser. Nachdem wir den Hafen von Sewastopol verlassen hatten, empfing uns das Schwarze Meer. In einiger Entfernung passierte uns der gerade in Dienst gestellte Flugzeugträger „Minsk" mit Kurs Sewastopol.

Bei ruhigem, sonnigem Wetter und mit fast 8 kn sollten wir zwei volle Tage bis zum Bosporus benötigen. Noch begeisterten wir uns an den rasanten Sprüngen flinker Delphine, die uns gelegentlich begleiteten. Später wurde das zur Normalität. Tagsüber machten wir uns allgemein mit dem Schiff und jeder speziell mit der Technik seines Abschnittes vertraut. Die heißesten Stunden wurden zum ausgiebigen Sonnenbaden genutzt. Zwei an Oberdeck installierte Duschen sorgten für Abkühlung. Erste Freundschaften mit der Stammbesatzung und mit Werks-Spezialisten wurden geschlossen. Schließlich war am Horizont die türkische Küste schwach zu erkennen. Wir näherten uns der Grenze zwischen Europa und Asien. Da wir uns in Küstennähe nicht in Volksmarine-Uniform an Oberdeck zeigen sollten, halfen uns die Industrie-Spezialisten mit zivilen Kleidungsstücken aus. So getarnt liefen wir am 17. Mai in die Meerenge ein. Schon ab der Passage des Bosporus wurde unser Schleppzug pausenlos durch NATO-Kräfte aufgeklärt bzw. begleitet. Man wusste wohl nicht so recht, welches Endziel die Fahrt hatte. Zumindest war das aus einem Artikel der BRD-„Marinerundschau“ zu vermuten, der uns nach dem Ende der Fahrt in Warnemünde zugänglich gemacht wurde. Vorrangig dürfte es aber wohl um Aufklärungsdaten zum Schiff selbst gegangen sein. Im Bosporus umkreisten uns pausenlos mehrere Motor-Jachten. „Da ist ja auch ‚Onkel Wanja‘!“ Papa machte uns auf ein größeres Boot aufmerksam und erklärte, dass es mit Aufklärungspersonal der türkischen Flotte – möglicherweise auch mit Amerikanern – in Zivil besetzt sei. Onkel Wanja war wirklich äußerst lästig. Es gab wohl keinen Zentimeter an Bord des KSS, der nicht gefilmt wurde. War kurze Zeit mal ein Schott auf, stand Onkel Wanja querab und riesige Teleobjektive versuchten einen Blick ins Innere des Schiffes zu gewinnen. Vermutlich wollte man auch Schiffsfelder einmessen, denn anders waren einige riskante Manöver und Annäherungen des Aufklärers nicht zu erklären. Onkel Wanja begleitete uns bis hinter die Europabrücke und hat bei seiner Arbeit bestimmt einige Kilometer Film verbraucht.

Doch schließlich nahm uns die herrliche Silhouette von Istanbul gefangen. Ein offensichtlich Geschichtskundiger unter den Spezialisten erzählte aus der Historie. Byzanz oder Konstantinopel sind alte Namen der Stadt, in der schon Griechen und Römer Geschichte geschrieben hatten. Als das römische Weltreich zerfiel, ließen sich die Kaiser des Oströmischen Reiches krönen, ehe die osmanischen Sultane ihre Rossschweif-Banner hier aufpflanzten und Istanbul zur Hauptstadt eines riesigen Reiches machten. Europa an Steuerbord und Asien an Backbord und alles zum Greifen nah! Moscheen mit schlanken Minaretten – herausragend die prächtige Suleiman-Moschee – Paläste, Uferpromenaden, Wohngebiete, grüne Parks, Industrie- und Hafenanlagen glitten langsam vorüber.

Vor uns tauchte die eindrucksvolle Europabrücke auf. Zwischen den Kontinenten ein reger Schiffsverkehr mit teilweise abenteuerlichen Fahrzeugen. Doch allmählich traten die Ufer zurück. Das Fahrwasser wurde breiter. Das Marmarameer lag vor uns.

An einigen größeren Inseln vorbei, erreichten wir in aller Frühe des 18. Mai die Dardanellen, ein zweites kanalartig enges aber weniger interessantes Fahrwasser zwischen dem osteuropäischen und westasiatischen Teil der Türkei. An Steuerbord-Seite auf der Halbinsel Gallipoli verabschiedete uns das Tor Europas, ein riesiges Denkmal für 55 000 türkische Soldaten, die 1915 bei der Verteidigung der Dardanellen gefallen waren. Irgendwo auf der Backbordseite musste das legendäre Troja liegen.

Das Interesse der gegnerischen Aufklärung hatte zwischenzeitlich erst

Das Küstenschutzschiff Projekt 1159 „Rostock“ kam im Schlepp aus dem Schwarzen Meer nach Warnemünde.

einmal deutlich nachgelassen. Erst als wir am 19. Mai in der Ägäis standen, kamen wieder „Gäste“. Griechische Zerstörer beschnupperten uns. Auch ein U-Boot war zu beobachten. Mehrmals überflogen uns griechische Maschinen. Dann wurde es wieder ruhiger. Vermutlich begleiteten uns die Griechen von den vielen Inseln aus ununterbrochen mit Funkmess. Das war weit weniger aufwendig, als ständig ein Schiff am Schleppzug zu haben. Erst nachdem wir die Inselgruppe der Kykladen passiert hatten und das offene Mittelmeer erreichten, wurde die andere Seite wieder aufdringlicher. Auch die ersten Aufklärungsflugzeuge der 6. US-Flotte tauchten auf.

Am 20. Mai, wir standen zwischen dem Peloponnes und der Insel Zypern, kreuzte ein Verband von NATO-Kriegsschiffen unseren Kurs. Obwohl der Schleppzug deutlich die vorgeschriebenen Zeichen fuhr und als solcher auch unschwer zu erkennen war, wich der Verband nicht aus. Es kam zu einer gefährlichen Annäherung. Um eine Kollision zu verhindern, musste der Schlepper die Fahrt aus dem Schiff nehmen. Dadurch lief das KSS, das seine Maschinen nicht einsetzen konnte, gefährlich nah auf. Die Situation wurde so aber bereinigt. Entweder hatte die andere Seite geschlafen oder sie beherrschte die international gültigen Ausweich-Regeln nicht oder es war Absicht, den Schleppzug zu behindern. Das waren genau die Situationen, die wir oft genug selbst in der Ostsee erlebt hatten und die es einfach nicht gestatteten, auch nur das geringste Vertrauen zur NATO aufzubauen.

Aber es sollte nicht die letzte knifflige Situation gewesen sein, die mit der Aufklärung durch den „Gegner" zusammenhing. Zunächst einmal waren es seine Fliegerkräfte, die mehrmals täglich gegen jegliche internationale Gepflogenheiten verstießen, den Schleppzug in geringster Höhe überflogen. Als das nach einigen Tagen urplötzlich aufhörte und sich die Flieger im akzeptablen Abstand hielten, teilte uns Papa mit, dass er beim Stab der Flotte um diplomatische Einflussnahme ersucht hatte. Zwischen den NATO- und den sowjetischen Verbänden, die sich im Mittelmeer gegenseitig belauerten, gab es kurze Dienstwege. Die Stammbesatzung vermutete allerdings noch einen weiteren Grund für die Wandlung: Papa hatte mehrmals – das haben wir auch selbst beobachten können – Leuchtraketen in Richtung besonders aufdringlicher Piloten gefeuert. Wohl mit Erfolg.

Für uns etwas unverständlich legten UAW-Flugzeuge der NATO mehrmals Bojenfelder um den Schleppzug. Die Freunde klärten uns auf: Sowjetische U-Boote hatten sich in der Vergangenheit mehrmals organisiert oder „operativ" unter Überwasserschiffen laufend der gegnerischen Aufklärung entzogen. Da wollte man sichergehen, dass nicht auch unter uns ein dicker Fisch schwamm. Eine der hydroakustischen Überwachungsbojen, die Unterwassergeräusche aufspüren sollte, wurde von uns gefischt und später in Warnemünde dem Kommando der Volksmarine übergeben.

Am 21. Mai hatten wir den ersten Sonntag auf See. Das Wetter zeigte sich von der besten Seite. Der Schlepper stoppte und mit dem Verkehrsboot des KSS wurden neue Filme abgeholt. Die anderen kannten wir schon fast auswendig und hätten mitspielen können. Täglich liefen zwei Vorführungen, die erste nachmittags in der Mannschaftsmesse und eine zweite spät abends an Oberdeck. Jeder Film begann erst dann, wenn Papa Platz genommen hatte. Besonders beliebt bei der Crew waren Budjonny-Filme. Bei den Gefechten und Schlachten des legendären Reitergenerals ging die Besatzung so richtig mit. Auf der ganzen Fahrt sollte es nur zwei Tage ohne Filmvorführung geben – viel später bei einem schweren Sturm in der Nordsee.

Bedingt durch die gemächliche Fahrt hatte sich nach wenigen Tagen eine gewisse Routine eingestellt. Der Tagesablauf war immer gleich. Nach dem Frühstück wurde gebüffelt, was heißt, dass wir uns mit der Technik und ihren Einsatz-Grundsätzen vertraut machten. Stammbesatzung und Werftspezialisten halfen bereitwillig, denn jeder freute sich über kleine Abwechslungen. Zeit war genügend vorhanden. Deutsche Ausbildungs-Dokumentation war zu erarbeiten. Im Ein-Finger-Such-System klapperte die vom Zoll in Schönefeld so argwöhnisch betrachtete Schreibmaschine fast den ganzen Zag. Dass seine GA- Kommandeure nicht faulenzten, dafür sorgte schon Günter Senf mit

Ein Foto zur Erinnerung, vorsichtshalber auf See und am Heck des neuen Küstenschutzschiffes aufgenommen, um die Geheimhaltung zu wahren.

gelegentlichen Examina. Nach dem Mittagessen kleine Erholungspause in südlicher Sonne. War der Nachmittagsfilm beendet, verblieb bis zum Abendbrot noch etwas Zeit, die meist zum Lernen genutzt wurde. Nach dem Abendbrot war Freizeit angesagt, manchmal auch politische Arbeit. Fred Fleischer erläuterte das gerade erschienene Buch „Die Seemacht des Staates". Flottenadmiral Gorschkow, amtierender Chef der Sowjetischen Seekriegsflotte, begründete und erläuterte darin die Grundzüge der sozialistischen Seekriegs-Doktrin. Durch die ständigen Aufklärungsprovokationen half uns die NATO, den Gedanken des Buches zu folgen. Vor dem Schlafengehen gab es noch den „Wetschernij Tschaj" also den abendlichen Tee, vergleichbar mit dem bei uns üblichen Mittelwächter. Dazu wurde ein wunderbares Brot gereicht. Es war mit Alkohol gebacken und konserviert. Vor dem Verzehr kurz aufgewärmt und frisch aus dem Ofen geholt, entwickelte es einen vorzüglichen Geschmack. Unbewusst zogen wir uns anfangs den Unmut der sowjetischen Offiziere zu. Wir aßen so viel davon, dass für die von Wache kommenden nichts mehr oder nur noch zu wenig da war. Aus Höflichkeit schwiegen unsere Gastgeber aber. Erst als wir uns vorsichtig nach dem Grund der finsteren Mienen erkundigten, konnten wir den Fehler ausbügeln und hielten uns zukünftig zurück, auch wenn es schwer fiel.

An die sonst übliche Bord-Verpflegung hatten wir uns inzwischen gewöhnt. Wir waren ja durch die Vorbereitungs-Maßnahmen in Baku und Poti trainiert. Das, was bei uns zu Hause die Kartoffel war, wurde durch Brot ersetzt. Fast jedes Gericht bestand aus sehr, sehr viel Wasser. An Kascha, den berüchtigten Graupen, führte kein Weg vorbei. Am besten mundeten noch die dürren „Presshühner", wie wir das Geflügel getauft hatten, was ganz entfernt an Broiler erinnerte. Dass im stark verdünnten Kompottsaft manchmal nur eine einzige Pflaume schwamm, damit musste man sich abfinden. Insgesamt konnte man die Überfahrt vom Essen her durchaus unter Diät abbuchen.

Nachrichten aus der Heimat waren heiß begehrt. So erhielt Klaus Martin die tägliche Aufgabe, mit Unterstützung der Funker einen deutschen, nein, einen DDR-Sender zu finden. Auf Langwelle glückte das öfter. Nachrichtensendungen wurden auf Tonband aufgenommen und später beim Backen und Banken abgespielt. So waren wir nicht nur über Wetter und Fußball-Ergebnisse, sondern auch über viele Ereignisse in der Heimat informiert.

So vier- oder fünfmal während des langen Törns kam auch der in Sewastopol noch im letzten Augenblick erstandene Wodka zu seinem Recht. Wie Verschwörer zog sich dazu eine kleine Gruppe sicherheitshalber immer tief in den Bauch des Schiffes zurück. Vom Platzangebot her war die Hydro-Station der geeignetste Raum. Von Volksmarine-Seite nahm alles teil, was mit funktechnischen Mitteln zu tun hatte, dazu Fritz Schmökel als LI. Von sowjetischer Seite waren immer Spezialisten und der Hydrotechniker dabei, manchmal auch Abgesandte des GA-V. Glücklicherweise gehörte auch der Versorger des Schiffes zu den „Verschwörern". Zu den starken Getränken wurden so auch appetitliche Happen gereicht. Und das beliebte Brot! Es blieb aber alles im Rahmen und diente in der Hauptsache dazu, dass man sich persönlicher noch näher kam, als das im täglichen Dienst überhaupt möglich war. Diese Abende öffneten uns den Zugang zur russischen Seele und sicherten uns die vollste Unterstützung der sowjetischen Seite bei der Erfüllung unserer Aufgaben an Bord. Alle unsere vielen fachlichen Fragen wurden gründlich und geduldig beantwortet. Damit diente dieser kleine Verstoß gegen die Bordregeln eigentlich wiederum der Gefechtsbereitschaft der Volksmarine, oder?

Auch Sport an Bord war möglich. Dass Volleyball in der Sowjetunion besonders beliebt war, wussten wir schon. Zu unserem 1159-Lehrgang in Baku waren wir davon so angesteckt, dass wir in der Mittagspause bei 40° und weich werdendem Asphalt den Ball pausenlos über das Netz getrieben hatten. Aber selbst hier an Bord gab es Enthusiasten. Anstelle des Netzes wurde ein Tampen gespannt. Auch der Ball war an einer langen Leine befestigt. So konnte das Match dann losgehen. Aktive und Zuschauer fanden sich immer.

Da die Fahrt ja meist in Festland- oder zumindest Inselnähe verlief, war Fernsehen fast durchgängig möglich. Wegen der verschiedenen landestypischen Systeme wurden dazu die Eingangskreise der Bord-Apparate immer neu eingeregelt. Nun bekamen wir ein Problem: Es konnten ja nur Sendungen kapitalistischer Staaten empfangen werden und das verboten unsere Dienstvorschriften. Die Parteigruppe „bewährte" sich wieder einmal. Um gar nicht erst schwach zu werden, wurde der Parteibeschluss gefasst, solche Sendungen zu meiden. Wo es nicht anders ging, zum Beispiel während des Backen und Bankens in der Messe, wurde demonstrativ weggeschaut. Unsere ideologische Standfestigkeit nahm die sowjetische Seite mit Befremden und höchster Verwunderung zur Kenntnis. Drastischer formuliert, sie hielten das für ziemlich bescheuert. Einen ersten „Verstoß" gab es aber doch. Papa Stepanow persönlich rief uns zu einer Sendung, in der der U-Boot-Abwehr- Gürtel der NATO im Atlantischen Ozean erläutert wurde. Papa gab zusätzliche Erklärungen, wies auf Lücken und Schwächen des Systems hin und ging kurz auf die technischen Möglichkeiten moderner sowjetischer Atom-U-Boote hin, um das System unbemerkt zu überwinden.

In der Nacht des 22. Mai sorgte ein erster, doch nur kurzer Sturm für einige Stunden unruhiger Fahrt. Am Folgetag hatte sich das Wetter wieder beruhigt und wir passierten Malta. Die Insel blieb den ganzen Tag über in Sicht. Am Abend war die Straße von Sizilien erreicht und es begannen die „drei sizilianischen Tage". Erster Tag: Die Südost-Küste der Insel war mit Funkmess auszumachen. Zweiter Tag: Wir schipperten mit Nord-West-Kurs die Küste entlang. Die Entfernung war aber zu groß, nur selten war Land auszumachen. Dritter Tag: Die Westküste Siziliens verschwand im Osten wieder vom Radarbild. Nach Verlassen der Straße von Sizilien führte der weitere Kurs ziemlich dicht an der nordafrikanischen Küste entlang Richtung West.

Am 24. Mai traf uns der zweite Sturm. Diesmal wurde es heftiger. Ein starker Westwind nahm schnell zu und erreichte in Böen Windgeschwindigkeiten bis zu 28 m/s. Von vorn rollte eine grobe See an. Schlepper und KSS stampften schwer und die Schleppleine wurde arg strapaziert. Aber sie bestand diese Bewährungsprobe. Als der Sturm nach zwei Tagen endlich nachließ, begann es zu regnen und so gab es an Oberdeck anstelle der sonst salzhaltigen Dusche eine angenehme aus Süßwasser. Die Sonne brach durch. Es wurde heiß – bis 35° im Schatten. Die ersten Haie wurden gesichtet.

Gegen 16 Uhr am 27. Mai passierten wir den Null-Meridian und erreichten die westliche Erdhalbkugel. Es war Sonnabend und Großreinschiff angesagt. Beim Spulen des Oberdecks kam es zu wilden Wasserschlachten. Niemand nahm es übel, kein Wunder bei dieser Hitze. Einen Tag später konnte man – obwohl es Sonntag war – Achim Klaus und Klaus Martin bei der Arbeit beobachten. Sie hatten sich vom Bootsmann eine Persenning organisiert. Diese sollte mit dem Schiffsnamen „Rostock" beschriftet werden und dann nach dem Vorbild der Sowjetflotte die Stelling zieren, wenn das Schiff in Dienst gestellt würde. Günter Senf als zukünftiger Kommandant hatte seine Genehmigung für dieses Vorhaben gegeben, obwohl nicht ganz klar war, ob dieser für die Volksmarine neue Brauch nicht etwa gegen nationale Geheimhaltungsregeln verstieß. Er tat es nicht, und viele Schiffe sollten diesem Beispiel folgen. Nur wird niemand mehr wissen, dass der Anstoß dazu von einem GA-I- und einem GA-IV-Kommandeur von KSS an einem Sonntag im Mittelmeer gegeben wurde. An diesem historischen Tag erhielten die beiden Initiatoren zum Lohn für ihre Idee und ihre Arbeit aber nur einen kräftigen Sonnenbrand.

Allmählich näherte sich der Schleppzug der Straße von Gibraltar, doch Frischware an Verpflegung und Trinkwasser wurden mittlerweile knapp. Es blieb nichts anderes übrig, als beim „Klassenfeind" auszurüsten. Nach längerem Suchen in der Seekarte fand der Navigationsabschnitt vor der marokkanischen Küste endlich eine Ankerposition mit ca. 90 m Wassertiefe, die für die 225 m lange Ankerkette des KSS ausreichte. Die Schleppleine wurde gelöst und mit eigener Fahrt steuerte das Schiff seinen Ankerplatz an. „Fall Anker!"

Dieses Kommando wurde am 29. Mai gegeben; zum ersten Mal seit 14 Tagen ununterbrochener Fahrt. Der Schlepper lief Richtung spanische Küste ab, um im englisch verwalteten Gibraltar Trinkwasser zu bunkern und ausreichend Verpflegung einzukaufen, vor allem frisches Obst und Gemüse. Die sowjetischen Fahrensleute hatten uns erklärt, mit welcher Methode Fischer vor der afrikanischen Küste unter Ausnutzung der Strömung auf Haifang gingen: An einer etwa 150 m langen Leine wurden riesige Haken, bestückt mit Fleischködern, befestigt. Die Leine selbst war mit einem großen roten Gummiball markiert. Hing ein Hai erst einmal am Haken, zerrte er die Boje hinter sich her – an der Wasseroberfläche gut zu beobachten. Nicht immer war gleich ein Fischer zur Stelle, um den Fang zu bergen. Irgendjemand kam nun auf die Idee, so eine herrenlose Boje nebst Hai zu fischen. Die Seeraumbeobachtung wurde verstärkt und schließlich meldete ein Ausguck zwei rote Bälle in Schiffsnähe. Papa gestattete das Ausbringen des Motorbootes. An einem der Bälle hing tatsächlich ein Hai. Vorsichtig wurde das Fanggerät zum KSS geschleppt. Es glückte, und mit einiger Mühe konnte ein knapp zwei Meter langes Exemplar mit Hilfe der Rohre der achteren 76 mm an Oberdeck gezogen werden. Das Töten des Tieres war nichts für schwache Nerven. Erst nach vielen brutalen Schlägen mit dem schweren Bootshaken konnte ihm der Garaus gemacht werden. Der blutige Kadaver, immer noch am Geschützrohr befestigt, diente erst einmal als Fotoobjekt, bevor das Ausweiden begann. Die Flossen sicherte sich der Smutje. Begehrte Souvenirs waren die Zähne des Räubers. Achim Klaus kam auf die geniale Idee, die Haut als Souvenir für das KSS-Traditionszimmer im Stabsgebäude zu retten. Zwei Tage lang machten wir uns an die Arbeit: Mit Skalpellen aus dem Med.-Punkt und allen Arten von Messern wurde das Tier sorgfältig enthäutet, die Haut gesalzen und dann zum Trocknen auf ein Gestell gespannt. Die Sonne erfüllte ihre Aufgabe aber schlecht. Statt zu trocknen ging die Haut in Fäulnis über. Nach drei Tagen stank sie so bestialisch, dass uns nichts anderes übrig blieb, als sie über Bord zu werfen. Für uns verwendbar blieben nur die Zähne des Räubers, die zu Hause als Souvenir verschenkt wurden. Fürs Traditionszimmer blieb kein Zahn übrig.

Nach Übergabe des benötigten Proviants spannte sich der Schlepper wieder ins Joch und steuerte Kurs Gibraltar. Nach der – von den ununterbrochenen Gegneraktivitäten und dem Hai-Abenteuer mal abgesehen – doch recht eintönigen und langen Mittelmeerfahrt freuten wir uns auf diese allgemein bekannte Passage. Diejenigen unserer sowjetischen Kameraden, die sie schon mehrmals befahren hatten, schwärmten von dem eindrucksvollen Felsen, der an unserem Steuerbord bald auftauchen würde. Aber Petrus meinte es nicht gut. Enttäuscht mussten wir feststellen, dass dort, wo der Felsen in Sicht kommen sollte, nur dichter Nebel lag. Der ständige Zankapfel zwischen Spanien und den Engländern, die diesen strategisch so wichtigen Ort partout nicht zurückgeben wollten, blieb am 31. Mai unseren erwartungsvollen Blicken leider verborgen.

Weiter ging es immer an der spanischen und portugiesischen Küste entlang. Das Kap San Vincente, Europas südwestlichsten Zipfel, passierten wir am 1. Juni in großer Entfernung. Auf dem Kap sollte der lichtstärkste Leuchtturm Europas stehen, erfuhren wir vom Steuermann. Und weiter, dass das Kap im Mittelalter als das Ende der Welt galt. Das sollte sich erst ändern, als im 15. und 16. Jahrhundert von den kapnahen Häfen die portugiesischen Entdecker mit ihren Karavellen zu abenteuerlichen Seereisen aufbrachen. Der bekannteste von ihnen war wohl Vasco da Gama, der 1498 den Seeweg nach Indien um Afrika herum entdeckte, Portugal so den Gewürzhandel ermöglichte und damit das Land für lange Zeit zu dem damals reichsten in ganz Europa machte.

Schon seit Gibraltar verlief die weitere Fahrt wieder unter ständiger NATO-Begleitung. Um die iberische Halbinsel herum waren es spanische und portugiesische Kriegsschiffe. Eine portugiesische Fregatte wünschte uns sogar gute Fahrt. Bereits in der Biskaya wurde ein Belgier zu unserem Aufpasser bestimmt. Die Biskaya selbst – eigentlich wegen ihrer vielen und heftigen Stürme gefürchtet – passierten wir am 5. und 6. Juni bei anfangs regnerischem Wetter und wenig Wind. Trotzdem stand eine hohe Dünung von querab, die uns ganz schön zu schaffen machte. Das Schiff krängte bis 20°. Alles musste festgezurrt werden und jedes Backen und Banken war ein lustiges Erlebnis. Bald schien aber wieder die Sonne und das Flugwetter lockte französische Hubschrauber und Flugzeuge zu unserem kleinen Verband. Inzwischen hatte die Fußball-Weltmeisterschaft begonnen. Das ständige Ausrichten der Fernseh-Antenne wird zu einer Hauptaufgabe während der Spielübertragungen. Zum Glück konnten immer mehrere Fernsehprogramme empfangen werden. Unser Anti-Fernseh-Partei- Beschluss geriet bei solchen Versuchungen ins Wanken und wurde schließlich stillschweigend über Bord geworfen. Jeder guckte, wenn er konnte und die Parteigruppe wurde zu diesem Thema vorsichtshalber gar nicht erst bemüht.

„Schiffe ohne Rum stinken nach Jauche." So soll ein englisches Sprichwort lauten. Aber es stimmt nicht. Obwohl alle Alkoholvorräte inzwischen verbraucht waren, hatten sich die Luft und die ganze Atmosphäre an Bord nicht verändert. Unsere sowjetischen Freunde wurden immer neugieriger auf die DDR und fragten uns Löcher in den Bauch. Sehr lustig war es immer beim Feldscher. Eigentlich kam man nie am Med.-Punkt vorbei, ohne das man vom langen Feldscher-Arm weggefangen und über Gott und die Welt befragt wurde. Sogar in der Biskaya hielt er noch ein „Wässerchen" bereit, um seinen Gästen die Zunge zu lockern. Interessant dabei: Er selbst trank keinen Tropfen Alkohol.

Am 7. Juni liefen wir in den Kanal ein, der England vom europäischen Festland trennt. Hier war für die Stammbesatzung Hochsee-Angeln angesagt. Heringe lieferten reiche Beute. Wir staunten über eine seltsame, aber äußerst effektive Angelmethode. Benötigt wurde lediglich etwas Sehne und ein Haken. Als Köder dienten kleine bunte Federn, die die Matrosen aus ihren Kopfkissen zupften. Schwere Muttern, Schraubenschlüssel und andere unkonventionelle Beschwerungen sorgten dafür, dass das Fanggerät bei der starken Strömung überhaupt auf Tiefe kam. Durch ruckartiges Ziehen an der Sehne bewegte sich dieser Köder und spielte so den Heringen wohl eine schmackhafte Mahlzeit vor. Anders war der überwältigende Angelerfolg nicht zu erklären. Für eine Fischsuppe reichte es allemal.

Nachdem wir über den Nullmeridian wieder die östliche Halbkugel erreicht hatten, liefen wir in die Straße von Dover ein. Bei klarer Sicht waren an Backbord-Seite die hellen Kreidefelsen der englischen Küste zu erkennen. An Steuerbord lag Calais. Reger Schiffsverkehr, kreuzende Fähren und schnelle Luftkissen-Schiffe, hier war einiges zu sehen. Man konnte sich gut vorstellen, welche nautische und navigatorische Umsicht dem Brückenpersonal des Schleppers jetzt abverlangt wurde.

Die Nordsee war am 9. Juni erreicht. Der Belgier übergab die Begleitung an eine holländische Fregatte. Zwei holländische Starfighter nervten mit einigen direkten Überflügen in geringster Höhe.

Später umkreiste uns eine „Breguet Atlantic“ der Bundesmarine. Das Wetter verschlechterte sich zusehends. Der Wind blies mit stetiger Stärke 9 und der Wellengang erreichte Stärken von 7-8. Die Richtung der Wellen tat ein Übriges. Das KSS krängte bis 30°. Die Schlepp-Geschwindigkeit verringerte sich. Trotzdem wurde die Schleppleine immer heftiger strapaziert. Gerade noch zum Zerreißen gespannt, hing sie schlapp durch, um schon Sekunden später mit einem heftigen Schlag wieder das volle Gewicht von KSS und Schlepper zu übernehmen. Bei dieser Tortur musste früher oder später die Leine brechen. Kurz wurden das Kappen der Schleppverbindung und das weitere Überqueren der Nordsee mit eigener Kraft erwogen, aber wieder verworfen. Stattdessen wurde der Kurs des Schleppzuges am 10. Juni nördlicher abgesetzt und die Schleppgeschwindigkeit auf minimal mögliche verringert. Ein BRD-Zerstörer vom Lütjens-Typ mit Bord-Nummer D 187 ließ sich blicken. Vermutlich war es ihm zu ungemütlich, denn bald verschwand er wieder. Erst am 12. Juni beruhigte sich der Sturm und die Fahrt ging geradewegs weiter Richtung Skagerrak. Als das erreicht war, hatte sich das Wetter vollkommen geändert – Sonne, Windstille, glatte See, klare Sicht. Sofort wurden die Marineflieger der BRD mit mehreren Überflügen wieder aktiv. Im Kattegat sichteten wir ein U-Boot der Bundesmarine. Ein dänischer Minenleger und ein Wachkutter tauchten auf. Ein U-Jäger „Daphne“ hing am Schleppzug. Diese lästigen Begleiter mit ihrer langhaarigen Besatzung waren uns schon aus der Ostsee gut bekannt. „Pinscher“ wurden sie respektlos in der sowjetischen Flotte genannt. Diese Bezeichnung war uns allerdings neu.

Am 14. liefen wir in den Großen Belt ein. Es war jetzt nur noch eine knappe Tagesreise bis nach Hause und wir Gäste dieser langen Fahrt freuten uns schon auf die Heimat, vor allem aber auf das Zusammentreffen mit unseren Familien und den zu Hause gebliebenen Freunden und Kameraden. An Bord herrschte reges Treiben. Überall Farbarbeiten. Ein dänischer Wachkutter näherte sich so unverschämt dicht an, dass er mit einem C-Rohr des Feuerlosch-Systems vertrieben werden musste. Am Ausgang des Großen Belt lösten zwei Minensucher der Bundesmarine vom Typ „Schütze“ den Pinscher ab und übernahmen die weitere Eskorte. Deutlich war auszumachen, dass wieder Kilometer an Zelluloid verfilmt wurden. Dann ein erster kleiner Abschied: Beim Passieren von Fehmarn fiel der zutraulichen Brieftaube, die es so lange an Bord ausgehalten hatte, wieder ein, wozu sie eigentlich bestimmt war. Schon im Mittelmeer völlig entkräftet auf dem Schiff gelandet, war sie durch die täglichen Fütterungen schnell wieder zu Kräften gekommen, blieb aber an Bord und gehörte schon fast zur Besatzung. Jetzt erhob sie sich in die Luft und war schon bald unseren Blicken entschwunden.

Dann kam der vor Fehmarn ständig besetzte Vorposten 72 der Volksmarine in Sicht. Als GA-IV- Kommandeur erhielt Klaus Martin die Aufgabe, das dort vor Anker liegende MSR in die Nähe des KSS zu holen. Er kratzte alle seine Kenntnisse zusammen und morste mit dem großen Signalscheinwerfer den Vorposten an: „K an K, kommen Sie bitte längsseits." Siehe da, es klappte, und mit dem Megaphon konnte Günter Senf die Bitte übermitteln, dem OP-Dienst der 4. Flottille unsere Ankunft auf Reede für 15 Uhr anzukündigen.

Dann ging alles sehr schnell. Zuerst tauchte die Kabelkrananlage der Warnow-Werft auf, später die Silhouette des Neptun-Hotels und schließlich der Leuchtturm von Warnemünde. Auf Reede warfen wir Anker. Der Kapitän des Schleppers gratulierte uns zur „Befreiung".

Es war der 15. Juni 1978.

Nach 31 Tagen und rund 4580 sm Fahrt durch Schwarzes Meer, Mittelmeer, Ostatlantik, Nordsee und Ostsee waren wir wieder zu Hause! Noch am gleichen Tag kam Konteradmiral Kahnt, Chef der 4. Flottille, an Bord. Nach kurzer Begrüßung mussten wir mit leichter Enttäuschung zur Kenntnis nehmen, dass wir erst am nächsten Tag einlaufen und im Stützpunkt Warnemünde festmachen durften. Dann gab es noch einen kräftigen Rüffel: Fritz Schmökel und Achim Klaus hatten sich einen Schnauzer wachsen lassen. Das gab es laut Dienstvorschrift der NVA nicht. Wir hatten so viel von der Sowjetflotte übernommen, aber die dort erlaubten keine kleinen Bärte. „Die Dinger sind morgen ab, sonst setzt es etwas!", verabschiedete sich knurrend der Chef.

Dann war es endlich so weit. Zum ersten Mal legte am 16. Juni ein KSS vom Projekt 1159 in Warnemünde an. Auf der Pier stand ein großes Empfangskomitee. An den Oberdecks aller Schiffe drängten sich Neugierige. Das Flottillenorchester spielte, als sich die zukünftige „Rostock" langsam dem Liegeplatz näherte. „Vor- und Achterleine über!" Die Wurfleinen erreichten im ersten Versuch die Pier. Das Leinenkommando zog die schweren Festmacher-Leinen nach und legte sie über die Poller. Den Rest erledigten die Spills auf der Back und auf der Schanz. „Alle Leinen fest!" Damit ging eine Reise zu Ende, die allen Beteiligten wohl ihr Leben unvergessen bleiben wird.

(Anmerkung: Diesen Beitrag schrieben Wolfgang Rusch und Klaus Martin. Günter Senf, Fred Fleischer und Dietrich Mahlkow unterstützten diese Arbeit, indem sie der Reisebeschreibung einige ihrer persönlichen Erinnerungen beisteuerten.)

Kapitän zur See a. D. Hans Steike

Geisteralarm

Bordpraktikum der 2. Besatzung für 1159 in Poti (Schwarzes Meer). Endlich war es soweit: Nach Tagen der Kabinettsausbildung stand das erste Auslaufen des Typschiffes „Delphin" unmittelbar bevor. Auf Gefechtsstationen und Befehlsständen, in Messen und in Decks stimmten die sowjetische Stammbesatzung und die eingestiegene deutsche Besatzung in kleinen Gruppen die Aufgaben miteinander ab. Alles sollte in Ruhe durchgesprochen und gründlich geübt werden, bevor das Ablegemanöver begann. Schwierig genug, denn von deutscher Seite beherrschte nur der Kommandeursbestand die russische Sprache ausreichend. Nachdem das erste Durcheinander geordnet und die Lernphase in allen Gruppen angelaufen war, zogen sich Stabschef, Kommandant und PV der deutschen „Ekipazh" zu einem kleinen Plausch in die Backbord-Nock zurück.

Doch völlig unerwartet schrillte Gefechtsalarm über das Schiff. Ein heilloses Durcheinander begann. Die sowjetische Besatzung hastete auf Gefechtsstationen. Die Deutschen stolperten hinterher, gar nicht so recht wissend, wohin sie eigentlich müssen. Der Verkehrsgang war durch die beiden Besatzungen hoffnungslos verstopft. Wütend kam der sowjetische Kommandant, Kapitänleutnant Petrosjan, ein temperamentvoller Armenier, auf die Brücke gestürzt: „Welcher Idiot hat da Alarm ausgelöst?"

Normalerweise dauerte das Signal für Gefechtsalarm nur 30 Sekunden, aber es klingelte unentwegt weiter. Die ersten Bereitschaftsmeldungen der Gefechtsstationen und Befehlsstände trafen ein. Nervös forschte die Brücke weiter nach der Ursache des Alarms. Man vermutete einen technischen Defekt. Befehl an den zuständigen Befehlsstand: Fehler suchen, Klingel abstellen! Doch genau so plötzlich wie der Alarm begann, endete er auch.

Erst viel später wurde der Übeltäter gefunden. Beide Seitennocken der Brücke waren mit Tasten für die Alarmklingeln ausgerüstet gewesen. Versehentlich hatte unser PV in der Backbordnock beim bequemen Anlehnen mit seiner Rückseite die Taste betätigt und blockiert. Erst als er beim interessierten Beobachten des von ihm ungewollt ausgelösten Durcheinanders endlich einmal seine Haltung gewechselt und dabei die Klingeltaste wieder freigegeben hatte, konnten 200 Mann an Bord erleichtert aufatmen und die Ausbildung planmäßig fortsetzen.

Fregattenkapitän a. D. Bernd Kulbe

Meine (Fla-Raketen-)Komplexe

Im Jahre 1978 erhielt ich vom Kaderchef der Volksmarine die völlig unerwartete Information, als Kommandant auf dem 2. Schiff des Projektes 1159, das entgegen aller Planungen noch irgendwo im weiten Russland in der Endausrüstung war, eingesetzt zu werden. Gut, dies war für einen Seeoffizier der Volksmarine bei der Schiffsgröße die Borddienststellung. In meinem damaligen Handwerk gab es keine größere Herausforderung.

Die 1159-Ausbildung in Baku hatte ich durch die spätere Ernennung zum zukünftigen Kommandanten leider verpasst. Die nachfolgende Station „Warten und Vorbereitung der Besatzung auf die Schiffsübernahme" leitete ich zunächst als Kommandant des letzten Wohnhulks vom Projekt 50, bis dann schließlich von Januar bis April 1979 das Ausbildungspraktikum in Poti am Schwarzen Meer stattfand. Poti liegt 80 km nördlich der türkischen Grenze und war zu Zarenzeiten ein Verbannungsort. Anzumerken ist nur noch, dass ich allen Unteroffizieren und Offizieren, die die Technikausbildung für Projekt 1159 in Baku bzw. im damaligen Leningrad erhalten hatten, mit meiner Fragerei – mal als Bitte, mal als dienstliche Aufforderung vorgetragen – schon in dieser Zeit mächtig auf die Nerven gegangen sein muss. Ich hatte ja irgendwie meinen Wissensrückstand auszugleichen, denn mit Übernahme der Dienststellung kannte ich gerade mal einen Dreiseitenriss meines zukünftigen Schiffes. Mein Freund und Vereinskamerad „Kuddel B." hatte die Spezialausbildung in Baku noch genossen und sich dann wegen der „Wartezeit" auf die spätere „Berlin" verständlicherweise für spätere höhere Verwendungen abgeseilt, besser gesagt, man hatte ihn abgeseilt.

Zu den technisch anspruchsvollen Waffensystemen gehörte der Fla-Raketenkomplex OSA-M. Osa – das hieß auf Deutsch Wespe. Die taktischen Einsatzmöglichkeiten dieses navalisierten Luftabwehr-Systems waren dank meiner Vorbildung nicht das Problem. Projekt 1159 konnte drei harte Zielkanäle zur Abwehr von Luftzielen abdecken: OSA-M, 76-mm- und 30-mm-Geschütze. Leider war der Einsatz von „weichen" (passiven) Mitteln wie Düppel- und Infrarotfackelwerfer durch die ach so kompetenten höheren Fachorgane erst weit nach meiner Bordzeit vorgesehen.

Das Ausbildungsschiff „Delphin" verließ wieder mal den Hafen Poti mit den beiden sich mittlerweile gut verstehenden sowjetischen und deutschen Besatzungen. Aufgabe für die deutsche Besatzung: Schießen mit Fla-Raketen

Der ausgefahrene Starter des Fla-Raketensatzes eines Küstenschutzschiffes 1159

auf eine von einer Tu-16 abgeworfene Fallschirmsturzscheibe. Die Aufgabe war von den Sicherheitsbestimmungen her klar umrissen: Anflug in Höhe über 4000 m, Schrägentfernung beim Abwurf um die 8000 m, keine anderen Luft- und Seeziele im Schießgebiet. Bei einem Antennenöffnungswinkel der Radaranlage SOZ von 30° war das Flugzeug in dieser Höhe nicht gefährdet. Das beweist die Mathematik: Sinus 30° = 0,5; E = 8000 m x 0,5 = 4000 m. Den verantwortlichen sowjetischen Marineoffizier und den Kommandanten des „Delphin", Kapitänleutnant Petrosjan, hatte ich vorher in kleiner Runde zu den Sicherheitsbestimmungen konsultiert. Dabei hatte ich auch die Frage gestellt, ob denn mit dem zuständigen Kommando der Luftverteidigung des Landes alles abgestimmt sei. Auf Abstimmungsschwächen hatte man uns als Hörer der Leningrader Seekriegsakademie bei Planspielen explizit hingewiesen. „Kanjeschno, wsjo porjadkje" (selbstverständlich, alles in Ordnung), kam es im Brustton der Überzeugung von meinen Gesprächspartnern.

Es kam die Meldung über den Anflug des Zielflugzeuges. Die deutsche Besatzung übernahm das Schiff. Herrscher aller Reußen war also nun ich für diesen Ausbildungsabschnitt. Damit galten unsere Vorschriften. Und danach ging ohne ausdrückliche Feuererlaubnis des Kommandanten bei einem Übungsschießen keine Rakete vom Balken. Alles lief wie geschmiert. Die Mannen um Artillerieoffizier Werner Lukoschat und Raketenwaffenleitoffizier Dieter

Frommelt arbeiteten alle Schritte folgerichtig ab. Das Betriebsverfahren „Automat“ aber konnte – wieder nach unseren Vorschriften – nur nach meinem Befehl zur Anwendung kommen: „An Befehlsstand II – Feuererlaubnis“. Unsere Freunde in Marineschwarz wussten dies allerdings nicht.

Plötzlich waren noch zwei weitere Luftziele im Gebiet. Nun brach Panik bei den sowjetischen Offizieren aus – es herrschte für kurze Zeit ein absolutes Durcheinander. Der Oberverantwortliche vom Stab der Schwarzmeerflotte benahm sich wie Rumpelstilzchen und schrie mich an: „Drob, drob – daitje kommandu drob!“ „Drob“ war das russische Kommando für Unterbrechung des Schießens, nach unseren Vorschriften „Halt – Batterie halt“. Da ich noch keine Feuererlaubnis erteilt hatte, machte ich gar nichts und verzog keine Miene. Das hatten sie nun von ihrer Abstimmung mit den Nachbarn. Zwei Mig-21-Jagdflugzeuge der Luftverteidigung waren einfach nur neugierig und flogen uns an. Natürlich erklärte ich, nachdem sich der Rauch verzogen hatte, den aufgeregten Freunden, dass ich die Situation schon erfasst und nicht die Absicht hatte, Feuererlaubnis zu erteilen. „Meine Männer kennen die Regeln und es konnte nichts passieren“, war mein Kommentar.

Das Abwurfflugzeug wurde auf erneuten Anflugkurs dirigiert und warf dann die Scheibe. Die Rakete fauchte vom Balken und flog niedrig über die Wasseroberfläche. Irgendwie waren unsere Instrukteure nervös. Ich fragte dann, was wir denn getroffen hätten. Wir sollten bei der Zieltrennung nicht die Fallschirmscheibe, sondern den Scheibencontainer aufgefasst und den im Freifall kurz über der Wasseroberfläche erwischt haben, so die Antwort. Die Übung wurde für erfolgreich beendet erklärt und zurück ging es nach Poti. Noch stellte sich mir nicht die Frage, ob die Wespe denn wirklich erfolgreich gestochen hatte.

Am 10. Mai 1979 war dann in Warnemünde der Indienststellungs-Tag. Aus der ehemaligen „Kretschet“ („Gerfalke“) wurde mit der Bordnummer 142 endlich die „Berlin“. Die Besatzung ackerte den Stoff eines Ausbildungsjahres in fünf Monaten durch. Wir wurden nämlich freiwillig verpflichtet, zum 30. Jahrestag der DDR voll einsatzfähig zu sein. Das hieß, wir mussten bis zum 7. Dezember die sogenannte Kampfkern-Überprüfung bestehen.

Im Juni 1980 ging es zum Raketenschießabschnitt nach Baltijsk. Das Schießen von Fla-Raketen sollte im Verband nacheinander durch den polnischen Zerstörer „Warszawa“ und die KSS „Rostock“ und „Berlin“ erfolgen. Alle hatten gut trainiert, der Kommandeursbestand musste sich bei Entschlussvorträgen – das Schießen war ja in einen taktischen Hintergrund eingebettet – durch viele Fragen auf Russisch mehr oder weniger quälen lassen. Bei mir war es dank Sprachkenntnis und Studium sehr viel weniger anstrengend.

Der Verband lief ins Übungsgebiet aus. Die zu erfüllenden Schießaufgaben hatten verschiedene Schwierigkeitsgrade. Der niedrigste war von unserer „Berlin“ zu erfüllen. Logisch, es war das erste Fla-Raketenschießen nach Indienststellung. Wir hatten die schon bekannte Fallschirmsturzscheibe vom Himmel zu holen. Die „Rostock“ war einen Schritt weiter und sollte auf ein funkferngesteuertes Flugzeug vom Typ La-17 feuern. Der polnische Zerstörer schoss mit seinem Komplex „Wolna-K“ auf die Schiff-Schiff-Rakete „P-15“ (2-Komponenten-Flüssigkeitsflügelrakete, hier mit Betonsprengkopf). Das war schon eine imposante Angelegenheit. Beobachter der anderen Feldpostnummer war 1980 eine Fregatte vom Typ „Bremen“.

Es gab noch eine interessante „Nebenaufgabe“. Sollten die raketenschießenden Schiffe nicht treffen, war für unser Schiff der Artillerieeinsatz für die 76-mm-Geschütze freigegeben. Keiner der höheren Vorgesetzten machte sich wahrscheinlich Gedanken, wohin beim Verbandsüberflug der Ziele deren Trümmer auch landen könnten – nämlich auf unseren Köpfen und das im tiefsten Frieden. Es gab zwar Sicherheitsbestimmungen zuhauf, aber nichts ging über „Gefechtsnähe“.

Der Verband fuhr in Kiellinie, eine „P-15“ näherte sich von der Landseite, also Schießaufgabe für unsere polnischen Mitstreiter. Unsere Funkmesser machten das Ziel frühzeitig aus, ich stand in der Steuerbordnock und schaute gebannt zur vorauslaufenden „Warszawa“. An Oberdeck war ja kein Mensch zu sehen. Aktivitäten konnte man nur an sich bewegenden Antennen und am Raketenstarter erkennen. Die Rakete kam immer näher und unser Wespennest übte ordentlich elektronisch mit. Leider oder, wie sich später herausstellen sollte, zum Glück hatte ich keine Rakete in der Freigabe. Auch die Fut-B, die Artillerie-Funkmessstation für die 76-mm-Geschütze, nahm ordentlich Maß. Alter, was willst du mehr, dachte ich so bei mir, unsere spätere Aufgabe schon im Kopf. Verdächtig spät schwenkte der Raketenstartarm des Zerstörers. Die anfliegende Rakete war schon im optischen Sichtbereich. Da fauchte die erste Rakete ab und … vorbei. Die zweite folgte sogleich, machte in unmittelbarer Nähe des Zieles noch eine Hundekurve und der Funkmessabstandszünder der Fla-Rakete löste aus. Die Zielrakete schüttelte sich von Splittern getroffen, kam leicht vom Kurs ab und flog vor unserer Nase über den Zerstörer hinweg – au Backe. In Höhe der zuschauenden Fregatte der Bundesmarine, ich konnte ja mit meinen Augen nur die Richtung und nicht die Entfernung feststellen, zerlegte sich die Zielrakete in einem orangefarbenen Feuerball. Die Fregatte machte Dampf auf und ging schleunigst auf mehr Abstand. Übrigens nutzte unser Artilleriegefechtsabschnitt die Feuerfreigabe nicht. Es gab just in diesem Moment eine Störung und ich war dementsprechend, gelinde gesagt, etwas wütend.

Unser „fliegender Scheibenschlepper" wurde angekündigt. Der Beobachter vom Dienst, die Bundesmarinefregatte, hatte sich wieder genähert und folgte uns leicht achteraus an Steuerbord. So gab ich noch über Lautsprecher an den NATO-Beobachter: „Kommandant an Kommandant – Gehen sie auf die Backbordseite, wir schießen nach Steuerbord!" Verlorene Liebesmüh. Er wollte uns unbedingt in die Hosentasche gucken.

Auf allen Gefechtsstationen lief es wie am Schnürchen. Die Vorgänge vom Schwarzen Meer wiederholten sich. Unsere Rakete flog dicht vor dem Bug des neugierigen Begleiters davon, aber mit ballistischer Flugbahn ohne jegliche Lenkbewegungen. Mir schwante da schon etwas. Großes Durcheinander auf der Brücke der 142 war die Folge. Der verantwortliche Verbindungsoffizier der Baltischen Flotte folgte meiner Überzeugung – kein zweiter Raketenstart. Erst die Ursache des Versagens feststellen. Zurück zum Hafen!

Ich war natürlich, wie viele andere auch, ordentlich sauer. Irgendwann kam ich zu der Einsicht, nichts zur Aufklärung beitragen zu können. So zog ich mich in meine Kammer zum „Käffchen" zurück. Die Vorgänge vor Ort im achteren Bereich des Schiffes und beim Wälzen der Dokumentation durch die russischen und deutschen „Spezis" sollten die Beteiligten beschreiben. Meldung über Ergebnisse der Überprüfung gab es erst am nächsten Morgen. Die Fehlerursache des ungelenkten Fluges der Rakete war jedenfalls banal und schockierend zugleich. Die Leitfrequenzen der Raketen wurden bei Übernahme an Bord eingestellt. Die Startbalkenfrequenz war an die Raketenfrequenz anzupassen. So war eigentlich bei entsprechenden Schalterstellungen jede Rakete von jedem Balken einsetz- und lenkbar. Nur die Einstellungen mussten eben übereinstimmen. Die Rakete „hörte" ihre Lenkkommandos (Leitstrahllenkung) nur auf einer Frequenz. Der Frequenzumschalter Stellung 1, ru. Liter 1; Stellung 2, ru. Liter 2 sicherte die Übereinstimmung bei richtiger Handhabung. Angeblich sollte durch einen Übersetzungsfehler immer die andere Frequenz angelegen haben. Mir war das reichlich unlogisch, auch aus den Erfahrungen auf dem „Delphin" der Schwarzmeerflotte. Ich sagte aber nichts. Peinlich genug war der Umstand so oder so. Wir waren unbewusst seit Indienststellung ein zahnloser Tiger gewesen. Unsere kostbaren „igolotschkis" (Nädelchen) hätten nicht gestochen. Der Mantel des Schweigens war angebracht. Fehler gefunden und beseitigt.

Es wurde wieder ausgelaufen. Der Schiffsverband lief in Kiellinie, das Flugzeug kam und wurde ordentlich eingemessen. Der eingeschiffte Abteilungschef (ACH), Fregattenkapitän N. (wir hatten ein ziemlich gestörtes Verhältnis miteinander), gab den Befehl zur Aufgabenerfüllung: „Luftziel vernichten!" Befehle waren auszuführen. Nun warf die Tu-16 den Container aber bei einer

Eine Fla-Rakete startet zum Ziel.

Schrägentfernung so um die 12 000 Meter. Scheibe und Container trennten sich und die Scheibe schwebte ganz langsam nieder. Auf diese Entfernung schoss Kulbe nicht, schließlich kannte er die technischen Parameter seiner Fla-Raketenanlage. Ohne auch nur zu zögern gab er Ruderkommandos, scherte aus dem Verband aus, ließ die Fahrt erhöhen und lief dem Luftziel entgegen. Ich gebe ja zu, dass dies nicht die allgemeine Praxis war. Jedenfalls klappte dem ACH die Kinnlade runter und schon raunzte er mich an, was ich denn da mache. Antwort: „Ihren Befehl ausführen, Genosse Fregattenkapitän!" Die abnehmenden Entfernungen wurden gemeldet und bei etwas über 9000 Meter Entfernung gab ich Feuererlaubnis. Es war ein schöner, klarer Tag, und es war ein Bilderbuchschuss. Wir scherten wieder in den Verband ein. Nicht nur ich war so richtig rundum zufrieden.

Als ich auch noch beobachten konnte, wie das Schwesterschiff „Rostock" seine Aufgabe tadellos erfüllte, war mein persönlicher Komplex gegen den Raketenkomplex OSA-M beendet.

Maat a. D. Thomas Rahmig

Späte Entschuldigung

Zum Verständnis meiner Geschichte muss ich für alle Nicht-Küstenschutzschiff-Fahrer kurz einige Fakten vorausschicken: Erstens – der Dienst als Diensthabender unter Deck (DuD), vergleichbar mit UvD an Land, beinhaltete u. a. die Kontrolle diverser Siegel (Petschaften) und Plomben. Diese Kontrolle musste während des Dienstes durch den DuD mehrmals durchgeführt werden. Man konnte also davon ausgehen, dass ein altgedienter Unteroffizier den Sinn der verplombten Einrichtungen zumindest grob kannte. Zweitens – zur Bewaffnung des Schiffes gehörten u. a. Raketen zur Bekämpfung von Luftzielen. Da der Feststoffantrieb eine hochbrisante Sache war, hatte man das Raketensilo mit einer leistungsstarken Feuerlöschanlage ausgestattet. Dazu gehörte auch die Möglichkeit, den Bunker zu berieseln.

Ich war schon einige Diensthalbjahre auf der „Rostock", als nun folgendes passierte. Ich kam mit einem Obermaat meines Diensthalbjahres – nennen wir ihn Obermaat X – den Niedergang von meiner Gefechtsstation I-3-1 (Kreiselkompass-Raum) herauf, wo wir Kaffee getrunken hatten. In der Nähe der Luke zu dieser Gefechtsstation war ein kleiner roter Knopf angebracht. Eigentlich sollte ein Metall-Deckel den Knopf schützen, aber die Plombe war, wie so oft, von irgendwem abgefummelt worden und nun baumelte die kleine Alu-Kappe lose herum. Im Vorbeigehen und mit der gleichen Ernsthaftigkeit, mit der man angesichts einer offen liegenden Starkstromleitung zu einem Freund sagen würde: „Jetzt musst du da mal anfassen!", sagte ich zum Obermaat X: „Jetzt musst du da mal drücken!" Und ehe ich reagieren konnte, drückte X den Knopf, schaute mich mit großen Augen an und fragte: „Und nu?" Im nächsten Moment hatte ich einen Schweißausbruch und wahrscheinlich mehr Adrenalin in meinen Adern als Blut. Nichts wie weg! In Panik riss ich mein Käppi herunter, wischte mir über den Knopf und spurtete mit Obermaat X den Niedergang zum Hauptverkehrsgang hinauf und weiter zum Haupt-Befehlsstand (HBS). Noch im Laufen hörte ich schon die Schreie im Hauptverkehrsgang: „DAS RAKETENSILO IST GEFLUTET!" Der Leser ahnt es sicher schon, bei dem Knopf handelte es sich um einen der Auslöser der Feuerlöschanlage für das Raketensilo. Die Beschriftung war zwar russisch, aber wie schon bemerkt, von einem altgedienten Obermaaten mit DuD-Erfahrung hatte ich erwartet, dass er den Knopf und seine Bedeutung zumindest durch seinen Wachdienst kannte. Auf der Brücke gossen wir uns schnell einen Kaffee ein und verabredeten ein gegenseitiges Alibi. Wenige Minuten später erschienen diverse bordfremde Herren in Uniform und in Zivil, nahmen Fingerabdrücke (keine da! ... na so was!) und fingen mit der Befragung der Mannschaft an.

Vom anschließenden Theater hatte dann wohl die gesamte Besatzung etwas. Die abgesoffenen Raketen mussten nämlich sofort von Bord und in die Fachwerkstatt. Zum Abrüsten der schweineteuren Raketen musste das Schiff seeklar gemacht werden, was sicherlich auch nicht gerade billig war. Aus welchen Gründen auch immer, konnte man die zig Tonnen Seewasser, die die Feuerlöschanlage ins Raketensilo gepumpt hatte, nicht per Motorpumpe lenzen, sondern die Besatzung durfte sich in einer Reihe anstellen. Der Reihe nach musste jeder aus Leibeskräften mit einer kleinen Handpumpe pumpen, bis ihm fast die Arme abfielen, dann war der nächste dran. An dieser Leibesübung waren alle Matrosen und Unteroffiziere beteiligt, einzige Ausnahme – ich, weil die Wichtigkeit meiner Funktion – die Überwachung des Kreiselkompasses – es mir nicht erlaubte, an derlei Aktivitäten teilzunehmen (laut Dienstvorschrift – wirklich!). Ich weiß nicht, wie viele Stunden das Lenzen des Silos gedauert hatte und ich weiß auch nicht mehr, wie lange der Artillerieabschnitt mit dem Abrüsten der Raketen beschäftigt war. Die Ackerei hatte aber die halbe Nacht gedauert. Selbstverständlich waren alle Landgänge für diesen Tag gestrichen und ich bin mir fast sicher, man hatte auch die Berufssoldaten, wenn sie zu Hause waren, geholt. Jedenfalls war ich überzeugt: Sollte die Sache irgendwie ans Licht kommen, würde die Besatzung die schöne Tradition des Kielholens bestimmt wieder aufleben lassen. Und dass es auch juristisch etwas mit der groben Kelle geben würde, da war ich mir ganz sicher. Ich war der Überzeugung, dass uns keiner diese Geschichte so abkaufen würde, wie sie wirklich passiert war. Vermutlich hätte man uns der Sabotage oder dergleichen angeklagt. Und auf Schwedt (Militär-Gefängnis) hatte ich nun überhaupt keinen Bock. Also hieß es „Schnauze halten" und durch. Die Ermittlungen wurden irgendwann eingestellt. Die Untersuchungs-Kommission war wohl zu dem Schluss gekommen, dass sich das Feuerlöschsystem beim Zusammentreffen unglücklicher Umstände selbst auslösen konnte. Nach einiger Zeit hörte ich auch auf, von dem Vorfall zu träumen.

Der Leser mag nun selbst entscheiden, wie viel Prozent der Schuld auf mich fallen. Hätte ich damit rechnen können, dass der sonst fachlich erstklassige Obermaat X nicht wusste, was es mit dem Knopf auf sich hatte? Ich möchte mich jedenfalls bei allen entschuldigen, die damals „bluten" mussten und hoffe auf Absolution. Und immer daran denken: Hätten wir es nicht erlebt, könnten wir es nicht erzählen!

Fregattenkapitän a. D. Wolfgang Hoffmann

Die Arbeitsbienen der Volksmarine

Minensuch-und Räumschiffe 89.2

Ich wurde 1949 in Halle/ Saale geboren und bin über den Bereich Seesport der Gesellschaft für Sport und Technik (GST) zur Volksmarine gekommen. Fahrten mit dem Segelschulschiff „Wilhelm Pieck“ und anderen Motorschulbooten bestärkten mich in meinem Entschluss, Berufsoffizier in der Volksmarine zu werden. 1968 begann ich mein vierjähriges Studium als Seeoffizier an der Offiziershochschule „Karl Liebknecht“ in Stralsund. Neu war dabei, dass im letzten Studienjahr erstmalig eine Spezialisierung in der Ausbildung auf eine Waffengattung stattfand. Ich hatte mich für die Minen- bzw. Minenabwehrwaffe entschieden, da zur damaligen Zeit neue Minensuch- und Räumschiffe in der Volksmarine eingeführt wurden. 1972 bekam die 3. Minensuch- und Räumschiffsabteilung (MSR-Abteilung) in Peenemünde sechs neue Schiffe vom Projekt 89 200 von der Peene-Werft Wolgast. Sie hatten die Baunummern 89 232 bis 89 237. Von den alten Räumbooten des Projekts „Schwalbe“ übernahmen sie die Bezeichnung „Arbeitsbienen der Flotte“.

Ein Minensuch- und Räumschiff (89.2) auf Fahrt in das Übungsgebiet

Die Besatzung des MSR-Schiffes „Tangerhütte" wurde als Initiator des Wettbewerbs um beste Leistungen in der Ausbildung für die gesamte NVA auserwählt.

Peenemünde war als zukünftiger Arbeitsort bei den Offiziersschülern nicht gerade beliebt. Man kannte die schwierigen Lebensbedingungen im Sperrgebiet Peenemünde und die Abgeschiedenheit, die allen Armeeangehörigen und Zivilisten dort zu schaffen machte. Doch das war mir egal. Ich wollte meine erste Offiziersdienststellung auf einem werftneuen Schiff antreten und das gelang mir. Bereits mein Abschlusspraktikum als Offiziersschüler konnte ich an Bord eines MSR-Schiffes durchführen, welches später für zweieinhalb Jahre mein Zuhause werden sollte. Das Schiff 332 (89.233) war erst vor wenigen Tagen von der Peene-Werft an die Volksmarine übergeben und in Dienst gestellt worden. Neben der genannten Bord- und Baunummer trug es den Namen „Bitterfeld". Alles war neu: Schiff, Besatzung und die zu erledigenden Aufgaben. Die wiederum waren ganz anders als an der Schule gelernt. Jetzt war mehr das Organisationstalent gefragt, denn täglich rollten Lkw mit Kisten bzw. Gabelstapler mit Seiltrommeln, Ersatzteilen und anderen Ausrüstungsgegenständen auf der Pier an. Die waren auf Vollzähligkeit und Zustand zu überprüfen und entsprechend dem Plan zu stauen. Von den dabei gesammelten Erfahrungen habe ich während meiner gesamten Bordfahrenszeit profitiert. Ich kannte jede Last, jede Bilge oder Ecke auf dem Schiff, auch im Maschinenbereich.

Parallel dazu wurde natürlich auch mit der Ausbildung der Besatzung begonnen. Die Rollenbücher wurden nach der Schiffsstammrolle für jedes Besatzungsmitglied geschrieben und dann begann das Training und Auswendiglernen. Los ging es mit solchen Trainings wie Feuer im Schiff, Leck im Schiff, An- und Ablegen, Ankern usw. Das steigerte sich dann entsprechend. Ziel war es, in kürzester Zeit die Geschlossenheit der Besatzung im Hafen und auf See herzustellen, denn bereits im August 1972 nahmen vier MSR-Schiffe an einer mehrwöchigen Navigationsbelehrungsfahrt nach Leningrad und Riga teil. Die Seeausbildung hatte bisher nur auf einzelnen Schiffen, doch ohne nennenswerte Störungen oder Komplikationen stattgefunden. Die Abteilung war noch gar nicht in Dienst gestellt. Trotzdem wurden auf der Überfahrt natürlich neben der Einzelschiffs- auch schon Elemente der Abteilungsausbildung trainiert. Ganz so einfach war das aber nicht, denn die ganze Überfahrt bis zum Finnischen Meerbusen war eine reine Sturmfahrt. Die See und der starke Wind aus Südwest machten mit den Schiffen teilweise was sie wollten. Es war nicht das Unvermögen der Rudergänger, die Kiellinie bzw. den Kurs nicht halten zu können. Die Schiffe rollten und stampften in der aufgewühlten See, die schräg von achtern kam und liefen dabei öfter aus dem Ruder. Den meisten Männern sind während dieser Tage richtige „Seebeine" gewachsen. Den Schiffen und der Technik machte das gar nichts aus. Kleinere Störungen konnten selbst behoben werden und größere gab es nicht. Diese Fahrt hatte nicht nur bei mir, sondern bei allen teilnehmenden Besatzungen die Überzeugung gefestigt, auf guten, zuverlässigen und vor allem seetüchtigen Schiffen zu fahren.

Nach der Ernennung zum Leutnant zur See im September 1972 begann dann meine erste Offiziersdienststellung als Erster Wachoffizier auf dem Minensuch- und Räumschiff 332 „Bitterfeld". Dieser Schiffstyp sollte mich dann später als Kommandant noch bis 1979 begleiten. Die MSR-Schiffe waren die „Arbeitsbienen" in der Volksmarine. Sie waren im Kommando der Volksmarine für ihre Zuverlässigkeit bekannt und man schätzte den zur damaligen Zeit hohen Wohnkomfort an Bord. So wurden sie gern als Kameraträger bei Filmaufnahmen oder als „Taxi" für Spezialisten des Kommandos der Volksmarine benutzt, die zu Absprachen bzw. Vorbereitung von gemeinsamen Übungen mit der Baltischen Rotbannerflotte für einige Tage nach Baltijsk mussten. Diese Fahrten waren bei der Besatzung nicht so beliebt. Das Schiff war immer in einem tadellosen Zustand und die Zeit der Überfahrt wurde für die Ausbildung genutzt. Nur der Spezialist hatte Langeweile, kontrollierte, notierte und monierte meistens alles. Da wünschte man sich immer eine Sturmfahrt mit allem Drum und Dran, die Ruhe auf der Brücke garantierte.

Der Kommandant KL Hoffmann übergibt die Wettbewerbsstafette an eine Kompanie der Landstreitkräfte.

Eine der Hauptaufgaben der MSR-Schiffe war zudem der Vorpostendienst. Im Wechsel mit der 4. Flottille in Warnemünde war dazu eine Position östlich von Fehmarn zu besetzen. Dazu wurde die Abteilung mit 6 Schiffen nach Warnemünde verlegt. Ich denke, es muss Ende November 1975 oder 1976 gewesen sein, als mein Schiff während der Überfahrt nach Warnemünde in eine bedrohliche Situation kam. An dem Tag wehte ein starker und eisiger Wind aus Südwest. So richtig bekamen wir das erst westlich von Rügen auf der Höhe von Hiddensee zu spüren. Der Wind machte aus der Gischt feinste Wassertröpfchen, die bei den Temperaturen um 0 °C sofort an Oberdeck einen Eispanzer bildeten. Vom Bug bis zum Brückendeck wuchs die Eisschicht zusehends. Ein Aufenthalt bzw. Arbeiten an Oberdeck war aufgrund der Vereisung und des mittlerweile auch starken Seeganges nicht mehr möglich. Der Befehlsstand war in die geschlossene Brücke verlegt worden. Leuchtturm und Werftkräne von Warnemünde waren ja auch schon zu sehen. Es konnte also nicht mehr lange dauern bis zum Liegeplatz, nur die Einlaufgenehmigung ließ auf sich warten. Der Verband musste aufstoppen, die Schiffe legten sich teilweise quer zum Wind und rutschten mit erheblicher Schräglage in jedes Wellental. Der Krängungsmesser zeigte 52° Schräglage. Ein unangenehmer und vor allem gefährlicher Augenblick. Durch die Eislast verschob sich der Schwerpunkt des Schiffes

Auf der Brücke der „Tangerhütte" bei ausgelöstem Gefechtsalarm

nach oben und verschlechterte so die Stabilität wesentlich. Aber das Schiff richtete sich wieder auf. Wie gefährlich diese Situation wirklich war, wurde erst nach dem Anlegen klar. Das Ankerspill war ein kompakter Eisblock, die Relingstutzen dick wie Telegrafenmasten und die Relingseile armdick. Stabantennen waren durch die Last des Eises abgebrochen und der Mast mit den Signalleinen war eine Eiswand. Die Positionslaternen schimmerten mit ihrem Licht nur noch ganz leicht durch das Eis. Mit ein paar Prellungen und blauen Flecken ging dieses Erlebnis für einige Besatzungsmitglieder glimpflich aus. Durch die Erwärmung des Schiffskörpers im Hafen ließ das Eis sich schnell beseitigen. Noch heute habe ich ein ungutes Gefühl, wenn ich an diese Überfahrt denke. Diese Gefahrensituation blieb einmalig und ein bisschen Glück war wohl auch dabei.

Bei den Kommandanten waren die MSR-Schiffe durch ihre hohe Manövrierfähigkeit sehr beliebt. Die zwei Hauptmaschinen wirkten über eine Luftreifenkupplung direkt auf zwei Wellen und die Propeller. Die Flunken der Propeller waren hydraulisch verstellbar, sodass nach dem Starten der Hauptmaschinen das Liegen auf Stopp bzw. eine Voraus- und Zurückfahrt ohne Umsteuern möglich war. Das gewährleistete eine Einhebel-Propeller-Fernverstellungsanlage. Man konnte mit dem Schiff praktisch auf dem Teller drehen und jede Geschwindigkeit zwischen 0 und der Maximalen von 18,5 kn direkt von der Brücke einstellen. Das war unter anderem für das Verbandsfahren wichtig, um Formationen exakt zu halten. Da die Schiffe ja alle Namen von Kreisstädten hatten, weilten auch ab und zu Vertreter der Patenstädte an Bord, denen dann die Manövriereigenschaften des Schiffes in See vorgeführt wurden. Hier war die Demonstration der Stoppstrecke sehr beliebt. Dabei wurde mit höchster Fahrtstufe auf eine Tonne zugelaufen und die Fernbedienungshebel auf „VOLL ZURÜCK" gelegt. Der Leitende Ingenieur an Bord fand diese Manöver nicht so toll. Die Maschinen kamen dabei natürlich in Überlastbereiche, die nur in Extremsituationen gestattet waren. Aber außer einer rabenschwarzen

Dieselwolke am Himmel passierte der Technik nichts weiter. Das Schiff aber stand nach einer Stoppstrecke von nur zweieinhalb Schiffslängen auf der Stelle. Das beeindruckte nicht nur die mitfahrenden Gäste, sondern gab auch den Kommandanten die Möglichkeit, bei entsprechenden Gefahrensituationen schnell reagieren zu können. Das dann doch beim An- oder Ablegen ab und zu ein paar Relingstutzen daran glauben mussten, hatte nichts mit den ausgezeichneten Manövriereigenschaften zu tun, sondern eher mit der „Tagesform" des jeweiligen Kommandanten oder Wachoffiziers.

Ich denke gern an meine Fahrenszeit auf MSR-Schiffen und an die Höhen und Tiefen im täglichen Leben eines Wachoffiziers bzw. Kommandanten zurück. An die zweieinhalb Jahre wohnte ich an Bord, dann bekam ich für meine Familie eine Wohnung. Das alles hat mir sehr viel gegeben, und ich bin stolz, als Kommandant eines Minensuch- und Räumschiffes gefahren zu sein. Meine Fahrenszeit endete 1979, kurz vor der Umrüstung dieser Schiffe mit neuer Räumtechnik. Den Einsatz dieser Technik, einschließlich des Zusammenwirkens mit Räumhubschraubern, konnte ich nach meinem Studium an der Militärakademie in Dresden nur noch von Land aus verfolgen.

Fregattenkapitän a. D. Dieter Flohr

Der Fahrmaat

Seit Stunden sind wir in See. Es ist ein grauer, kühler Novembertag. Große Lust an dieser winterlichen Fahrt auf die bleifarbene Ostsee hat wohl niemand auf der „Rathenow". Doch es muss sein, dieser Novembertörn; Kommandant, Kapitänleutnant Frank Pinther, hat Ausbildungsrückstände wettzumachen, begründete natürlich, die nach einem Werftaufenthalt und Produktionshilfe durch die Besatzung die Jahresbilanz belasten.

Wir laufen mit kleiner Fahrt längs der DDR-Küste. Backbord glitzern die Lichter von Kühlungsborn. Die Sicht ist sehr gut, ganz und gar nicht novembergemäß. Etwa fünf oder sechs Besatzungsmitglieder des Hochsee-Minenabwehrschiffes „Rathenow" machen sich – angetan mit Kampfanzug und „knitterfreiem Hut" sowie an Leinen gesichert – emsig zu schaffen. Sie bringen in körperlich schwerer Arbeit ein Minenräumgerät für elektromagnetische Fernzündungsminen aus. Der Sperrmaat Karsten Weissheimer hat als Vertreter des Bootsmanns, der noch ein paar Tage Resturlaub verquetscht, kein leichtes Amtieren.

Schon schleppt die „Rathenow“ einen Teil der Induktionsschlaufe in ihrer Hecksee, doch einige der Scherdrachen wollen die ihnen zugedachte Funktion nicht erfüllen und das armdicke E-Kabel achterlich nach beiden Bordseiten weit auseinanderspreizen. Je zwei Matrosen schleppen gewichtige stählerne Scherdrachen und Ottern, also die Schwimmkörper, heran, wuchten sie im Dunklen auf das eiserne Oberdeck. Ketten rasseln, Schäkel werden festgeschraubt. Mit Schwung taucht dann der nächste Verbund in die Hecksee. Der Elektrikergast Stabsmatrose Mirko Probst, ein Merseburger, fiert das Kabel sofort ein paar Meter außenbords.

So geht die Sache nur schleppend voran. Irgendwie aber haben die Jungs um den Sperrmaat den letzten Kniff noch nicht drauf, denn die Scherdrachen wollen nach dem Eintauchen nicht so, wie es sein müsste. Also wird das Kabel geduldig wieder gehievt, Scherdrachen und Hohlkörper knirschend eingeholt, das Ganze ausgetütert und erneut gefiert. Hinter dem Schiff bildet sich dennoch allmählich eine übergroße Ellipse aus. Blinklichter auf den Ottern zeigen im nächtlichen Dunkel das beachtliche Ausmaß der Räumschlaufe. Bei einem scharfen Räumen würden dann hochgespannte Ströme ein starkes Magnetfeld darin erzeugen, auf die dann die am Meeresgrund lauernden Minen ansprechen sollen.

Trotz meines dicken Wollpullovers kriecht langsam unangenehme Kühle über meinen Rücken. Kurz entschlossen entere ich hinunter in die Maschine. Hier ist es warm und trocken. Im Maschinenbefehlsstand sind der Wachleiter Meister Harry Hilliger und Jörn Anders, Stabsmatrose und 1. Motorengast. Freundlich bieten sie mir einen Platz an, der E-Gast steht schließlich oben an der Räumwinsch. Neugierig beobachten sie mich, freuen sich über mein Interesse an ihrer Arbeit. Fürs erste aber habe ich nun mit mir zu tun. Aus dem Dunkel in einen schmalen Raum zu kommen, der voll gleißender Helligkeit ist, will verkraftet sein. Dazu kommt die Vielfalt des Bedienpultes der langen E-Schalttafel, das Verwirrspiel der Manometer, Thermometer, Umdrehungsanzeiger, Kontrollleuchten, Rohrlaufschemata, Hebel, Schalter und Druckknöpfe. „Von hier aus fahren wir die gesamte Antriebsanlage, also Schmier- und Kühlsystem, Pumpen, Luft und die Hilfsdiesel für die Energieerzeugung“, sagt der Motorenmeister. Es klingt ein wenig stolz, soll es wohl auch. Immerhin sind Maschinenfernbedienung oder auch wachfreier Maschinenbetrieb noch nicht allzu lange in unseren Schiffbau eingezogen. Vor dreißig Jahren jedenfalls stand ich als Matrose noch unmittelbar an Haupt- und Hilfsmaschinen, führte von Hand die Manöver aus und sauste mit der Ölkanne von Kipphebel zu Kipphebel oder suchte, bäuchlings auf den Flurplatten liegend, nach Ventilen, die Rohrleitungen sperrten oder freigaben.

Hilliger gibt mir Recht. „Wenn man das Baujahr 1971 in Betracht zieht, ist dies hier für damals schon eine reife Leistung des DDR-Schiffbaus." Dann zählt er auf, was in der Hauptsache zu seinem Reich gehört: Zwei Hauptmaschinen, V-Motoren mit je 12 Zylindern 2942 kW, das sind etwa 4000 PS, fünf Hilfsdiesel mit je 100 PS, die E-Generatoren (von je 60 kW betrieben), zwei Hochdruckverdichter … „Und? Alles wie neu?", frage ich. Harry Hilliger lacht. „Na neu nicht, aber sehr gut gepflegt. Wir haben bei einer technischen Inspektion durch das Ministerium für Nationale Verteidigung im vergangenen Frühling eine glatte Eins eingeheimst." „Kann ich mal sehen?" Ich darf. Doch erst muss der Fahrmaat seine Kontrollpflicht erfüllen. Nach jeder Stunde Maschinenbetrieb müssen gewissenhaft alle Werte abgelesen und in das Maschinentagebuch eingetragen werden: Öldrücke, Temperaturen von Schmieröl und Kühlwasser, Wellenumdrehungen. Nach 15 Minuten schlägt Hilliger die Kladde zu. „Wir können."

Der Maschinengefechtsabschnitt umfasst mehrere Räume. Es geht über steile Niedergänge und durch enge Einstiegluken. Der Fahrmaat reicht mir eine Lärmschutzhaube. Unsere Konversation ist auf ein Minimum beschränkt – der Lärmpegel ist doch entschieden höher als im Leitstand. Meine Fragen rufe ich ihm ins Ohr, indem ich seinen Ohrschützer etwas anhebe. Er antwortet auf die gleiche Weise. Aber vorerst gibt es viel zu sehen, und es gibt Grund zum Staunen für mich. Ein Maschinenraum war früher etwas Dunkles, Öliges, meist dominierten die Farben Grün und Schwarz. Hilliger führt mich in strahlend helle Räume. Die Maschinen, alle Rohre sind in Elfenbeinfarbe gehalten. Die silbernen Flurplatten blitzen. Die Rohrleitungen, Kabelstränge, Ventile, Schieber sind sauber farbig gekennzeichnet. Nirgendwo liegt etwas herum, eine kleine Werkstatt ist übersichtlich, Messing- und Kupferteile blinken, man könnte „vom Boden essen". Hier sind Könner, sind Liebhaber am Werk. „Liefert die Werft das so?" Hilliger schüttelt seinen Kopf. „Nein, das wurde von den Maschinisten, die schon vor Jahren auf der „Rathenow" dienten, begonnen, und wir haben die Tradition fortgesetzt. Wartung, Pflege und Sauberkeit sind das A und O. Immerhin sind diese hier noch immer die ersten Maschinen auf dem Schiff!"

Wir gehen wieder zum Befehlsstand zurück. Es ist Mitternacht. Wachwechsel. So verabreden wir uns oben in der Mannschaftsmesse zum Mittelwächter, der nächtlichen Zusatzmahlzeit. Ich bin neugierig auf den Fahrmaat geworden.

In der Gangmesse herrscht trotz der begonnenen Geisterstunde aufgeräumte Stimmung. Die neue Wache hat ihre Mahlzeit gerade beendet.

„Möchten Sie einen Eierkuchen?", fragt der Backschafter Matrose Frank

Müller, eigentlich Artilleriegast an Bord. Natürlich möchte ich. Schon liegt ein gewaltiges Exemplar vor mir auf dem Teller. „Der Obermaat Weissheimer hat zwölf Stück davon verdrückt!“ Unglaublich. Aber Seeluft und nächtliche Schwerstarbeit am Räumgerät machen gewiss hungrig. Die Spötter haben sich natürlich auf Weissheimer eingeschossen, der sich nämlich der Zwei-Zentner-Körpergewichtsgrenze annähert. Man will ab sofort regelmäßig für ihn die Fernsehsendung „Visite“ einschalten.

Harry Hilliger kommt. Schmal und etwas blass ist er, sicherlich ist es die Müdigkeit. Er braucht jetzt erst einmal einen starken türkischen Kaffee. Frank Müller serviert ihm einen Viertellitertopf. Dann erzählt er. Er ist jetzt 24 Jahre alt, stammt aus Binz auf Rügen, ist verheiratet mit Conny, der Krankenschwester. Zwei Kinder sind da, Corinna (6) und Steve (1).

„Binz? Wie wird einer aus Binz Maschinenspezialist? Etwa bei der Hochseefischerei?“ „Erraten“, grinst Harry Hilliger. „Ich habe tatsächlich im VEB Fischfang Rostock-Marienehe gelernt. Aber nicht Maschinist, sondern Koch. „Ich wollte ja auch damals Koch auf drei Jahre bei der Volksmarine werden. Aber ich landete an der Flottenschule ‚Walter Steffens‘, wo gar keine Köche ausgebildet werden. Bleiben wollte ich aber auch. Also nahm ich den Vorschlag der Kommission an und besuchte für ein halbes Jahr einen Maatenlehrgang Maschine-mot.“ „Und das ging alles glatt?“ „Na glatt nicht gerade. Mir hat der Kopf ganz schön gesummt. Habe manche Stunde in der Freizeit zulegen müssen. Doch damals an der Schule wie auch hier an Bord als Mot.-Gast fand ich hilfsbereite Kumpel, die nicht nachließen, bis ich es geschnallt hatte.“ „Aber an Bord? Ich habe gehört, dass es Probleme mit dem Koch gibt.“ „Na ja, der etatmäßige Koch ist leider nicht seetauglich. Wenn wir in See sind, müssen immer mal andere Genossen in der Kombüse aushelfen. Ich bin auch schon eingesprungen. Beispielsweise habe ich ein großes Bankett für unser Bordfest mit Vertretern der Patenstadt Rathenow ausgerichtet. Aber zum Koch an Bord gehört ja nicht nur, dass er kochen kann. Er muss ausrüsten, kalkulieren, portionieren … Jetzt bin ich mit Leib und Seele ein Mann der Maschine“

So manches erfahre ich noch, was das Bild von ihm abrundet. Zum Beispiel, dass er nicht seekrank wird, dass er zumeist ruhig und nordisch bedächtig ist, aber auch zornig werden kann, wenn irgendwo geschludert wird. Und ärgern kann er sich. Beispielsweise darüber, dass der zuversetzte Signalgast an Bord eine dicke Brille trägt und regelrecht nachtblind ist; dass ein Sperrgast, einer der Schwerarbeiter des Schiffes, ärztlicherseits nicht mehr als 10 kg heben darf. Aufregen kann ihn auch, dass Neuerervorschläge im Maschinengefechtsabschnitt, die er mit den anderen ausgeknobelt hatte, so wenig wirksam wurden. Darunter fällt eine Schwimmerschaltung, die selbsttätig das Bilgenwasser absaugt; eine Vorrichtung zum Auffangen von Leckdieselkraftstoff; eine Magnetventilanzeige für die Anlassluftflaschen ... Einiges davon ist bereits in Funktion auf der „Rathenow" und hat hohen Nutzen bewiesen, wird dennoch nicht nachgenutzt auf anderen Schiffen, weil „schiffbauliche Veränderungen" nicht erlaubt sind.

„Und wie wird es weitergehen?", möchte ich wissen. „Ich gehe zur BBB, zur Bagger-, Bugsier- und Bergungsreederei", sagt er. „Der Seefahrt möchte ich treu bleiben. Dort wird im 14-Tage-Rhythmus gearbeitet. Zwei Wochen Dienst und zwei Wochen zu Haus. Das finde ich ganz gut. Schade nur, dass in der Maschine keine Stelle mehr frei ist." „Also, wieder Koch!" Hilliger lächelt. „Ja."

Wir trennen uns. Er braucht seinen Schlaf. Um vier Uhr zieht er wieder auf. Bis dahin bleiben kaum zwei Stunden. Auf der Brücke hat der Kommandant sich zur „Hundewache" eingeteilt. „Das Räumen wurde abgebrochen", erklärt er mir. „Es hat aufgebrist. Wenigstens diese Übung aber haben wir im Kasten."

Ich lasse mir, bevor auch ich in meine Koje klettere, das Traditionsbuch zeigen. Seit der Indienststellung der „Rathenow" wurden darin alle wichtigen Ereignisse im Leben der Besatzung festgehalten. Sofort lese ich mich fest:

Am 25. März 1972 ging das Schiff in Dienst. Dann: Teilnahme an einer großen Übung der verbündeten Flotten 1974. Gute Verbindungen bestehen zur Patenstadt. Einmal im Jahr gibt es Delegationsaustausche. Ein Fernsehgerät kam von dort als vielbejubeltes Geschenk an Bord. Jeweils im Mai steht ein Bungalow-Platz für jeweils ein Besatzungsmitglied plus Frau oder Braut zur Verfügung. Viermal wurde die „Rathenow" bereits „Bestes Schiff".

Am 4. Juni 1981 wurde sie in Ausübung des Vorpostendienstes vor unserer Küste vom dänischen Tanker „Ingo Wonsild" gerammt. Zum Glück gab es keine Verletzten. 1985 nahm das Schiff am Flottenbesuch der Volksmarine in Schweden und Finnland teil. Die Besatzung hat ein Ehrenbanner und die Artur-Becker-Medaille in Silber erhalten. Im ersten Halbjahr weilten alle zum Produktionseinsatz in der Stahlgießerei „Wilhelm Pieck" in Magdeburg-Rothensee und putzten Gussteile. Wieder an Bord und mit zwölf Neuen schafften sie das „Sehr gut" bei der Minister-Inspektion. Eine Woche später haben sie irgendwo vor Stralsund im Flachwasser eine Grundberührung. Bestentitel ade. So dicht liegen oft Glück und Ärger beisammen. Zum Glück passierte nicht allzu viel dabei. Doch den Spott mussten sie ertragen lernen. Die Stelle in der Seekarte, an der dieser Zwischenfall passierte, wurde „Artistengrund" getauft. Galgenhumor.

Am Morgen laufen wir wieder in den Seekanal ein. Vom Passagierkai grüßt im vollen Lichterglanz das Passagierschiff „Maxim Gorki". Auf der Werft hat die Frühschicht begonnen.

Fregattenkapitän (Ing.) a. D. Lothar Kolditz

Vorbeugende Instandsetzung

Unser Küstenschutzschiff Projekt 50 „Riga" lag an der Pier in der Neptunwerft. Das Maschinenpersonal war zum Frühsport auf dem Achterdeck angetreten, da kam die Katastrophenmeldung: „Wassereinbruch im Hilfsmaschinenraum!"

Der Leitende Ingenieur hatte die Situation als Erster richtig erkannt. Er sprang in Hemd und Hose und mit einem Leckkeil in der Hand über Bord, um das Austrittsrohr von der Lenzanlage zu verschließen. Der Lenzejektor war noch ausgebaut und die offene Leitung die Ursache für das Eindringen des Wassers. Durch die oberflächlich durchgeführten Kontrollen des diensthabenden Maschinisten war der Hilfsmaschinenraum erst langsam und dann immer schneller vollgelaufen. Der entstandene Schaden war glücklicherweise gering und konnte mit eigenen Mitteln behoben werden. Insgesamt 12 verschiedene E-Motoren mussten vollständig demontiert, getrocknet und wieder zusammengebaut werden. Das aber wurde vom Maschinenpersonal offiziell als vorbeugende Instandsetzung deklariert, um die kollektive Fehlhandlung nicht wettbewerbswirksam werden zu lassen.

Als am nächsten Tag der Abteilungschef, von Beruf Elektriker, zufällig auf dem Oberdeck die dort zum Trocknen lagernden Motorenteile sah und vom E-Meister fachkundig über die „vorbeugende Instandsetzung" informiert wurde, sparte er nicht mit Lob und regte an, diese Initiative zur Erhöhung der Einsatzbereitschaft doch auf allen Schiffen der Abteilung durchzusetzen.

Kapitän zur See a. D. Hans Steike

Salut der Nationen

Es passierte während einem der vielen Flottenbesuche, bei denen ein Küstenschutzschiff des Projektes 1159 als Führerschiff des Verbandes eingesetzt war. Was die personelle Besetzung betraf, glich das Schiff – wie immer bei solchen Anlässen – eher einem „Fleischdampfer", weniger einem Kampfschiff. Da war die offizielle Delegation unter Leitung des Chefs der Volksmarine. Um diese Delegation herum wuselten jede Menge Hilfskräfte, von der Besatzung etwas respektlos als „Flunkis" oder „Aktentaschenträger" bezeichnet. Ein komplettes Militärorchester musste untergebracht werden. Der Abteilungschef und einige

Offiziere seines Stabes, mit der Führung des Verbandes in See und der Dienstorganisation im Besuchshafen beauftragt, beanspruchten ebenfalls Platz. Gemütlich für die Besatzung war so eine Sonderaufgabe nicht gerade. Für einen Auslandsbesuch nahm man diese Unannehmlichkeiten aber schon mal in Kauf. Zum Zeremoniell eines solchen Besuches gehörte der Ehrensalut. Auf einer vorher vereinbarten Position auf der Reede vor dem Zielhafen feuerte das Führerschiff des Besuchsverbandes 21 Schuss Landessalut, auch als Salut der Nationen bezeichnet, mit einem Salventakt von exakt 10 Sekunden ab, worauf ein Schiff des Gastgeberlandes in genau der gleichen Weise antwortete. Für dieses Schießen war das Küstenschutzschiff in Warnemünde mit zwei Salutkanonen ausgerüstet worden. Das waren uralte, aber leichte U-Boot-Kanonen mit Kaliber 40 mm. Weiß der Teufel, wo man die aufgetrieben hatte. Dazu gehörte genauso uralte Munition. Versager waren vorprogrammiert, deshalb auch zwei Kanonen. Versagte ein Geschütz, sprang sofort das zweite ein. Unterwegs beim Training hatte das ganz gut geklappt. Aber eine wacklige Angelegenheit blieb es trotzdem. Es hätte ja im gleichen Moment auch das zweite Geschütz versagen können und durch die Nachladezeit des ersten wären die 10 Sekunden Salventakt nie einzuhalten gewesen. Dann kam der Moment der Bewährung. Die im Besuchsplan angegebene Salvenposition war erreicht. Konteradmiral Kahnt, Flottillenchef und Mitglied der Delegation hatte sich an der Steuerbordseite der Brücke in den Wachoffizierssitz geklemmt, Stoppuhr in der Hand und das Gesicht – wie für ihn typisch – „zur Faust geballt". Er war ein wegen seiner Strenge gefürchteter, aber wegen seiner Konsequenz, Zielstrebigkeit und Gerechtigkeit auch hoch geachteter Kommandeur. Und dann ging es los! Kommandant: „Zum Salut der Nationen – 21 Schuss – Geschütze laden – Salve – Feuer!" Schuss für Schuss donnerte über die Reede. Nur wenn die Stoppuhr mal 11 oder 12 Sekunden zeigte, wusste man auf der Brücke:

Ein Küstenschutzschiff 1159 schießt beim Flottenbesuch vor der Festung Kronstadt mit 21 Schuss den Salut der Nationen.

Versager. Ohne Stoppuhr fiel das gar nicht auf. Je näher der 21. Schuss kam, desto entspannter wurde der Flottillenchef. Endlich die letzte Salve! Im gleichen Moment zerfloss das Gesicht des Flottillenchefs zu einem breiten, zufriedenen Grinsen. Daumen hoch in Richtung Kommandant. Ein größeres Lob war kaum vorstellbar. Aber das dauerte nur zehn Sekunden. Dann geschah es. Ein 22. Schuss krachte! Skandal! Genau 21 Schuss forderte das internationale Protokoll für Landessalut. Keinen einzigen mehr und keinen einzigen weniger.

Sofort hatte Kahnt wieder seine grimmige Dienstmiene aufgesetzt. Ein eisiger Blick traf den unglücklichen Kommandanten. Zur Strafpredigt kam es aber nicht, denn Admiral Ehm erschien zusammen mit einem „Aktentaschenträger“ eilig auf der Brücke. Dieser hatte ihm wohl gesteckt, dass da ein zusätzlicher Schuss gefallen war.

„Genosse Kahnt, stimmt es, dass das Schiff 22-mal Salut geschossen hat?“

„Nein, Genosse Admiral. Ich habe mitgezählt. Es waren genau 21 Schuss!“

Soweit kommt es noch, er als Flottillenchef wird sich doch nicht von irgendeinem Zuträger das Nest beschmutzen lassen. Schließlich gehörte das Küstenschutzschiff zu seiner Flottille. Für Admiral Ehm war die Sache damit erledigt; lediglich den übereifrigen „Flunki“, der ziemlich „bedeppert“ schaute, traf sein strafender Blick.

Um die gefürchtete Strafpredigt unter vier Augen kam der Kommandant aber nicht herum. Damit war die Geschichte aber auch vergessen. So war er eben, unser Flottillen-Chef.

Kapitän zur See a. D. Horst Blanke

Ein kleines Wunderwerk

Das Kleine Torpedoschnellboot (KTS) Projekt 131.4

Anfang der siebziger Jahre machten sich erste Ermüdungserscheinungen bei unseren „Kampfblechen“ (Leichtes Torpedoschnellboot Projekt 63.300) und „Kampfhölzern“ (Projekt 68.200) bemerkbar. Bei den Alu-Booten zeigten sich vermehrt Haarrisse in den Bootskörpern, die mühsam im Alu-Schweißverfahren repariert werden mussten. Die Holzboote machten Wasser. In den E-Ausrüstungen gab es häufig Kurzschlüsse und die über 50 kn Geschwindigkeiten der „ Wolgaster“ wurden auch nicht mehr durchgängig erreicht. Wir dachten oft über ein Nachfolgeprojekt nach. Die offiziellen Stellen hüllten sich sehr lange in Schweigen. Doch die „Flottenhexe“ wusste schon wieder mehr! Ein neues, etwas größeres Torpedoschnellboot sollte in Vorbereitung sein. Die Ungewissheit hatte schlagartig ein Ende, als ich – es war wohl Anfang 1972 – zum Wissenschaftlich Technischen Zentrum (WTZ) nach Wolgast befohlen wurde. Nach kurzer Begrüßung durch den Kommandeur, Kapitän zur See Dr. Wolfgang Eckhardt, den ich aus gemeinsamen Studienjahren an der Seekriegsakademie für Schiffbau und Bewaffnung „A. N. Krylow“ in Leningrad gut kannte, wurde das Geheimnis gelüftet, indem man ein großes weißes Tuch von einem Reißbrett entfernte. Da war es – das neue Kleine Torpedoschnellboot Projekt 131. Wie ich mich erinnere, fuhr mir ein mächtiger Schreck in die Glieder! Das sollte ein „Kriegsschiff“ sein? Mein erster Eindruck war: Ein Omnibus ohne Räder! Auf einem etwas gedrungen wirkenden Bootskörper war im mittleren Drittel ein durchgehendes Deckshaus sichtbar. Das war etwas eigenartig, da keine für Schnellboote übliche elegante Linienführung erkennbar war. Nach Vorstellung der taktisch-technischen Daten und einer ersten Aussprache darüber vertagten wir uns auf ein Treffen im Manöverstützpunkt Darßer Ort, wo schon ein Erprobungsboot schwimmen sollte.

Horst Blanke, der langjährige Brigadechef der Leichten und der nachfolgenden Kleinen Torpedoschnellboote

In Begleitung eines Kommandanten und eines Obermaschinisten verlegte ich kurz darauf auf den Darß, um die Probe aufs Exempel zu machen. Was ich in Wolgast erahnte, zeigte sich deutlich. Der Kommandant saß wie ein Busfahrer hinter seinem Steuer, hatte zwar etwas Sicht nach voraus, aber seitlicher als querab war keine Sicht mehr. Das war ein unhaltbarer Zustand für den Kommandanten eines kleinen Schnellbootes, der neben der Erfüllung seiner Hauptaufgabe gleichzeitig Rudergänger war.

So verabredeten Dr. Eckhardt und ich ein weiteres Zusammentreffen im Stützpunkt Bug/Dranske, das kurz darauf stattfand. Es wurde eine lange Nacht auf unserem schwimmenden Stützpunkt, aber das Ergebnis unserer

Diskussionen und Zeichenversuche war die über das Deckshaus hinausragende Kommandantenkanzel, die nicht nur dem Kommandanten freie Rundumsicht, sondern dem Boot auch einen etwas ansehnlicheren Seitenriss garantierte!

Unsere Vorstellungen wurden durch die Schiffbauer akzeptiert und eine Serie von 30 Booten lief vom Stapel. In kurzer Folge waren ich oder mein damaliger Stellvertreter und Stabschef der Brigade und Nachfolger als Chef der 7. LTS-Brigade, Fregattenkapitän Harald Santen, in der Peene-Werft Wolgast präsent, um die Boote zu übernehmen und durch den in allen Marinen der Welt traditionellen Befehl „Heiß Flagge und Wimpel" in Dienst zu stellen.

Die Trennung von unseren alten, aber erprobten Booten fiel natürlich nicht leicht, waren doch viele schöne, aber auch schwere Stunden mit dieser bewährten Kampftechnik verbunden. Doch die neue Technik begeisterte, schließlich gab es eine deutliche Verbesserung der Dienstbedingungen. Durch die Verlegung der Kanzel, in diesem Falle des Deckshauses, vom Vorschiff in das mittlere Drittel des Bootskörpers waren die körperlichen Belastungen der Besatzung deutlich geringer. Der Einsatz der Boote war jetzt bis Seegang 6 zugelassen und auch problemlos möglich. Dem Kommandanten waren jetzt zwei Unteroffiziere (Obersteuermann und Obermaschinist) sowie zwei Matrosen (Artilleriegast und Elektrikergast) unterstellt. Für einen weiteren Mitfahrer (Vorgesetzter oder Stabsoffizier) gab es einen zusätzlichen Arbeitsplatz, während auf den alten Booten in diesem Falle der Funkmessmaat aussteigen musste. Es gab erstmals die Möglichkeit, Navigation in einer Seekarte zu machen, während auf den alten Booten – auch wenn es niemand gern hören wollte – „auf Sicht" gefahren wurde und der spitze Bleistift des Navigators durch einen dicken Fettstift ersetzt wurde, mit dem der Kommandant die wichtigsten Eintragungen auf einer in Folie verpackten Seekarte erledigte.

Wir hatten jetzt zwei UKW-Stationen und eine leistungsstärkere KW-Station, was die Truppenführung wesentlich vereinfachte. Und es gab am Heck sogar eine „Kanone" (23-mm-Doppellafette), denn was ist schon ein Kampfschiff ohne eine solche Waffe? Und auch Kommandant und Maschinengefechtsabschnitt atmeten auf, man hatte einen kleinen Kompressor an Bord, der Anlassluft für die drei Diesel produzieren konnte. Vorbei die Momente, wo jedes Kommando „Feuer aus" gut überlegt sein musste und oft mit der Forderung nach Einsparung von Maschinenstunden kollidierte, denn wenn auf den alten Booten die Anlassluftflasche leer war, gab es nämlich kein „Feuer an" mehr.

Nicht vergessen werden soll auch, dass jedes Besatzungsmitglied einen Schlafsack an Bord hatte und eine Notunterkunft mit vier Kojen zur Verfügung

Übernahme der Kleinen Torpedoschnellboote durch Horst Blanke in der Peene-Werft Wolgast

stand, während wir auf den alten Booten so manche Nacht fern vom schwimmenden Stützpunkt in den Sitzen dösten oder aber, falls keine Torpedos in den Rohren waren, im Kampfanzug-See in den Rohren „abruhten"! Es war schon ein kleines Wunderwerk an Technik, das unsere Schiffbauer da geschaffen hatten. Ein paar mehr Meter an Bootslänge hätten wir uns schon gewünscht, denn irgendwie sah der Bootskörper doch recht gedrungen aus. Aber hier setzte die Breite der Tore der LTS-Halle im Stützpunkt Bug die Grenze, denn diese Halle musste auch den KTS-Booten als Winterslipplatz dienen.

Aufbauend auf dem hohen Ausbildungsstand, den die LTS-Besatzungen in den vergangenen Jahren erreicht hatten, wurde die neue Technik schnell beherrscht. Bei Übungen und Manövern sowie Vorführungen vor in- und ausländischen Gästen demonstrierten unsere Besatzungen, zu welchen Leistungen Mensch und Technik in der Lage waren. Knapp 10 Jahre verfügte die Volksmarine der DDR über diese hervorragenden Schnellboote, die zum Einsatz der Minen- und Torpedowaffe sowie zur Erfüllung von Sonderaufgaben zur Verfügung standen.

An verschiedenen Standorten in Deutschland (Marinemuseum Wilhelmshaven, Marinemuseum Stralsund/Dänholm, Bootswerft Rechlin) zeugen heute KTS-Boote des Projektes 131.4 vom Können der Schiffbauer der Peene-Werft Wolgast und Schiffswerft Rechlin, wo die Bootskörper entstanden. Viele Jahre konnte man auf einer Fahrt von Hamburg elbabwärts in Höhe des damaligen Standortes des Instituts für Schifffahrts- und Marinegeschichte (Sammlung

Kleine Torpedoschnellboote (KTS) auf Angriffskurs

Tamm) an der Elbchaussee das aufgepallte KTS-Boot 131.410 sehen. Mittlerweile wurde es nach Rechlin überführt. Es rief Erinnerungen an eine unvergessene Dienstzeit auf den Kleinen Torpedoschnellbooten der Volksmarine wach, an die schönen und auch schweren Stunden militärischer Pflichterfüllung im Kreise der Männer der Brigade. Aber es erinnerte auch an den einzigen Seeunfall, den wir mit den Kleinen TS-Booten im Jahre 1986 leider hatten. Dabei verunglückte unser Kamerad, der Stabsmatrose Bernd Heise, Artilleriegast auf dem KTS-Boot 945, tödlich.

Fregattenkapitän a. D. Wolfgang Telle

Solide Schiffbauerkunst

Das Landungsschiff 108

Ich bin Jahrgang 1950, habe die Offiziershochschule der Volksmarine von 1969 bis 1973 absolviert und als seemännischer Offizier 1973 erfolgreich abgeschlossen.

Meine erste Dienststellung war Kommandant eines kleinen Landungsschiffes vom Projekt 46 (im Sprachgebrauch der Volksmarine als „ LaBo“ oder „Filzlatschen“ bezeichnet), die ebenfalls auf der Peene-Werft gebaut wurden. Wer diese Schule erfolgreich durchlaufen hat, kann mit Stolz von sich behaupten, dass er die Seefahrt in allen Fassetten erlebt hat. Gerade für junge, unerfahrene seemännische Offiziere war dieser Schifftyp geeignet, sich die notwendigen seemännischen Kenntnisse, aber auch die Führung eines kleinen militärischen Kollektivs anzueignen. Wer an diesen Aufgaben scheiterte, hat es in seiner militärischen Karriere auch nicht weit nach oben gebracht.

Von 1973 bis 1975 war ich Kommandant auf den Kleinen Landungsschiffen 655 und 631. Eines Tages kam der damalige Chef der Landungsbrigade, Fregattenkapitän Werner Ruben, auf mich zu und erklärte mir, dass ich vorgesehen sei, auf den neu zu bauenden Landungsschiffen des Projektes 108 meinen weiteren Dienst zu versehen. Nach nur kurzer Bedenkzeit sagte ich dieser neuen Herausforderung zu.

Im Frühjahr 1975 wurde die erste Besatzung zur sogenannten „Baubelehrung“ zusammengezogen. Das bedeutete, dass vom Kommandanten bis zu den Matrosendienstgraden alle über einen längeren Zeitraum nach Wolgast abkommandiert wurden, um das erste Schiff des neuen Projektes intensiv kennen zu lernen.

Der erste Kommandant des Landungsschiffes Projekt 108.1 mit Namen „Hoyerswerda „ war der damalige Kapitänleutnant Dieter Siebeck, als sein Stellvertreter und I. Wachoffizier wurde ich eingesetzt. Leitender Ingenieur war der Korvettenkapitän Gerd Czermak, als II. Wachoffizier und damit Kommandeur des GA-II/Artilleriegefechtsabschnitt fungierte Leutnant Wolfgang Gelling. Die Baubelehrung war von Seiten der Werft sehr gut vorbereitet. Der als Bauleiter des ersten Projektes 108 eingesetzte Erich Kröning war ein sowohl fachlich als auch menschlich sehr guter Partner – vor allem für uns junge Offiziere. Wir konnten mit all unseren Problemen zu ihm kommen. Erich hatte immer eine Antwort parat.

Auch auf unsere Wünsche, die sowohl der Verbesserung des technischen Zustandes als auch der Lebensbedingungen der Besatzung betrafen, wurde weitgehend eingegangen. Auch die Zusammenarbeit mit der militärischen „Werftaufsicht“, die sich aus Mitarbeitern der Verwaltung Schiffbau im Ministerium für Nationale Verteidigung zusammensetzte, war von Zielstrebigkeit gekennzeichnet.

Die Werfterprobung des Projektes 108.01 gestaltete sich zu einer wahren „Langzeiterprobung“. Aus Kostengründen wurde diesmal kein sogenanntes „Null-Schiff“ mehr gebaut, an dem man die gesamte Erprobung eines neuen Projektes hätte vornehmen können. Also ging die Wertbesatzung unter Leitung von Werftkapitän Matthias Birgel und des Leitenden Ingenieurs Jimmy Wegner zusammen mit einem Großteil der ersten militärischen Besatzung an Bord und erprobte das neue Landungsschiff auf Herz und Nieren.

Ob es die Erprobung der Maschinenanlage war, die Motoren liefen erfolgreich bei langen Laufzeiten, die Erprobung der funktechnischen Anlagen oder des neuen Waffensystems AK 725, welches erstmalig in der Volksmarine zum Einsatz kam, in allen Parametern erzielte das Schiff sehr gute Noten.

Da die Maschinen sowjetischer Bauart für den Langzeitbetrieb in Kraftwerken konzipiert waren und nicht für den Manöverbetrieb und das Fahren im niedrigen Drehzahlbereich auf Schiffen, gab es insbesondere bei längerem Fahren in diesen Bereichen Schwierigkeiten mit der Abgasanlage. Diese musste dann „freigebrannt“ werden, um keinen Schornsteinbrand zu riskieren, der verheerende Folgen auf die gesamte Maschinenanlage gehabt hätte. Das musste jeder Kommandant bei seinen seemännischen Manövern strikt beachten. So musste z. B. nach Abschluss der Revierfahrten bei den Tonnen „Osttief“ oder „Landtief“ die Maschinenanlage im höheren Drehzahlbereich gefahren werden, um die Abgastemperaturen in den sicheren Bereich herunterzufahren, damit erst gar keine Schäden entstehen konnten.

Einen Großteil der Langzeiterprobung nahm die Zusammenarbeit mit den Soldaten des Motorisierten Schützen-Regiments 29 aus Hagenow und mit Pionierkräften zur Erprobung der Landetechnik ein. Hier wurden am Strand von Karlshagen auf Usedom alle möglichen Varianten der Be- und Entladung von Schwimmtechnik und von nicht schwimmfähiger Technik mit Hilfe von Pontons der Pioniertruppen (Transport der Panzer T-72 und der Rad-Technik) erprobt. Bei unserer Besatzung waren diese Tage des Beladetrainings sehr beliebt. Spielten doch nicht wir, sondern die Kameraden der Landstreitkräfte die Hauptrolle. Wir hatten lediglich dafür zu sorgen, dass das Schiff zur rechten Zeit am rechten Platz am Strand lag. Die Sicherstellung des Be- und Entladebetriebes durch den Bootsmann mit seinen Einweisern im Bereich des Laderaumes stand dabei im Vordergrund. Der Rest der Besatzung hielt sich im Wachbetrieb auf der Gefechtsstation auf oder man konnte auch mal ein kleines und immer willkommenes Nickerchen machen.

Die Erprobung der Beladung des Oberdecks mit Radtechnik wurde im Hafen von Peenemünde durchgeführt. Dafür stand die Flugabwehr-Kompanie der 1. Flottille zur Verfügung. Den Kraftfahrern, die während des Auf- und Abhievens in ihrem Lkw sitzen bleiben mussten, war gar nicht zum Lachen zu Mute. Schließlich hingen sie an einem Seil, welches über den Spillkopf der Ankerwinde gelegt war, die Radtechnik an Oberdeck zog oder vom Oberdeck in den Laderaum abließ. Sie hatten also keinen Einfluss auf dieses Manöver und mussten sich ihrem Schicksal ergeben.

Insgesamt kann jedoch eingeschätzt werden, dass das Landungsschiff

Feierliche Indienststellung der neuen Landungsschiffe 108; Flottillenchef Konteradmiral Kotte übergibt die Bestallungsurkunde an Kapitänleutnant Telle.

Projekt 108.01 in der Erprobungsphase die in das Schiff gesetzten Erwartungen voll erfüllte. Wir als junge seemännische Offiziere konnten von uns behaupten, die Manövrierfähigkeit des Schiffes, inklusive der Brückendurchfahrten in Wolgast, schon sehr gut zu beherrschen. Auch unsere technischen Offiziere hatten durch die sehr gute Zusammenarbeit mit den technischen Kräften der Peene-Werft einen hohen Wissensstand erreicht.

Bei der Indienststellung 1977 war dann großer Bahnhof angesagt. Der damalige Minister für Nationale Verteidigung, Armeegeneral Heinz Hoffmann, hatte sich angesagt.

Gleich danach wurde mir mein erstes Kommando auf dem Landungsschiff Projekt 108.04 „Eberswalde-Finow" übergeben. Ich musste mein Schiff jedoch bereits im August 1977 an meinen Nachfolger übergeben, da ich zum dreijährigen Studium an die Militärakademie „Friedrich Engels" nach Dresden delegiert wurde. Als Absolvent der Akademie kam ich 1980 zurück nach Peenemünde. Entgegen den sonstigen Gepflogenheiten, in eine Stabsdienststellung eingesetzt zu werden, erhielt ich erneut ein Kommando über ein

Landungsschiff. Diesmal war es das Projekt 108.11 mit dem Städtenamen „Anklam". Nach dem studentischen Leben in der Kulturstadt Dresden musste ich mich doch ganz schön umstellen, zumal das Projekt 108.11 ein sogenanntes „Werferschiff" war, also mit dem reaktiven Werfer-Komplex A 215 ausgerüstet war, den ich auf meinen anderen Schiffen zuvor noch nicht kannte.

Zu meinem Glück kam ich gerade zurück, als das Manöver „Waffenbrüderschaft 80" begann. Während des Manövers musste ich die „Zulassung zur selbständigen Schiffsführung" für Projekt 108 wieder neu ablegen. Das fiel mir nicht allzu schwer. Während des Manövers wurden zwei Landungsschiffe ausgewählt, um je eine Kompanie Marineinfanterie der Baltischen Rotbannerflotte aufzunehmen. Es waren die Schiffe „Anklam" und „Neubrandenburg". Die sowjetischen Kameraden fühlten sich sehr wohl an Bord, da sie wohl auf ihren Schiffen solche „luxuriöse" Unterbringung und auch Verpflegung nicht gewohnt waren.

An eine Episode kann ich mich besonders gut erinnern. An einem Manöverabend auf See wurde im Rahmen der Freizeitgestaltung ein Wettbewerb im Tauziehen zwischen unserer Besatzung und den Marineinfanteristen ausgetragen. Auf der Back, dem vorderen Oberdeck, standen sich je zehn Mann gegenüber. Die Marineinfanteristen hatten allerdings ahnungslos ihre Kampfstiefeln anbehalten, die noch mit Eisen am Schuhabsatz beschlagen waren. Wenn man diese kräftigen Jungs so sah, musste einem angst und bange werden um unsere Besatzung. Aber als der Pfiff ertönte, schlitterten die sowjetischen Kameraden nur so übers Oberdeck, da sie sich mit ihren Knobelbechern auf dem stählernen Deck nicht halten konnten. Natürlich stand ihnen ihre Niederlage ins Gesicht geschrieben, und ihr Kommandeur forderte gleich eine Revanche. Die Stiefel wurden diesmal ausgezogen und los ging es. Aber nun konnten sich unsere Jungs nicht gegen die bärenstarken Russen wehren. Sie wurden binnen kurzer Zeit über das Oberdeck geschleift und der Seelenfrieden war bei den Russen wieder hergestellt.

An der großen Anlandung auf Usedom nahm ich mit meinem Schiff ebenfalls teil. Es war schon ein erhebenden Gefühl, das Landungsschiff Projekt 108 in dem Verband polnischer, sowjetischer und deutscher Schiffe zu sehen. Die Landungsoperation lief perfekt ab. Man konnte sich sehr gut auf unsere Schiffe in der An- und Ablandephase verlassen. Schiff und Besatzung befanden sich in höchster Anspannung. Alle Schiffe fuhren in einer Welle nebeneinander im befohlenen Abstand zu den Seiten und zu voraus bzw. achtern handelnden Fahrzeugen. Dabei war gleiche Geschwindigkeit und einheitlicher Kurs zu steuern. Der Gefechtsabschnitt I (Navigation) musste das Schiff genau auf

Landungsschiffe des Projekts 108 landen Truppen der Landstreitkräfte an der Ostküste Usedoms an.

Kurs halten, um in der befohlenen Anlandegasse sicher manövrieren zu können. Man musste ja davon ausgehen, dass die Gassen vermint sind oder mit Unterwasserhindernissen zugebaut waren. Diese Gassen zu räumen bzw. die Unterwasserhindernisse zu beseitigen, waren Aufgaben der Minenraumkräfte und der Kampfschwimmer. Die Schiffsartillerie führte verstärkte Luft- und Seeraumbeobachtung durch, um vor „Überraschungen" – insbesondere aus der Luft – sicher zu sein. Die Kameraden der Landungskräfte begaben sich in den Laderaum, um ihre Gefechtsfahrzeuge zu besteigen und sich auf den Kampf um die Anlandung vorzubereiten.

Die Ballastwassertanks des Schiffes wurden geflutet, damit das Schiff nicht zu weit auf dem Strand aufsetzte. Nach erfolgter Anlandung erfolgte das Lenzen der Ballastwassertanks, um einen günstigeren Auftrieb des Schiffes zu erhalten. So konnte das Schiff schnell vom Strand heruntergezogen werden. Kurz vor dem Erreichen des Aufsetzpunktes wurde die Landeklappe vorgesenkt. Auf Signal vom Führerschiff wurde die Ausfahrt der Technik freigegeben, sobald sich die Landeklappe vollständig gesenkt hatte. Der letzte Schwimmpanzer (SPW) hatte den Laderaum gerade verlassen, gingen die Maschinen auch schon auf Fahrt zurück. Jetzt kam es auf das Geschick jedes Kommandanten an, um so schnell wie möglich den Strand verlassen zu können und ohne Havarie mit anderen Schiffen aus dem Anlandungsgebiet zu gelangen, da von achtern die nächsten Landungswellen kamen.

Die Landungsschiffe der Peene-Werft, ob es die Projekte 46, 47 oder 108 waren, konnten sich mit den Landungsschiffen der Baltischen Rotbannerflotte und der Seekriegsflotte Polens gut messen. Sie standen für Zuverlässigkeit, Manövrierfähigkeit und solide Schiffbauerkunst. Das zeigte sich auch bei einem weiteren wichtigen Kapitel in der Geschichte der Landungsschiffe vom Projekt 108, den sogenannten Geschosswerferschießabschnitten in Tallinn. Sowohl von der logistischen als auch von der technischen, navigatorischen und personellen Vorbereitung bis hin zu Durchführung auf der estnischen Insel Suur Pakri waren diese Schießabschnitte Höhepunkte nicht nur im Leben der betreffenden Besatzungen, sondern der gesamten Volksmarine.

Mangels geeigneter Landabschnitte auf dem Küstenterritorium der DDR musste zum Schießen mit dem Geschosswerferkomplex A 215 auf die heutige estnische Insel Suur Pakri ausgewichen werden. Neben den eigentlichen Besatzungen der vier teilnehmenden Landungsschiffe trafen sich dabei viele Stabsoffiziere der Flottille und des Kommandos der Volksmarine, um an der Fahrt nach Tallinn teilzunehmen. Die Landungsschiffe bewährten sich schon auf den Überfahrten, da diese sehr oft bei rauer See absolviert wurden. Durch ständige Kontrollen – insbesondere der Landeklappeneinrichtung – wurden Wassereinbrüche beim Fahren gegen die schwere See oder ähnliches vermieden.

Nach einigen Trockentrainings erfolgte das scharfe Schießen. Imitiert wurde der Einsatz des Geschosswerferkomplexes A 215 während einer Anlandung auf gegnerischem Gebiet zur Niederhaltung gegnerischer Abwehrkräfte an Land bzw. auch im Hinterland. Die Geschosswerfer funktionierten in aller Regel ohne Probleme und mit einer hohen Trefferwahrscheinlichkeit. Auf der Insel war eine Beobachtungsgruppe ausgesetzt worden, die die Einschläge der einzelnen Geschosse beobachtete, um an Bord realistische Werte zur Trefferauswertung zu erhalten.

Diese Geschosswerferabschnitte in Tallinn zeigten den hohen Gefechtswert dieser Waffe und damit der Landungsschiffe vom Projekt 108. Vor allem die sowjetische Seite zollte den Schiffen und deren Besatzungen hohes Lob. Diesen auf dem Vorschiff installierten Geschosswerferkomplex, den viele mit der „Stalinorgel" des Zweiten Weltkrieges verglichen hatten, gab es nämlich so auf keinem Schiff der sowjetischen Kriegsflotte.

Die Schiffe des Projektes 108 standen auch bei der Partei- und Staatsführung der DDR hoch im Kurs. Im Juli 1984 weilte ich als Abteilungschef mit den Schiffen 614 und 615 zu einem Besuch in Świnoujście/Polen zum Jahrestag der polnischen Flotte. Am letzten Tag erhielt ich den Befehl, sofort mit beiden Schiffen auszulaufen und an einer Vorführung der Kampfeinheiten

Landungsschiffe des Projekts 108 beim Feuern

der Volksmarine vor der Partei- und Staatsführung mit Erich Honecker vor der Prorer Wiek bei Sassnitz teilzunehmen. Ohne jegliche Vorbereitung und ohne Training – sonst üblich bei solch hochrangigen Shows – wurden wir ins „Gefecht geworfen". Auf Parallelkurs zum Flaggschiff laufend schossen meine beiden Schiffe je eine ganze Salve aus den Geschosswerfern ab. Es muss wohl sehr beeindruckend für Honecker gewesen sein, denn nach der Vorführung gab es eine Vielzahl von Auszeichnungen für die Besatzungen.

Wie vielseitig die Schiffe waren, zeigte sich auch an ihren Einsätzen im Vorpostendienst, bei Ausbildungsfahrten mit Offiziersschülern, bei Flottenbesuchen in Riga, Gdańsk und Gdynia und bei zahlreichen Einsätzen als Sicherungsschiffe beim Raketenschießen vor Baltijsk.

Fregattenkapitän a. D. Wolfgang Schmieder

Fahrt im Kampagne-Waggon

Kaum hatten wir in Moskau den noblen wie grenzüberschreitenden Zug verlassen, als uns schon ein erster Schock ereilte – die Bahnhofstoiletten. Sie hatten nur halbhohe Boxentüren, was Türriegel und Besetzt-Schilder einsparte. Hinter den Türen schauten grimmig angestrengte Gesichter unter meist riesigen Pelzmützen den Neuankömmlingen in deutscher Marineuniform entgegen. Dazu ein unheimlicher, uns unbekannter „Duft", eine Mischung aus Desinfektionsmitteln, Knoblauch, Wodka, Machorka und Naphthalin. Dieser

Duft sollte uns auch später während der Baku-Zeit auf allen öffentlichen Toiletten immer wieder begleiten.

Unklar war erst einmal die Weiterfahrt, denn es gab keine Tickets für die Abteile. So wurden wir über den ganzen Zug verteilt. Küstenschutzschiff-Neulinge unter den Offizieren – ich erinnere mich da an ehemalige Fahrer von Minensuch- und Räumschiffen wie Harald Zingelmann und Dieter Dziuballe sowie einen gewissen Leutnant Schmieder – mussten mit den Berufsunteroffizieren in den normalen Schlafwagen als „Kontrolleure" fahren. Bei diesen Kampagne-Waggons handelte es um so eine Art Lazarettzug der Marke Zweiter Weltkrieg. Das Bettzeug sollte einen Rubel kosten. Nicht mit uns! Wintermantel und ein kräftiger Schluck „Goldkrone" sorgten für schnelles Einschlafen. Die Dunkelheit im Waggon bei der Abfahrt bewahrte uns vor weiteren tiefgreifenden Schocks.

Das nächste Erwachen im Inlandsfernzug von Moskau nach Baku – es war eine andere Welt. Ein Mütterchen verschwand am Morgen unter ihrer Decke auf einer Koje längs zum Hauptverkehrsgang und kam erst in Baku wieder unter dieser Decke hervor. Vielfältig waren die Anzugsordnungen der Mitpassagiere. Üblich waren ausgebeulte Trainingshosen und hängende Pullover. Schnell fanden unsere Berufsunteroffiziere die Bequemlichkeit dieser Anzugordnung heraus, was dazu führte, dass sie sich bald kaum noch von den anderen Fahrgästen unterschieden, vor allem dann, als einige Uniformteile bei Tauschgeschäften die Besitzer wechselten. Die mitreisenden Offiziere waren mittlerweile nicht mehr ganz Herr der Situation und verlagerten ihren Aufenthaltsort immer öfter in den Speisewagen. Hier gab es sehr preiswert ein außerordentlich leckeres Omelette und – für uns fremd – ein unmöglich platt gehauenes Hühnchen, gebraten in der Pfanne, aber ebenfalls sehr lecker. Den zungenbrecherischen Namen dieses Gerichtes konnten wir damals nicht aussprechen. Er hatte etwas mit Kebab zu tun. Da der Kellner jedoch sehr schnell unseren Rhythmus zwischen diesen beiden Gerichten herausgefunden hatte, waren wir mit der Bestellung aus dem Schneider.

Faszinierend waren die vielfältigen Stauräume, die sich unter den Sitzen und Tischen der Gäste befanden und die einen nicht endenden Vorrat an Wodka, Sekt und Trockenfisch – den berühmten „Wobla" – zum Inhalt hatten. Während im Waggon-Restaurant Tischdecken vorhanden waren, blieb im Gesindewaggon die Prawda durchgehend Tischdecke, Einwickel- und Abdeckpapier in einem. Bei allen uns so fremden Eindrücken, ungewöhnlichen und manchmal auch unschönen, die Menschen, ob alt oder jung, waren uns gegenüber sehr aufgeschlossen, neugierig und freundlich. Man fühlte sich, wenn man wollte, schnell dazugehörig. Wodka und Goldbrand hatten zwar zwei verschiedene

Geschmacksrichtungen, dafür aber die gleiche verbrüdernde Wirkung. Nach mehrmaligem Drängen erhielten schließlich auch die Offiziere eine Koje in einem Abteil und fühlten sich damit etwas „standesgemäßer“ untergebracht.

Lange nicht durchschaubar war für uns die Ursache der unendlich langen und langsamen Ausfahrten aus den Bahnhöfen, besonders als wir die kaukasischen Regionen erreichten. Des Rätsels Lösung war jedoch bald gefunden. Heerscharen von Frauen und Männern bevölkerten nach dem Bahnhofshalt jedes Mal den Zug und verkauften alles, was man sich nur vorstellen konnte. Renner waren dabei allerlei Wegzehrungen wie frisches Gemüse, Obst und Früchte, die wir nicht kannten (diese entpuppten sich später u. a. als Granatäpfel), sowie Stalinbilder in großer Vielfalt. Das Auspacken und Anbieten der vielen „Herrlichkeiten“ sowie das uns unverständliche, jedoch später so vertraute Feilschen nahmen dabei jedes Mal mehr Zeit in Anspruch als der Zug Aufenthalt hatte. Mit der langsamen Ausfahrt bestand für die Händlerschar noch die Möglichkeit eines relativ gefahrlosen Absprungs.

Irgendwann im Laufe der Fahrt hatten auch die Mitbewohner unseres Abteils gewechselt und auf dem letzten Wegstück von ca. 24 Stunden war ein massiger Aserbaidschaner unser Weggeselle. Damals haben mich an ihm drei Dinge fasziniert: Zum Ersten eine uns unbekannte riesige Kopfbedeckung, die immer auf seinem massigen Haupt ruhte, sogar wenn er sich hinlegte. Später wussten wir, dass diese Mützen sozusagen zum aserbaidschanischen Mann gehörten, wie seine unzähligen Goldzähne im Mund. Aufgrund der Größe und kreisrunden Form hatten diese Kopfbedeckungen im Volksmund auch den Namen Aerodrom – Flugplatz. Zum Zweiten war unser Russisch so schlecht wie sein Deutsch, was ihn aber nicht störte, uns unablässig mit seinem Redeschwall zu überschütten. Gemäß der uns anerzogenen Freundschaft zum „großen Bruder“ bemühten wir uns zuerst, am Gespräch teilzunehmen. Später suchten wir aber lieber unser Heil in der Flucht zu dem schon beschriebenen Restaurant-Waggon. Zum Dritten sprang er in immer kürzer werdenden Abständen auf, stellte sich auf den Sitz und schaute mit dem riesigen Aerodrom auf dem Kopf aus dem offenen Zugfenster in Fahrtrichtung. Wie der Aerodrom trotz des Fahrtwindes auf dem Kopf hielt, wird mir immer ein Rätsel bleiben. Dabei rief er immer freudig erregt das Gleiche, was wir als „Bald kommt Baku!“ deuteten. Dieses Gebaren hielt etwa einen reichlichen halben Tag an, was uns, die wir nur DDR-Entfernungen gewohnt waren, völlig durcheinanderbrachte. Wahrscheinlich hatten wir inzwischen die Strecke zurückgelegt, die zwischen Sassnitz und Oberwiesenthal hätte bewältigt werden müssen, aber Baku kam immer noch nicht in Sicht. So bekamen wir eine Ahnung der unermesslichen Größe der damaligen Sowjetunion.

Irgendwann waren wir dann wirklich in Baku. Das genaue Datum und die Uhrzeit sind mir leider entfallen. Der erste Eindruck war nicht der schlechteste. Besonders die fast subtropische Wärme (die dann im Sommer zur manchmal fast unerträglichen Hitze werden sollte) begeisterte uns im Vergleich zum eiskalten Moskau. Und noch etwas versetzte uns arg in Erstaunen. Wir waren der Meinung, viel Gepäck bei uns zu haben, mussten doch alle Reserven irgendwie ein halbes Jahr reichen. Aber was da in Baku an Kisten, Koffern, Säcken, Beuteln, den legendären vernagelten Paketen, Körben und sonstigem Gepäck der Einheimischen aus dem Zug quoll, überstieg unser Vorstellungsvermögen.

Das Resümee dieser Reise: Einmal muss man mit dem Zug nach Baku gefahren sein, aber dann nie wieder, jedenfalls nicht gleich.

Fregattenkapitän a. D. Gerd Kleinschmidt

Heimreise mit Hindernissen

Die Vorbereitungsphase für eine gemeinsame Übung der Vereinten Ostseeflotte war beendet. Alle Fragen waren geklärt und die notwendigen Dokumente erarbeitet. Die operative Gruppe der Volksmarine, zu der auch ein Teil des Führungspunktes des Chefs der Küstenschutzschiff-Abteilung gehörte und die ihr Lager im polnischen Marinestützpunkt Hel auf dem Versorger E-41 aufgeschlagen hatte, packte für den Rückmarsch.

Nach einem guten Frühstück zogen wir unsere Sommermäntel an, setzten die Schirmmützen auf, nahmen unsere privaten und dienstlichen Sachen (bis auf einen, der ließ seinen VS-Koffer stehen – aber das ist eine andere Geschichte) und schifften uns auf einer offenen Barkasse ein, die uns nach Gdynia bringen sollte. Es war zwar Frühling befohlen, doch das hatte sich noch nicht bis nach Polen herumgesprochen, denn wir bibberten so bei etwa -5 °C. Nach der Überfahrt wurden wir auf Pkw-Kübel verfrachtet und zum nahen Flugplatz gefahren. Es war vorgesehen, unsere Gruppe mit einem Hubschrauber der Seekriegsflotte Polens von Gdynia nach Darlowo und von dort mit einem Hubschrauber des Marinehubschraubergeschwaders18 in die Heimat zu fliegen.

Doch es kam alles etwas anders! Als wir auf dem Flugplatz in Gdynia ankamen, fuhren wir nicht zum Hubschrauber, sondern wurden in einen Warteraum gebracht. Das hatte natürlich einen Vorteil – hier war es endlich wieder warm. Nun begann ein stundenlanges Warten. Am späten Nachmittag erhielten wir auf unsere Anfragen endlich die Antwort, dass der Oberkommandierende der Streitkräfte des Warschauer Vertrages, Marschall der Sowjetunion Kulikow, hier landen sollte und bis zu seiner Landung absolutes Flugverbot ausgesprochen wurde. Da wir seit dem Frühstück nichts mehr gegessen hatten und unsere zusammengelegten Rest-Złoty gerade für zwei Kaffee reichten, setzte bei allen ein gewaltiges Hungergefühl ein. Besorgt beobachteten wir, dass sich das Wetter zusehends verschlechterte. Starker bis stürmischer Wind und Schneefall setzten ein. Als wir endlich fliegen durften (bei der Volksmarine hätten wir aufgrund der Wetterlage nie eine Starterlaubnis erhalten) war es bereits dunkel. Hunger!

Unser Hubschrauber war eine nagelneue MI-14 in der Seenotrettungsvariante. In der Mitte des Frachtraumes stand ein riesiger Treibstoffzusatzbehälter. Wir saßen mit dem Rücken zur Bordwand und es war saukalt! Als wir unsere Überflughöhe erreicht hatten, wollte der Pilot uns mit einer netten Geste die derzeitigen Wetterbedingungen zeigen und schaltete für ein paar Sekunden einen Scheinwerfer ein. Durch die Bordfenster konnten wir einen herrlichen Schneesturm sehen und am unruhig holprigen Flug natürlich auch spüren. Die Übelkeit bei einigen unserer seeerprobten Offiziere kam aber weniger vom Flug, sondern mehr vom Hunger! Ich z. B. konnte die Worte „trockenes Brötchen“ kaum noch aussprechen. Stupide, hungrig und frierend hockten wir auf unseren Plätzen und starrten Löcher in die Luft des spärlich beleuchteten Frachtraumes.

Plötzlich begann es nach „Elektrik“ zu riechen. Schmorten hier irgendwelche Kabel? Sofort kam Leben in die unterkühlten Körper. Die ersten begannen schon zu klären, wer und wie nach erfolgtem Absturz und möglichem Überleben die Frau des anderen benachrichtigen sollte. Ich dachte mir, du musst was unternehmen, stand auf und klopfte an die Tür zum Cockpit. Die Tür ging auf, eine fremde Hand drückte mir einen Aschenbecher in meine Hand, die Tür ging wieder zu. Wir schauten uns verdattert an. Nun gut, dachten wir, rauchen wir wenigstens noch eine vor dem Absturz! Der überdimensionale Treibstofftank vor unserer Nase spielte nun auch keine Rolle mehr. Wenigstens die Zigaretten schmeckten gut. Nach einer Weile bemerkte ich einen warmen Luftzug im Genick. Ich überprüfte sofort dessen Herkunft und siehe da, aus einem schwarzen Gummischlauch, der bei Notwendigkeit an einen Rettungsanzug angeschlossen werden konnte, strömte heiße Luft. Und da er wohl noch nie gebraucht wurde, roch es eben nach Elektrik. Ich steckte mir den Schlauch in den Hemdskragen und ließ mich erst einmal mit Wärme berieseln. Insgesamt waren vier solcher Schläuche vorhanden, so dass wir uns nacheinander aufwärmen konnten. Gegen 22 Uhr landeten wir wohlbehalten auf dem Flugplatz in Darlowo. Ein Bus brachte uns in ein Offizierswohnheim. Die Kantine hatte längst geschlossen, aber es gab wenigstens warme Betten!

Am nächsten Morgen hieß es zeitig aufstehen, denn wir mussten so schnell wie möglich nach Warnemünde. Nach einem ausgiebigen Frühstück fuhren wir mit dem Bus zu unserem Hubschrauber. Als Startzeit war 9 Uhr Ortszeit avisiert worden. Um 9 Uhr fehlte dann nur noch unsere Hubschrauberbesatzung. Wir fuhren zum Leitstand des Flugplatzes. Hier saß die Besatzung beim gemütlichen Kaffee und teilte uns mit, dass wegen extrem schlechten Wetters, das aus West kommend in Richtung Polen zog, der Flug abgesetzt war und auch in den nächsten 24 Stunden nicht möglich sein würde. Telefonate mit Gott, seinen Stellvertretern und einigen unterstellten hochrangigen Offizieren waren die Folge. Nach etwa zwei Stunden erhielt der Kommandeur des Flugplatzes vom Chef der PSKF den Befehl, uns mit einem Bus bis zum Grenzübergang Kaminke zu bringen.

Da die polnischen Genossen dieselben Probleme zum selben Zeitpunkt hatten wie wir – nämlich Mangel an Treibstoffen – fuhr der Bus ohne Heizung bei Außentemperatur von nach wie vor -5 °C. Der Busfahrer hatte sich warm angezogen, Thermosflasche und Essen eingepackt und fuhr guter Dinge Richtung Kaminke. Als im Dunkeln plötzlich die Straße zu Ende war und wir vor einer Schilfkante standen, wussten wir, dass wir zwar am Haff, aber nicht an der richtigen Stelle waren. Nach längerem Suchen und Übersetzen mit der Fähre kamen wir, wieder mal hungernd und frierend, am Grenzübergang an. Der Busfahrer verabschiedete sich und wir standen mit unserem Gepäck auf der Straße.

Die sowjetische Grenzkontrollpunktbesatzung wusste natürlich nichts von unserem Kommen und ließ uns nicht passieren. Wieder endlose Telefonate. Inzwischen war es etwa 21 Uhr, also „Filzlatschenzeit" für Kommandeure und Befehlsgeber, die unser Problem hätten entscheiden können. Die Uhrzeit wurde uns übrigens auch durch unsere immer lauter knurrenden Mägen signalisiert. Da wir alle um die sowjetischen Soldaten einen Kreis gebildet hatten und wild diskutierten, war es einem unserer Offiziere gelungen, sich auf die deutsche Seite zu schleichen und dort im Kontrollpunkt zu verschwinden. Es musste nämlich auch geklärt werden, wo unser Barkas war, der eigentlich am Grenzübergang bereitstehen sollte. Nach Telefonat mit dem OP-Dienst der 4. Flottille war klar, dass er pünktlich losgefahren war und längst da sein sollte. Wie sich später herausstellte, war der Fahrer in den Ort Kaminke gefahren und hatte dort natürlich vergeblich den Grenzübergang gesucht.

Als wir endlich von den sowjetischen Soldaten die Genehmigung erhielten, die Grenze zu passieren, stürmten wir zu unserem Kontrollpunkt – in der

Hoffnung auf Wärme. Aber weit gefehlt! Unsere Soldaten hatten Watteanzüge an und Pelzmützen auf und waren ja nur für ein paar Minuten zum alleinigen Zweck unseres Passierens gekommen. Kein Feuer, keine Wärme und wir im Sommermantel und mit Schirmmütze. Nach etwa 20 Minuten tauchten aus Richtung Kaminke zwei Scheinwerfer auf – unser Barkas! „Heizung auf maximal und los!“, war der knappe Befehl an den Fahrer. Bei der Einfahrt in Greifswald sahen wir eine beleuchtete Gaststätte. „Wir wollen gerade schließen“, stammelte der Kellner – er wurde überrannt. Satt und aufgewärmt verließen wir gegen 23.30 Uhr die Gaststätte.

Unsere Odyssee hatte ein Ende und der Teilnahme an der Einweisung, die um 09 Uhr am nächsten Tag stattfinden sollte, stand nun nichts mehr im Wege.

Fregattenkapitän a. D. Peter Müller

Schwimmwettkampf in Baku

Die „Ekipazh“ (Besatzung), wie unsere Projekt-1159-Einheit genannt wurde, hatte wieder einmal ein sportliches Großereignis an der Höheren Kaspischen Seeoffiziersschule in Baku zu bestehen. Es waren die jährlichen Schwimm-Meisterschaften dieser militärischen Lehreinrichtung. Uns erfullte es mit besonderem Stolz, dass auch wir dazu eingeladen wurden.

Als der für die sportliche Organisation verantwortliche Offizier musste ich die Starterliste für den Wettkampf zusammenstellen. Die zu besetzenden Disziplinen hatten es in sich: 100 m Brust, 200 m Freistil und 100 m Schmetterling waren echte Leckerbissen für jeden Freund des Schwimmsports. Eine Nichtteilnahme kam für uns überhaupt nicht in Frage.

Mein erster Schritt war die Analyse des sportlichen Potentials unserer Einheit. Bei solch durchtrainierten und sportbegeisterten Kämpfern aus der Flotte der DDR, alles Angehörige einer großen Sportnation, würde sich doch eine kleine Schwimm-Mannschaft zusammenstellen lassen. Schließlich ging es ja nur um die Meisterschaften der Offiziersschule. Allerdings standen unserer ca. 75 Mann starken Truppe etwa 1500 Offiziersschüler der Sowjetflotte gegenüber.

Gesagt, getan. Die Mannschaft wurde aufgestellt. Eine unserer herausragenden Eigenschaften war immer hohe Einsatzbereitschaft in jeder Situation. So gelang es dann, alle Disziplinen mit mehr oder weniger überzeugenden politischen Argumenten zu besetzen. Der Tag des Wettkampfes rückte immer näher. Es wurde sogar trainiert.

Nun war es soweit. In einheitlicher Sportkleidung, mental gut eingestellt, betraten wir die Sportarena. Die Halle war bis zum letzten Platz gefüllt. Die Plakate an den Eingängen, die von einem Länderkampf zwischen UdSSR und DDR kündeten, hatten uns nicht sonderlich beeindruckt. Dass das Datum dieses Kampfes das heutige war, war uns gar nicht aufgefallen.

Der erste Wettkampf sollte sogleich zu einem Höhepunkt werden: 200 m Freistil. Der Hallensprecher kündigte ihn gerade an und rief die vier Schwimmer zu den Blöcken. Unserem Vertreter wurde von seinen Mannschaftskameraden nochmals auf die Schulter geklopft, dann begab er sich zu seinem Startplatz.

In der Halle war eine spannungsgeladene Atmosphäre. Der Hallensprecher begann mit der Vorstellung der Sportler. Auf der Bahn 1 wurde „Master sporta SSSR (Meister des Sportes der UdSSR) Afanassjew, Igor Wassiljewitsch" aufgerufen – tosender Beifall. Ein V-förmiger Zwei-Meter-Mann betrat den Block. Auf der Bahn 2 startete der zweifache „Master sporta SSSR Timoschenko, Iwan Sergejewitsch" – wieder tosender Beifall, das gleiche Bild. Auf Bahn 3 kam „Master sporta SSSR Daschwili, Kiril Semjonowitsch" – und wieder trat unter dem tosenden Beifall der Zuschauer ein V-förmig geformter athletischer Körper auf den Startblock.

Dann der mit Spannung erwartete Aufruf für Bahn 4 mit „ Master (Dienstgrad Meister) Mjulbauer (Mühlbauer), GDR". Selbstbewusst, nur mittelgroß und mit stromlinienförmiger deutscher Körperfülle trat auch er hervor. Der Beifall – so hatte es den Anschein – blieb für wenige Sekunden aus, setzte aber dann doch mit voller Begeisterung ein. Auch Meister Mühlbauer wies deutliche V-Form auf. Nur das V stand für den Kopf, geformt wie eine Birne, die am Baum hängt.

Übrigens, er hatte sich in diesem Wettkampf wacker geschlagen und – zugegeben mit etwas größerem Abstand – noch einen sehr guten 4. Platz belegt.

Kapitän zur See a. D. Hans Steike

Skandal im Med.-Punkt

Nach langer Bahnfahrt waren die Teilnehmer des 1159-Lehrganges Ende März 1976 in Baku eingetroffen und vom Abteilungschef, Fregattenkapitän Fritz Naumann, in Empfang genommen worden.

Gleich am nächsten Morgen hatte die sowjetische Seite einen gründlichen

Gesundheits-Check organisiert. Also begaben wir uns im Trainingsanzug zum Med.-Punkt und harrten der Dinge, die da kommen sollten. Es begann die übliche Kontrolle von Größe und Gewicht, dann die Puls- und Blutdruck-Messung, das A-Sagen und Abhören, Reflexkontrolle usw. Da alles „im Rudel“ passierte, hatten wir unseren Spaß dabei und der jeweilige Delinquent erhielt äußerst wertvolle Hinweise von seinen zuschauenden Kameraden.

Fritz ging mit gutem Beispiel voran. Er war überall der Erste. Auch als er ganz allein in ein weiteres Untersuchungszimmer geschickt wurde. Nach etwa drei Minuten kam er ziemlich verstört wieder raus. „Das ist ja ein Ding“, berichtete er. „Da drin ist eine junge, bildhübsche Schwester und vor der musst Du die Hosen runterlassen und den Achtersteven präsentieren. Dann fummelt die mit irgendwas Metallenem an und in dir rum. Ich glaube, die nehmen da eine Laborprobe.“

Na, das konnte ja heiter werden! Aber da mussten wir durch und es gab auch keine Komplikationen, bis Meister S. an die Reihe kam. Er war ein kleiner, für sein Alter schon recht beleibter Mechaniker der I-Basis. Kaum dass er das Zimmer betreten hatte, kreischte die Schwester laut auf und dann folgte ein heftiger Redeschwall, der auch für unsere noch wenigen Russischkenntnisse unschwer als Fluchen und Schimpfen zu erkennen war. Die Hose halb hochgezogen und mit der Hand festhaltend kam Meister S. mit hochrotem Kopf aus dem Zimmer gestürzt. Jeder wollte nun wissen, was passiert war und – nachdem er sich wieder gesammelt hatte – berichtete er. Er hatte schon den ganzen Tag an Blähungen gelitten. Durch das Bücken wäre sein Bauch wohl noch zusätzlich zusammengepresst worden, was den inneren Druck noch verstärkte. Gerade als die Schwester die Probe ziehen wollte, versagte sein innerer Schließmechanismus. Vielleicht hatte die Schwester auch eine Blase angestochen. Jedenfalls passierte ihm etwas sehr Menschliches. Kurz gesagt: Er ließ einen sausen, dazu auch noch mit Geräusch. Die Schwester schrie auf und ließ vor Schreck ihre Instrumente fallen.

Der Rest war ja schon geschildert. Nachdem sich die junge Dame wieder beruhigt hatte, ging die Untersuchung weiter. Meister S. musste sich ganz hinten wieder einreihen. Sein zweiter Versuch verlief ohne besondere Vorkommnisse.

Kapitän zur See a. D. Hans Steike

Zufälle

Die obige Überschrift bezieht sich weniger auf das Vorkommnis selbst, als vielmehr auf Art und Weise, wie wir nach fast 50 Jahren davon Kenntnis erhielten. Eines der schwersten Vergehen, das die Melde- und Untersuchungsordnung auflistete, war Fahnenflucht. Seit den 1960er Jahren ist kein echter Fall von Fahnenflucht in der Küstenschutzschiff-Abteilung/Brigade bekannt. Das „echt" resultiert daraus, dass 1990, als sich die DDR langsam auflöste, dann doch einzelne ihrem Schiff den Rücken kehrten, obwohl sie noch in einem aktiven Dienstverhältnis standen. Untersuchungen gab es in diesen Fällen nicht mehr. Der „Abgang" wurde gemeldet und gut.

Ganz anders wurden solche Fälle behandelt, als die ersten Küstenschutzschiffe (KSS) Projekt 50 in Dienst gestellt wurden und die Technik der Schiffe noch einem hohen Geheimhaltungsgrad unterlag. Einige der älteren KSS-Fahrer erinnern sich an Fahnenfluchten Ende der 1950er Jahre. Die Grenze war noch nicht so gesichert wie ab August 1961. Vom Schiff 1-61 hatte der Turbinenmaat M. der DDR den Rücken gekehrt. Vom gleichen Schiff verschwand ein Obermeister – Name nicht mehr bekannt – gen Westen. Seine Bordfunktion: Leiter der Rechenstelle. Auf der GS-4/II stand das Rechengerät REG-UM1, mit dem der Einsatz der 100-mm-Waffen gesteuert wurde. Die Eingangswerte, wie Entfernung, Kurs- und Höhenwinkel zum Ziel, erhielt das Gerät entweder nur von der Artillerie-Funkmessstation „Jakor" (Funkmess-Methode), nur vom Feuerleitstand mit seinen optischen Visieren und dem E-Messgerät DMS-3 (optische Methode) oder in Kombination beider Anlagen (gemischte Methode). Zusätzlich gingen solche Größen wie Windstärke und -richtung, oder Ladungstemperatur in das Rechengerät ein. Das war ein Kasten, knapp 2 m hoch, fast 3 m lang und etwa 1 m breit, innen bestückt mit einer Unmasse untereinander verbundener Analogrechner. An drei Arbeitsplätzen wurden die eingehenden Ausgangswerte auf einem laufenden Papierband in Form vieler kleiner Punkte optisch sichtbar gemacht. Hier glätteten Grafisten per Handrad und Visier diese Schlangenlinien und bildeten so einen Mittelwert. Automatisch berechnete das REG-UM1 dann die vollen vertikalen und horizontalen Richtwinkel für die drei Geschütze. Ein spezielles Kreiselsystem berichtigte die Werte um den jeweiligen Stampf- und Schlingerwinkel des Schiffes. Die Richtwinkel gelangten über ein Folgezeigersystem direkt zu den Waffen. Hier konnten sie vollautomatisch abgedeckt werden, oder aber die Richtkanoniere steuerten die Richtantriebe der Geschütze per Hand. Neu war das alles nicht.

Schon im Zweiten Weltkrieg waren in allen Flotten ähnliche Geräte bekannt. Die stürmische Entwicklung der Wissenschaften hatte aber alle Neuentwicklungen beeinflusst. Sie wurden immer zuverlässiger und genauer. Vermutlich deshalb fand das Rechengerät wohl ein besonderes Interesse bei der gegnerischen Aufklärung und Überläufer, darunter dieser Obermeister, die darüber Angaben machen konnten, waren sehr willkommen. Das bestätigte sich fast 50 Jahre später durch einen merkwürdigen Zufall.

Ein früherer deutscher Mitarbeiter einer Aufklärungsstelle der US-Navy, die von Westberlin aus operierte, war im Jahre 2004 irgendwie auf unsere Kameradschaft gestoßen. Da er in seiner damaligen Tätigkeit auch mit KSS zu tun hatte, interessierten ihn unsere Vereinsarbeit und das, was wir über die Schiffe veröffentlicht hatten. Er suchte Kontakt und konnte uns u. a. einige „geklaute" Originalvorschriften der Volksmarine zur Verfügung stellen. Sie waren in die Hände seiner Abteilung gefallen, mittlerweile für die Aufklärung aber wertlos geworden. Er bestätigte uns, dass die KSS, zumindest solange sie neu waren, immer einen besonderen Aufklärungsschwerpunkt gebildet hatten. Und so erfuhren wir von ihm auch über jenen Obermeister – Name immer noch unbekannt – der die Seiten gewechselt hatte. Er war bereit, auch vor den Amerikanern umfangreich über das Rechengerät auszusagen. Der Flüchtling hatte über ein bewundernswertes fotografisches Gedächtnis verfügt und konnte viele Details des REG-UM1 zu Papier bringen. Ein gefundenes Fressen für die Aufklärung!

Und der Zufall geht weiter. Kamerad Cichos war neu in unserer Kameradschaft und nahm erstmalig im Januar 2005 an einer Vereinsmaßnahme teil. Er hatte einige Fotos aus seiner Dienstzeit mitgebracht. U. a. waren einige der damaligen Abschnittsmeister zu sehen. Und Kamerad Cichos kommentierte, als er die Bilder herumzeigte: „Dieser Obermeister hier – sein Name war Benno E. – der ist damals in den Westen abgehauen. Wir haben nie mehr von ihm gehört." Und so erfuhren wir auf etwas merkwürdigen Wegen von dem Verursacher und den Umständen eines besonderen Vorkommnisses aus der Anfangszeit von KSS.

Fregattenkapitän a. D. Dieter Flohr

Manöverstenogramm

Der Motor unseres „Ikarus" summt sein monotones Lied. Seit 4:30 Uhr sind wir an diesem 10. September 1980 unterwegs. Wir, das sind 68 Militärjournalisten des internationalen Pressezentrums, das für das Manöver „Waffenbrüderschaft 80" in Potsdam eingerichtet wurde. Der zweite Tag des Manövers ist angebrochen. Er ist für mich von besonderer Bedeutung, weil ich das „Kommando" über die Gruppe von Pressevertretern erhalten habe, die von den Handlungen der sozialistischen Flotten und Armeen an der DDR-Ostseeküste berichten soll. Erfreulicherweise haben sich sehr viele Journalisten in die Teilnehmerlisten eingetragen. See und Marine besitzen halt eine große Anziehungskraft. Natürlich habe ich als Offizier der Volksmarine im Pressezentrum auch ein wenig Reklame für diesen Teil des Manövers gemacht – wer sollte mir das verdenken?

Es ringt mir Achtung ab, was die Mehrzahl der Militärjournalisten in diesen Tagen leistet. Zum Schlafen sind sie bisher kaum gekommen. Schon in der Vorbereitungszeit galt es, hunderte Kilometer in den Omnibussen oder anderen Kfz des Pressezentrums zurückzulegen, stundenlange Reportageeinsätze im Übungsgelände, Interviews, zähe Kämpfe mit den Manuskripten, Fernschreibmaschinen und Telefonverbindungen zu bestehen. Und jetzt, wo die realen Gefechtsübungen anlaufen, sind sie wieder dabei. Im Interesse von Millionen Lesern, Zuschauern und Hörern nehmen sie die vielen Stunden Busfahrt zur Küste und zurück in Kauf. Unter ihnen sind auch tschechoslowakische Militärjournalisten, ungarische, bulgarische, polnische und sowjetische Kollegen. Dazu kommt die DDR-Equipe von Zeitungen, Funk und Fernsehen, die täglich aktuell von den Leistungen der verbündeten Armeen im Manöver berichtet. Insgesamt sind 200 DDR-Journalisten, 70 ausländische Pressevertreter und 400 Techniker des Fernsehens und des Rundfunks im Einsatz.

Gegen Mittag beziehen wir unsere Stellung – die Pressetribüne in den Dünen. Die Kameraleute und Bildreporter sind darüber erst einmal „sauer". Sie würden sich viel lieber an das Meer heranpirschen oder sich in den Schützenmulden der Küstenverteidiger „entfalten". Aber sie sehen dann doch ein, dass es zu gefährlich ist, zwischen eingegrabenen Imitationssprengladungen umherzuirren oder vor anrollenden Panzern herumzuspringen.

Noch ist die tiefblaue See vor uns ruhig. Vom wolkenlosen Himmel strahlt die wärmende Spätsommersonne. Von Nordost weht ein laues Lüftchen, das die Wasseroberfläche aber kaum zum Kräuseln bringt – wir könnten es nicht besser getroffen haben. Alle Episoden der Übung werden gut zu beobachten sein. Die Reporter sind von den Genossen der Rückwärtigen Dienste der Volksmarine und des Militärhandels gut versorgt worden. Wer wollte, hatte seinen Kaffee türkisch schlürfen, einen Schlag Erbsen aus der Gulaschkanone probieren oder die beliebte Halberstädter Bockwurst genießen können. So harren nun alle frisch gestärkt und guter Dinge der bevorstehenden Aktionen. Jeder möchte für seine Redaktion gutes und aussagekräftiges Material mitbringen – das ist verständlich.

Kein Wunder, dass plötzlich Nervosität grassiert. Als die Ehrengäste auf der Tribüne Platz nehmen, wollen alle Bildleute sofort eine Aufnahme machen und stürmen los. Wir müssen einen Reporterschleusendienst organisieren, und schließlich, auch ohne Gerangel um die beste Kameraposition, haben alle ihr Motiv im Kasten. Auf der Tribüne haben neben Erich Honecker, Willi Stoph, Horst Sindermann, Hermann Axen, Harry Tisch, Egon Krenz viele andere Persönlichkeiten Platz genommen. Armeegeneral Heinz Hoffmann, der Leiter des Manövers „Waffenbrüderschaft 80", gibt erste Erläuterungen. Mit von der Partie sind auch die Vorsitzenden der Parteien des Demokratischen Blocks. Als Leiter der Delegationen der Armeen des Warschauer Vertrages haben die Armeegenerale Dshurow, Czinege, Jaruzelski, Dzur, Marschall der Sowjetunion Ustinow und Generalmajor Olteanu Platz genommen. Neben ihnen stehen der Marschall der Sowjetunion Kulikow, der Oberkommandierende der Vereinten Streitkräfte des Warschauer Vertrages, und Armeegeneral Iwanowski, damals Oberkommandierender der Gruppe der sowjetischen Streitkräfte in Deutschland. Da sind auch Raul Castro Ruz, sein mongolischer Amtskollege Sharantain Awchia und Hoang Van Thai, der Stellvertreter des vietnamesischen Verteidigungsministers. Sie nehmen als Beobachter am Manövergeschehen teil.

Exakt, auf die befohlene Minute, erstattet Admiral Ehm, Stellvertreter des Ministers und Chef der Volksmarine, als Befehlshaber der an diesem Manöverabschnitt handelnden Gruppierungen seine Meldung. Dann erläutert er den hohen Gästen die angenommene Lage: Den Landstreitkräften sei es nach schwierigen Verteidigungskämpfen gelungen, zum entschlossenen Gegenangriff überzugehen. Zu deren Unterstützung decken die verbündeten sozialistischen Flotten die Seeflanke der Bruderarmeen und führen an der Küste eine Seelandung durch. Es handele sich dabei um eine der kompliziertesten militärischen Operationen, die eine präzise Arbeit der Stäbe und exaktes Zusammenwirken der beteiligten Land-, Luft- und Seestreitkräfte verlangt.

Endlich habe auch ich Zeit, mich unter die Kollegen zu mischen und meine „Praktisix" schussbereit zu machen – ich kann nun mal nicht aus meiner „Journalistenhaut". Schnell erfülle ich noch ein paar Sonderwünsche. Der

Rundfunk benötigt einen Gesprächspartner; ein polnischer Kollege möchte eine Position, von der er seine Landsleute, die „Blauen Barette", gut sehen kann; der Berichterstatter des ADN muss sofort in der Hauptstadt anrufen; der Kollege von der NBI will ein Titelfoto mit einem ganz bestimmten Motiv schießen – dann nehmen uns die Ereignisse vollends gefangen.

Weit hinten, an der Kimm, dort, wo das blaue Firmament von der azurnen See aufgenommen wird, sind zahlreiche dunkle Silhouetten erschienen. Schnell kommen sie näher, entpuppen sich als Minensuchschiffe. Über ihnen schweben Marinehubschrauber. Sie führen Minenräumgeräte an langen Trossen im Schlepp. Rechter Hand sind größere Schiffseinheiten auszumachen, die zur Feuerunterstützung der anlandenden Kräfte herangeführt werden. Zu diesem Verband gehören der Kreuzer „Oktjabrskaja Revoljucija", noch bestens bekannt vom Flottenbesuch zum 30. Jahrestag der DDR in Rostock, der polnische Zerstörer „Warszawa" und das Küstenschutzschiff „Berlin" der Volksmarine. Immer näher kommen die Minensuchschiffe. Ihnen folgen in strenger Gefechtsordnung mehrere Wellen von Landungsschiffen. Die Einheiten halten direkt auf uns zu. Minuten später werden wir im Zentrum der Seelandung stehen.

Und dann ist es auch mit einem Schlag um die Ruhe dieses Tages geschehen. Weithin hallen Detonationen. Im Flachwasser und entlang des Strandes erheben sich meterhohe Einschlagsäulen. Gleichzeitig stoßen Jagdbombenflieger hernieder. Sie klinken Bomben aus, starten ihre gelenkten und ungelenkten Raketen auf verschiedene Ziele in Küstennähe und schwingen sich mit fauchenden Triebwerken in die Höhe. Die Artillerie- und Luftvorbereitung der Seelandung ist in vollem Gange. Die wissbegierigen und etwas aufgeregten tschechoslowakischen und ungarischen Genossen können meine Erläuterungen kaum noch verstehen. Ich kann sie nur immer wieder auf sich anbahnende Aktionen aufmerksam machen. Fotoapparate und Filmkameras sind in Aktion. Es dominieren lange „Tüten" – die Teleobjektive. Bei einigen Fotografen ist bald der erste Filmwechsel fällig. Auch ich staune immer wieder, mit welcher Geschwindigkeit das manche schaffen. Wehe dem, der dabei nervös wird und zu lange braucht. Er verpasst Motive, die ihm so bald nicht wieder vor das Objektiv kommen. In Sekundenschnelle wechselt die Szenerie auf See und in der Luft. Rechts ziehen mit Höchstfahrt Torpedoschnellboote der „gegnerischen" Seite heran. Doch deren Absicht, zwischen dem sich nähernden Landungsverband und der Küste durchzustoßen und das Seegebiet zu verminen, wird schnell erkannt. Hubschrauber der Volksmarine führen eigene Schnellboote heran, und nach heftigem Seegefecht wird der Angriff des „Gegners" zurückgeschlagen.

Immer neue Jagdbombenflieger stoßen Adlern gleich aus verschiedenen Richtungen herab und halten die „Küstenverteidigung" in ihren Deckungen. Dennoch eröffnen jene mit Artillerie und den Kampfwagenkanonen der „eingegrabenen" Panzer das Abwehrfeuer. Hinter den seitlich ausscherenden Minenräumschiffen sind jetzt die Landungsschiffe der ersten Welle klar zu erkennen. In mustergültiger Gefechtsordnung kommen die aus allen drei verbündeten Ostseeflotten stammenden Einheiten näher. Ihre Kommandanten achten auf genaue Seitenpeilung, denn die Kampftechnik der Landstreitkräfte und der Marineinfanterie muss möglichst gleichzeitig ausgeschifft werden, wenn sie im Kampf erfolgreich sein soll. Was die Minenräumschiffe im Flachwasserbereich nicht mehr bewältigen können, übernehmen nun U-Boot-Abwehrschiffe der Baltischen Rotbannerflotte und der Volksmarine: Sie schießen mit mehreren Salven reaktiver Wasserbomben Gassen in die Landungsabwehrsperren vor dem Strand. Die Besatzungen polnischer Landungsschiffe demonstrieren den Einsatz von Schnurladungen mit Salvenwerfern. Bei deren Detonation erheben sich mächtige Fontänen aus Rauch, Sand und Wasser, die Sekundenbruchteile zu verharren scheinen, wieder auf neue Aktionen aufmerksam machen.

Dumpfes, vielmotoriges Brummen schwillt an. Nur wenige Meter über der Wasserlinie fliegend, nähern sich in hoher Geschwindigkeit Kampfhubschrauber mit einem roten Stern. Die Hubschrauberführer drosseln kurz vor dem Strand die Fluggeschwindigkeit, gehen auf zwei bis drei Meter Höhe herab und verharren dann in der Standschwebe. Sowjetsoldaten einer Luftlandeeinheit springen ab, eröffnen sofort das Feuer aus ihren Handfeuerwaffen und gehen zum Sturmangriff über. Während sie die Dünen „nehmen", entschwinden die Helikopter unseren Blicken. Gleichzeitig gleiten in hoher Fahrt Luftkissenlandungsschiffe der Sowjetflotte heran. Sie erinnern mich an Fabelwesen. Gischt sprühend und fauchend halten die gewaltigen Stahlkolosse direkt auf uns zu. Die psychologische Wirkung dieser neuartigen Fahrzeuge der sozialistischen Seestreitkräfte ist frappierend.

Unwillkürlich ziehen sich einige der „Inland"-Reporter einige Meter zurück und gehen in Deckung. Wuchtig schieben sich die Schiffe, auf ihren Luftkissen ruhend, bis auf den festen Strand. Gischt und Sand werden von gewaltiger Kraft emporgeschleudert. Am stumpfen Bug des unmittelbar vor uns aufsitzenden Fahrzeugs öffnet sich eine Landeklappe. Schwimmpanzer und Schützenpanzerwagen rollen heraus und greifen in das Gefecht ein. In deren Deckung stürmen Marineinfanteristen, aus dem Hüftanschlag mit ihren Kalaschnikows feuernd, vor. Majestätisch, wie sie herangeschwebt sind, drehen die Kolosse auf der Stelle und brausen zurück aufs offene Meer.

Inzwischen hat die erste Welle der Landungsschiffe den Strand erreicht.

Kampfhubschrauber jagen im gleichen Moment heran, als Schwimmpanzer PT -76 und 8-Rad-SPW über die gesenkten Landeklappen rollen. In größerer Höhe nähern sich gewaltige taktische Bombenflugzeuge der Sowjetflotte, die wir alle zum ersten Mal sehen. Sie kommen aus der Tiefe des sowjetischen Bruderlandes und sind auf die Sekunde genau über dem Gefechtsfeld. Eine erstaunliche Leistung der Stäbe und Flugzeugbesatzungen. Immer neue Strahljäger und Kampfhubschrauber jagen heran. Sie decken die Ausschiffung der schwimmfähigen Kampftechnik der Landstreitkräfte.

Weitere mittlere Panzer T-55, Schützenpanzerwagen und Schwimmpanzer PT-76 greifen nun in das Gefecht ein und rollen unaufhaltsam den Strand herauf. Die Luft ist erfüllt vom Geknatter der Maschinenwaffen. Jeweils die ersten Fahrzeuge, die die Landungsschiffe der drei Flotten verlassen haben, führen die Flaggen ihrer Länder mit sich – in der Mitte ein Schwimmpanzer mit der roten Flagge der Sowjetunion, links das weiß-rote Banner Volkspolens, rechts das Schwarz-Rot-Gold. Hinter diesem Kampfbanner gehen Soldaten des Ernst-Moritz-Arndt-Regiments der NVA (MSR-29) vor. Gemeinsam überwinden die Soldaten in kurzer Zeit den Uferstreifen.

Kaum haben sich die Landungsschiffe der ersten Welle zurückgezogen und sind auf Gegenkurs gegangen, da setzt die zweite Welle auf. Schnell wird ein Kräfteübergewicht an Land erzielt, sodass der Kampflärm bald hinter uns im Gehölz verebbt. Doch die Anlandung geht weiter. Zwei große Landungsschiffe der Sowjetmarine erregen unsere Aufmerksamkeit. Ihre Namen sind „Donezkij Schachtjor“ und „Krasnaja Presnja“. Ihre Besatzungen wurden am 29. August 1980 von Tausenden Rostockern im Alten Hafen der Werftstadt begrüßt. „Das war ein großes Erlebnis“, sagt Oberstleutnant Jiri Horsky von „Obrana Lidu“ aus Prag zu mir. Er schüttelt mir lange die Hand. „Wir Soldaten aus Prag haben so etwas noch niemals gesehen, wissen Sie!“

Die Journalisten haben es jetzt eilig. Einige Kollegen wollen in den Konzentrierungsraum der motorisierten Schützen und Marineinfanteristen, um dort über deren Eindrücke etwas zu erfahren. Die Bild- und Filmreporter gehen mit mir zur Tribüne.

In einem offenen Karree sind Soldaten, Unteroffiziere und Offiziere der Bruderarmeen in ihren Kampfuniformen angetreten. Für ihre vorbildlichen Leistungen wird ihnen Erich Honecker ein Ehrengeschenk überreichen. Da stehen neben sowjetischen und polnischen Fliegern, Marineinfanteristen und Matrosen auch sieben Jungs der Volksmarine. Das Orange ihrer Kampfanzüge-See hebt sich grell vom Grün des Kieferngehölzes hinter ihnen ab. Ein wenig aufgeregt sind die Männer schon, denn eine persönliche Auszeichnung zu erhalten – wem widerfährt dies schon in seinem Leben? Stolz nehmen Maat

Holger Hövelmann, Obermaat Hans-Andreas Schönfeld, Stabsmatrose Mario Neumann, Meister Uwe Burmeister, Obermaat Jörg Mertsch, Oberleutnant Wolfgang Manthey und Stabsmatrose Norbert Giese je eine wertvolle Uhr in Empfang. Honecker bekommt dafür ein Modell eines Kampfschiffes überreicht.

Stunden später entführt uns der „Ikarus“ wieder in Richtung Potsdam. Abgekämpft, doch voller Eindrücke, „hängen“ meine Militärjournalisten nun doch ein wenig durch. Die Bildreporter zählen ihre Ausbeute an belichteten Filmen. In diesen Minuten wird in Adlershof der Bericht der Aktuellen Kamera sendefertig gemacht. Die Fernschreiber von ADN haben längst ausführliche Wortmeldungen in alle Redaktionsstuben der Republik übermittelt und bereits die ersten Fotos auf die elektronischen Bildstrecken gesandt. In den Köpfen der Journalisten formen sich schon weitere Berichte und Artikel, die noch in die Schreibmaschinen sollen. Es muss schnell gehen, denn wenige Stunden später werden wir an anderen „Frontabschnitten“ des Manövers stehen – sei es bei der Luftlandung, bei der Fluss-Forcierung oder beim Gefechtsschießen mit schweren Waffen der Landstreitkräfte.

Fregattenkapitän a. D. Axel Nütz

Auf Geschwaderfahrt

Der Gefechtsversorger Projekt 109

Die Volksmarine ließ Ende der 1970er Jahre bei der Peene-Werft Wolgast zwei Gefechtsversorger vom Projekt 109 bauen. Sie wurden 1979/80 in Dienst gestellt und erhielten die Namen „Nordperd“ (Bordnummer E-35) und „Südperd“ (Bordnummer E-36). Schiffskörper, Antriebsanlage und Ausrüstung entsprachen den zuvor gebauten 12 Mittleren Landungsschiffen (LSM). Zusätzlich erhielten sie einen 8-Tonnen-Kran mit Seegangsfolgeeinrichtung zur Versorgung anderer Schiffe mit Munition, Ersatzteilen, Verpflegung sowie Trinkwasser und Dieselkraftstoff. Dadurch unterschieden sie sich äußerlich von den LSM. Auch auf die zwei 30-mm-Zwillingsgeschütze neben dem Schornstein wurde verzichtet. Dafür kamen zwei 25-mm-Doppellafetten vor dem Kran auf die Back, um den durch den Kran vorhandenen toten Winkel des vorderen 57-mm-Zwillingsgeschützes zu kompensieren. Die Kammern und Aufenthaltsräume für die Offiziere, Unteroffiziere und Matrosen waren ebenfalls baugleich mit den LSM. Da für beide Gefechtsversorger aber keine Geschosswerfer vorgesehen waren, konnten die Messen und die Kommandantenkammer räumlich etwas größer gestaltet werden. Die Offizierskammern erhielten sogar eine Sprelacartverkleidung und wurden damit wohnlicher.

Im Ausbildungsjahr 1980/81 war für Juli und August eine gemeinsame Geschwaderfahrt der drei verbündeten Ostseeflotten des Warschauer Vertrages vorgesehen. Sie sollte sechs Wochen andauern. Mit der Führung der aus Kampfschiffen und Hilfsschiffen bestehenden beiden Verbände wurde die Volksmarine beauftragt. Zu den Hilfsschiffen gehörte auch der Gefechtsversorger „Südperd“ (E-36) als Führerschiff. An Bord stieg Kapitän zur See Engler ein, dem im Kommando der Volksmarine die Hilfsschiffe insgesamt unterstellt waren. Zum Verband gehörten weiterhin der Tanker „Usedom“ (3000 BRT), der Tanker „Lena“ (6000 BRT) der Baltischen Flotte der UdSSR und der polnische Bergungsschlepper „Piast“.

Unsere Aufgabe war die Versorgung der Kampfschiffe mit Treibstoff, Verpflegung und die Ausführung eventueller Reparaturen.

Die Schiffe trafen sich Anfang Juli zu einer zweiwöchigen Vorbereitungs- und Einweihungsphase. Daran schloss sich ein einwöchiger Törn in der Ostsee mit den wichtigsten Ausbildungselementen an. Danach erst begann die eigentliche Geschwaderfahrt, die den Hilfsschiffs-Verband durch den Großen Belt, das Kattegat, den Skagerrak, die Nordsee, nördlich Großbritannien an den Shetlandinseln vorüber bis in den Nordatlantik führte. Bei einer Wassertiefe von 90 bis 100 Metern gingen wir schließlich vor Anker. Das Wetter war die ganze Zeit über günstig. Nur eine leichte Dünung lief von Nord-Ost auf. Was wir allerdings bis dahin nicht kannten, war eine starke Strömung um die Färöer-Inseln, die sich alle sechs Stunden durch die Gezeiten umkehrte. Da der Strom stärker als der Wind war, lagen die Schiffe schnell quer zur langen Dünung, woraus sich eine nervende Krängung bis zu 27 Grad nach beiden Seiten ergab. Für mich als Kommandant war das eine neue und unangenehme Erfahrung der Seefahrt auf dem Atlantik. Besonders imposant wirkten die Färöer auf mich. Senkrecht aus dem Wasser erhebt sich dort eine rund 400 Meter hohe Granitwand. Von unserer Ankerposition – etwa 4 Seemeilen zur Küste – wirkte der Abstand weit geringer, als sei die Distanz allenfalls 2,5 Seemeilen.

Eines Morgens, wir wollten eine Ausbildung mit der gesamten Schiffsgruppe beginnen, scherte der Tanker „Lena“ urplötzlich aus und verschwand in Richtung Nord-Ost an der Kimm. Verwundert fragten wir beim deutschen Kommandeur des Kampfschiffverbandes an, was dies zu bedeuten habe. Die Antwort war symptomatisch. Die „Lena“ hat eine andere Aufgabe von der Baltischen Rotbannerflotte erhalten. Erst nach drei oder vier Tagen Abwesenheit stieß die „Lena“ in der Nordsee wieder zu unserem gemeinsamen Verband. Sie war um ca. 2000 Tonnen Treibstoff leichter.

Der Gefechtsversorger 209 kommt längsseits.

Seit 1969 habe ich Neubauschiffe der Wolgaster Peene-Werft übernommen, zunächst Schiffe vom Projekt 89.1 und Projekt 89.2, dann das Landungsschiff Projekt 108 und den Gefechtsversorger Projekt 109. Als Kommandant bin ich insgesamt 18 Jahre gefahren.

Zu allen Projekten möchte ich heute noch den Konstrukteuren und Schiffbauern mit allen Gewerken Lob und Anerkennung für die gute Qualität ihrer Arbeit zollen. Das für alle Projekte berechnete Manövrier- und Seeverhalten wurde in meiner Bordpraxis mehr als bestätigt. Ausfälle von Schiffen oder Teilen von diesen sind mir nicht bekannt. Wenn es Reparaturen gab, dann keinesfalls wegen mangelhafter Verarbeitung in der Marinewerft am Peenestrom.

Fregattenkapitän a. D. Klaus Martin

Der sprachlose Marschall

April 1981 – die „Rostock“ lag im Sassnitzer Hafen. Alles wirbelte, denn es hatte sich im Rahmen der Übung „Sojus-81“ ganz großer Besuch angesagt. Der Oberkommandierende der Streitkräfte des Warschauer Vertrages, Marschall der Sowjetunion Kulikow, sollte in Begleitung des Ministers für Nationale Verteidigung der DDR, Armeegeneral Hoffmann, an Bord kommen. Jeder, der die

Vorbereitung eines solchen Besuches mal mitgemacht hat, weiß, was da alles so angesagt war.

Neben uns lag ein Zerstörer der Baltischen Rotbannerflotte. Und damit auch alles bei der Zusammenarbeit klappt, war ich noch einmal zusammen mit Oberleutnant Hartmann, dem GA-IV-Kommandeur, bei unseren Kollegen, um die Einzelheiten durchzusprechen. Dabei ging es auch um die richtigen Dokumente zur Verschlüsselung von Nachrichten. Es existierten ja solche für die Volksmarine, für die Baltische Rotbannerflotte und für die Vereinte Ostseeflotte. Stimmten die verwendeten Dokumente nicht überein, gab es keine Verbindung oder keine Verständigung. Jedenfalls war alles für den nächsten Tag geklärt und wir kehrten zufrieden an Bord zurück.

Alles lief dann auch wie am Schnürchen ab. Wir liefen mit unserem hohen Besuch Richtung Übungsgebiet. In Sichtweite manövrierte auch der sowjetische Zerstörer. Plötzlich tauchte Oberleutnant Hartmann ganz aufgeregt auf der Brücke auf und raunte mir zu: „Der Russe meldet sich nicht mehr auf dem verschlüsselten UKW-Kanal!“ Wir hatten am Vortag ausgemacht, ständig miteinander eine spezielle gedeckte UKW-Verbindung zu schalten, um für jede Eventualität bereit zu sein. Und diese kam dann auch kurz nach dieser Hiobsbotschaft. Der Marschall erschien mit seinem Tross auf der Brücke und wünschte mit dem Kommandanten des Zerstörers zu sprechen. Was tun? Einen Marschall kann man schließlich nicht lange warten lassen. Also Weisung an den Funkraum, einfach mit dem offenen, dem ständig geschalteten UKW-Kanal 412 (darf normalerweise nur als Anrufkanal genutzt werden) die Verbindung zum Zerstörer aufzunehmen, den Kommandanten des Zerstörers ans Mikro zu holen und dann diesen Kanal auf die Steuerbord-Seite der Brücke unseres Schiffes zu schalten. Das klappte sehr schnell. Wir hörten die Meldung des sowjetischen Kommandanten und der Marschall nahm den Hörer in die Hand und holte tief Luft. Bevor er jedoch etwas sagen konnte, ertönte aus dem Lautsprecher eine tiefe, ruhige Stimme mit deutlich deutschem Akzent: „MOI NOWÜ KURS – DEWJANOSTO GRADUSOW.“ Vermutlich war es der Kapitän eines Hilfsschiffes der Volksmarine, der zu seiner befohlenen Position lief. Verdutzt schaute Marschall Kulikow auf den Hörer, murmelte etwas und wollte wieder ansetzen. Der andere war aber wieder schneller, und erneut hörten wir die Durchsage. Jetzt brach ein bisschen Hektik aus. Vom Funkraum her hörte man unseren Funktechniker, Stabsobermeister Bensch, wie er sehr laut versuchte, Funkstille auf der für uns sehr wichtigen, weil einzigen funktionierenden UKW-Verbindung zu fordern. Ein Aktentaschenträger des Ministers musste auf seine berechtigte Frage, ob das wirklich eine gedeckte Verbindung sei, beruhigt werden. „Selbstverständlich, was denken Sie denn?“

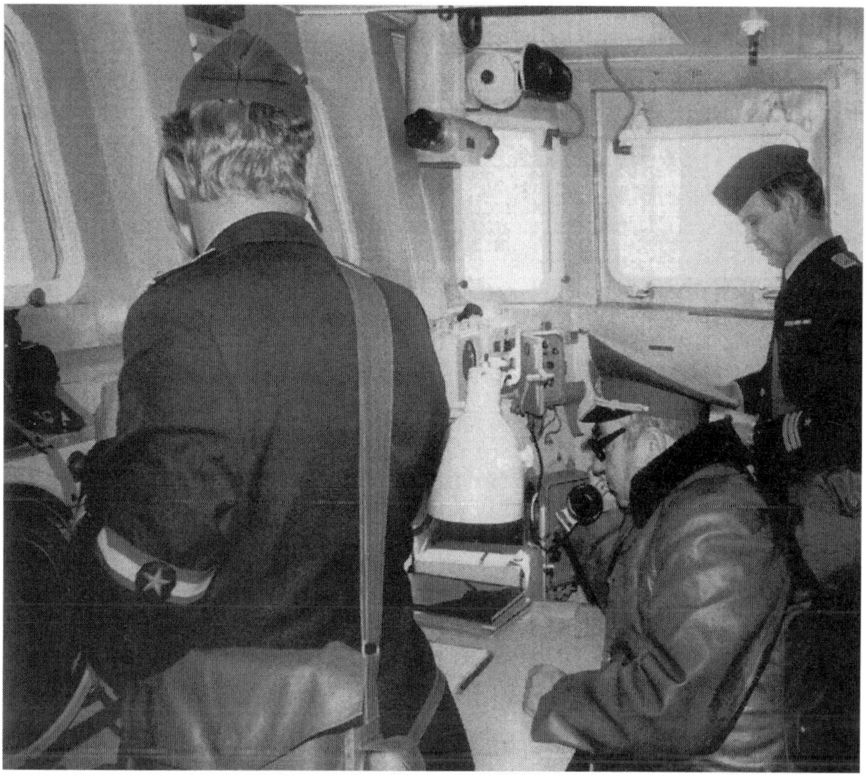

Marschall Kulikow auf der Brücke des Küstenschutzschiffes

Einige Begleiter des Marschalls wurden auch schon nervös – nur der Marschall nicht. Ruhig saß er am Tisch des Wachoffiziers und wartete geduldig, bis er von mir endlich ein Zeichen bekam, dass jetzt alles klar sei und er seine „Worte ans Volk" richten könnte. Wie erwartet wurden dabei keine Geheimnisse ausgeplaudert.

Und auch die sonst sehr strenge Funküberwachung der Volksmarine spielte mit. Entweder hatten sie etwas von dem hohen Besuch mitbekommen oder das Russisch war Ihnen zu russisch, so dass sie es nicht wagten, auf diese sonst nicht genehmigte Plauderei auf dem Kanal 412 eine Rüge zu erteilen. Das wäre ja was geworden – eine Rüge an den Marschall! Ob es an einem „Zeitsprung", an einem falschen Dokument oder etwas anderem gelegen hat, dass der „Russe" uns nicht mehr antwortete, ist nie geklärt worden. Aber immer noch habe ich das „MOI NOWÜ KURS – DEWJANOSTO GRADUSOW" im Ohr.

Korvettenkapitän a. D. Rudolf Schweda

Wasser oder Wodka?

Flottenbesuch in Gdynia. Um in der etwas leichtlebigen Stadt die sozialistische Moral nicht zu gefährden, gibt es auch für die Berufssoldaten normalerweise nur bis 24 Uhr Landgang. Der II. Wachoffizier hat hier Verwandte, in deren Familie eine Hochzeit gefeiert wird. Auf dem Dienstweg reicht man die Bitte der Hochzeiter, dem jungen Offizier für die Teilnahme an der Feier verlängerten Landgang zu gewähren, hoch bis zum Chef der Volksmarine, unter dessen Führung der Flottenbesuch steht. Admiral Ehm hat nichts dagegen.

Als der II. Wachoffizier etwas bleich und abgekämpft von der Feier zurückkehrt, bringt er als Abschiedsgeschenk seiner Verwandten zwei Flaschen guten polnischen Wodkas mit. Da seine Kammer während des Flottenbesuches von höheren Dienstgraden konfisziert ist, bringt er die beiden Flaschen erst einmal beim Feldscher unter. Tage später erzählt er in der O-Messe von der Feier und bemerkt ganz beiläufig, dass er eine der beiden Flaschen Admiral Ehm als Dankeschön überreicht hat. Niemand bemerkt in diesem Augenblick, dass sich der Feldscher und ein Offiziersschüler im letzten Lehrjahr, der als Maschinen-Praktikant an Bord war, entsetzt anschauen und unauffällig die Messe verlassen.

Was war passiert? Vom Mini-Landgang in Gdynia waren beide noch unternehmungslustig, vor allem aber durstig zurückgekehrt. Da fielen Ihnen die eingelagerten Wodka-Buddeln des II. Wachoffiziers ein. Eine der Flaschen auszutrinken und mit Wasser aufzufüllen, war kein Problem. Schwieriger war es schon, sie so fachkundig wieder zu verschließen, dass der Frevel nicht bemerkt wurde. Schließlich stellte man die geschändete Flasche wieder zu der anderen zurück und freute sich diebisch über diesen Streich.

Die Freude schlägt also in blankes Entsetzen um, als klar wird, dass eine der beiden Flaschen bei Admiral Ehm gelandet ist, von dem man wusste, dass der gegen einen guten Wodka nichts einzuwenden hatte. Nicht auszudenken, wenn er in Erwartung eines genüsslichen Tropfens den Feind jedes Seemannes – das blanke Wasser – im Glas feststellen muss. In welchem Licht stünde dann der arme II. Wachoffizier da? Er würde sich rechtfertigen müssen. Vielleicht gäbe es eine Untersuchung! Ob es besser wäre zu beichten?

Die härteste Strafe für die beiden Sünder ist die andauernde Ungewissheit. Die Schiffe liegen längst wieder in Warnemünde und noch immer ist nicht klar, ob die (Wasser)-Bombe beim Admiral oder beim Leutnant platzt.

Nach Tagen endlich die Erlösung. Über betrügerische Polen schimpfend, die seinen Verwandten Wasser statt Wodka angedreht hatten, kommt der II. Wachoffizier an Bord. Ausgerechnet zu Hause vor geladenen Gästen hatte er zu fortgeschrittener Stunde nach feierlicher Ankündigung als besonderen Höhepunkt den „wertvollen Tropfen“ kredenzt. Die Reaktion der Gäste und den blamierten Gastgeber kann man sich gut vorstellen.

Sogar bei diesem Vorfall bestätigt sich das Sprichwort, dass die Hunde immer den Kleinen beißen. Admiral Ehm hatte seine Flasche sicher längst mit Hochgenuss geleert.

Die beiden Frevler sind erst einmal erleichtert, dass das kleinere Übel eingetreten ist. Da der II. Wachoffizier aber so wütend ist, beschließen sie, weiter zu schweigen. Sie offenbaren sich erst, als Gras über die Sache gewachsen ist und der II. Wachoffizier selbst über das besondere Vorkommnis mit seinen Gästen schon wieder lachen kann.

Woher ich das alles so genau weiß? Der beteiligte Feldscher war ich selbst, der andere Sünder war Fritze Schmökel, später ein gestandener Leitender Ingenieur auf dem Küstenschutzschiff „Rostock“.

Fregattenkapitän a. D. Dipl. jur. Ing. Dieter Winter

Ein Zuhause für viele Soldaten

Das Wohnschiff Typ 62

Mit dem Abschluss der Offiziersschule hoffte jeder Schüler an Bord eingesetzt zu werden. Ich war für die Übernahme der Werkstätten in Ribnitz-Damgarten (LTS) vorgesehen. Also nichts war's mit einer Bordverwendung.

In der Folge übernahm ich 1965 in Warnemünde den schwimmenden Stützpunkt H-67 als Leitender Ingenieur (Kommandeur GA-V). Es gab viel zu lernen, da ich gegenüber allen Angehörigen der Stammbesatzung, die an der Baubelehrung teilgenommen hatten, im Nachteil war.

Aus den vielen Jahren meiner Tätigkeit als Leitender Ingenieur (H-67, H-93) kann ich heute einschätzen, dass die schwimmenden Stützpunkte des Typs 62 in der Lage waren, die unterschiedlichsten Versorgungsaufgaben für LTS-Boote, KTS-Boote sowie für TS- und Raketenschnellboote zu erfüllen. Die Teilnahme an Manövern sowie die Verlegung in die unterschiedlichsten nicht eingerichteten Häfen entlang der Ostseeküste stellten die Vielseitigkeit dieses Schiffes unter Beweis. Zudem wurde das Wohnschiff (HO-2) für viele Jahre als schwimmender Hauptgefechtsstand des Kommandos der Volksmarine eingesetzt und bot der Führung der Volksmarine sowie dem engeren Stab

Ein Wohnschiff, verankert in der Tromper Wiek, versorgt KTS-Boote und andere Fahrzeuge der Volksmarine.

Unterkünfte und Arbeitsbedingungen im Verlaufe zahlreicher Flottenbesuche, Paraden, Übungen und Manöver.

Die Konstruktion des Schiffes war einfach und zweckmäßig ausgeführt und ließ uns natürlich in allen Teilen den militärischen Charakter spüren. Die angestrebte Verbesserung der Dienst-, Arbeits- und Lebensbedingungen wurde mit viel Engagement durchgeführt. Dies betraf zumeist die klubähnliche Ausgestaltung der vorhandenen Messen für Mannschaften, Unteroffiziere und Offiziere, später vor allem die Arbeitsplätze der Sekretärinnen.

Mit Hilfe der Wohnschiffe, auch schwimmende Stützpunkte (SST) genannt, wurde erreicht, dass die Kampfschiffe der 6. Flottille nahezu überall ihre militärischen Aufgaben erfüllen konnten. Dafür wurde nur eine sehr kurze Zeit benötigt, da Unterkünfte an Land nicht benötigt wurden und lange Anmarschwege entfielen.

Die Ausrüstung der schwimmenden Stützpunkte war auf die längsseits liegenden Einheiten ausgerichtet. Die Lärmbelastung an Bord war allerdings sehr hoch, vor allem wenn Verdichter, Motoren, Gebläse in Betrieb genommen wurden. Die Trennwände zwischen den Kammern waren einfach und weder schall- noch wärmeisoliert. Man konnte sogar den schnarchenden Kameraden nebenan deutlich vernehmen. Auch die Unterbringung der persönlichen Bekleidung und Ausrüstung (B/A-Sachen) war problematisch.

Im Sommer und Winter musste man mit den Außentemperaturen kämpfen. Das an Bord befindliche Sonnensegel wurde nur selten benutzt, da es sehr aufwendig aufgebaut und gespannt werden musste. Dafür aber wurde des Öfteren die Atom-Sprühanlage zur Abkühlung eingesetzt. Der Nachteil war, dass diejenigen, die ihre Fenster nicht rechtzeitig schließen konnten, das Nachsehen hatten. In den Wintermonaten stand die Versorgung mit Dampf für die Heizung an erster Stelle.

Wenn die Werftliegezeit nach einem Rhythmus von vier Jahren bevorstand, war man als Leitender Ingenieur und auch als Kommandant natürlich von einem gut ausgebildeten Personal abhängig. Es musste möglichst in der Lage sein, alle Störungen bis zur Einlieferung schon weitestgehend zu beheben. Dafür wurden dann sehr oft auch die Heimatbetriebe der Besatzungsmitglieder eingeschaltet, vor allem hinsichtlich der Beschaffung von Ersatzteilen. Das wäre ein heute unvorstellbarer Vorgang.

Aus heutiger Sicht glaube ich, dass die Schiffe ihre operativ-taktischen Aufgaben im Wesentlichen erfüllt haben. Ein Vergleich mit anderen Schiffen dieser Art ist nicht möglich, da andere Flotten derartige Spezialschiffe nicht im Bestand hatten.

Für ungezählte Matrosen, Unteroffiziere und Offiziere waren die Wohnschiffe des Typs 62 oft über längere Zeiträume das zweite Zuhause.

Fregattenkapitän a. D. Jürgen Syrbe

Ein völlig neues Wohngefühl

Das Wohnschiff Projekt 162.0

Im Jahr 1983 wurde ich vom Chef der 6. Flottille beauftragt, als Kommandant das neue Wohnschiff von der Peene-Werft Wolgast zu übernehmen. Eine Besatzung musste aufgestellt werden, die sich während der Bauphase des Schiffes mit den Bauunterlagen beschäftigte und anschließend in der Lage war, das Schiff im allgemeinen Hafen- und Seebetrieb zu beherrschen. Außerdem musste ein Rollenbuch für diesen Schiffstyp erarbeitet werden.

In der Werft angekommen waren alle Besatzungsangehörigen erst einmal von der Größe des Schiffes beeindruckt. Das war im Vergleich zu den alten Wohnschiffen eine völlig neue Dimension. Und es sah vor allem auch wie ein Schiff aus. Obwohl im Inneren noch nicht viel zu erkennen war, beeindruckte dort vor allem die Verworrenheit der vielen Gänge, Niedergänge, Kabelschächte und Räume.

Höhepunkt der Baubelehrung war für uns die mehrwöchige Seeerprobung des neuen Schiffes. Hier wurde die gesamte Technik unter zum Teil extremen Bedingungen getestet. Vor allem interessierte uns, ob die theoretischen

Angaben zu Manövriereigenschaften und Leistungsdaten in der Praxis bestätigt werden konnten. Vom erfahrenen nautischen Personal der Werftbesatzung konnten wir sehr viel lernen. Schließlich fuhr der überwiegende Teil unseres Personals bisher auf Schnellbooten, die sehr viel kleiner waren und bedeutend mehr Maschinenleistung zur Verfügung hatten.

Umso mehr waren wir von den Manövriereigenschaften des neuen Wohnschiffes beeindruckt. Das Dreiflächen-Jenkel-Ruder machte praktische Ruderlagen von 90 Grad möglich, so dass ein Drehen des Schiffes auf der Stelle möglich wurde. Neu für uns war auch die Querstrahl- Ruderanlage im Bug des Schiffes. Diese, in Verbindung mit dem Dreiflächen-Jenkel-Ruder, erlaubte ein Ablegen des Schiffes parallel zur Pier und ein präzises Anlegen in eine enge „Parklücke".

Aber auch die Grenzen der Belastbarkeit des Schiffes wurden während der Seeerprobung aufgezeigt. Der geringe Tiefgang, die eher schwache Maschinenleistung und die großen Flächen der Aufbauten schränkten die Manövriereigenschaften des Schiffes bei stärkerem Wind ein. So wurde der Einsatz für den küstennahen Bereich festgelegt und ein Auslaufen bis Windstärken von 6 m/s.

Interessant war auch die Ausrüstung des Schiffes mit Nachrichtenmitteln. So hatten wir neben den üblichen UKW und KW-Funkanlagen, mit denen ausschließlich Verbindungen mit anderen militärischen Einrichtungen und Marineschiffen hergestellt werden konnten, auch eine Seefunksprechanlage, mit der direkt Verbindungen zu zivilen Seefahrzeugen und Küstenstationen hergestellt werden konnten. Dazu mussten die Seeoffiziere extra ein Seesprechfunkzeugnis bei der Post ablegen.

Am 5. Juli 1984 erfolgte dann die Übergabe des Schiffes an die Volksmarine. Anwesend waren Vertreter der Werft, des Kommandos der Volksmarine und der 6. Flottille. Als Kommandant des Schiffes hatte ich natürlich auch wichtige Unterschriften zu leisten. Schließlich war ich dafür verantwortlich, dass alle Anlagen und Ausrüstungsgegenstände vollzählig übernommen wurden. Und das waren Unmengen von Dingen – angefangen von A wie Anker bis Z wie Zahnstation(mobil).

Nach der Übergabe wurde das Schiff in eigener Verantwortung in die 6. Flottille nach Bug/Dranske verlegt. Wir waren natürlich alle unwahrscheinlich aufgeregt, war doch die erste Schwierigkeit gleich die Passage der Wolgaster Brücke. Mit diesem endlos langen und ziemlich breiten Schiff war die Brückendurchfahrt eine besondere Herausforderung, die wir aber bei guten Witterungsbedingungen gemeistert haben.

Die Revierfahrten – erst das Revier von der Wolgaster Brücke bis in den

Wohnschiff in Fahrt

Greifswalder Bodden und dann das Revier Ansteuerung Bug/Dranske – bargen immer schwierige Situationen, weil die Fahrwasser ziemlich eng und kompliziert waren. Neben der Fahrrinne wurde es ganz schnell flach, man durfte sich kein Abkommen von der Fahrrinne erlauben, sonst hätte man eine Grundberührung riskiert. In der 6. Flottille wurden wir mit militärischen Ehren empfangen, mit Musikkorps und allen Vorgesetzten.

Die nächsten Wochen waren geprägt von Besichtigungen und Eingliederung in den allgemeinen Dienstbetrieb. Jetzt, im Sommer, zeigten sich besonders die ungleich besseren Lebensbedingungen auf dem neuen Wohnschiff. Während die Besatzungen auf den alten Wohnschiffen und den Schnellbooten mit unangenehm hohen Temperaturen unter Deck zu kämpfen hatten, machte uns eine Klimaanlage das Leben an Bord angenehm. Aber auch die Kammern der Matrosen, Unteroffiziere und Offiziere auf dem neuen Wohnschiff waren im Vergleich zu denen in den alten Wohnschiffen schon fast luxuriös. Die Dienst- und Lebensbedingungen hatten eine neue Qualität erreicht. Gut ausgerüstete Werkstätten, Müllverbrennungsanlage, umfangreiche Lagermöglichkeiten für Treibstoff, Trinkwasser, Öle/Fette, Waffen und Munition, ein leistungsstarker Bordkran, ein gut ausgestattetes Bordlazarett, eine Sauna und viele andere Dinge, die einen reibungslosen Dienstbetrieb ermöglichten, waren vorhanden.

Neben der Unterbringung und Versorgung von Besatzungen von Schnellbooten im Hafen war natürlich die Versorgung von Schiffen und Booten in See ein wesentlicher Bestandteil unserer Aufgaben. Hier ergaben sich für die

Jürgen Syrbe und seine Stammbesatzung bei der Indienststellung seines neuen Wohnschiffes

Seeausbildung völlig neue Varianten. Die neuen Wohnschiffe konnten mit eigener Kraft den Hafen verlassen und Bereitstellungsräume im küstennahen Bereich beziehen. Hier wurde dann die Versorgung der Besatzungen der Schnellboote durchgeführt. Es wurde Treibstoff übergeben, Trinkwasser und Verpflegung nachgerüstet. Die Bordbäckerei versorgte die Besatzungen auf See mit frischen Brötchen – das kam natürlich bei allen besonders gut an. Aber auch bei Übungen (Entaktivierung nach einem Atomschlag, Entgiftung) wurden die Wohnschiffe als zentraler Anlaufpunkt von den Schnellbooten genutzt.

Die Erfüllung all dieser Aufgaben setzte natürlich ein intensives Rollentraining und die ständige Auswertung der Ausbildung voraus. Im Laufe der Zeit wurden umfangreiche Erfahrungen gesammelt, die die Zuverlässigkeit der neuen Wohnschiffe bestätigten. So mancher Sturm wurde während der Seeausbildung überstanden. Und auch das Fahrwasser Bug wurde unter manchmal abenteuerlichen Bedingungen befahren. Bei ungünstigem Wind mussten Vorhaltwinkel von 10 Grad und mehr gegeben werden, um das Schiff im Fahrwasser zu halten. Da waren der Bug des Schiffes an einem Fahrwasserrand und das Heck am anderen Fahrwasserrand. Viel Geduld war nötig, um von einem Standort zum anderen zu kommen. Da war eine Geschwindigkeit von 12 kn nicht gerade berauschend. Aber trotzdem haben wir es mit einem Wohnschiff geschafft, unsere Raketenschnellboote zum Raketenschießen nach Baltijsk zu begleiten. Das war natürlich der absolute Höhepunkt im Einsatz eines Wohnschiffes. Mit drei Kommandanten hatten wir uns die mehrtägige Überfahrt geteilt. Obwohl die Einsatzmöglichkeiten durch die relativ schwache Antriebsleistung beschränkt waren, stellte das Wohnschiff eine völlig neue Qualität in den Arbeits- und Lebensbedingungen für die Besatzungen und Stäbe der Brigaden dar.

Jedes neue Wohnschiff wurde auch auf einen Namen getauft. Die Taufpatin des ersten Wohnschiffes war die Frau des damaligen Chefs der Volksmarine – Frau Melitta Ehm. Das Schiff wurde auf den Namen „Vogtland" getauft. Der Rostocker Maler Karl-Heinz Kuhn wurde beauftragt, ein Bild zu malen, welches dem Namen des Schiffes entsprach. So hing im Offiziersclub des Schiffes ein Bild von Kuhn, das die Landschaft bei Reichenbach im Vogtland darstellte. Für die anderen Schiffe waren ebenfalls Finanzmittel für die spezielle Anfertigung von Kunstwerken in den Offiziersclubs vorgesehen worden. Mir persönlich hat aber das Bild von Kuhn am besten gefallen.

Das war der erste und letzte Fall, dass Mittel für „Kunst am Bau" auch für Schiffe der Volksmarine zur Verfügung gestellt wurden.

Fregattenkapitän a. D. Dieter Flohr

Signäler Blank

Wir umrunden das mergelgelbe Kap Arkona. In der weitgeschwungenen Tromper Wiek rauscht der Steuerbordanker aus. Zwei oder drei Kabellängen von unserer „Bad Doberan" entfernt, schwoit im ablandigen Wind das Schwesterschiff „Waren" – beide Küstenschutzschiffe vom Typ „Parchim". Backbord voraus, dichter unter der kiefernbewachsenen flachküstigen Schaabe, ankert ein größeres KSS, die „Berlin".

Eine unruhige Nacht kündigt sich an. Über der Insel ballen sich tiefschwarze Wolken, aus denen ohne Pause grelle Blitze zucken. Dumpf und ineinander übergehend grollen Donnerschläge über die gekrauselte See. Noch aber lässt der Regen auf sich warten. Der Blick durch das Doppelfernrohr auf den hellen Sandstreifen am Ufer verrät, dass dieser heute längst auch von den ausdauerndsten Freikörper-Enthusiasten geräumt wurde.

„Anruf!"

Das gilt einem stämmigen, breitgesichtigen Matrosen, der gerade auf dem obersten Deck steht und mit dem Glas angestrengt den Horizont in nördlicher Richtung absucht. Stabsmatrose Ulf Blank, der Signalgast der „Bad Doberan", greift zum Handscheinwerfer und morst das Signal für seine Empfangsbereitschaft. Dann kommt der Spruch. Der Signäler liest ohne zu stocken den Morsespruch, nach jeder Gruppe das Zeichen „Verstanden“ gebend. Wenig später hat er mit Hilfe seines Handmikrophons den Wortlaut der Meldung an den Kommandanten weitergegeben. Er trägt ihn sodann in sein Wachbuch ein und führt sein Zeiss-Glas erneut vor die Augen.

Kurz vor Mitternacht. Bevor ich in die schmale Koje krieche, steige ich noch einmal hinauf auf das zugige, ungeschützte Deck, auf die Gefechtsstation „elf-vier“. Ulf Blank grüßt freundlich, Er lässt sich die Anstrengungen der vergangenen vier Stunden nicht anmerken. Ein wenig wundert er sich aber, dass da jemand zu nachtschlafender Stunde an seinem Dienst als Signalgast Interesse zeigt.

Schnell kommen wir ins Gespräch. Er hält mir einen kleinen Lagevortrag: Rechter Hand liegt Kap Arkona mit seinem kreisenden Leuchtfeuer, seitlich davor dümpeln die Positionslichter der „Waren“, dort die der „Berlin“, da ist ein hinzugekommenes Tankschiff der Volksmarine, weiter draußen zwei, drei Frachter, ein Fährschiff der Linie Sassnitz-Trelleborg – hell erleuchtet wie ein Bäderdampfer. Das ist schon alles, was auf dem Seeschauplatz zu erkennen ist.

Auf der „Bad Doberan“ ist Ulf Blank ein geachtetes Besatzungsmitglied. Schon an der Flottenschule muss er recht gut ausgesehen haben, denn er wurde für die Signallaufbahn ausgewählt. Auf seinen Ausbilder, den Stabsobermeister Habermann, hält er große Stücke, heute noch, denn er brachte seinen Jungs mit Geduld und Konsequenz nicht nur die Kniffe des Signalwesens, sondern vor allem die Liebe zur Seefahrt und zu dieser Bordverwendung bei. Bevor Ulf Blank an Bord versetzt wurde, bezeichnete man seinen Zug als „besten Signalzug in der Geschichte der Flottenschule“. Und da muss schon etwas dran gewesen sein, denn ein Ulf Blank hatte an Bord der „Bad Doberan“ tatsächlich bei der Schiffserkennung, bei der Luft- und Seeraumbeobachtung, beim Winken mit den Flaggen, beim Morsen mit dem Handscheinwerfer oder beim Setzen der Flaggen des nationalen oder des internationalen Signalalphabets niemals Probleme. Sportlich ist er allemal, die sechs Soldatenauszeichnungen waren für ihn keine Hürde, dreimal nahm er schon von seinem Kommandanten das Bestenabzeichen in Empfang.

Um 0.30 Uhr soll noch eine Signalübung von Schiff zu Schiff beginnen, bei der Übungstexte mit den Signalscheinwerfern „weitergeleuchtet“ werden müssen. Der Absender kann die Fehlerquote ermitteln, wenn der Spruch zu ihm zurückkommt. „Danach werde ich mich aber endlich auch in die Koje hauen können“, meint der Stabsmatrose.

Mich fröstelt. Das Gewitter hat den Rest der lauen Augustwärme weggefegt.

Ulf Blank trägt eine Wärmejacke. Er kann sie an das Schwachstromnetz des Schiffes anschließen und elektrisch beheizen – eine Neuerung, auch wenn sie recht unmilitärisch anmutet. Doch wenn man bedenkt, dass der orangene, luftundurchlässige Kampfanzug einem bei Hitze das Wasser aus den Poren treibt, bei Kälte aber den Körper geradezu unterkühlt, kann der Wert dieser Verbesserung für den Matrosen ermessen werden, der hoch über dem Schiff für Stunden Wind und Wetter geradezu schutzlos preisgegeben ist.

Ulf Blank, Signalgast des UAW-Schiffes (später KSS III. Ranges) „Bad Doberan“

Ein lästiges Geräusch raubt mir den Schlaf. Endlich begreife ich – Alarm! Türen schlagen, Schritte poltern durch Gänge und auf den Niedergängen. Ich eile nach oben.

Zwölfmal Anton, das Signal für das Ankermanöver. An der Kimm graut der neue Tag.

Die „Bad Doberan“ nimmt Fahrt auf. Es ist drei Uhr. Wortkarg steht Stabsmatrose Blank auf dem Signaldeck. Seine Augen liegen tiefer als sonst. Der gewohnte Griff zum Mikrophon:

„GS elf-vier an HBS!“ Es knackt im Lautsprecher. „HBS hört?“ Dann wieder Blank: „Frachter Backbord 30, Entfernung 50, Kurs 90!“

Der Hauptbefehlsstand dankt. Ulf Blank ist wieder in seinem Element. Die Schiffe laufen in Kiellinie einen nordöstlichen Kurs. Ein Gespräch mit dem Signäler will jetzt nicht aufkommen. Der kalte Fahrtwind treibt mich schließlich hinunter in die Brücke. Ich will sehen, ob ich eine der grauen Kunstlederjacken bekommen kann. Oben im Gittermast kreisen die Funkmessantennen.

Gegen acht Uhr folgt Luftalarm. Blank sieht sie als erster. Wie zwei schwarze Adler stoßen sie aus den dichten Wolken herab – Marinefliegerkräfte der BRD.

„Das ist die Morgenroutine“, sagt Ulf Blank. „Auf dem Rückflug schauen sie meist noch mal vorbei!“ Schnell ist der Spuk vorüber. Zurück kommen sie dann aus dem Luftraum über der östlichen Ostsee. Das Wort Routine erinnert fatal an Gewöhnung. Ich aber kann und mag mich nicht daran gewöhnen.

Wir gehen vor Anker, die Ausbildung wird fortgesetzt. Der I. Wachoffizier,

Oberleutnant Peter Jennert, leitet eine Schiffsgefechtsübung, die er in Vorbereitung des Seetörns ausgetüftelt hat. Luftalarm, U-Boot-Alarm, Schnellbootalarm, chemischer Alarm – die Jungs werden ganz schön in Atem gehalten. Natürlich sind auch „Lecks“ unterhalb der Wasserlinie und „Schiffsbrände“ zu bekämpfen. Ulf Blank schlägt einen C-Schlauch an und löscht eigenhändig einen „Brand“ auf dem Werferdeck.

Ein Ziel kommt in Sicht. Jetzt ist die sichere Klassifizierung angesagt. Schnell hat Signäler Blank das in Überwasserfahrt laufende BRD-U-Boot S-180 erkannt.

„GS elf-vier an Hauptbefehlsstand!“ „HBS?“ „U-Boot in Oberwasserlage, Backbord 10!“

Der Stabsmatrose wird aufgefordert, seine Meldung zu wiederholen. Offensichtlich glaubt jemand in der Schiffsführung an einen Scherz. Tatsächlich aber nähert sich mit westlichem Kurs ein BRD-U-Boot des Typs 205 in gemächlicher Fahrt, schwenkt ein in Richtung auf die „Bad Doberan“. Die Situation entbehrt nicht einer gewissen Merkwürdigkeit, weil unser Schiff vom Typ her ein U-Boot-Abwehrschiff ist. Drei Mann vom U-Boot-Turm winken zu uns herüber. Es ist das Boot S-180 bzw. U 1, das offensichtlich vom Einsatz in der mittleren oder östlichen Ostsee zurückkehrt.

Unser Kommandant kommt nicht umhin, den Anker hieven zu lassen und das NATO-Schiff ein Stück entlang der DDR-Küste zu begleiten. Das ist Vorschrift, denn der Stab möchte wissen, ob sich dieses schwarze Ungetüm nun wirklich in Richtung Kiel begibt oder etwa irgendwo in der Nähe der DDR-Küste eine Lauerposition bezieht. So laufen wir einige Stunden lang in der Nähe von S-180 dahin. Dann werden wir abgelöst und können auf Gegenkurs gehen.

Gegen Mittag reißt endlich die weißgraue Wolkendecke auf. Flugwetter. Also wird das bestellte Übungsflugzeug mit Schleppscheibe bald auftauchen. Das geplante Training für die Funkmessleute kann dann beginnen.

Stabsmatrose Blank steht wieder auf dem Signaldeck. Ob er geschlafen habe, will ich wissen. Ja, ist die Antwort, zwei Stunden. Ich kann nicht sagen, dass es unwillig klingt – eher wie Einsicht in die Notwendigkeit. Es gibt mir das Gefühl, dass Blank auch weiß, er wird gebraucht mit seinen Erfahrungen, seiner Exaktheit, seiner Schnelligkeit. Er ist halt ein Teil des Ganzen, das Besatzung heißt. Er ist so etwas wie ein Auge des Schiffes und, wenn man so will, eine stets verständigungsbereite Stimme, die immer durchdringt, wenn mit Funkwellen nichts mehr zu machen ist.

Ulf Blank ist wieder voll beschäftigt. Gerade hat er ein Flaggensignal zusammengestellt, schäkelt es an und heißt es auf Befehl des Wachoffiziers vor.

Danach meldet er ein auftauchendes Seeziel, dann die Fahrtänderung der vor uns laufenden „Berlin“, was durch Heißen oder Niederholen des schwarzen runden Fahrtballes angezeigt wird. Dazwischen sucht er immer wieder den lichtüberfluteten Wolkenhimmel ab, denn das angekündigte Flugzeug muss nun bald erscheinen. Auch wenn ein Objekt schon lange vorher auf dem Radarschirm sichtbar geworden ist, muss doch alles, was sich dem eigenen Schiff aus der Luft nähert oder in der Nähe auf dem Wasser schwimmt, visuell aufgefasst und klassifiziert werden. Er ist also unentbehrlich, der Signäler, auch heute, im Zeitalter der Elektronik.

„Steuerbord 10, Höhe 60 Grad, Flugzeug!“, meldet Ulf Blank an die Brücke. Ja, sie hatten es bereits auf dem Schirm, doch doppelt hält besser. Die Funkmessantenne des Artilleriesystems vibriert und ruckt mit dem in geringer Höhe vorüberfliegenden „Albatros“ der Luftstreitkräfte mit. Erneuter Anflug. Stabsmatrose Blank hat jetzt in Stabsmatrosen Thomas Merkert, der als Urlaubsvertretung des Signalmaaten der „Bad Doberan“ an Bord gekommen ist, Verstärkung erhalten. Und Matrose Guido Rothenburg sowie Stabsmatrose Denis-Torsten Sahmel aus dem Artilleriegefechtsabschnitt unterstützen die beiden und erfüllen Aufgaben in ihrer Beobachterrolle.

Nach drei oder vier Anflügen wird die Funkmesswaffenleitübung beendet. Unser zeitweiliger Schiffsverband löst sich wieder auf. Wir laufen die alte Ankerposition in der Tromper Wiek an.

„Wie wichtig ist Ihnen heutzutage noch der Signalgast?“, will ich vom I. Wachoffizier, Oberleutnant Jennert, wissen. Und ich erfahre von dem jungen Offizier etwas vom Stellenwert des funkelektronischen Kampfes, von der Wichtigkeit gedeckter Nachrichtenübermittlung von Schiff zu Schiff oder vom Schiff an Land und umgekehrt. Auch von Schnelligkeit ist die Rede, von geringer Störmöglichkeit und Ausfallrate, von der Möglichkeit, Klartexte zu übermitteln. Das würde die Nachteile des optischen Signalwesens wie Sichtprobleme, begrenzte Reichweiten und Demaskierung bei Nacht aufheben. Eine Weile klönen wir noch über den Stabsmatrosen Blank, über die Mittel, mit denen er umzugehen, die er zu beherrschen hat: Scheinwerfer, akustische und pyrotechnische Mittel, Wink- und Signalflaggen. Das sind immerhin 115 Flaggen des nationalen und 75 des internationalen Stells sowie 15 Rangabzeichen – genug jedenfalls, um an besonderen Feiertagen das Schiff vom Bug bis zum Heck mit einer bunten Wimpelkette versehen, es im großen Flaggenschmuck präsentieren, es über die Toppen flaggen zu können.

Inzwischen ist die Besatzung zu einer Sport-Maßnahme herausgetreten. Nacheinander überwinden die Jungs eine Hindernisbahn an Bord. Mit Stahlhelm und Schutzmaske geht es im Laufschritt vom Achterdeck über die

Brückenaufbauten und das Werferdeck hinunter zur Gösch an der Bugspitze, dann mit aufgesetzter Schutzmaske zurück über Leitern und Niedergänge zum Achterdeck. Der Ehrgeiz der Jungen ist entfacht. Ganz offensichtlich ist ihnen die sportliche Bewegung willkommen. Ulf Blank startet fast als Letzter. Trotz des etwas feuchten Oberdecks schafft er die beste Zeit: 1.54 Minuten. Bei 1.51 Minuten liegt sein persönlicher Rekord. Man traut dem etwas korpulent wirkenden Stabsmatrosen diese Behändigkeit gar nicht zu. Im Verkehrsgang inmitten des Schiffes finde ich eine Schiffsrekordtafel. Wurfleine: Erster – Blank, 25 Meter; Handgranate – Blank, 47 Meter (3. Platz); 1000-Meter-Lauf – Blank, 3.35 Minuten; 3000-Meter-Lauf – Blank, 11.20 Minuten!

„Bis zwei Uhr kann ich schlafen!", meint Ulf Blank. „Dann ziehe ich wieder auf. Zuvor will ich aber noch die mit dem Stabsmatrosen Sonnenberg begonnene Schachpartie beenden. Ich habe mir da leichte Vorteile errechnet! Mal sehen, ob es so klappt."

Und schon ist er unter Deck verschwunden.

Korvettenkapitän a. D. Uwe Dotzlaff

Klar zum Freibrennen

Eintrag im Schiffstagebuch vom 12. Januar 1990 – Freitag 14 Uhr: „Hiermit übergebe ich die Rechte und Pflichten des Kommandanten für die Zeit meiner Abwesenheit an Oberleutnant Levien. Oberleutnant Levien ist im Besitz der Zulassung zur Schiffsführung für ein Projekt 133.1. Er ist in alle Aufgaben eingewiesen. Schwerpunkte der Übergabe bilden vor allem alle Maßnahmen der Abrüstung, Konservierung bzw. Einlagerung von Waffen, Technik, Munition und Zubehör sowie die ordnungsgemäße Vorbereitung und Durchführung der Entlassung eines großen Teils der Besatzung aus dem aktiven Wehrdienst."

„Das war's", ging es mir wieder einmal durch den Kopf. Das geschah in diesen Tagen immer wieder. Meine Versetzung in das Marinekommando Ost der Bundesmarine stand kurz bevor. Hier an Bord gab es für mich nicht mehr viel zu tun. Das („mein") Schiff wird in den nächsten Tagen außer Dienst der Bundesmarine gestellt und an die indonesische Marine übergeben. Es wird zukünftig gegen Piraten eingesetzt. Kurz zuvor waren wir mit unserem Schiff wieder einmal zum Freibrennen. Es war das letzte Mal, dass ich mit „meinem" Schiff auf der Ostsee war. Es gibt nicht viele Schiffe, die dieses merkwürdige

Am 2. Oktober 1990 wurden die meisten Schiffe der Volksmarine außer Dienst gestellt. Uwe Dotzlaff erhält zur Erinnerung seinen Kommandantenwimpel.

Manöver durchführen müssen. Sehr oft, gerade in den Augenblicken, in denen wir Kontakt zu einem U-Boot hatten, habe ich diese technische Besonderheit des Schiffes verflucht. Zumindest hat es sicher bei unbeteiligten Beobachtern und Fachleuten Verwirrung hervorgerufen. Für uns war es immer wieder eine ungeheure Herausforderung. Ohne ein gutes Team von Technikern, Hydroakustikfachleuten, Seeleuten und Taktikern war es nicht möglich, die Aufgaben zu lösen.

Das Schiff war mit schnelldrehenden Hauptmaschinen ausgestattet. Für die schnelle Annährung an „feindliche" U-Boote war dies immer wieder von Vorteil. Schleichfahrt, wie bei der U-Jagd notwendig, war Gift für die Antriebsanlage. So hatten wir für jede Hauptmaschine, es gab drei davon, jeweils dreißig Minuten Zeit, in niedrigen Drehzahlen zu laufen. Das war oft eine knifflige Sache. An dem vorgenannten Tag habe ich das Freibrennen genossen. Ich bin gern auf diesem Schiff gefahren.

Mehr als acht Jahre war ich damals Kommandant auf der „Lübz", einem V-Boot-Abwehr-Schiff. Zuvor war ich auf dem ersten Schiff der Serie als Abschnittskommandeur und Wachoffizier an der Erprobung in der Peene-Werft Wolgast, der Übernahme und der Einführung in die Volksmarine beteiligt. Es war ein sehr spezielles Schiff, das mich beim ersten Betreten beeindruckt hatte. Es war ein Schiff einer völlig neuen Generation. Mit 75 m Länge war es um ein Drittel länger als sein Vorgänger, auf dem ich mehrere Jahre als II. Offizier

„Full speed“ und „Klar zum Freibrennen!“

Dienst getan hatte. Es war 9,80 m breit und konnte eine maximale Geschwindigkeit von 24 kn erreichen. 60 Mann arbeiteten auf engstem Raum. Das Schiff war für die Zeit, die wirtschaftlichen und technischen Möglichkeiten und die Aufgabe großzügig ausgestattet. Als ich als Oberleutnant an Bord kam, hielt sich die Begeisterung „meiner" Männer sehr in Grenzen. Ein so junger und ehrgeiziger Kommandant bedeutete viele Unbequemlichkeiten. Eigentlich sollte ich nur für maximal ein Jahr bleiben und dann über den Besuch eine Militärakademie auf höhere Aufgaben vorbereitet werden. Aber ich blieb.

Wir erfüllten mit dem Schiff eine Vielzahl interessanter Aufgaben, rauften uns zusammen. Und obgleich die Herausforderungen stets stiegen, konnten wir sie meistern. U-Jagd-Aufgaben wurden in Übungen und im Gefechtsdienst mit besten Ergebnissen erfüllt. Ein besonderer Höhepunkt war die monatelange Torpedoerprobung vor der polnischen Küste im Jahr 1989. Die Arbeitsergebnisse waren Bestandteil der Krim-Verhandlungen.

Am 12. Januar 1990, ich war inzwischen Korvettenkapitän, also das letzte Freibrennen. In den folgenden Wochen wurde das Schiff entmilitarisiert und die Besatzung ging ihrer Wege. Viele der Männer haben inzwischen sehr interessante Lebensläufe. Mit einigen stehe ich noch heute in sehr engem Kontakt. Auch für mich hat sich seit dieser Zeit sehr viel geändert. Für zwei Jahre arbeitete ich im Marinekommando an der Abwicklung von Liegenschaften der ehemaligen Volksmarine mit. Dann verließ ich die Marine auf eigenen Antrag.

Seit Jahren leite ich nun ein sehr erfolgreiches Wirtschaftsunternehmen und sitze in Vorständen verschiedener Verbände. Noch heute profitiere ich von der Zeit auf „meinem" Schiff. Und eine Erkenntnis wird immer bleiben: Die Maschine läuft nur rund und störungsfrei, wenn das Team funktioniert. Und manchmal muss man, wenn es gerade gut läuft, Freibrennen.

Fregattenkapitän a. D. Klaus Martin

Der beleidigte Autopilot

Die „Rostock" war auf Kurs zum Flottenbesuch 1981 nach Leningrad. Blauer Himmel, Sonnenschein, nur schwach bewegte See und bis zum Horizont war kein weiteres Schiff zu sehen. In Kiellinie ging es quer über die Ostsee Richtung Finnischer Meerbusen. Wie so üblich, wurde jede Hand gebraucht, um dem Schiff den letzten Schliff zu geben. Überall wurde geputzt und gepönt. In der Offiziersmesse hatte der Chef vom Dienst außerdem noch eine

Besprechung angesetzt, an der auch der Kommandant teilnahm. So kam es, dass sich auf der Brücke nur ich als 1. Offizier und der GA-I-Kommandeur, Oberleutnant Wilfried Anders, aufhielten. Wir lümmelten uns gelangweilt an das frisch gewienerte Messinggeländer des Ruderstandes. Der Rudergast war auch zu irgendeiner Arbeit abkommandiert und dessen Job hatte jetzt der Autopilot übernommen. Während wir so über Gott und die Welt klönten, beobachteten wir am Kompass die Bemühungen des Autopiloten, den vorgegebenen Kurs trotz des schräg einfallenden leichten Wellengangs exakt zu halten. Immer wenn gelegentlich eine größere Welle den Bug leicht nach Backbord drückte, reagierte er sofort mit einer entsprechenden Ruderlage Steuerbord, bis der Kreisel wieder auf dem vorgegebenen Kurs anhielt. Und da fingen wir an – entsprechend der Höhe der entgegenkommenden Wellen – zu schätzen, welche Ruderlage er als nächstes einschlagen würde und wie lange er mit der Korrektur zu tun hätte. Das wurde uns aber mit der Zeit zu langweilig, da es an den entsprechenden Wellen fehlte, die ein sichtbares Manöver des Autopiloten bewirken und unsere seemännischen Erfahrungen vertiefen sollten. Also „halfen" wir ein bisschen nach, drehten das Steuerrad ein wenig nach Backbord und erreichten damit das gleiche Resultat wie die Wellen – der Autopilot musste arbeiten!

Dieses Spielchen ging so eine Weile, dann gab es plötzlich einen Ruck, das Schiff legte sich leicht nach Steuerbord und es ging mit „Ruder Backbord 5" voll aus dem vorgegebenen Kurs. Jetzt durften wir arbeiten – und wie! „Ruderversager!" – an die Besatzung. „Nicht folgen!", per UKW an den Rest des Verbandes, und dann war innerhalb kurzer Zeit das idyllische Leben auf der Brücke vorbei. Kein weiterer Kommentar!

Jedenfalls umrundeten wir in einem schönen Bogen mit hoher Geschwindigkeit die anderen beiden Schiffe und setzten uns, als wäre das alles planmäßig befohlen worden, wieder an die Spitze des Verbandes. Und glaubhaft konnten wir auch alle anderen von der „Riesenwelle" überzeugen, die den Autopiloten zur Aufgabe gezwungen und uns zu diesem Manöver veranlasst hatte. Wir waren die Helden! Nur bei uns beiden blieben Zweifel. Hatten wir selbst das Spiel mit der Ruderlage übertrieben oder war es doch der Autopilot, der von unseren kindischen Späßchen irgendwann mal die Nase voll hatte?

Fregattenkapitän a. D. Manfred Köhler

Umgefallen

Wenn alte Geschichten aus der 1159-Zeit in Baku ausgekramt werden, dann ist da auch immer eine von einem besonderen Besuch im Medizinischen Punkt dabei.

Im ersten Halbjahr unseres Lehrganges als „Ekipazh“ in Baku musste ich als Dolmetscher einen unserer Kameraden ins „Sanshast“ begleiten. Er fühlte sich sehr unwohl und sollte sich einer Untersuchung unterziehen. Seine Russischkenntnisse reichten noch nicht aus, um seine Leiden so genau zu beschreiben, dass die Ärzte mit seiner Schilderung etwas hätten anfangen können. Der Patient wurde durch die behandelnde Ärztin eingehend befragt. Dieses Frage-und-Antwort-Spiel hatte ich als Dolmetscher eifrig unterstützt. Schließlich war die Befragung beendet. Unser Patient wurde auf eine Pritsche gelegt und man ging daran, ihm Blut für eine Laboruntersuchung abzunehmen.

Da meine Dienste als Dolmetscher in jenem Augenblick nicht gebraucht wurden, machte ich es mir ein wenig bequem und lehnte mich lässig an einen Medizinschrank. Dieser stand offen und es roch daraus etwas komisch, was mich aber nicht sonderlich beunruhigte. Ich unterhielt mich ein wenig mit der Ärztin und merkte plötzlich, dass meine Zunge mir nicht mehr so recht gehorchen wollte. Der Ärztin war anscheinend auch etwas aufgefallen, denn sie fragte mich, ob alles in Ordnung sei. Natürlich, „wsjo w porjadkje“ (alles in Ordnung), war meine Antwort. Leider war aber nicht alles in Ordnung, denn ehe ich begriff, was eigentlich los war, passierte es auch schon – mir wurde ganz schwindlig und ich landete in voller Länge auf den Fliesen des Behandlungszimmers. Erschrocken fuhr die Ärztin, die gerade die Blutabnahmen beendet hatte, herum. Sie half mir wieder auf die Beine und setzte mich auf eine in der Nähe befindliche Bank. Ihre Frage, ob ich allein sitzen könne, verstand ich gründlich falsch, denn ich knurrte nur beleidigt, dass ich das mit meinen 26 Jahren wohl noch hinbekommen würde. Doch kaum hatte sie sich wieder unserem kranken Kameraden zugewandt, als sie auch schon ein ziemlich heftiges, dumpfes Krachen hinter sich hörte. Ich war aus meiner Sitzhaltung heraus von der Bank nach vorn gekippt und mit voller Wucht und ohne zu bremsen mit der Stirn auf die Fliesen geknallt. Dieser Vorfall brachte selbst unseren kranken Kameraden wieder auf die Beine, der sich plötzlich deutlich besser fühlte. Muss für ihn wohl so etwas wie eine Schocktherapie gewesen sein.

Was war nun das Resultat der ganzen Geschichte? Als völlig gesunder Mensch hatte ich einen Kranken ins Revier begleitet. Dieser konnte – fast geheilt – gleich wieder an sein Studium gehen, während ich drei volle Wochen mit einer Gehirnerschütterung das Bett hüten musste. Böse Zungen behaupteten nun, ich könnte kein Blut sehen und wäre nur deshalb umgefallen. Aber ich denke, irgendetwas Mysteriöses ist diesem Medizinschrank entströmt. Davon bin ich felsenfest überzeugt, zumal ich mich auch an ein offenes Fläschlein im Schrank zu erinnern glaube. Jedenfalls habe ich es seither stets vermieden, mich in der Nähe offener Medizinschränke aufzuhalten.

Fregattenkapitän a. D. Dieter Flohr

Von Anker bis Zahnrad – Die Laufbahnen und Verwendungen der Volksmarine

Es war schon eine Selbstverständlichkeit des DDR-Alltags, jungen Soldaten in der Uniform der Volksmarine im Straßenbild unserer Städte und Dörfer zu begegnen. Flatternde Mützenbänder, blaue Matrosenkragen, weiße oder blaue Uniformblusen mit den schwarzseidenen Matrosenknoten und den weißen Schleifen zogen immer wieder die Blicke vieler Passanten auf sich. Die jungen Männer, die ihren Dienst als Soldaten auf Zeit oder Berufssoldaten der Volksmarine leisteten, waren zumeist mit Recht stolz darauf, dabei zu sein. Schließlich musste jeder, der die blaue Uniform tragen wollte, eine Reihe von besonderen Anforderungen erfüllen. Darüber hinaus waren im täglichen Dienst ein hohes Maß an Ausdauer, Mut, Härte, Verantwortungsbewusstsein, Fleiß und fachlichem Können zu beweisen, um als Soldat im Marineblau dem Dienst auf See und an der Küste gerecht zu werden.

Jeder Matrose oder Maat der Volksmarine trug an seiner Uniform neben dem Dienstgradabzeichen auch die Kennzeichen seiner maritimen militärischen Qualifikation. Sie wurden kurz Laufbahnabzeichen genannt. Häufig erschienen dem Laien diese gestickten Symbole, die auf dem linken Ärmel der Bluse getragen wurden, rätselhaft. So wurde z. B. das Zahnrad der technischen Laufbahn für ein Steuerrad gehalten oder das Symbol für die Verwendung „Sperrwaffen“ vermochte man erst gar nicht zu deuten. Nun ist diese Wissenslücke durchaus verzeihlich. Nicht jeder Bürger konnte ein Marineexperte sein. Und doch gaben die Laufbahnsymbole Aufschluss über die verschiedenen Einsatzmöglichkeiten bei der Volksmarine.

Bei Bewerbern traten immer wieder Überraschungen auf, wenn sich ein unklar geäußerter Einsatzwunsch an der Flottenschule nicht erfüllen ließ, weil

Luftaufnahme der Flottenschule in Parow vor den durch die Bundesmarine eingeleiteten umfangreichen Umbauarbeiten zur Marine-Technik-Schule.

zu viele Bewerber vorhanden waren oder weil man den Anforderungen nicht gerecht wurde. Keine Marine der Welt kann es sich z. B. leisten, nur Maschinisten oder Funker auszubilden. Das aber sind und waren wohl die beiden Laufbahnen, die offensichtlich am bekanntesten waren.

An Bord der verschiedenen Kampfschiffe mussten nun einmal alle Gefechtsstationen, alle Waffen und Geräte besetzt werden, um dem Schiff überhaupt Seetüchtigkeit und natürlich auch die volle Gefechtsbereitschaft zu verleihen. So konnten aus Unkenntnis der Einsatzmöglichkeiten an Bord und an Land dann durchaus persönliche Härten und Kümmernisse entstehen. Diese entstanden aber auch mitunter durch Gedankenlosigkeit der Personalabteilung, wenn z. B. ein Maler zum Motoristen ausgebildet werden sollte oder ein Matrose der Seereederei, der eigentlich auch bei der Volksmarine zur See fahren wollte, als Kraftfahrer in einem Kfz an Land eingesetzt wurde.

Wie verschiedenartig sich die Laufbahnen und Verwendungen des Flottendienstes gestalteten, lässt bereits die Vielgestalt von Schiffen und Booten der Volksmarine erkennen.

Die maritime Spezialausbildung für den Dienst an Bord erfolgte an der Flottenschule „Walter Steffens“ in Stralsund-Parow. Dort wurden die Matrosenspezialisten und Maate für den Dienst an Bord und an Land in den seemännischen und technischen Laufbahnen ausgebildet. Kraftfahrer, Köche und Sanitäter z. B. besuchten eine andere Lehranstalt, die sich auf der Insel Dänholm im Strelasund befand. Die komplizierte Technik und Bewaffnung und die Besonderheiten des Dienstes an Bord machten eine spezialfachliche Ausbildung des jungen Matrosen oder des Unteroffiziers unumgänglich. Jeder Neueingestellte fand sich deshalb auch erst mal auf einer Schulbank wieder, nachdem er, wie jeder Soldat der NVA, das vierwöchige Grundausbildungsprogramm absolviert hatte. In dieser Zeit lernte er, sich als Soldat zu bewegen, hatte Gefechtsdienst im Gelände, Schieß- und Schutzausbildung, militärische Körperertüchtigung, Topografie, Sanitäts- und Exerzierausbildung. Erst dann begann die spezialfachliche Ausbildung in der jeweiligen Laufbahn, für die der junge Matrose ausgewählt wurde. Die Flottenschule vermittelte den Matrosen in fünf Monaten und den Maaten in zehn Monaten (die Zeiten wurden später leider reduziert) das erforderliche Grundwissen für den Dienst an Bord. Wenn der Matrose und der Maat auf ein Schiff versetzt wurden, mussten sie eigentlich sofort in der Lage sein, ihre Bordaufgaben in vollem Umfang zu lösen. Deshalb befanden sich im Prinzip an der Flottenschule in einer Schulbootsabteilung auch Schiffe und Boote, auf denen eine typgebundene kombinierte Schul-Bordausbildung möglich war. Jeder Matrose oder Maat sollte also „seinen" Schiffstyp und „seine" Gefechtsstation gründlich kennen lernen. Das blieb leider, vor allem zum Ende der Volksmarine, blanke Theorie. Die „Neuen" mussten jeweils an Bord zunächst einen Crash-Kurs bekommen, bis sie selbstständig ihre Rolle auf dem Schiff beherrschten. Logischerweise ergaben sich daraus viele Konflikte zwischen Flotte und Schule und auch große Beanspruchungen für die jungen und unerfahrenen Matrosen. Insgesamt dienten die Matrosenspezialisten drei Jahre, die Maate blieben vier Jahre bei der Volksmarine.

Die Laufbahnen der Volksmarine untergliederten sich in:

1. Seemännische Laufbahn (Symbol ein fünfzackiger Stern)
2. Technische Laufbahn (Symbol ein Zahnrad)
3. Küstendienstlaufbahn (Symbol ein klarer Anker)
4. Medizinischer Dienst (Symbol der Äskulapstab)
5. Verwaltungslaufbahn (Symbol ein Stab mit Vogelschwingen, um den sich zwei Schlangen winden)

Allein aus diesen fünf Laufbahnen – eine geringe Zahl von Marineangehörigen aus dem Justizdienst und dem Bereich Musiker kam noch hinzu – ergaben sich mehr als 50 verschiedene Verwendungen.

In der seemännischen Laufbahn gab es Verwendungen wie Navigation; Signal; Artillerie; Sperr; Torpedo; Funk; Funkmess; Hydroakustik und andere.

In der technischen Laufbahn gab es neben anderen die Verwendungen Maschine (Motoren); Maschine (E-Technik); Maschine (Turbine); Maschine (Pumpe); Artillerie-Mechaniker; Funkmessmechaniker.

All diese und andere Spezialfächer wurden an der Flottenschule der Volksmarine gelehrt. Der Absolvent hatte dann als äußeres Zeichen die entsprechenden Symbole am linken Ärmel der Kieler Bluse zu tragen. Zum Beispiel trug ein Obermatrose der technischen Laufbahn, Verwendung Maschine (Turbine), ein gelbes Zahnrad, einen waagerechten Balken (Dienstgrad Obermatrose), darunter einen roten Zahnkranz mit einem T in der Mitte.

Einige Verwendungen sollen zum besseren Verständnis etwas ausführlicher betrachtet werden. Die Verwendung „seemännisch allgemein“ sah folgende Aufgaben vor:

- Einsatz der technischen Mittel im seemännischen Abschnitt an Bord; Kenntnis der theoretischen Grundlagen des Boots- und Segeldienstes und der Verhaltensregeln bei schlechtem Wetter und Havarien, Einsatz der Rettungsmittel auf See; Erledigung aller seemännischen Handarbeiten; Pflege und Wartung der technischen Einrichtungen und Geräte (Anker- und Schleppeinrichtungen, Hebezeug, Leinen, Rettungsmittel); Anstrich- und Konservierungsarbeiten usw.
- Die wichtigsten Aufgaben der Verwendung „Navigation“ waren Standortbestimmung; Berechnung von Kursen; Führung der Seekarte; Führung des Schiffs- und Navigationstagebuches; Pflege und Wartung der nautischen und E-Nautischen Geräte.
- Die Matrosen und Unteroffiziere dieser Verwendung mussten in der Lage sein, die Fahrt eines Schiffes auch unter erschwerten Bedingungen zu berechnen und somit sicherzustellen.
- Die Verwendungen Artillerie, Sperr, Torpedo erfüllten Aufgaben wie Einsatz der Waffen und Geräte unter allen Bedingungen; Durchführung von Sprengungen (Minen u. ä.); Erkennen, Auffinden und Beseitigung von Störungen an den Waffensystemen; Klarmachen, Instandsetzen von Minen und Torpedos; Entschärfen von Minen usw.

Jeder junge Matrose sollte während seiner Ausbildungszeit an der Flottenschule zugleich die für seine spezielle Bord-Verwendung erforderlichen Betriebsberechtigungen, die Zulassung zur selbstständigen Ausführung der Bordfunktion erwerben. An Bord kam es schließlich darauf an, sich schnell in das Bordkollektiv hineinzufinden, ständig weiter an sich zu arbeiten und zu üben. Erst wenn alle Gefechtsabschnitte unter allen Witterungseinflüssen und Anforderungen eines möglichen modernen Gefechts bis zur Perfektion zusammenwirkten, war ein Schiff auch einsatzklar.

Für die Unteroffiziersberufe waren vom Ministerium für Nationale Verteidigung Berufsbilder/Berufsausbildungen herausgegeben worden. Welche Voraussetzungen musste nun ein Bewerber für den Dienst in der Volksmarine erfüllen?

Der Abschluss der 10. Klasse war für die Mehrzahl der Verwendungen unbedingt erforderlich. Selbstverständlich hatten Abiturienten für die Ausbildung besonders gute Voraussetzungen. Vor allem sollten fundierte Kenntnisse in Mathematik und Physik vorhanden sein. Für alle Waffenlaufbahnen bildete eine abgeschlossene Facharbeiterausbildung in einem Metallberuf eine wesentliche Voraussetzung. Bei den Verwendungen Funkmess, Hydroakustik, Raketenwaffenleit, Maschine (E) wurden Matrosen mit dem Grundberuf Facharbeiter für Nachrichtentechnik bzw. mit einer Spezialausbildung für Elektronik bevorzugt.

Für die Maschinenlaufbahn boten sich Grundberufe wie Schiffsbetriebs- und Fahrzeugschlosser an. Natürlich wurde in allen Fällen Wert auf eine vormilitärische Ausbildung in der GST gelegt. Umso leichter konnte dann das hohe Pensum in der Ausbildung zum Matrosenspezialisten oder Maaten bewältigt werden.

Bei den Navigatoren empfahl sich der Nachweis der seemännischen B- oder C-Prüfung. Auch die Teilnahme an der GST-Funkausbildung und Maschinenausbildung war wünschenswert. Diese Forderungen waren durch die fortschreitende Militärtechnik, durch vollautomatische Waffensysteme, durch die wachsende psychische und physische Belastung jedes einzelnen Matrosen diktiert.

Der Dienst an Bord verlangte natürlich auch völlig gesunde, sportlich trainierte Menschen. So ist es verständlich, dass bei den Untersuchungen auf Borddiensttauglichkeit in beiderseitigem Interesse gründlich und nach genauen Richtlinien vorgegangen wurde. Nur ein gesunder Organismus kann über längere Zeit den Belastungen an Bord durch Seegang, Feuchtigkeit, Zugluft, Enge, Bewegungsarmut, Lärm, hohe Raumtemperaturen, schlechte Luft und Isoliertheit auf den Gefechtsstationen standhalten. Zur Vorbereitung auf den Wehrdienst gehörte demnach unbedingt ein gutes Körpertraining. Ein guter Matrose sollte im 3000-m-Lauf, im Klimmziehen, Gewichtstrecken, Pferdsprung oder im Schwimmbecken ansprechende Leistungen erzielen. Bei den

Kutterrudern (Rees) war wichtiger Bestandteil der Matrosen- und Maatenausbildung.

Einstellungen junger Matrosen wurden jedoch immer wieder „Sünder“ entdeckt. So mancher brachte die 50-kg-Hantel nicht zur Hochstrecke, schaffte kaum mehr als zwei Klimmzüge und quälte sich fürchterlich auf der Aschenbahn. Zumeist hatten diese jungen Männer die sportliche Betätigung nach der Schule vernachlässigt und mussten nun hart an sich arbeiten, um die Normen der militärischen Körperertüchtigung überhaupt einigermaßen zu schaffen. Angemerkt sei an dieser Stelle, dass sich schon oft nach einem halben Jahr ein erstaunlicher Wandel zeigte. Die Normen wurden erfüllt; allerdings ging dafür so manche freie Minute für das individuelle Training drauf.

Eines steht fest, der Marinedienst ließ die jungen Menschen reifen und befähigte sie, sich auch in komplizierten Situationen zurechtzufinden und zu behaupten. Nicht ohne Grund wurden Matrosen und Unteroffiziere der Marine und auch die jüngeren Offiziere gern von vielen Unternehmen eingestellt.

Fregattenkapitän a. D. Dieter Flohr

Schiffe und Städte

Am 3. November 1960 erhielten die Seestreitkräfte der NVA anlässlich des 42. Jahrestages des Kieler Matrosenaufstandes den Namen Volksmarine. Das beschloss der Nationale Verteidigungsrat am 19. Oktober 1960. Zugleich wurde die neue rote Dienstflagge für Kampfschiffe und -boote eingeführt. Etwas später erhielten Schiffe und Boote Namen von DDR-Städten. Kleinere Einheiten wie Räumboote wurden nach Kreisstädten und die größeren Minenleg- und Räumschiffe nach Bezirksstädten benannt. Daraus ergab sich alsbald eine sehr rege Partnerschaftsarbeit zwischen Städten und ihren Schiffen.

In den Marineeinheiten dienten sehr viele junge Facharbeiter aus allen Teilen der DDR, die aus den verschiedensten metallverarbeitenden und elektrotechnischen Berufen kamen.

Sie hatten zumeist bereits in ihren Betrieben Erfahrungen aus der nutzbringenden Patenschaftsarbeit zwischen Brigaden, Institutionen, Künstlern und Schulen gesammelt und mitgebracht. Was lag da näher, als auch an Bord nach diesem Vorbild zu verfahren, feste Besatzungen zu schmieden und sich hohe Ziele zu setzen, Programme zu erarbeiten und Verpflichtungen zu übernehmen, die auch darin münden sollten, die Einsatzbereitschaft der Volksmarine zu erhöhen.

Als erstes Kollektiv rief Ende 1961 die Besatzung des MLR-Schiffes „Schwerin" dazu auf, dem Vorbild der Arbeiter des VEB Elektrokohle Berlin und ihrem Produktionsaufgebot zu folgen und um den Titel „Bestes Schiff" zu wetteifern sowie mit der jeweiligen Namensstadt einen Freundschaftsvertrag abzuschließen. Das fand ein lebhaftes Echo in der Marine. Die Mehrzahl der Kommandanten erhielt auf entsprechende Briefe zustimmende Antworten von den Bürgermeistern der Städte. Bald kamen Delegationen zum Tag der NVA auf „ihre" Schiffe, Besatzungsangehörige besuchten im Gegenzug die Städte. Die Sache kam gut in Gang. Allerdings mag das Wort „Patenschaft" in jenen Jahren die Räte einiger Städte auch zum Zögern veranlasst haben – nun noch zusätzlich eine Patenschaft, über ein Kampfschiff? Gab es nicht schon genug Verpflichtungen in der Landwirtschaft, in den Betrieben, den Schulen, den anderen Partnerstädten? Dennoch entstand zumeist eine echte Partnerschaft, denn die Besatzungen waren bestrebt, ihren Teil beizusteuern. So gehörte es bald zum vertrauten Bild, dass in Aue, Forst, Meiningen, Weißwasser, Weimar oder Sonneberg Matrosen zum Beispiel in Schulen und Betrieben über ihre Aufgaben auf See berichteten, wobei sie – selbst junge Facharbeiter – schnell eine gemeinsame Sprache mit den Bürgern der Patenstädte und immer reges Interesse fanden, schließlich wollte man mehr über „sein" Schiff, über „seine" Matrosen wissen.

Es war die Zeit, da auf Beschluss der Volkskammer der DDR 1962 das „Gesetz über die allgemeine Wehrpflicht" verabschiedet wurde. Verständlich, dass das Interesse für Aufgaben und Leben der NVA-Soldaten und Matrosen lebhaft anwuchs. So wurde 1962 am „Theater der jungen Generation" in Dresden mit großem Erfolg das Theaterstück „Pioniere an Bord" aufgeführt, das vom abenteuerlichen Besuch einer Pioniergruppe an Bord ihres Patenschiffes berichtete; in der Goethe-Oberschule der Stadt Forst war ein von den Matrosen gebasteltes Modell des Patenschiffes lange Zeit ein heiß umkämpfter Wanderpreis für die jeweils beste Klasse; am Volkstheater Rostock wirkte die Besatzung des MLR-Schiffes „Rostock" helfend an der Inszenierung des Wolfschen Schauspiels „Die Matrosen von Cattaro" mit; im Auer Revier waren Vertreter des Räumbootes „Aue" Ehrengäste der 300-Jahr-Feier des Bergbaues usw.

Nicht selten sannen Stadtväter – beeindruckt von den Leistungen der Besatzungen und deren oft recht komplizierten Dienst- und Lebensbedingungen – darüber nach, wie sie „ihren Blauen Jungs" eine Freude bereiten könnten. Es kam die Zeit, in der Besatzungen hocherfreut mal ein Fernsehgerät, mal eine Waschmaschine, mal ein schlachtreifes Schwein und viele, viele Päckchen zu den Weihnachtsfesten von den Patenstädten für ihre guten Leistungen in der Ausbildung erhielten.

Es begann aber auch eine Zeit, in der Verträge schnell einmal überladen wurden. Da verpflichtete sich so manche Besatzung zu aufwendigen Produktionseinsätzen, zu Aufbaustunden in den Betrieben und Städten. Oder die Angehörigen von Gefechtsabschnitten knüpften zusätzlich zu bestehenden Verbindungen mit den Räten der Städte auch solche zu Meisterbereichen, Jugendbrigaden, Pionierfreundschaften, Kampfgruppeneinheiten, GST-Zentren. All das entsprang einem ehrlichen Gefühl und war Ausdruck der großen Begeisterung für das neue Verhältnis zwischen Volk und Armee, Ausdruck einer wirklichen Partnerschaft zum Nutzen aller. Sehr bald wurde es aber erforderlich, diese ausufernden Projekte auf ein vertretbares Maß einzupegeln, musste doch für die Besatzungen der Schiffe und Boote angesichts der spannungsgeladenen Lage auf See und der wissenschaftlich-technischen Entwicklung des Militärwesens an allererster Stelle das Bemühen um höchste Gefechtsbereitschaft, um die Erfüllung der dienstlichen Aufgaben stehen. Diese Hauptaufgabe jedoch konnte die Patenschaftsarbeit in den späteren Jahren sogar ganz gut und wirksam unterstützen.

Mit der Entwicklung der Volksmarine änderte sich in den Jahren auch ihr Schiffsbestand. R-Boote und MLR-Schiffe wurden nach und nach gegen modernere Einheiten ausgetauscht. Es kamen neue U-Boot-Abwehr-Schiffe, Landungsschiffe verschiedener Typen, Minensuch- und -Räumschiffe und damit auch neue Schiffsnamen. Die schwimmenden Einheiten der Grenzbrigade Küste erhielten Namen wie Ahrenshoop, Ueckermünde, Vitte, Prerow oder Boltenhagen; sie waren also nach Gemeinden benannt, die unmittelbar im Küstenstreifen liegen.

Die Minensuch- und Räumschiffe ebenso wie die U-Jagdschiffe wurden nach Kreisstädten – vorrangig aus den nördlichen Bezirken der Republik – benannt, weil es sich für zahlenmäßig kleine Besatzungen doch als recht schwierig erwiesen hatte, die großen Entfernungen zwischen Küste und Städten im Erzgebirge oder Thüringer Wald zu überbrücken und dennoch immer gefechtsbereit zu sein.

Unterzeichner der Vertragsdokumente waren einerseits die Bürgermeister der Städte und andererseits die Schiffskommandanten. In die Verantwortlichkeit einbezogen waren die FDJ-Leitungen der Schiffe und des jeweiligen Territoriums sowie zumeist eine Polytechnische Oberschule aus der Stadt. Hinzu kam regelmäßig einer der Schwerpunktbetriebe aus dem jeweiligen städtischen Territorium. Gegenseitige Besuche und Rechenschaftslegungen fanden zweimal im Jahr statt. Zwischenzeitlich wurde ein reger Schriftwechsel aufrechterhalten. Zum Nationalfeiertag am 7. Oktober wurden alljährlich kleine Abordnungen der Besatzungen in ihren Städten erwartet, wo sie während ihres Besuches an vielerlei Veranstaltungen teilnahmen. Andererseits nutzten die Bürger der Patenstädte zum Ausklang der „Woche der Waffenbrüderschaft“ und zum Tag der NVA am 1. März gern die Möglichkeit, ihr Schiff zu besuchen und an den Treffen mit den Soldaten teilzunehmen. Diese führten alljährlich Tausende Jugendliche, Erzieher, Reservisten mit den Matrosen, Maaten, Meistern, Fähnrichen und Offizieren und auch mit den Matrosen der verbündeten Polnischen Seekriegsflotte und Baltischen Rotbannerflotte in den Stützpunkten zusammen. Einige daraus entstandene Verbindungen haben bis heute gehalten. Die Partnerschaftsarbeit der Städte und Schiffe hat zum Zusammengehörigkeitsgefühl von Soldaten und Volk und zur Erhöhung der Einsatzbereitschaft der Besatzungen beigetragen. Eine Fahrt in die Partnerstadt mit all den Annehmlichkeiten, die an Feiertagen dort geboten wurden, war wohl für jeden Angehörigen der Volksmarine einer erstrebenswerten Angelegenheit.

Fregattenkapitän a. D. Karl-Heinz Kremkau

Die Baubelehrung und mehr

Nach der Ernennung zum Unterleutnant zur See wurden wir, der 3. See-Offiziers-Lehrgang (SOL), entgegen unserer Erwartung per Lkw zu einem militärischen Zugführer-Lehrgang nach Sassnitz/Dwasieden bugsiert. Das war genau das, was wir nicht wollten. Als erstes stellten wir fest, dass unsere Ausrüstung infanteriefeindlich war. Die Kommandos waren hier nicht Backbord und Steuerbord, sondern links und rechts. Das machte für uns keinen Sinn. Die Unterkünfte wurden so hingenommen, weil ein leichter Hauch einer aufgelösten U-Boots-Lehranstalt durch die Räume wehte. Gut dachte ich mir, ich gehe auf ein Überwasserschiff.

Unserem alten Schulschiff „Ernst Thälmann“ statteten wir auch einen Besuch ab. Die Stadt Sassnitz haben wir auch nicht kennen gelernt. Wir waren zwar Offiziere, wurden aber immer noch behütet und beaufsichtigt. Wir fühlten uns wie die Marinekadetten zur Zeit Peter des Großen.

Eine Einweisung mit anschließendem Training war gründlich und nahm die meiste Zeit ein. Erst nach Abschluss des Lehrganges stellte ich fest, dass es nicht Pflicht war, sondern Kür. Das war das einzige Rüstzeug, welches ich an Bord später von diesem Lehrgang gebrauchen konnte. Nach vier Wochen erhärtete sich mein Entschluss, dass ich auf keinen Fall Zugführer werden wollte, sondern Kommandant.

Dann hieß es wieder aufsitzen. Der mir zugeteilter Lkw hatte ein Schild mit der Aufschrift „Wolgast" an der Windschutzscheibe. Das war genau der Ort, wo ich auf keinen Fall hin wollte. Mein Freund Alfred Leonhardt wuchtete meinen Koffer auf die Ladefläche und verabschiedete mich in die weite, weite Welt – herzzerreißende Abschiedsszenen, das Auseinandergehen von Kameraden und Freunden. Die Geborgenheit eines Zuges einer Klasse und des Lehrganges war mit einem mal Vergangenheit.

„Die See ist der Tummelplatz der Kühnen!" Das war der erste Satz, den unser Lehrer für Seemannschaft – „Fietje Döpplep" – theatralisch in den Unterrichtsraum sprach. Jeder verstand den Satz, auch ich wollte mich daran halten. Die Reise ging ins Ungewisse. In diesem Fall: Baubelehrung in der Peene-Werft Wolgast. Für mich und viele meiner Kameraden war dies dann doch ein Glücksumstand. Viele uns beigebrachte Begriffe stimmten, vor allem „Neuland", also „Neuland unterm Bug".

Die Baubelehrung war ein Knackpunkt in der Laufbahn eines Marineoffiziers. Entweder man packte es oder man ging baden.

Für mich war der Einsatz als Gehilfe des Kommandanten auf dem MLR-Schiff der 3. Baureihe – Nr. 2008 vorgesehen. Kommandant war Gerhard Chatron aus Erfurt, genannt „Monsieur Parlewu", ein Nachkomme einer französischen Knopfmacherfamilie. Er war für mich ein Postangestellter, ein typisch deutscher Beamter mit dem Hang, alles nach Vorschriften richtig und schriftlich sauber zu gestalten. Deshalb hatte ich sofort einen Gegner, und das war die Schreibmaschine. Handschriftliches lehnte er glatt ab. Der erste Ratschlag war, schreib die Zeitung ab, dann kannst du es. Ein feiner Mariner, leider auf unschöne Art und Weise ausgeschieden. Bis heute weiß er nicht warum. Es ist eine der vielen offenen Fragen bei den DDR-Seestreitkräften.

Als Gehilfe konnte man seine Nase nicht in die Runde der Kommandanten stecken, sonst kam die Frage, ob man nichts zu tun habe. Die Störung der Kaffeerunde der Kommandanten kam einer Grundberührung gleich. Zur Kommandanten-Runde zählten Manfred Kretschmar, Gerhard Chatron, Werner Radenberg, Fritz Waterstrat, Jimmy Schinkitz und Jochen Müller. Die ersten drei Kommandanten wurden in Sassnitz auf den MLR-Schiffen der ersten und zweiten Baureihe auf ihren Einsatz vorbereitet und legten hier die Kommandantenprüfung ab.

Das „Gehilfenrondo-Wolgastino" bestand aus Kurt Stollberg, Karl-Heinz Kremkau, Richard Wolff, Rolf Scholz, Eckehard Vitrien und Gerhard (Hugo)

Appelt. Unser Ziel: Ablegen der Kommandantenprüfung, dann sehen wir weiter.

Der Vollzähligkeit halber nenne ich auch noch die Leitung der MLR-Division: Chef Kapitänleutnant Gerhard Thomas, Stabschef Oberleutnant zur See Gustav Hesse, Divisionsingenieur Oberleutnant (Ing.) Egon Wirth und schließlich Politstellvertreter Oberleutnant Werner Henninger.

Karl-Heinz Kremkau als Kommandant eines Küstenschutzschiffes

Ich wurde in ein Zwei-Bett-Zimmer im Offiziersblock eingewiesen. Auf dem Schrank entdeckte ich noch ein Zwei-Mann-Gerät, also den gewaltigen Offizierskoffer. Er gehörte Leutnant zur See Jochen Müller aus Bad Köstritz, Kommandant des Schiffes 2012, das einzige Schiff der Abteilung mit Gittermast und Radarstation. Trotzdem ist er in der Tromper Wiek auf die Untiefe Königshörn aufgelaufen. Er wurde danach durch die Führung der Volksmarine gefeuert.

Die Besatzung war im Steinkreuzer (U-Block) untergebracht. Chef der Dienststelle war Fregattenkapitän Jungnickel mit Sekretärin Schneider. Politvertreter der Dienststelle war Ortfried Weber. Er sah seine Hauptaufgabe darin, den jungen Offizieren ein Mindestmaß an Kultur, Sitte und obendrein den neuen sozialistischen Knigge beizubringen. Bei Aufführungen der Theater Anklam oder Greifswald im neuen Klubhaus kreiselte er ständig durch die Unterkünfte und agitierte die Bewohner, die letzten freien Plätze im Klubhaus zu besetzen. Er kam mir dann vor wie ein anderer Ortfried, nämlich der Theaterdirektor Ortfried Emanuel Striese aus dem bekannten Paradestück „Raub der Sabinerinnen". Man muss aber auch bemerken, dass die Veranstaltungen in diesem Klubhaus ein gutes, teilweise sogar ein sehr hohes Niveau hatten.

Was macht eigentlich ein Unterleutnant zur See und Gehilfe des Kommandanten? Vom Morgen bis zum späten Abend hilft er seinem Kommandanten. Da muss man aber erst einmal herausfinden, was der Kommandant macht. Flagge Paula aus dem Flaggenstell habe ich mir zuerst gemerkt, weil mein

Kommandant jeden Tag an Land ging – eben zu Paula. Seine erste Weisung war: „Gehilfe – es kann nur Einer an Land gehen, entweder der Kommandant oder sein Gehilfe. Du weißt, dass ich zu Paula muss, also wenn du an Land willst, dann sage Bescheid, dann bleibe ich an Bord." Heute schätze ich ein, dass die Paula eigentlich meine Landgangsbeschränkung ausgelöst hatte.

Wenn ich dann auch einmal an Land durfte, dann wurde alles Versäumte nachgeholt. In der Sportlerklause oder Bahnhofsgaststätte mit Vereinszimmer wurden oft die Indienststellungen der Boote und Schiffe gefeiert. Dabei waren viele Offiziere, die später in der Volksmarine Geschichte schrieben. Trinkart – Leichenzug, so eine Art Würfelkatastrophe. Bei der Zigarre angekommen, wurde mir immer schlecht. Ich hatte den Eindruck, in der Baubelehrung wurden nur die Seeoffiziere zugelassen, die trinkfest waren. Meine Person war ein glatter Fehlgriff. Aber das konnte auf dieser Bau- und Trinkbelehrung geändert werden. Am Montag in der Frühe war ich dann wieder dienstfähig, denn ich ging nur sonnabends an Land.

Übrigens hatte der Sport einen hohen Stellenwert. Als ich zur Baubelehrung kam, wurden einheitsweise die Herbstmeisterschaften im 4000-Meter-Geländelauf ausgetragen. Der Kommandant übertrug mir die Aufgabe, den Meister des Schiffes zu ermitteln. Das war die erste Aufgabe, für die ich verantwortlich war. Und die nahm ich ernst. Ich führte die Besatzung zum Start, erteilte das Startkommando, lief hinterher und gewann. Ich war tatsächlich der Erste, der durch das Ziel lief. Das war kein Kunststück, denn ich kam von der Seeoffiziersschule Stralsund und hatte dort erst vor Kurzem die 5000-Meter-Norm spielend geschafft. Ich war gerade einmal 20 Jahre alt und hatte ein Traumgewicht. Ich war also einer der Jüngsten an Bord. Das war die erste Anerkennung, die ich errang. Schulterklopfen ohne Ende. Unser Gehilfe ist der Schnellste. Das wollte ich so nicht stehen lassen, denn an der Seeoffiziersschule wurde wesentlich mehr gelehrt und gelernt. Es gab schon einige, die nicht Offizier wurden, weil sie im Sport einen Hänger hatten. Sie nahmen in der Deutschen Seereederei später hohe Funktionen ein und waren auch durch das Fernsehen bekannt. Für die Volksmarine waren eben nicht alle tauglich.

Es gab aber auch einige Seeoffiziere, die über einen Einsatz in der Baubelehrung nicht hinaus kamen. Jeden Abend an Land, das konnte nicht funktionieren, und das konnte es auch nicht gewesen sein. Besser war es dann schon, sich mit dem Bunker-, Tank- und Zellenplan zu beschäftigen, damit man lernte, dass es auch noch andere Flüssigkeiten gab als Bier und Brennol.

Wolgast hatte fast 30 Gaststätten oder Kneipen. Am bekanntesten waren die „Einheit" und das „Vaterland". Geflügelte Worte waren dann: „Wir gehen ins Vaterland, um für die Einheit zu kämpfen." Am 3. Oktober 2009 wurden

uns dann auch verbotene Lokale bekannt, die damals in jeder Hafenstadt üblich waren. Die Jungs der neu geschaffenen Teilmarine sollten schließlich ohne Sündenpfuhl und Sündenfall ihren Dienst am Volke leisten und heranwachsen. Um das zu gewährleisten, zog jeden Tag eine Streife von elf Mann auf. Der Herrscher über diese Formation war der „Kap Horner" Gerhard Brunne, früher Vollmatrose auf einem Segelschiff, später im Kommandantendienst am Liegeplatz des Steinkreuzers in Wolgast. Mit Stiefelhosen sah er seltsam aus. Wenn etwas passierte oder es bahnte sich eine ungewöhnliche Situation an, dann war er schon da. Sein Erscheinen war nur zu vergleichen mit dem des Schimmelreiters. Ich glaube aber, der fliegende Holländer passt besser zu ihm.

Alle, die an einer Baubelehrung in Wolgast teilgenommen haben, werden sich auch noch an den Leiter des Medizinischen Punktes erinnern, Unterleutnant Peine, ein beliebter, aber auch gefürchteter Doktor. Er hat mich ein wenig an den berühmten Doktor Eisenbart erinnert. „Ich bin der Doktor Eisenbart. Kurier die Leut' auf meine Art. Kann machen das die Lahmen sehn' und das die Blinden wieder gehen'." Er hat manchen „Blauen Jungen" schnell und gut wieder zusammengeflickt. Aber er hat auch Drückeberger schnell kuriert.

Ein wichtiges Kapitel jener Zeit war die Probe- und Abnahmefahrt. Hier wurde der eingestiegenen neuen Besatzung die Funktions- und Wirkungsweise der Maschinen, Anlagen und Geräte vorgeführt und erklärt. Der gesamte Waffensektor war jedoch ausgeklammert. Der Ökonomische Direktor kam mit Sekretärin an Bord und belegte die Kommandantenkammer. Kommandant und Leitender Ingenieur (LI) belegten die LI-Kammer und der kleine Rest der Offiziere flüchtete in den „Heldenkeller". Werftkapitän Hardtkopf teilte sich die Kammer des Politoffiziers mit der zentralen Bordrundfunkanlage, die sich zur „besseren Kontrolle" (Westrundfunk) hier befand. Der Rest der Übergabekommission kam mit lautem Getöse, Getränken und schwerer Transitkiste an Bord, um zwei Decks zu belegen. Die vorhandene Kantine an Bord wurde dann mit einer Dauerbelastung auf ihre Funktion geprüft und erhielt beste Noten.

Zur Besatzung gehörten Kommandant, Gehilfe des Kommandanten, Leitender Ingenieur, Navigations-, Signal- und Funkpersonal sowie das Bootsmannskommando. Der komplette Maschinenabschnitt war Dank der ausgezeichneten Beziehungen unseres Leitenden Ingenieurs, Oberleutnant (Ing.) Rudolf Hoffmann, schon seit einer Woche an Bord. Einige dachten schon, Rudi würde zum Werftpersonal gehören. Das Verhältnis zum Werftpersonal war ausgesprochen gut. Jeder suchte sich seinen „Meister", um schnell mit dem Wichtigsten vertraut zu werden. Beanstandungen und Mängel, die natürlich auftraten, wurden sofort beseitigt oder in einer Restpunktliste zusammengetragen, um später abgearbeitet zu werden.

Die Transitkisten blieben allerdings verschlossen, bis wir außerhalb der Drei-Meilen-Zone waren. Die Abnahmefahrt dauerte drei bis vier Tage. Abends vor Anker, Sonnenuntergang, im großen Kreis mit einer Flasche Bier in der Hand. Erprobung der Radioanlage mit Plattenspieler über Oberdeckslautsprecher: „Mich rief es an Bord, es wehte ein frischer Wind." Die Sonne bei Capri konnte nicht schöner scheinen. Besser ging es nicht, aber wir wussten auch, dass es nach dem Flaggenwechsel es verantwortungsvoller und ernster würde.

Zum Abschluss wurden die Manövereigenschaften des Schiffes in der Tromper Wiek überprüft und bestimmt. Wichtig war dabei die AK-Fahrt. Jeder Kommandant hoffte darauf, das schnellste Schiff der Abteilung zu haben. Die Rückfahrt wurde dann schon durch die Besatzung gemeistert. Das Abnahmeprotokoll wurde unterschrieben – das war es. Garantiearbeiten waren dann die Regel.

Schließlich hatte ich die Erstausrüstung des Schiffes zu bewerkstelligen. Wo war mein Kommandant? Im Urlaub. Der Gehilfe macht das schon, war seine Ansicht. Mit einem Satz, seine Erziehung wirkte hier nach. Diese Erstausrüstung des Schiffes war eine echte Herausforderung für mich in meiner noch sehr kurzen Offizierslaufbahn. Es war, als würden alle Feiertage des Jahres auf diesen einen Tag fallen. Ich habe strahlende Augen gesehen, meine einbegriffen, aber auch Überforderung. Zu besorgen waren war die seemännische und nautische Ausrüstung, Ersatzteile, Flaggenstell, Borddokumentation, Wäsche, Bekleidung, selbst Kochlöffel für den Smut oder Putzlappen für die Maschine. Für die Decks benötigten wir Porzellangeschirr mit Marken der Manufaktur und Marine-Insignien, für die Offiziersmesse Alpaka-Bestecke, geschliffene Gläser und Geschirr mit Goldrand.

Viel später führte der Chef des Rückwärtigen Dienstes im Kommando der Volksmarine Gerhard Riese einen Kampf um den Erhalt dieser Tradition, allerdings ohne Aussicht auf Erfolg. Das geflügelte Wort war: „Chemie bringt Schönheit." Beim Geschirr stimmte es nicht, denn es hieß nun nicht mehr Porzellan, sondern Meladur. Und es wurde nach kurzem Gebrauch grau und hässlich.

Alles wurde ausgepackt und verstaut. Ich sollte alle Fragen beantworten, doch viele blieben offen. Unser Leitender Ingenieur Rudolf Hoffmann aus Saalfeld stand mir aufgrund seiner Kriegsmarineerfahrung mit Rat und Tat zur Seite. Seine ständige Mahnung war: "Kleiner, bleib' ruhig." Die Baubelehrung endete in jedem Fall mit der Probe- und Abnahmefahrt und der Ausrüstung des Schiffes. Die Ausrüstung des Schiffes war nach der Kiellegung die wichtigste Sache, fand ich. Denn jetzt erst waren wir in der Lage, weitere wichtige Etappen im Dasein eines Schiffes zu bewältigen.

Dann folgten die erstmalige Überführung in den Heimathafen Peenemünde und weitere Aufrüstungen, das Ablegen der Bootsaufgaben B1 bis B3 und die Kommandanten-Prüfung. Der Ernst des Marinelebens konnte beginnen.

Fregattenkapitän a. D. Dieter Flohr

Oberbootsmann Buschner

Die Motoren heulen auf. Der Bug des schwergewichtigen Bootes hebt sich merklich aus der See. Achtern am Heck türmt sich der Gischt. Zurück bleibt eine breite weiße Spur im Meer.

Ich stehe neben dem stählernen Mast mit seinen Antennenauswüchsen und suche Schutz hinter den Männern auf der Kommandobrücke. Die Blicke sind nach vorn gerichtet. Linkerhand steht der Kommandant, in der Mitte der Rudergänger, rechts der Leitende Maschinist, der einzige, der sitzen darf auf der Außenbrücke, die Hände an silberblanken Gashebeln, die zur Fernbedienung der Schnellbootsmotoren gehören. Ein Schritt dahinter lehnt in einem Rohrgestell der „Schießer", der Artilleriegast. Er hält beide Griffe der Visiersäule (genannt Kolonka) für die Geschütze fest in den Händen. Es fallen nur wenige Worte, zumeist sind es kurze Befehle, Meldungen. Lärm und der bei 60 km/h fauchende Luftstrom würden ohnehin jeden längeren Satz verwehen. Von der ganzen übrigen Mannschaft ist niemand zu sehen. Mehr als 20 Mann wohl hocken auf ihren Stationen unter Deck, ein jeder hat seine besondere Aufgabe.

Unser Schiff ist vielleicht 30 m lang und 5 m schmal. Zwei voluminöse Hangars an jeder Bordseite verbergen die Seezielraketen. Vorn und achtern stehen je ein Zwillings-Artillerieturm, Kaliber 30 mm. Das ist schon die ganze Bewaffnung. Und dennoch, ein Raketenschnellboot dieser sowjetischen Bauart hat eine Kampfkraft, wie sie noch vor 40 Jahren nur ein Zerstörer oder ein leichter Kreuzer besaß. Ohne Zweifel gehört viel Wissen und Können dazu, mit einem solchen Gefährt sicher umzugehen.

Ein fünfter Mann gesellt sich zu uns auf die Brücke. Auch er im orangefarbenen Kampfanzug-See, ein verwaschenes Käppi auf braunen Haaren, der Oberbootsmann – Stabsoberfähnrich Gerfried Buschner. „Heute ist es eine Lust, zur See zu fahren." Er sagt es und lächelt, dabei sieht er auf das ruhige

Auf der Brücke des RS-Bootes; rechts Gerfried Buschner

Meer. „See eins!“ Ich bin froh, dass es uns heute nicht so „beutelt“. Es lässt sich dann nämlich nur schwerlich fotografieren, zumal bei überkommendem Spritzwasser. Und festhalten muss man sich auch – ganz zu schweigen von der See-Übelkeit, die den Untrainierten halt immer mal wieder anficht.

„Werden Sie denn noch seekrank?“

„Nie gewesen“, er schüttelt heftig seinen Kopf. „Kenne ich gar nicht.“

Da ist das Staunen an mir. Wohl dem, der von sich sagen kann, dass ihn die Seekrankheit nicht überkommt. „Und, wie lange schon fahren Sie?“ „Mehr als zwanzig Jahre.“ „Sie sagten zwanzig?“, frage ich nun doch etwas verblüfft zurück. „Ja, 22 Jahre sind das nun schon und immer auf Booten dieses Typs.“

Ich muss ihn wohl etwas verwundert angesehen haben. „Man gewöhnt sich eben an alles.“ Buschner hebt die Schultern. „Und dann ist da ja auch manches, was einen hält.“ Ich sehe ihn erwartungsvoll an. „Ja“, sagt er, „da ist die Liebe zur See, da ist die Kameradschaft, und da ist die Gewissheit, etwas sehr Wichtiges und Nützliches zu tun für den Schutz der Heimat.“

So wie er das sagt, ganz schlicht und ohne besonderes Pathos, nehme ich es ihm auch ab. Aber zwanzig Jahre sind zwanzig Jahre. Kaum einer hat es bisher derart lange auf einem dieser unruhigen Schnellläufer ausgehalten.

Wir verabreden uns zu einem Klönsnack bei einer Tasse Kaffee – „türkisch“.

Einige Maate sind zur kleinen Kaffeepause „eingerückt“ und schieben die Hocker flugs zusammen, um freundlich Platz für den Gast zu machen. Sekunden später dampft ein Viertellitertopf aromatischen Kaffees vor mir. Wir klönen ein wenig. Sie erzählen vom letzten Raketenschießen, das für sie mit

Ein Raketenschnellboot der Volksmarine während einer Seeparade

„Sehr gut" endete, bedauern, dass sie einen Wettstreit mit einer Besatzung der Baltischen Rotbannerflotte nur knapp wegen einer Panne im Navigationsabschnitt verloren hätten. Dann gehen sie wieder an ihre Arbeit. Ich bin mit Gerfried Buschner allein.

„Wie viele Raketenstarts haben Sie denn schon miterlebt?", möchte ich wissen. „Es war die 16. Übung in diesem Jahr", sagt er, ohne lange zu überlegen. „An einem Übungsschießen hängt nun mal eine Menge Arbeit", fügt er dann hinzu. „Viel Arbeit, die der Außenstehende nicht sieht und von der er auch nichts wissen kann. Es geht ja nicht nur um den Raketenstart und um den Treffer, der natürlich wichtig ist, um unsere Gefechtsbereitschaft zu unterstreichen. Es geht auch darum, zunächst das Besatzungskollektiv zu formen, neue Matrosen auszubilden, das Zusammenwirken aller Offiziere, Fähnriche, Unteroffiziere und Matrosen an Bord zu trainieren. Buchstablich jede Gefechtsstation an Bord muss fit sein. Jede muss seinen Lex gelernt haben, überall muss Ordnung und Sauberkeit herrschen. So vorbereitet, gehen wir mit anderen Besatzungen in den Nominierungs-Ausscheid. Nur die besten Boote dürfen jeweils zum Schießen vor Baltijsk fahren. Wenn das geschafft ist, treffen wir dort auf sowjetische und polnische Besatzungen, und da gilt es erneut, gut zu sein. Ich glaube, da liegt ein großer erzieherischer Effekt drin, wenn wir beweisen können, dass wir ihnen ebenbürtig oder gar besser sind. Na, diesmal haben wir nur die „Silbermedaille" bekommen."

So ganz nebenbei erfahre ich, dass alle bisher eingesetzten Raketen, die Buschner in 22 Jahren miterlebte, jeweils die Note „Sehr gut" einbrachten.

Nun gut, Schießübungen müssen sein. Wie sonst will man glauben machen, dass ein Boot wie die „Josef Schares" „verteidigungsbereit" ist.

„Also zur See fahren! Was ist daran so schön?"

„Wie soll man das erklären? Einfach alles. Man braust über das Meer, hat ein ordentliches, sauberes, starkes Schiff, die Besatzung ist gut, spürt den Zusammenhalt, man erfüllt einen sehr wichtigen Auftrag. Das verpflichtet und macht stolz. Und das Meer ist unvergleichlich schön und nervend zugleich. Jeden Tag hat es eine andere Farbe, einmal ist es bewegt, dann still, mal ziehen graue Wolken, dann lockt blauer Himmel, oder es grüßen die weißen Kreidefelsen, dann verschwindet alles im Dunst. Da kommen eigene Schiffe, es kommen fremde Frachter, Passagierschiffe, Segler, Fähren, Fischer, es kommen Schiffe der Verbündeten. Doch es passieren auch unliebsame Begegnungen auf See oder über uns in der Luft. Ich habe vieles erlebt, das wie Kalter Krieg anmutete: Überflüge von NATO-Marinefliegern in geringer Höhe, US-Flugzeugträger ‚Intrepid' und das Schlachtschiff ‚Iowa'. Sie sollte wohl in der Ostsee Stärke demonstrieren. Auch kamen Norweger, Kanadier, Engländer, Schiffe der Bundesmarine. Da kommt man schon etwas ins Grübeln."

Ein Matrose hangelt ins Deck. Er möchte ein wenig schwarze Farbe für das Nachbarboot, sie sei ihnen ausgegangen. Der Bootsmann schickt ihn zur Vorpik, einem Raum im Vorschiff, in dem der Bootsmann Material, Tauwerk, Farbe lagert.

„Was macht ein Bootsmann täglich?", will ich wissen. Buschner lacht. „So schnell ist das nicht aufgezählt. Eigentlich ist er Mädchen für alles, oder anders gesagt, er ist so eine Art Mutter der Kompanie, so wie der Hauptfeldwebel in der Kaserne." Ich sage scherzhaft: „Also Vater aller Borddinge." „Na, vielleicht auch das. Vater von den Lebensjahren her und der Erfahrung allemal für die Matrosen. Aber in erster Linie eben Vorgesetzter für alle Matrosen und Unteroffiziere an Bord. Da ist der Dienst zu organisieren, das Reinschiff, der seemännische Zustand des Bootes überhaupt zu verantworten. Da ist das Gehalt monatlich auszuzahlen, die Bettwäsche und Wäsche, die Verpflegung sowie die Kombüse sind zu verwalten. Wachen und Dienste müssen eingeteilt werden, die Schiffssicherung, also die Leckbekämpfung und Brandverhütung ist zu gewährleisten. Bei jedem An- und Ablegemanöver steht der Bootsmann auf der Back und überwacht die Ankermanöver, bleibt bei Revierfahrt vorn bei seiner Gang. Er hilft dem Obersteuermann bei der Navigation und der Kartenarbeit, beteiligt sich bei der Luft- und Seeraumbeobachtung, führt Belehrungen mit der Besatzung durch und verwaltet die gesamte Bekleidung und Ausrüstung."

„Und wie ist es mit dem Messingputz?" Gerfried Buschner blickt mich argwöhnisch an. „Hat da einer gelästert?" „Nö", wehre ich ab. „Eigentlich nur

Morgenmusterung an Bord des Raketenschnellbootes; links Oberbootsmann Buschner

gelobt." „Na ja", sagt er darauf, „der Messingputz ist schon durchaus ein Hobby von mir. Wo Messing ist an Bord, muss es auch blitzen, denke ich. Nur ist das nicht immer so einfach zu bewerkstelligen. Wir bekommen im Jahr nur eine Flasche Putzmittel, früher hieß das mal Sidol. Die reichte vier Wochen. Also haben wir beraten, und dann hat sich jeder Matrose für sein Geld Elsterglanz in der HO gekauft, seine zugeteilten Messingstellen damit blank gehalten. Ist das falsch? Nein. Unser Boot sah stets tadellos aus, auch auf dem Meer und in fremden Häfen konnten wir bestehen. Das gehört zur seemännischen Kultur. Ich frage mich bloß, ob da nicht an der falschen Stelle, nämlich am Sidol, gespart wurde? So etwas kann einen Bootsmann in Harnisch bringen. Ja, und dann", der Oberbootsmann fuchtelt mit den Armen, „dann die Sache mit der Flagge – ich meine mit unserer Dienstflagge. Davon bekommen wir ein einziges Exemplar im Jahr. Nach zwei Seetörns mit unserem Schnellboot franst und knattert sie natürlich aus, weil die Herstellungsfirma es nicht begreifen kann, dass der Rand mehrfach umgenäht werden müsste. Man schämt sich wirklich, mit solchem zerfetzten Feudel die DDR auf See zu repräsentieren!"

„Aber ich bin auch bekannt dafür, dass auf meinem Boot gespart wird", ergänzt Gerfried Buchner. „Also, die Pinsel reinigt bei uns jeder nach der Pön-Periode. Und dann wird natürlich die Farbe öfters gewaschen, Oberdeck, Außenhaut, Längsgang. Man muss nicht immer neue Farbe vergeuden. Rost bekämpfen wir ununterbrochen. Wenn sich Matrosengold zeigt, wird die Stelle, sobald es geht, gesäubert und neu gepönt. Jeder kann sich denken, dass da ständig zu tun ist."

„Und das sehen alle ein?“, frage ich und denke an meine Matrosenzeit und die „Lust“, mit der ich Rosthammer und Pinsel schwang. „Natürlich nicht, aber der Erfolg und die Anerkennung Außenstehender geben mir meist Recht. Mitunter muss ich auch mal knurren. Das gehört zu einem Bootsmann.“

„Und gab es viele Bestrafungen für Unterstellte?“ Buschner überlegt. „Ich habe in 22 Jahren exakt vier Strafen ausgesprochen. Die musste ich für Vorfälle vergeben, die ich einfach nicht durchgehen lassen konnte.“ Und dann erzählt er mir die Story von dem Artilleristen, der an der Visiersäule eingeschlafen war, anstatt Luft- und Seeraum nach unbekannten Objekten abzusuchen. Und da war der Maschinist, der sein Leben gefährdet hatte, weil er sich, vom Dienst übermüdet, achtern auf die Reling gesetzt und am Flaggenstock festgeklammert hatte und dann ebenfalls eingeschlafen war. Buschner musste ihn mit einem schnellen Griff vor dem Sturz ins achterliche Schraubenwasser bewahren. Und da war auch der leichtsinnige Versuch eines Matrosen, bei Höchstfahrt eine Pütz über Bord zu lassen, um Seewasser zu schöpfen, wobei er die am Eimer befestigte Leine um das Handgelenk geschlungen hatte. Der Ruck hätte die Hand kosten können oder ihn ins winterkalte Wasser gerissen. Dafür gab es Bestrafungen vom Bootsmann – „strenger Verweis“, und das mag sehr lehrreich gewesen sein.

Also Strafen bildeten die Ausnahme in Buschners Vorgesetztenleben. Er hält es für besser, wenn das Zusammenleben an Bord stets im Interesse der dienstlichen Aufgaben und jedes Einzelnen verläuft. Hält der über Vierzigjährige noch mit den Jungen mit? Im Sport nicht mehr, da funkt hin und wieder das Rheuma dazwischen, ein Zipperlein langjähriger Seefahrer. „Vielleicht liegt es am Plastikkampfanzug“, sagt Gerfried Buschner. „Ich halte ihn für eine teuflische Erfindung. Im Sommer läuft das Wasser darin zusammen, man wird feucht und kalt, im Winter wirkt er wie ein Kühlschrank; Erkältungen, Zugluft und Unterkühlungen sind geradezu programmiert. Als eine Wetterschutzkleidung scheint er demnach nicht zu funktionieren. Schade, dass man dann jahrelang am „alten Zopf“ hängt und wir ihn bei jeder Gelegenheit tragen müssen. Es würde reichen, ihn bei besonderen Alarmstufen überzustreifen …“ „Und was ist Ihnen das Wichtigste im Bootsmannsleben?“ Er überlegt nicht lange. „Ich denke, dass das Wichtigste wohl darin besteht, dass wir jeden Tag unsere Aufgaben auf unserem Boot korrekt erfüllen. Wenn wir gut sind als Soldaten, denke ich, haben wir Sicherheit und es bleibt auch Frieden. Und man bleibt jung mit den Matrosen. Immer wieder ist es schön, wenn ich sehe, wie nach langen Monaten an Bord allmählich Männer aus ihnen werden. Sie kommen meist frisch von der Schule, noch linkisch, unbeholfen, mitunter uneinsichtig. Und dann lernen sie zuzupacken, werden selbständig, zuverlässig. Sie können dann auch Hosen bügeln, kochen, waschen, Ordnung halten. Sie beherrschen komplizierte Technik. Unser Stabsmatrose Engel ist das beste Beispiel. ‚Artur der Eilige' nennen wir ihn. Dietrich Engel, einst Maurer in Schwerin, kam an Bord, hatte viele Hemmungen, packte seine Aufgaben als Hangargast nicht sofort und sollte wieder versetzt werden. Die Besatzung sprach sich dagegen aus, stellte Paten für ihn. ‚Artur' blieb, wurde Stabsmatrose und hat schon drei Schießen bestanden. Er verpflichtete sich, länger zu dienen, und ist, vor Kurzem zum Maat befördert worden. Das zeigt den Geist, der in unserer Truppe steckt."

Wir müssen uns trennen. Der Oberbootsmann wird an Deck gebraucht. Als ich gehe, schenkt mir Gerfried Buschner sein TS-Boots-Päckchen, eine Art „eiserne Ration" mit Drops, Traubenzucker, Schokolade und Wurstkonserve. „Für die Enkel", sagt er.

Konteradmiral a. D. Prof. Dr. Günther Pöschel

Auf ein Wort zum Schluss

Wie gehen wir nun um, mit all den wertvollen Erinnerungen an unsere Zeit in der Marine? Ich glaube, dass wir, ob Matrose, Maat, Meister, Fähnrich, Offizier, die vielen Reservedienstleistenden, Admiral oder Zivilbeschäftigter der Volksmarine, vor allem verpflichtet sind, uns den Blick in die Zukunft unseres Volkes und unseres Heimatlandes freizumachen. Wir sind wieder ein gemeinsames Volk, sind Teil desselben und sind ihm verpflichtet – jeder an seinem Platz. Uns ehemaligen Marineangehörigen ist auferlegt, neben dem historischen Rückblick nun vorrangig nach „vorn" zu schauen und zwar speziell auf die gemeinsame „Deutsche Marine", in der nun schon unsere Söhne und Enkel dienen. Wir können und wollen unseren Beitrag dafür leisten, dass diese Marine von den Bürgern anerkannt und geachtet wird.

Dabei wollen wir nicht vergessen: Die Geschichte der Volksmarine und ihrer Vorläufer Seepolizei, Volkspolizei-See und Seestreitkräfte der NVA ist Teil des untergegangenen politischen und staatlichen Systems der DDR. Wir waren Teil dieses Staates und des militärstrategischen Gleichgewichts zwischen verfeindeten Weltsystemen. Und ohne Zweifel gab es politische Bemühungen, die DDR gewaltsam zu beseitigen Auch ist es eine Tatsache, dass die Welt mehrfach vor einem dritten Weltkrieg stand. Am Ende mussten wir erkennen, dass der Staat DDR vor der Geschichte und vor seinem eigenen Volk keinen Bestand hatte. So sind wir mit unserer Marine dann auch mit ihm untergegangen.

Am Ende haben dies keine „imperialistischen Agenten", keine „Volksfeinde" oder „fremde böse Mächte" bewirkt, sondern die falschen politischen Ansätze und unzureichenden wirtschaftlichen Grundlagen für den Aufbau dieses vom Ganzen abgetrennten deutschen Staates. Jeder Versuch, die Schuld im Nachhinein bei anderen zu suchen, verfälscht die Geschichte. Ehrlichkeit und schonungslose Wahrheitssuche sind angesagt.

Und doch: Die Männer und Frauen, die unsere Marine auf- und ausbauten, haben sie zu einer achtbaren Flotte entwickelt. Und sie haben sie dann auch dem Willen des Volkes entsprechend und diszipliniert aufgelöst. Ihrer Lebensleistung gebührt uneingeschränkte Achtung und Anerkennung. Wer ehrenvoll und anständig seinen Dienst in der Marine getan hat, soll und kann darauf stolz sein und die Erinnerungen für sein ganzes Leben bewahren. Sagen wir es mit Edgar Schumacher:

> *„Berufe, deren Inbegriff der Pflichtgedanke ist, mögen den Menschen schwer und hart hernehmen, sie können ihn aber nie unglücklich machen. Und selbst der, welcher eines Tages erkennt, dass seine Wahl ein Irrtum war, wird sie nicht bereuen, weil er fühlt, was er dadurch gewonnen hat."*

Viele von uns haben – wie die Autoren im vorstehenden Buch – über Jahrzehnte in dieser Marine gedient und sind zu früher Zeit mit großen Erwartungen in sie eingetreten. Sie haben auf ihrem Weg viele gute Kameraden getroffen, unabhängig vom Dienstgrad oder von der Dienststellung. Man bekam ein Gespür dafür, wer auf gleicher Wellenlänge dachte und mit wem man offen reden konnte. Andere dagegen machten uns, gleichsam wie ideologische Fanatiker, das Leben schwer, schlugen uns manche „Beule in den Stahlhelm" und missachteten die Werte echter Kameradschaft.

Und doch haben wir mit Zähigkeit und Fleiß und unter nicht geringem persönlichen Verzicht die gebotenen Möglichkeiten genutzt und blicken stolz auf das zurück, was wir geleistet haben. Wir pflegen diese unsere Erinnerungen, verklären sie aber nicht, sondern nehmen sie als Teil unseres Lebens. Mit dem Abstand der Jahre hat wohl jeder für sich einen inneren Wandel erlebt und sich auf die neuen grundlegend veränderten Verhältnisse eingestellt. Das ist nur konsequent und realistisch.

Mit Friedrich Nietzsche sei gesagt:

> *„Wer allzu begeistert in der Erinnerung lebt,*
> *dem verdorrt der Zukunftssinn.*
> *Er wird lebensuntüchtig."*

„Holt nieder Flagge!" am 2. Oktober 1990

Unser Stolz auf das von uns in der Marine Geleistete sollte deshalb auch immer eine kritische Betrachtung der gesamtgesellschaftlichen Verhältnisse jener Zeit einschließen, in der wir unsere Pflicht als Soldaten erfüllen wollten und zumeist auch erfüllten. Nur so können wir dazu beitragen, dass dieser Marine ein gebührender Platz in der deutschen Marinegeschichte bleibt.

Maritime Worterklärung

ACH Abteilungschef
AI Abteilungs-Ingenieur
BA Bekleidung und Ausrüstung
BCH Brigadechef
BS I-V Befehlsstation I-V
Bunker Behälter für Treibstoff bzw. Wasser
Colani Marinejoppe für den Winter (Benannt nach einem Kieler Schneider)
FCH Flottillenchef
Fla-Rakete Flugzeug-Abwehr-Waffe
Flottenhexe In der Marine umlaufende Gerüchte
fluten Mit Flüssigkeiten füllen (Bunker)
GA I Gefechtsabschnitt I (Navigation)
GA II Gefechtsabschnitt II (Artillerie)
GA III Gefechtsabschnitt III(Sperrwaffen)
GA IV Gefechtsabschnitt IV (Nachrichten)
GA V Gefechtsabschnitt V (Maschine, E)
Gast Matrose mit Spezialverwendung an Bord (Signal, Maschine, E, Sperr usw.)
GST Gesellschaft für Sport und Technik
HBS Hauptbefehlsstand (Brücke)
HVA Hauptverwaltung Ausbildung
HVS Hauptverwaltung Seepolizei
WO Wachoffizier
I-Basis Instandsetzungs-Basis eines Stützpunktes
jockeln Mit Hilfsmaschine Bordstrom erzeugen
K Kommandant
Kabellänge Ein Kabel=Zehnter Teil einer Seemeile, also rund 185,2 Meter
KM Kriegsmarine des 3. Reiches
knitterfreier Hut Scherzhaft für Stahlhelm
Knoten Geschwindigkeitsangabe (Seemeilen pro Stunde)
Kommissionierung Personalauswahl
KSA Kollisions-Schutz-Anlage
KS-Boot Küstenschutzboot
KSS Küstenschutzschiff (Fregatte)
KTS-Boot Kleines Torpedoschnellboot
KVP Kasernierte Volkspolizei
LaBo Kleines Landungsschiff
lenzen auspumpen
LI Leitender Ingenieur
LSM Mittleres Landungsschiff
LTS-Boot Leichtes Torpedoschnellboot
M-Bock Minenleger der Kriegsmarine
Med.-Punkt Sanitätsstelle, Ärztehaus
MLR Minenleg-und Räumschiff
MSR Minensuch-und Räumschiff
O-Messe Speiseraum an Bord (auch Mannschafts-, Unteroffiziers-Messe)
OP-Dienst Operativer 24-Stunden – Dienst im Stab
OVD Offizier vom Dient
PK-Offizier Offizier für Polit/Kulturarbeit Später als Stellvertreter für Politische Arbeit bezeichnet, kurz PV
Poller Säulenartige Erhebungen Deck zum Belegen von Festmacherleinen etc.
R-Boot Minenräumboot
Revier Flachwasserbereich vor dem Hafen
RS-Boot Raketenschnellboot
SOL Seeoffizierslehrgang
SPW Schützenpanzerwagen
STCH Stabschef
Stoker Traditionell für Maschinisten
TS-Boot Torpedoschnellboot
UAW-Schiff U-Boot-Abwehrschiff
UJ U-Bootjäger
ULA U-Boot-Lehranstalt
UvD Unteroffizier vom Dienst
VEB Volkseigener Betrieb
WI Wachingenieur

Quellennachweis

ABC des Matrosen: Militärverlag der DDR, Berlin 1973.

Elchlepp, Dr. Friedrich: Das Seezeremoniell in seiner historischen Entwicklung und heutigen Bedeutung (unveröffentlichtes Manuskript).

Flohr, Dieter; Seemann, Peter: Die Volksmarine – Menschen, Meer, Matrosen, Steffen Verlag, Friedland 2009.

Flohr, Dieter: Die Volksmarine, Betrachtung einer deutschen Flotte 1950–1990, 2. Aufl., BS-Verlag, Rostock 2005.

Hoffmann, Theodor: Kommando Ostsee, Verlag Mittler & Sohn, 1995.

Kameradschaft KSS: Informationshefte Nr. 1-8, Eigenverlag, Rostock 2005–2009.

Keubke, Kaus Ulrich; Kunz, Manfred: Militärische Uniformen in der DDR 1949–1990, Eigenverlag, Schwerin 2003.

Leonhardt, Alfred: Aus dem Rahmen gefallen (unveröffentlichtes Manuskript 2007).

Lexikon Seefahrt, 5. Auflage, Transpress Verlag, 1980.

Marinekalender der DDR, diverse Ausgaben, Militärverlag der DDR, Berlin 1966–1991.

Rath, Peter: Aus dem Seesack geplaudert, Eigenverlag, Rostock 2007.

Strobel, Dietrich; Kramer, Reinhard; Kramer, Wolfgang: Schiffbau im Zeichen des Potsdamer Abkommens, in: Zeitschrift Seewirtschaft, Berlin 1985, S. 217 ff.

Symbole und Zeremoniell in deutschen Streitkräften. Militärgeschichtliches Forschungsamt. Verlag Mittler & Sohn, Herford und Bonn 1984.

Weitere

„Dienst an Bord" Dienstvorschrift der Volksmarine DV 210/0/001

Informationsmaterial über die Erfahrungen der Seekriegsflotte der UdSSR bei der Anwendung des Seeprotokolls. Ministerrat der DDR-Ministerium für Nationale Verteidigung. Herausgegeben Kommando VM 1980

Plan für den Aufbau der SSK 1956–60 v. 08.06.55, BA-MA, DVM 10/3328, Bl. 40, 49

Plan für den Aufbau der VP-See bis Ende des II. Fünfjahrplanes 1960, Bl. 5 und Anlage

Vorschlag für den weiteren Aufbau der SSK bis 1965, BA-MA, DVM 10/3276, Bl. 65 und Anlage

Bildnachweis

Bauer, Harry 229

Baxalary, Hubert 118

Bickel, Joachim 295

Blanke, Horst 245, 247

Cziselsky, Norbert 191

Dehn, Günter 196

Flohr, Dieter 95, 119, 120, 133, 134, 153, 189, 190, 213, 225, 235, 236, 285, 290, 310, 313, 320

Frömmel, Simon 158

Janes Fighting Ships 1989–90 117

Keubke, Klaus-Ulrich 42

Koch, Burkhard 102, 103

Kremkau, Karl-Heinz 180, 305

Leonhardt, Alfred 14, 15

Mädel, Ulrich 128, 165

Martin, Klaus 210, 215

Minow, Fritz 57

Autor

Dieter Flohr

Geboren am 17.12.1937 in Göttingen; Abitur in Thale/Harz, 1955 Eintritt in die Marine der DDR, Schiffsingenieur, 1959/60 Produktionseinsatz in Dresden; Kommando der Volksmarine, Bild-Journalist, Redakteur, Presseoffizier, Fernstudien Fachschule für Journalistik und Universität Leipzig, 1965–1973, Dipl.-Journalist, Schriftstellerverband der DDR, Abschied 1987, ziviler Pressereferent, nach Auflösung der Volksmarine 1990 bei der Bundesmarine-Deutsche Marine im Marinekommando Rostock-Gehlsdorf, anschließend Referent für Verteidigungspolitik im Bundestag (1991/92); Mitherausgeber des »Marinekalenders der DDR« (1982/83 bis 89/90). Drehbücher für Fernsehen und Film, Leiter des Amateurfilmstudios der Volksmarine (etwa 30 Dokumentar-Filme, neun Goldmedaillen Arbeiterfestspiele, drei Silberne Lorbeeren des Deutschen Fernsehens, Theodor-Körner-Preis) Autor von Reportagen, Porträts, Tatsachen- und Erlebnisberichten, Bildbänden, autobiografischen und humoristischen Schriften. Neuere Publikationen: Wer war der fliegende Holländer? Auf den Spuren einer Sage, 1989; Der fliegende Holländer. Legenden und Tatsachen, 2002; RumBalotte-Geschmunzeltes maritim, 2004; Volksmarine. Betrachtung einer deutschen Flotte 1950–1990, 2004 (2., verbesserte Auflage 2005); Seefahrerland Mecklenburg-Vorpommern (mit René Legrand) 2005. „Menschen, Matrosen, Macher – Die Volksmarine im Bild (mit Peter Seemann), 2008, „Die Volksmarine – Menschen, Meer, Matrosen“(mit Peter Seemann), 2009.